You Are the

PLACEBO

making your mind matter

あなたはプラシーボ

思考を物質に変える

ジョー・ディスペンザ 博士
著

東川恭子
訳

OEJ Books

私の母　フランチェスカへ

目次

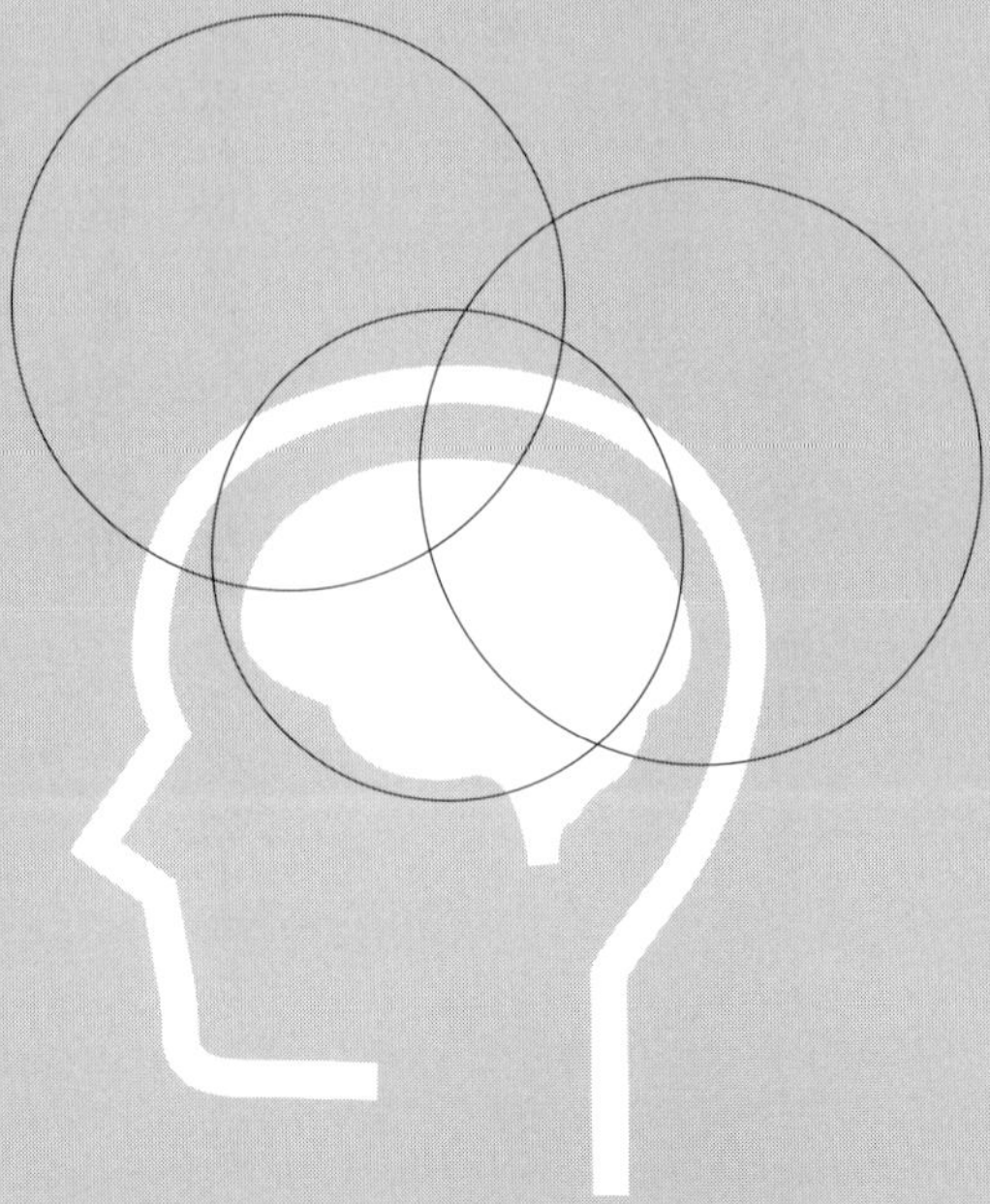

序文

彼を愛する多くのファンの一人として、私もディスペンザの斬新《ざんしん》な考えに触れる機会を楽しみにしている。確かな科学的裏づけと刺激的洞察の融合により、ジョーは既知領域の限界を超え、私たちにできることを拡大してくれる。科学者以上に科学を重視し、本書で彼は後成的遺伝学、神経可塑性、そして精神神経免疫学の最前線情報を駆使して論理的帰結を推論してみせる。

こうして引き出された結論には目を見張るものがある。あなたを含む、人は皆自分の心によぎる思考と感情、意思、そして変性意識での経験により自分の脳をつくっている。『あなたはプラシーボ』は、その知識を活用して読者が新しい体と新しい人生を創造する方法を指南する。

本書は精神論や抽象論ではない。ジョーは思考から始まる一つひとつの連鎖が生物学的事実（たとえば血中の幹細胞や免疫力を向上させるたんぱく質分子の数値上昇など）へと至る過程について解説している。

　ジョーはまず、自分の脊椎の椎骨6個がつぶれた事故の話から語り始める。突然訪れた極限状態の中で、ジョーは自らの理論、つまり人の体には奇跡的に自らを癒やす内的叡智が存在するという自論を実践しなくてはならない状況に直面する。そこで彼は自らを律し、脊柱が自力で回復していく様子を視覚化したという過程と彼の強い決意には深い感銘を受ける。

　私たちはいつでも奇跡のヒーリング、自然寛解《かんかい》のストーリーに感慨をもつものだが、本書でジョーが示すのは、その手の軌跡の癒やしを起こす力を、私たち全員が持っているという話だ。再生は私たちの体に組み込まれた機能であり、劣化や病変は例外的事象、つまり自然に起きることではないという。

　私たちの体がどのようにして再生するのかがわかるようになると、その生理的過程に意志の力を載《の》せられるようになる。ホルモンが細胞を合成し、たんぱく質を生成し、神経伝達物質が稼働《かどう》し、神経経路をたどって信号を届けるようにと、促せるようになる。静止した解剖学情報と異なり、私たちの体はコンマ一秒単位でダイナミックな変化にさらされている。脳内では毎秒せわしなく神経細胞《ニューロン》同士の連結が作られては消滅したりと、絶えず湧《わ》きかえっている。ジョーは私たちが自らの体という乗り物の無力な乗客としてではなく、全権を有する所有者であり運転者の立場で、自らの望む方向に向けて、これらの体内の働きをコントロールできると教えてくれる。神経細胞の結束数は刺激を繰り返すことにより倍増するという一九九〇年代の発見は生物学界に革命を起こした。神経精神科医エリック・カンデルはこの発見でノーベル賞を受賞した。カンデルのその後の研究によると、神経細胞の結束は三週間使われなければ解体が始まるということだ。したがって、私たちは自らの脳内の神経ネットワークを通過する信号を操作すれば脳内回路を再構築できる。

カンデル等が神経可塑性を証明した同じ九〇年代に、私たちの遺伝子のほとんどが変更可能であると発見した科学者もいた。つまり遺伝子の75～85%が、環境からの信号によりスイッチがオンやオフになるということだ。（ここでいう環境とは、体外環境だけでなく脳内によぎる思考や信念、感情という体内環境を含んでいる。）

遺伝子の一形態、前初期遺伝子（IEG）はその発現が最大になるまでにわずか三秒しかかからない。そのIEGのほとんどが他の数百の遺伝子発現（訳注：遺伝子からたんぱく質がつくられること）や、体内各拠点で生成される数千種類のたんぱく質をコントロールする調節遺伝子だ。このように影響力が強くスピードもある変化は、本書でこれから読むことになるいくつかの画期的な寛解の裏づけとなるだろう。

ジョーはこの変化に及ぼす感情の役割を完璧に把握している希少な科学分野の著述家の一人だ。ネガティブ感情を抱くと、私たちが体内に分泌するコルチゾールやアドレナリンといったストレスホルモンへの文字通りの依存症を引き起こす。これらのストレスホルモン、そしてＤＨＥＡやオキシトシンといったリラックスホルモンにはある基準値があり、普段の考えや信条を逸脱した思考を脳内でめぐらすとホルモンバランスの基準値を超え、皮膚がぞわぞわとしてくることからもわかる。この概念は依存症や渇望のメカニズムを科学的に解明する試みの最前線となっている。

人は内面の状態を変えることにより、外界の現実を変えることができる。ジョーは人の脳の前頭葉で生まれたある意思が、神経ペプチドと呼ばれる神経伝達物質によって体中に信号として届けられ、遺伝子のスイッチのオン・オフが行われるという一連の流れを巧みな筆致で解説してくれる。その過程にかかわる化学物質の一つ、オキシトシン（別名抱擁ホルモン）は、ボディタッチで刺激され、愛と信頼の感情とつながっている。練習すれば誰でもすぐに、ストレスホルモンとリラックス・ヒーリングホルモンの基準値を調節できるようになるだろう。

思考に感情を載せるだけでヒーリングを起こせるという概念は、初めは違和感があるかもしれない。実際ジョーのワークショップでこの概念を実践した参加者の変化（腫瘍《しゅよう》の自然寛解、車椅子の参加者の自力歩行、重度の片頭痛の解消など）を見るまでは、ジョー本人ですら予測しなかったことだ。開かれた素直な心と子供が遊ぶように自由な実験に臨《のぞ》む姿勢で、人々が自らに起きるプラシーボ効果を本気で信じて応用したらいったいどれほど劇的なヒーリングが瞬時に起きるだろうと考えながら、ジョーは既成概念の枠を超えていく。本書のタイトル、『あなたはプラシーボ』は、あなたが日々巡《めぐ》らす思考や感情、信念があなたの体内の生理現象の連鎖を生み出しているという事実を反映したものだ。

この本を読み進めると、ときとして不快に感じられることがあるかもしれない。それでも読み続けてほしい。不快感の正体は必然の進化に抵抗するあなたの古い自我であり、古い自我にとって快適なホルモンバランスの基準値を超えているというサインなのだから。その不快感は、古い自我が解体する際《さい》の生理現象だとジョーは断言する。

ほとんどの人は、人体の複雑な生体作用について学ぶ時間も忍耐力も持ち合わせていない。本書はそういう人々のために書かれている。ジョーは自然寛解を起こす生体の変化を深く掘り下げ、分かりやすい言葉で解説してくれる。ジョーは見えないところで困難な仕事を引き受け、私たち読者はエレガントでシンプルな解説の恩恵に浴す。ジョーは類推や実例を用いて最新の科学の発見をどのように私たちの日常に取り入れればいいかを具体的に示し、真剣に実践する人に起きる劇的な体のブレークスルーについて語る。

ジョーが指南し、実践している分野について、新しい世代の研究者たちは〝**自己操縦型神経可塑性**（ＳＤＮ）〟という造語で表現する。この造語の背後にあるのは、私たちは自らの経験の質次第で古い脳内神経回路を解体し、新しいそれを形成できるという概念だ。私はＳＤＮが自己の変容と次世代の神経生物学にとって最も意義深い概念の一つとなることを確信している。本書は、その潮流の最先端に位置づけられる。

本書第二部の瞑想実践編では、難解な抽象論が具体的な形へと変容する。これらは一人で簡単にできる瞑想で、自らプラシーボとなることで開かれる拡張現実を、臨場感たっぷりに経験できる。ここでのゴールは、自分の生き方についての思い込みや不都合な認識を体の組成から書き換えることにより、ひと言でいうと愛すべき未来の自分を具体的現実に変えることにある。

あなたの限界を超えていき、想像を超える健康と才能の開花へと誘う魅惑的な旅に、共に踏み出そう。その過程に身を委ね、あなたを枠に閉じ込めてきた古い思考や感情、それらが作る生理的基準点を解体するというチャレンジをしても、あなたが失うものは何ひとつない。あなたが持って生まれた潜在能力をフルに発揮できると信じ、インスピレーションに導かれた行動をとれば、あなたはあなた自身と地球にとって、最良の、幸福で健全な未来を生み出すプラシーボとなれるだろう。

ドーソン・チャーチ博士

〝The Genie in Your Genes〟著者

はじめに

覚醒

今私がしていることはどれをとっても、私の計画ではなかった。現在の講演者、著者、研究者としての仕事のほうが私を探し当てたのだ。世の中には、覚醒するために目覚まし時計を必要とする人々がいる。一九八六年、私の目覚まし時計が鳴った。あれは美しい南カリフォルニアの、四月のある日のことだった。パームスプリングスで開催された鉄人レース《トライアスロン》の競技中、私はSUVに轢《ひ》かれるという名誉に預かった。その瞬間、私の人生は変わり、それまでとまったく違う旅が始まった。

当時私は23歳で、カリフォルニア州ラホーヤでカイロプラクティック・クリニックを始めてまだ日が浅い頃だった。私はこの競技のために何か月もトレーニングを積んでいた。

水泳競技が終わり、自転車競技の最中に事故は起きた。私は難しいカーブに差しかかり、そこは一般車両が合流する場所だと知っていた。こちらに向かってくる車両に背を向けた警察官が、私に右に曲がり、コースを進むよう手で合図をした。私は競技に全力で集中していたので、警察官から目を離すことはなかった。そのカーブで競技中の自転車を数台追い越した時、時速55マイル（約90

キロメートル）で背後から迫ってきた四輪駆動の赤いブロンコが私の自転車に追突した。次に覚えているのは、空中に放り出されたこと。そして背中から地面に叩きつけられたことだった。55マイルというスピードと、運転していた老婦人の反射神経の鈍さから、SUVはまたも倒れた私に迫ってきた。そして私はバンパーにぶつかった。私はSUVに轢《ひ》かれ、車体とアスファルトに挟まれて体がつぶされないように素早くバンパーをつかんだ。こうして運転手が事故にようやく気づいて停車するまで、私はしばらく道路を引きずられた。老婦人が急ブレーキをかけた時、私は反動で20ヤード（約18メートル）ほど飛ばされた。

今でも自転車が軋《きし》む音や、通りがかった競技者の恐怖におののく悲鳴や不敬の言葉が脳裏にこだまする。道路に倒れた私を見て、彼らは止まって助けるべきか、そのまま競技を続行すべきか迷い、私はただなすすべもなく横たわるしかなかった。

事故後すぐに分かったのは、背骨の椎骨を6個骨折したことだった。胸椎8，9，10，11，12番と腰部1番の圧迫骨折で、患部は肩甲骨から腎臓までにわたっていた。椎骨とは背筋に沿って積み上げられている背骨の一単位のことで、あの勢いで地面に叩きつけられたため、私の椎骨は衝撃で圧縮破砕してしまったのだ。骨折した中で一番高い位置にあった胸椎8番の損傷は60％を超え、神経弓（脊髄を包み保護している輪）はプレッツェルのように押しつぶされていた。椎骨が圧迫骨折を起こすと、砕けた骨の破片はどこかに行くことになる。私の場合、粉々になった破片のほとんどが脊髄に収まった。それはどう見積もってもよくない兆候《ちょうこう》だった。

翌朝目覚めた私は悪夢のただなかにいるような気分だった。多種多様な痛み、程度の異なる麻痺、焼けつくようなひりひり感、足の無感覚、そして悪夢も覚めるほど体を動かせなくなっていた。

血液検査、X線、CTスキャン、MRIといった検査の後、整形外科医は検査結果を示しながら重々しく私に言った。脊髄に入ってしまった骨の破片を鎮《しず》めるには、ハリントンロッドを埋め込む手術が必要だということだった。それはつまり損傷部分の上と下から背中を数か所切り開き、12インチ（30センチメートル）のステンレス鋼の添え木を背骨の両側に一本ずつネジで骨に固定させるという手術だ。次に私の骨盤から骨を少し削り出し、ステンレスの添え木の上に貼《は》りつける、という術式だ。それは大手術にはなるが、少なくとも再び歩けるようになるという希望を宿している。それが成功したとしても何らかの身体障害は残り、慢性的な痛みが一生続くだろうと思われた。言うまでもなく私はそんな選択肢はご免だった。

とは言え手術を拒否すれば麻痺《まひ》は避けられない。最初に診断した外科医の見立てに賛同した、パームスプリングス界隈《かいわい》で最も権威のある神経外科医には、彼の二七年間の経験の中で、私ほどの重傷患者が手術を拒否したことは一例もないと言われた。事故の衝撃により私の胸椎8番はつぶれて楔型に変形したため、立ち上がろうとしても背骨が体重を支えることができない。背骨は崩れ、粉々になった椎骨の破片はさらに脊髄の奥深くに入り、即座に私の胸から下全部に麻痺を起こすだろう。

この選択肢も魅力的とは到底思えなかった。

私は自宅により近いラホーヤの病院に転院し、そこで南カリフォルニア屈指の整形外科医を含む、二人の医師の意見を聞かされた。案の定二人ともハリントンロッド手術が必要だと言った。医師の診断はどれも一貫したもので、手術をしなければ麻痺が起こり、一生歩けなくなるだろう、という見立てだった。この状況で、もし私が医師の立場で患者に提案するとしたら、恐らく同じことを言っただろう。それが最も安全な選択肢だからだ。しかし私はその選択をしなかった。

当時の私はまだ怖れを知らない若者だったからかもしれないが、私は医療モデルの最善策や専門家の提言には従わない選択をした。私たち一人ひとりのなかには生命の源泉としての叡智、目に見えない意識が内在している、と私は信じている。その存在は今この一瞬も絶え間なく私たちを支え、維持し、保護し、癒やしの力を注いでいる。それはたった二つの細胞から一〇〇兆個に及ぶ特殊化した細胞を生み出し、毎日一〇万回を超える心拍数を維持し、毎秒各細胞のそれぞれに数十万種類に及ぶ化学反応を組織し、他にもたくさんの驚異的な機能を持っているという存在だ。あの時、私が考えたのは、もしこの叡智が本物で、それがもつ驚異的な能力を、意図的に注意深く、愛情を込めて発揮したら、恐らく、関心を外界から逸らし、それとつながり、絆《きずな》を結べるのではないか、ということだった。

人の体は自力で治癒する力を持っているとは頭ではわかっているものの、真のヒーリング体験を創造するために、その知識を次の段階、そしてさらにその先へと進めるには、私の知っている考えの一つひとつを実践しなくてはならなかった。どっちみち私はどこにも行けないし、うつぶせに寝ているしかなかったので、二つのことをやろうと決めた。第一に、毎日私のすべての意識を内なる叡智に振り向け、それに向かって私の計画と構想、ビジョン、そして極めて具体的な指示を語り、次に無限のヒーリングパワーを持つこの大いなる意識が私を癒やしてくれるように我が身のすべてを委ねた。そして第二に、私が経験したくないようなことがほんのちょっとでも意識に上ることがないようにした。簡単そうだろう?

前衛的決断

医療チームのアドバイスに逆らい、私は救急車で病院を出て、二人の親友の住む家に運ばれた。そこで私は、三か月にわたり自らのヒーリングに専念した。私には使命があった。椎骨を一つずつ再生し、背骨を元通りにするべく毎日取り組む様子を大いなる意識に示し、その存在が、私の努力や望みに注目しているかどうかを調べるという使命が。これをするには、徹頭徹尾そこにいる必要があるとわかっていた。つまり今という時間にとどまり、過去について考えたり、後悔したり、未来を憂えたり、外界での自分の境遇について考えたり、あるいは身体的苦痛や症状に心を奪われたりしないということだ。

相手が誰であれ、ある関係を築くにあたり、相手がそこにいるかいないかはすぐにわかる。そうだろう？ 彼らは私たちに注目している。なぜなら、意識とは気づきで、気づきとは注目すること。注目することとは、今という時間にとどまり、注意を逸らさないことだからだ。したがって、大いなる意識は、私が今という時間にいるかいないかに気づくだろう。大いなる意識と交信するとき、私は完全に今にとどまっていなくてはならない。私の存在は大いなる意識と同じでなくてはならない。私の意思も意識も、大いなる意思と意識と調和していなくてはならない。

私は一日1～2回、2～3時間かけて内面に入り、望む結果である、完璧に癒やされた背骨を心の中で創造しはじめた。当然ながら、自分がいかに無意識で過ごしてきたか、集中できないかに気づかされた。これまで危機や心的外傷が起きると、人は起きてほしいことではなく、起きてほしくないことに注目し、多くのエネルギーを注いできたことにも気づいた。それは何とも皮肉なことだ。初めの数週間の間、私はたびたび起きるこの傾向に罪悪感を覚えながら過ごした。

背骨が全快した理想の日々を瞑想でイメージしている最中、私は唐突に数週間前に医療チームに言われたこと――もう恐らく一生歩けないだろうということ――について無意識に考えていることに気がついた。心の内面で背骨の再建をしている最中に、カイロプラクティック・ビジネスの廃業について考えている自分がいたのだ。再び歩けるようになった自分のメンタル・リハーサルを一歩ずつ進めている矢先に、車椅子で一生を送るとはどんな人生だろうかと考えている自分に気づく――

と言ったらお分かりだろうか。

注意が逸《そ》れて心が違う方向に彷徨《さまよ》いはじめるたびに、私はゼロからメンタル・リハーサルをやり直すようにした。それは退屈でフラストレーションのたまる過程で、はっきり言って私が人生で直面した最も困難なハードルの一つだった。しかし私の中の観察者が見る、私が最終的にたどり着くべきイメージは一点の曇りもなく鮮明で、一瞬も途切れることがあってはならないと考えた。大いなる叡智が私の望み（可能であると信じていること）を実現するためには、初めから終わりまで意識を逸らすことなく（無意識にならず）、今という時間にとどまっている必要があった。

六週間にわたり自分と闘い、大いなる意識と一体になるための努力を重ねた結果、私は途中で挫折《ざせつ》して初めからやり直すことなく、心の内面で理想のイメージを再建するプロセスをようやく終えることができた。それが初めてできた日のことを今でもよく覚えている。例えるなら、テニスボールがラケットのスウィート・スポットに命中したような手応え――何だかわからないが、正鵠《せいこく》を得たという納得感だ。はまった！　どんぴしゃだ！　そのとき、私は完成形で、満足していて、欠けているものが何もなかった。私はそのとき、初めて心からリラックスしていて、心と体が今という時間にすっぽり収まっていた。心には雑音が一切聞こえず、分析も思考も執着も努力もなく、ただ浮揚《ふよう》した感覚があり、そこには独特の平和と静寂があふれていた。それを表現するなら、私の過去や未来の気にするべきことどもなど、もはやどうでもいいことだと思えるような感覚だ。

その気づきは私の旅の礎《いしずえ》となった。ちょうどその頃から、瞑想で背骨再建のビジョンを創造するにつれ、日に日に体が楽になっていった。特記すべきは、結構な規模で生理的な変化が起きたことだ。心の内面で背骨再建という変化を起こし、それと外面つまり体に起きていることを連携させている時間に劇的な変化が起きたのだ。その連携ができた瞬間、私は一層の集中力と信念を傾けて理想のイメージを創造した。それを何度も何度も繰り返した。その結果、それまでのおぞましいほどの苦痛と努力の連続と打って変わって、繰り返してやるほどに喜びとインスピレーションが湧いてくるようになった。そしてある日突然、イメージを作り上げるのに2〜3時間かかっていた瞑想が、もっと短い時間で到達できるようになった。

私には時間がいくらでもあった。そこで私はまた以前のように水辺で沈む夕陽を眺めたら、お気に入りのレストランで友人とランチをしたら、どんな気持ちがするだろう、などと思い描くようになった。そしてもしそれらが実現したら、もうどんな些細なことでも、それが当たり前の時間だとは決して思わないだろうと考えた。私は心の中でシャワーを浴び、顔や体に当たる水の心地よさを詳細にイメージした。また想像の中で便座に座り用を足し、サンディエゴのビーチを散歩しながら顔をなでる潮風を感じたりした。事故にあう前の私にとって、これらはどれも取るに足らないことだったが、今はどれも意味がある。私は時間をかけて一つひとつの経験を、深い感慨を持って想像の中でリアルな体験として再現していった。

当時の私は自分が何をしていたのか知る由《よし》もなかったが、今は違う。私は量子場に存在している未来の可能性について考え始めていたのだ。そして感情を込めて一つひとつの経験を味わっていた。私は現在にとどまりながら、起きてほしい未来の出来事を意図的に選択し、それが実現したら抱くであろう高揚感を合体させていた。その時、私の体は実際に未来のその場にいて、その経験をしているのだと感じ始めた。望む未来を観察する力が研ぎ澄まされていくにつれ、私の体内の細胞が自己再編を始めた。私は新しい遺伝子に新しいやり方で発現を促《うなが》し、私の体は本当にそれを機に劇的に回復していった。

当時の私が習得したのは、量子物理学の基本原理のひとつだ。つまり、意識と物質は別々の要素ではなく、意識、無意識にかかわりなく、私たちが抱く思考と感情は、私たちの運命の青写真だということだ。忍耐強く、強い信念をもって、集中力を切らさずに未来の可能性を顕現させる力は、私たちの意識の中にあり、無限の可能性を秘めた量子場の大いなる意識の中にある。潜在的に存在する未来の現実が何であれ、物理次元に顕現させるには、個人的・普遍的な二つの意識が協同体制になくてはならない。そのとき、私たちは人種や性別、文化、社会的地位、教育や宗教的信条の区別なく、また過去の過ちすら関係なく、誰もが神なる創造者なのだと私は理解した。私はそのとき、生まれて初めて、心から神の祝福を感じた。

私は自分のヒーリングについて他にも重要な決断をした。食事内容、エネルギー・ヒーラーの友人による訪問、そして入念に練られたリハビリテーション・プログラムを含む壮大な治療計画を作った（詳細は前作の〝Evolve Your Brain〟に書かれている）。しかしあの当時、何にも増して大事だったのは、自分の中にある叡智とつながることであり、その意識を通じて自らの体を癒やすことだった。

事故から九週間半で、私は再び歩けるようになり、かつての生活を取り戻した。添え木やギプス、外科手術に頼ることなく、私は完全に回復した。一〇週間後、私はカイロプラクティックの患者の治療を開始し、一二週間後にはリハビリを続けながら、トレーニングとウェイト・リフティングを再開した。そして今、事故から三〇年が過ぎようとしているが、あれ以来背中に痛みを感じたことは、正直一度もない。

本格的な研究開始

しかし私の冒険はそこで終わらなかった。私が事故以前の自分に戻れなかったとしても驚くには当たらない。私はいろんな意味で変化した。あの経験を通じて、私は周囲の誰一人として理解できないような現実を悟り、覚醒した。友人の多くに共感できなくなり、私は事故以前の人生には戻れなかった。以前の私にとってとても大事だと思っていたことが、まったくどうでもよくなり、私の頭は抽象的な疑問でいっぱいになった。「私はいったい誰だろう?」「この人生の意味とは何か?」「私はここで何をしているんだろう?」「私の使命とは何だろう?」「神って何? 誰のこと?」などなど。私は早々にサンディエゴを発ち、米国西岸北西部に引っ越し、最終的にワシントン州オリンピア付近でカイロプラクティック・クリニックを開業した。しかし初めのうちはほとんど隠居生活のように世間から離れ、スピリチュアリティの勉強に没頭した。

そのうち私は、自然寛解に強い興味を持つようになった。自然寛解とは、回復の見込みのない、あるいは助からない重病や症状を、外科手術や投薬といった古典的な医療の介入なしに完全に治癒することを指す。事故直後のあの長く孤独な、眠れない夜に、私は大いなる叡智に対し、こんな約束をした。「もし私が再び歩けるようになった暁《あかつき》には、残りの人生のすべてを、心と体のつながり、意識が物質に及ぼす作用についての研究に捧《ささ》げよう」と。それから現在までの約三〇年間をかけて、私はそのとおりやってきた。

私は世界各地を旅し、重病と診断されて、古典的医療や代替医療を受けて、効果が得られず、または悪化していき、ある日突然回復した、という多くの人々のもとを訪ねた。私は彼らに話を聞き、彼らの経験の中に共通するものを探り、何が彼らを回復させたのかについて理解し、それを文章にまとめたいと思った。私にはサイエンスとスピリチュアリティの融合という命題に対する情熱があったからだ。こうしてわかったのは、奇跡的に重病を克服したどのケースにも、意識の要素が強くかかわっていることだ。
私の内なる科学者はわくわくと落ち着かなくなり、好奇心に火がついた。私は大学に戻り、神経科学の最先端の講義を受けたりするようになった。そして大学院で脳画像、神経可塑性、後成的遺伝学、精神神経免疫学などを学んだ。こうして私は、人々がどのようにして全快したかを知り、意識を変えることのサイエンスのすべてを学んだ（と、少なくとも思っていた）のだから、それを再現できるはずだ、と考えた。病気に悩む人々も健康な人々も、身体的健康だけでなく、人間関係、仕事、家族、そして人生全体の改善を目指す人々に応用できるはずだ、と。

そして私は二〇〇四年のドキュメンタリー映画、〝What the Bleep Do You Know!?〟に登場する一四名の科学者や研究者の一人として招かれた。この映画は一夜にして一大センセーションを巻き起こした。この映画は、科学者たちを招き、現実とは何かという質問をして、それらを実際にやってみて、本当か否かを試す、あるいはより正確に言えば、その概念が物質化するかを検証するという内容だった。それは世界中の人々の話題に上り、そこで扱われた概念が広まった。その反響の結果を受けて、私の処女作である〝Evolve Your Brain: The Science of Changing Your Mind〟が二〇〇七年に出版された。出版後しばらくすると、人々は「それをどうやってやるの？　どうすれば意識を変えて、望む人生を手に入れられるの？」と私に訊ねるようになった。そしてしまいには、ほとんどそれしか訊《き》かれなくなった。

そこで私はチームを編成し、全米と世界各地でワークショップを開催し、どんなふうに脳内回路がつくられるかを教え、神経生理学的原理を応用して、思考のプログラミングの仕方を伝授するようになった。当初、ワークショップは単なる情報提供の講義だった。しかし参加者たちはそれに飽き足らず、私はもっと踏み込んだ内容を求められた。そこで情報を相互補完し、相乗効果を及ぼす瞑想を取り入れた。参加者の心と体に変化をもたらすことにより、人生も変化させていくための具体的手順を指導した。世界のあちこちで初級ワークショップを実施していると、人々は私に「その次はどうなるの？」と訊ねるようになった。その結果、私は初級ワークショップの次のレベルの知識を指導した。それが行き渡ると、参加者たちはもっと上のレベルの、上級者向けのワークショップを開いてほしいと要望した。その要望は私がワークショップを実施したほとんどの地域で続いた。

私自身、もう教えるべきことはすべて教えたので、これで終わりだと考えていた。それでも人々はもっともっとと次を待っている。それなら私はもっと勉強して、講義と瞑想の質を高めていこうと考えた。そうこうするうちに、参加者たちが否定的習慣を解消し、以前より幸福な人生を手に入れたというフィードバックがたくさん届くようになり、勢いがついていった。今に至るも、私や私のチームはほんのわずかな変化しか加えていないが、参加者たちは私の発信する情報を愛し、もっと続けてほしいと望んだ。それで私は、要望のある地域に出かけてはワークショップをやり続けた。

最初のワークショップから一年半ほど経った頃、瞑想を習慣にした結果、うれしい変化が起きたという報告メールがいくつも届くようになった。人生に次々と変化が押し寄せたことで、彼らは狂喜していた。それから約一年にかけて届いたフィードバックに、私もチームも感銘を受けた。ワークショップ参加者たちの身体的健康の主観的改善にとどまらず、医学的数値という客観的評価でも改善が確認されたという報告が相次いだ。そこには完全に正常値に戻ったものも含まれていた。この人々は、私が学び、観察し、最終的に〝Evolve Your Brain〟にまとめたやり方で、身体、精神、感情面を自分の意図する通りに変化・再生させることに成功していた。

人々のそのような変化を目の当たりにしたことは、私にとって信じられないほどエキサイティングな出来事だった。なぜなら、再生産できることはみな、科学的法則によって裏づけられるからだ。彼らのメールは一様《いちよう》にこんな言葉で始まった。「この話を、あなたは信じられないでしょう！」これらの変化は、もう偶然ではなくなった。

その年の少し後で、シアトルで開催された二つのワークショップで続けてすごいことが起きた。一つ目に参加した多発性硬化症の女性が会場に来たときは歩行器具を使っていたが、イベント終了時には自力で歩けるようになった。二つ目では、やはり多発性硬化症に一年間苦しんでいた、左足に麻痺のある女性が参加し、ワークショップ中にダンスを踊り、症状が完全に消えたと宣言した（こういう話は本書で順次紹介していく）。参加者に求められるまま、私は二〇一〇年にコロラドでさらに進化した内容のワークショップを行った。参加者たちはこのイベントの最中に心身の状態の変化を経験した。彼らは立ち上がり、マイクを握ってインスピレーションいっぱいの話を報告してくれた。

その頃、私にはビジネス・リーダーを対象に変化の生態、リーダーシップの神経科学、文化の変容のために個人を変容させる概念といったテーマで、頻繁に講演依頼が入るようになった。ある集団に向けて基調講演をした後、経営者が数名やってきて、私の講演内容を企業変容モデルに応用できないかと持ちかけてきた。そこで私は企業や組織向けに使える八時間コースのプログラムを作った。このコースが大ヒットしたため、ここから現在の企業向けコース、「天才への三〇日プログラム」が誕生した。こうして私は、ソニーエンタテインメント・ネットワーク、ガロ・ファミリー・ヴィンヤード、電気通信企業WOW!（旧ワイドオープンウェスト）、その他、多数のビジネス・クライアントを持つことになった。その先に生まれたのが経営幹部向けの個人コーチング・プログラムだ。

企業向けプログラムへの需要があまりに増加したため、私はコーチング・スタッフのトレーニングを始めた。こうして今では四〇名以上に及ぶ元CEO、企業コンサルタント、心理療法士、弁護士、内科医、エンジニア、博士号を持つ専門職といった、専門家からなるコーチング・トレーナーがいて、世界中の多様な企業に変容モデルを指導している（私たちは現在同じ変容モデルを使って自由にクライアント指導ができる独立コーチの資格認定プログラムを検討している）。自分の未来がこんな展開になるなんて、夢の夢にも思ったことはなかった。

処女作の〝Evolve Your Brain〟の実践ハウツー編として、二作目の本、『あなたという習慣を断つ——脳科学が教える新しい自分になる方法』（ナチュラルスピリット刊）を著し、二〇一二年に出版した。ここで私は変化の神経科学や後成的遺伝学についてより詳しく解説し、当時の私がワークショップでやっていたステップごとに進める瞑想法を含めた四週間で変化を現実にする方法について書いた。

それからコロラドでさらに進んだワークショップを実施し、そこでは七名の参加者の多様な症例が自然寛解した。そのうちの一例として、さまざまな食物アレルギーのためにレタスしか食べられなかった女性が、その週末に全快したケースがある。他にもグルテン不耐症、セリアック病、甲状腺の不調、重度の慢性疼痛などが完治した。突然人々はそれまで辿ってきた現実から撤退し、まったく新しい現実を創造し、その結果、彼らの健康や人生が極めて劇的に変化するといったことが起きるようになった。それらは私の目の前で起きた。

座学から実践へ

二〇一二年のコロラドでのイベントが私の人生の分岐点となった。人々の幸福感に変化がもたらされるだけでなく、ワークショップでの瞑想を通じて、参加者たちは大々的に新しい遺伝子に新しいやり方で信号を送っているという現実を、私はあのイベントでついに悟った。たとえば全身性エリテマトーデス（訳注：全身に炎症性臓器障害を起こす自己免疫疾患）のような疾病に何年も悩まされてきた人が、たった一時間で改善するという場合、その人の意識と体の両方に何らかの顕著な変化が起きているに違いない。ワークショップ中に何が起きているのかを正確に理解するために、私はその変化を定量的に測定する方法を見つけたいと思った。

そこで二〇一三年初頭、私はまったく新しいタイプのイベントを開催し、ワークショップは次の段階へと進化した。それは二〇〇名以上の参加者を集め、アリゾナで開かれた四日間のイベントで、神経科学者、量子力学者、エンジニアといった研究者たちに、特定の計測機材を用いた測定に参加してもらった。専門家たちはそれぞれの計器を使い、ワークショップ会場の空間の電磁場を測定し、ワークショップが進むうちに会場内のエネルギーが変化するかどうかを調べた。彼らはまたワークショップ参加者の体の周囲の電磁場とエネルギーセンター（チャクラとも呼ぶ）も測定し、空間との相関関係を調べた。

計測にあたり、脳の電気的活動を測定する脳波検査（ＥＥＧ）、その脳波記録をコンピュータ分析する定量的脳波検査（ＱＥＥＧ）、二つの心拍間の時間の長さのバリエーションと、心臓のコヒーレンス（心臓と脳の間のコミュニケーションを反映する心臓のリズム）を調べる心拍変動（ＨＲＶ）、そして生体エネルギーの場を測定する気体放電視覚化装置（ＧＤＶ）といった、非常に精緻な装置が使われた。

人の脳という内的世界で何が起きているのかを探るため、私たちは多数の参加者を対象に、イベント開始前と終了後の脳画像の比較を行った。またランダムに選別した参加者に対し、一日三回実施した瞑想によって脳内にどんな変化が起きるのかをリアルタイムで測定した。このイベントの成果は目覚ましいものだった。パーキンソン病を患っていた参加者は、イベント後に震えが止まった。悲劇的な脳損傷を起こしていた人の脳が完治した。脳や体の随所にある腫瘍に悩む参加者たちは、その成長が停止したことを確認した。リウマチの痛みに苦しんできた参加者たちは、数年ぶりに痛みから解放された。これらは、他にもあまたある深いレベルでの変容のごく一部にすぎない。

あの記念すべきイベントで私たちはついに、参加者たちが訴える主観的健康改善の正体を、科学的計測装置で客観的変化としてとらえ、記録することに成功した。あの時私たちが観察し、記録したことは新たな歴史をつくったと言っても言い過ぎではないだろう。本書で追々《おいおい》、ごく普通の人々が尋常でない力を発揮するという話をご紹介しながら、あなたの潜在能力について示していきたい。

私があのワークショップを企画した意図はこんなことだった。「人々に科学的な情報を提供し、その情報を生かすために必要なノウハウも添えて、高次元での個人的変容を可能にしたい。」つまるところ科学とは、神秘主義を現代に伝える言葉だ。人に話をするとき、宗教や文化に属する言葉を発した途端、伝統的な文脈の話をした途端、耳を傾ける聴衆と、そうでない聴衆に真っ二つに分かれるということを私は学んだ。そして科学は聴衆を分断せず、神秘的な話からヴェールを取り除き、白日にさらすのだ。

もし私が人々に変容の科学的モデル（量子力学をちょっと使って可能性の科学を解説）を教え、それに神経科学・神経内分泌学・後成的遺伝学・精神神経免疫学の最新情報を加え、正確なノウハウを伝授し、それらすべての情報を実践する機会を提供できたなら、誰でも変容を経験できるということに思い至った。そしてもし人々がそれを実践した結果、変容していく様子をその場で計測できるような環境で行ったら、測定された変容情報は、変容を助ける追加情報となり、参加者たちが今経験した変容について、数量的に理解できるようになるだろう。それを聞いた参加者は、変容を次のレベルへと進化させ、それを繰り返すうちに「自分が考える自分自身」と「本当の自分自身――神なる創造者」との間のギャップが縮まり、ますます容易に変容していけるだろう。私はこの概念を「情報《インフォメーション》から変容《トランスフォーメーション》へ」と名づけ、新たな情熱を傾ける対象となった。

現在、私は七時間のオンライン集中コースを教え、三日間の進化系ワークショップを一年に20回、世界中で実施していて、一年に3～4回実施する五日間の上級ワークショップでは、前述の科学者集団が計器類とともに参加し、脳波や心機能、遺伝子発現などの変化やエネルギー変化をリアルタイムで計測している。計測結果はまさに驚愕もので、それが本書のベースとなっている。

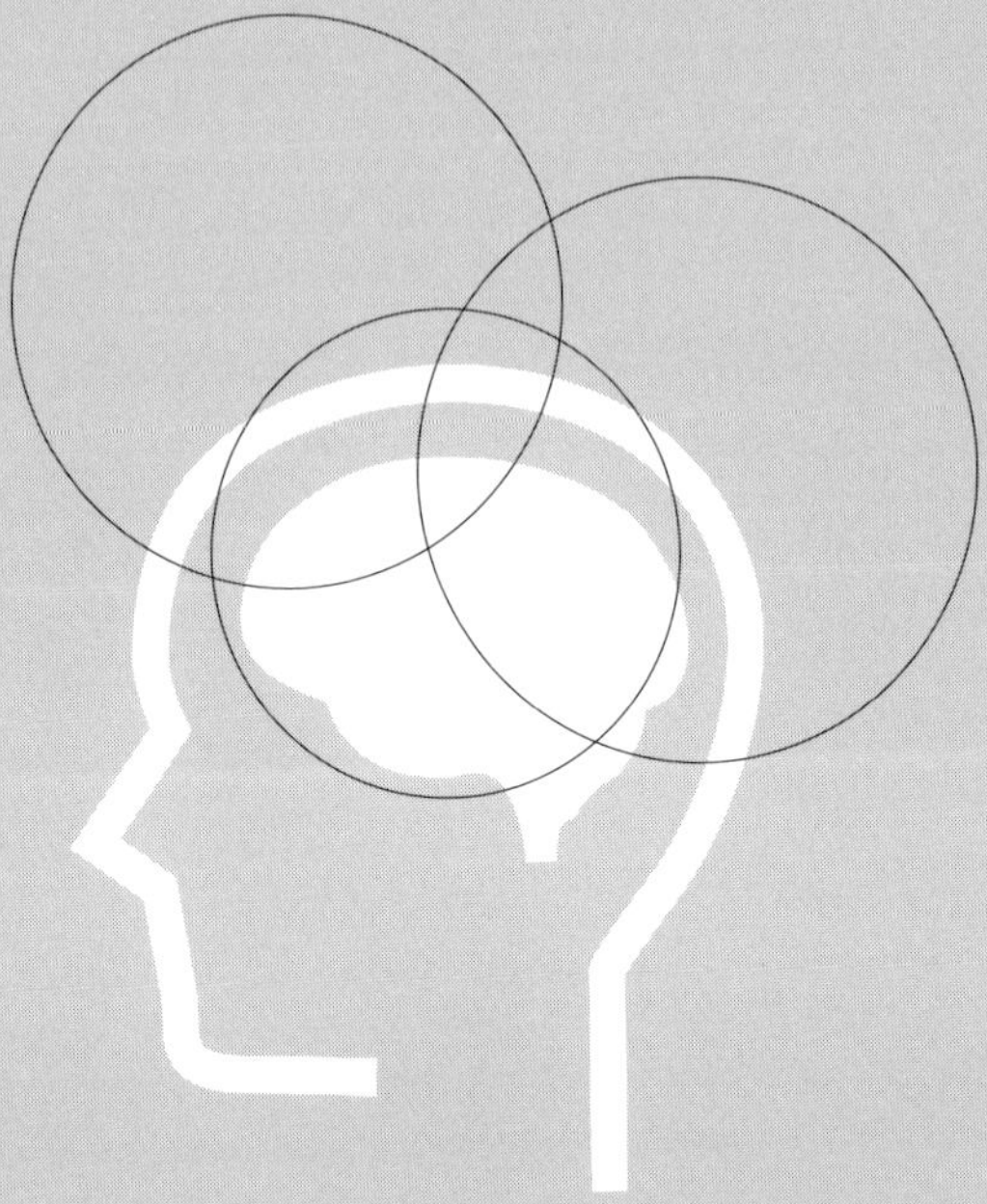

序章

You Are the
PLACEBO
making your mind matter

思考を物質に変える

私の主宰する上級ワークショップの信じ難い成果、そしてそこから生まれた目覚ましい科学的データを目の当たりにして、私のなかにプラシーボという考えが生まれた。プラシーボとは、砂糖でできた錠剤や食塩水の注射液を投与された患者の、何か外的な力が働いているという思い込みが治癒を促す〝偽薬《ぎやく》〟のことだ。

私はこんなふうに考え始めた。「もし人々が偽薬のような外的な物質ではなく、自分自身の力を信じたらどうだろう？　もし人々が自らを自力で変えられると信じ、プラシーボをとっている人と同様な状態に入れるとしたらどうだろう？　私たちのワークショップの参加者たちが自らを向上させるためにやっているのは、まさしくそういうことじゃないか？　自分の状態を変えるために、本当に錠剤や注射が必要だろうか？　プラシーボと同じ治療効果が上がる方法を、教えることはできないだろうか？」

つまるところ、蛇掴《へびつか》みの儀式で牧師がストリキニーネ（訳注：中枢神経を麻痺させる猛毒。微量なら神経刺激薬となる）を飲んでも体に異常が起きないのは、彼の心身の状態が変化しているからではないか？（これについては第一章で詳しい解説がある。）脳内で何が起きているかを測定し、その情報を精査すれば、人々がプラシーボのような外的な物質に頼ることなく、自力で変化を起こすことを教えられるのではないか？　要するに、彼ら自身がプラシーボなのだと教えることはできないか？　つまり、砂糖の錠剤や食塩水の注射薬といった既知の領域で信じられていることに投資する代わりに、未知の領域を信頼し、未知なるものを既知に変えられることを指導できないものか？

こうしてこの本が生まれた。本書の目的は、プラシーボをとらなくても必要なすべての生物学的神経学的機能は、すでにあなたの中に備わっていることを読者に知らしめることにある。私が目指すのは、最先端科学による、より真実に迫る物事の捉え方を使って、プラシーボ効果にまつわるもやもやをすっきりと解消し、人々の心身の状態や外界の状態に望ましい変化を創造するべく、自身の内面を変える力があることを、もっと多くの人々に気づいてもらうことだ。これを聞いてちょっと信じがたいと感じた読者は、本書を読み進むうちに私たちのワークショップでの研究結果から、それが可能な理由もやり方も理解できるだろう。

本書が扱わないテーマ

まず初めに、本書のテーマではないいくつかのことについて触れ、あらかじめ誤解を解いておきたい。第一に、医療行為の一環としてプラシーボを使うことの倫理的意義について本書は関知していない。臨床試験に参加していない患者に対して、薬効のない物質を投与することが倫理的に正しいのかという議論は後を絶たない。目的の正当性に照らせば手段を正当化し得るという議論は、一般論としては一理あるものの、これは本書が意図する内容とはまったく別物だ。『あなたはプラシーボ』は、あなた自身に変化を起こすために、自らが自分の体という乗り物の運転席に座ることについて書かれた本であり、誰かがあなたを騙《だま》して何かを仕掛けることの是非について語るものではない。

この本はまた、何かを否定するものでもない。本書に書かれたどの方法も、あなたの健康状態（それがよくても悪くても）を否定しない。それどころか、この本は不調や疾病を変容させるために書かれている。私の関心事は人々が病人から健康体へと変化する様子を計測することにある。『あなたはプラシーボ』は、現実を拒絶するのではなく、人が新しい現実へと踏み出したとき、何が可能になるかを提示するために書かれている。

読者は、医学的検査結果という率直なフィードバックにより、自分のしていることが奏功しているかが判断できるということを理解するだろう。自分の創造したことの結果が目に見えると、何をすれば同じ結果を生み出せるかがわかり、何度でも同じ結果をもたらすよう注意するようになる。自分のしていることが結果を生み出さないのなら、違うやり方を試し、奏功するまで試行錯誤すればいい。これは科学とスピリチュアリティの合体だ。これとは異なり、否定というのはあなたの内面や周りで起きている現実を直視しないときに起きるものだ。

本書ではまた、多種多様なヒーリングの効用に疑問を差しはさむことはない。世の中にはいろんなヒーリングの手法があり、効果があるものも少なくない。どのヒーリング法にも、少なくとも一部の人々には何らかの計測し得る効能が認められるものの、それらすべてのヒーリング法をリストアップすることは本書の目的ではない。私の目的は、私を虜《とりこ》にしたヒーリング法――思考のみで自らを癒やす方法――を紹介することにある。あなたの役に立つものなら、それが処方薬、外科手術、鍼《はり》治療、カイロプラクティック、バイオフィードバック、セラピーマッサージ、栄養サプリメント、ヨガ、リフレクソロジー、エネルギー療法、サウンドセラピーなど、何であれ、どうぞ続けていただきたい。『あなたはプラシーボ』は、あなたを縛《しば》る自己抑制的思考以外、何物も拒絶しない。

本書の概要

『あなたはプラシーボ』は二つのパートに分かれている。

第一部には、プラシーボ効果を理解するために必要な知識や背景の話を含む、すべての情報が詳細に記されている。脳と体でどんなことが起きているかを紐解き、読者諸氏が**まったく独力で、思考のみにより**、同じような奇跡的変化を創造する方法についても解説する。

第一章では、手始めに、人の意識がどれほどすごい力を持っているかを示す、驚嘆すべきストーリーを共有する。人の思考がどのようにして体のヒーリングをもたらすかの実例をいくつか挙げ、逆に人の思考がどのようにして病気を創出し、死期を早めるかについても例示する。ある男性は癌だと言われたために亡くなったが、死体解剖の結果、癌ではなかったことが判明した。数十年にわたり鬱病に苦しんでいた女性が、抗鬱剤の治験に参加した結果、劇的に快癒したが、実は彼女が飲んだ薬はプラシーボだった。変形性関節症で足を引きずっていた高齢者数名は、嘘《うそ》の膝《ひざ》外科手術により奇跡的に快癒した。この他、ヴードゥー教の呪いや蛇使いについての衝撃的な逸話もご紹介する。それらのドラマチックな話を読者にお伝えする目的は、人には、意識のみで、何の医療的介入なしに、ありとあらゆることをする力があるということを目の当たりにしていただくためだ。それらを読んだあとで、自然に「どうすればできるんだろう？」という疑問が浮かべば御《おん》の字だ。

第二章では、プラシーボに関連する事例を挙げてその歴史を紐解《ひもと》く。一七七〇年代の科学的発見(ウイーンのある医師が考案した、磁石による治療的痙攣《まひ》発作の誘発)から、神経科学者が意識の複雑怪奇な働きを見事に解明してみせた現代までをたどる。ここでご紹介するのは、ある医師が患者との約束に遅れて到着したところ、患者はランプの炎ですでに催眠状態に入っていたことから、催眠療法を開発した話。第二次世界大戦中、痛みに苦しむ負傷兵に打つモルヒネがないため食塩水を注射したところ、絶大な鎮痛効果が上がったという外科医の話。そして日本の精神神経免疫学者のウルシによるかぶれ実験では、実際にウルシに接触したときよりも、ウルシだと言われたが、実際にはウルシではない植物に接触したときに、より強い反応が見られた話など。
またノーマン・カズンズが笑いによって健康を取り戻した話。ハーバード大学の研究者ハーバート・ベンソン医師が超越瞑想法（ＴＭ）の効果の実験により、心臓病患者のリスク軽減に成功した話。イタリアの神経学者、ファブリツィオ・ベネデッティ医学博士が患者に一定の神経化学物質の脳内分泌を促す投薬をしたのち、途中でプラシーボに変えたところ、それ以前と変わらぬ脳内分泌が認められたという話。さらには、医療の形勢を一変させるほど画期的な最新科学情報についてもご紹介する。過敏性腸症候群（ＩＢＳ）患者たちの症状がプラシーボで劇的に改善したというケースでは、患者はそれが薬ではなくプラシーボだと重々承知でありながら改善を果たしている。

第三章では、プラシーボ効果が発動するとき、脳内で何が起きているかという生理学を詳説する。ある意味、プラシーボ効果があがるのは「これで体がよくなるぞ」という新しい考えが「体の不調は今後もずっと続く」というそれまでの考えに上書きされることから起きる。だとするなら、無意識の中で慣れ親しんだ日常の延長線上に、昨日と同じ明日がやってくると予測する思考を変えて、潜在的可能性を現実にできると予測しはじめることもできるはずだ。この話についてこれるなら、あなたには自分の思考パターンや意識の正体について知り、それらがどのように体に影響を与えるかについて学ぶという次の課題が待っている。
あなたがこれまでと同じことを考えている限り、それはこれまでと同じ選択しか生み出さない。

その選択の結果として、これまでと同じ行動が引き出され、その行動は同じ経験しか生み出さず、その経験からは同じ感情しか醸成《じょうせい》されず、その感情は初めにあった思考へとリンクしていくだろう。神経化学的に言えば、このとき、あなたは少しも変化していない。つまりあなたは〝自分が考えている自分〟を、自分に教えているということだ。だがちょっと待ってほしい。あなたは、この先死ぬまでずっと変わらないという運命にはない。私はこの章で神経可塑性について解説し、死ぬその日まで脳には変化する能力がある（新たな神経回路を創出し、新たな連携をする）ことを示したい。

第四章では、体内で起きるプラシーボ効果について扱い、プラシーボ反応の生理学という次のステップへとつなげていく。冒頭でご紹介するのはハーバードの研究者たちによる実験で、ある高齢者集団を集めて一週間過ごしてもらい、その間、自分たちは実年齢より22歳若いつもりで過ごすというもの。一週間後、被験者たちの体には数々の計測可能な生理学的変化が起こり、そのすべてが若返りを示すものだった。それがどのようにして起きたのかについても学んでいく。

そのメカニズムを学ぶにあたり、本章では体に信号を送る遺伝子や、それらがどのように信号を送るかについても解説する。遺伝子に刻まれたことは宿命であり、一生変わらないとされてきた古い遺伝学に新風を吹き込んだ、エキサイティングで新しい後成的遺伝学について学び、意識は本当に新しい遺伝子をコントロールし、新しいやり方で発現させられることを理解していただく。読者諸氏は、人の体には、特定の遺伝子のスイッチをオンやオフにする精緻《せいち》なメカニズムが備わっていることを発見し、要するに、先祖からもらった遺伝子が何であれ、それに縛られていないということに気づくことだろう。つまりあなたは、自らの脳内回路を変え、望む遺伝子のスイッチをオンにして物理的現実に変化をもたらす方法を習得できるということだ。本章では、体が幹細胞（プラシーボ効果の奇跡の背後にある立役者的物質）にどのようにアクセスし、ダメージを受けた部分に健全な新しい細胞を再生するかについて解説している。

第五章では、前の二章を統合し、思考がどうして脳と体を変えられるのか解説する。まずこんな質問から始めよう。「あなたを取り巻く環境が変化すると、その変化に対応するために、あなたは新しい遺伝子に新しい方法で発現するよう信号を送る。だったら、環境が変化するより**前に**新しい遺伝子に信号を送れないものだろうか？」そこで私は**メンタル・リハーサル**と呼ばれるテクニックを使って、明確な意志と高揚した感情（体に未来の経験の予告をするため）を合体させて、現在にありながら未来を体験する方法を指南する。

ここでカギとなるのは、内面で展開する思考を外界の経験以上にリアルに感じることだ。そうすれば、脳はそのバーチャル思考が今、現実に起きているものと勘違いして（未来を現実として）活動し始めるからだ。これを正しく、ある程度の期間実行できたら、あなたは新しい遺伝子に新しいやり方で発動させて遺伝子的変化を起こすことにより、想像上の未来の出来事が今起きているかの如く、体を変えられるだろう。そうなればあなたは未来の新しい現実に一歩踏み出し、自らプラシーボとなれる。本章ではそれが実現する科学的裏づけを概略するほか、多様な分野の著名人たちがこのテクニックを利用して（それと知らずにやっていた人も含め）、夢のまた夢を現実に引き寄せた話にも触れている。

第六章のテーマは催眠暗示の話で、素晴らしいが恐ろしくもある催眠実験の話。ある研究者グループが、ごく一般的で健全な精神を持ち、合法的生活を送る、非常に催眠暗示にかかりやすい被験者に「殺人の意志を持って他人を銃殺する」という、普通は考えられないような行動をプログラミングできるかという、被暗示性実験を行った。

被暗示性の程度は人によってばらつきがあり、被暗示性が高い人ほど無意識にアクセスしやすいということを解説する。これはプラシーボ効果を理解する上でのカギとなる。顕在意識は私たちの意識全体のわずか5％で、残りの95％は無意識領域に収められた一連の自動運転プログラム、つまり体が意識となっている状態を作っているものだ。あなたが新しい思考により新しい結果を引き出し、遺伝子が導く運命を変えたいと願うなら、分析思考のフィルターを超えて無意識領域に分け入り、自動運転プログラムをコントロールするOS（オペレーティング・システム）の書き換えをする必要がある。そしてそのためには、瞑想がパワフルなツールとなることについて学ぶ。本章の最後には、被暗示性が最も高くなる脳波レベルについても解説している。

第七章では、態度、信念、認識がその人の心身の状態を変え、人格（つまりあなたにとっての現実）を変えるということ、そしてそれらを方向転換して新たな現実を創出することについて語り尽くす。無意識が持つ力について、またそこに収められた価値観により、無自覚に考えたり行動したりしていることに光を当てる機会についても書いている。また環境とそこに紐づけられた記憶は、あなたの考えを変える能力を損なうことについても触れている。

あなたの考えや認識を変えるためには、明確な意志と高揚した感情のセットにより、あなたが量子場にある可能性の中から選択した望ましい未来がすでに現実になっていると体に信じ込ませなくてはならないことについて、より詳しく解説している。高揚した感情がなぜ不可欠かというと、それがあって初めて、新しいプログラムが既存の脳内プログラムと体に染みついた古い感情への依存症を凌駕《りょうが》するエネルギーを持ち得るからだ。そして古い脳内回路を組み替え、体内の遺伝子発現を変更し、体を新しい意識に見合うように（古い神経回路を消去して）調整しなおすことが可能になる。

第八章では、量子の宇宙をご紹介する。それは宇宙に存在するすべての原子や分子を構成する物質とエネルギーからなる予測不能な世界で、実際は、物質や固体というより、エネルギー（何もない空間に見える）の世界だ。すべての可能性が今という時間の中に存在する量子モデルは、プラシーボ効果を使ってヒーリングを起こすためのカギとなる。なぜなら、それはあなたにとって望ましい未来を選択することを可能にするものであり、それが、実際に**現実になっていく様子を見守る存在**だからだ。そして向こう河岸《がし》の未知の世界へ、本当に渡れること、あなたにも変化が本当に起こせるということが本章で理解できるだろう。

第九章では、私のワークショップ参加者三名がこのテクニックを使って健康を取り戻した、実に画期的な成果の報告をお届けする。一人目はローリー。彼女は19歳で退行性の骨の希少疾患を患《わずら》い、一生治らないという診断を受けた。ローリーの左足から腰までの骨には、数十年の間に12か所のひびが入り、松葉杖が手放せなかった。しかし今日では杖に頼らず、完璧に健常者のように歩けるようになった。レントゲン画像には、ひびがあった痕跡すら見つからない。

二人目は橋本病と診断されたキャンダス。それは彼女が恨みと怒りに囚われていた時期に患《わずら》った、深刻な甲状腺炎の複合症だった。キャンダスは一生投薬治療を続けなくてはならないと主治医に言われたが、最終的に病を克服し、主治医が間違っていたことを証明した。今ではキャンダスは、新たに手に入れた人生に惚れ込んでいて、血液検査の結果はまったく健康で、甲状腺の薬は一切飲んでいない。

そして最後はジョアン（「はじめに」でも触れた女性）という、5児の母であり成功したビジネスウーマン、起業家でもあり、多くの人にスーパーウーマンと呼ばれた女性だ。彼女はある日突然倒れ、多発性硬化症の末期と診断された。彼女の症状はあっという間に悪化し、両足が動かなくなった。彼女が私のワークショップに初めて参加したときは、わずかな変化しか起きなかった。その後のある日行った、わずか一時間の瞑想の後、何年も足を動かせなかった彼女が、まったくの自力で会場を歩き回って見せた。

第一〇章は、ワークショップ参加者のさらに驚くべき事例に、脳画像診断を添えてお届けする。ご紹介するのはパーキンソン病を克服したミシェル。下半身不随だったのに、瞑想後に車椅子から立ち上がったジョンのストーリー。キャシー（出世街道まっしぐらのＣＥＯ）がどのようにして今という時間を見つけたか、ボニーがどうやって子宮筋腫と重い生理出血を治したかについて。そして、瞑想により至福の境地にたどり着き、随喜の涙を流したジュヌビエーブ。そして脳内オーガズムとしか形容のしようがない経験をしたマリアの話など。

科学者チームがこれらの参加者たちの脳画像を撮り、データを作成した。それを示しながら、ワークショップの最中にどんな変化が起きたかを読者に確認していただく。このデータの一番のポイントは、このような成果を獲得するのに、僧侶や修道女、学者、科学者、スピリチュアルリーダーである必要はないと証明していることにある。医学の学位も博士号も一切不要だ。本書に出てくる参加者たちは皆、市井の一般人だ。この章を読み終わったとき、あなたは、彼らが成し遂げたのは魔法ではなく、奇跡と呼ぶほどのものでもないのだということが理解できるだろう。彼らはただ単純に学んだスキルを実践したに過ぎない。もしあなたが同じスキルを練習すれば、あなたも彼らと同じような変化を起こせる。

——本書の第二部のすべては、瞑想について書かれている。

第十一章は瞑想の準備について概略し、瞑想に役立つテクニックについて解説している。

第十二章は、私がワークショップで実施している瞑想のやり方をステップごとに指導する。これまでご紹介してきた参加者たちが驚嘆すべき変化を起こした際に使ったテクニックとまったく同じものだ。

◇　◇◇　◇◇◇　◇◇　◇

プラシーボの力を使うことに関するすべてが解明されているわけではないものの、今この瞬間にもありとあらゆる人々が、このテクニックを使って尋常でない変化、普通ではおよそ不可能だと考えられるほどの変化を彼らの人生に引き起こしていることを、私は大変うれしく思っている。本書でご紹介するテクニックは体のヒーリングに限定されない。実際あなたの人生のどんな分野の改善、変化にも応用できる。本書を読まれた方々が、私が共有するテクニックを試したいという気持ちになり、普通ではまず無理だと思われるレベルの変化をあなたの人生に起こすことが、本書を書いた私の最大の願いである。

〈注釈〉
私のワークショップ参加者たちが経験したヒーリングの内容はすべて事実であるが、彼らのプライバシー保護の観点から、名前その他の名称は変更されている。

第一部
〈情報〉

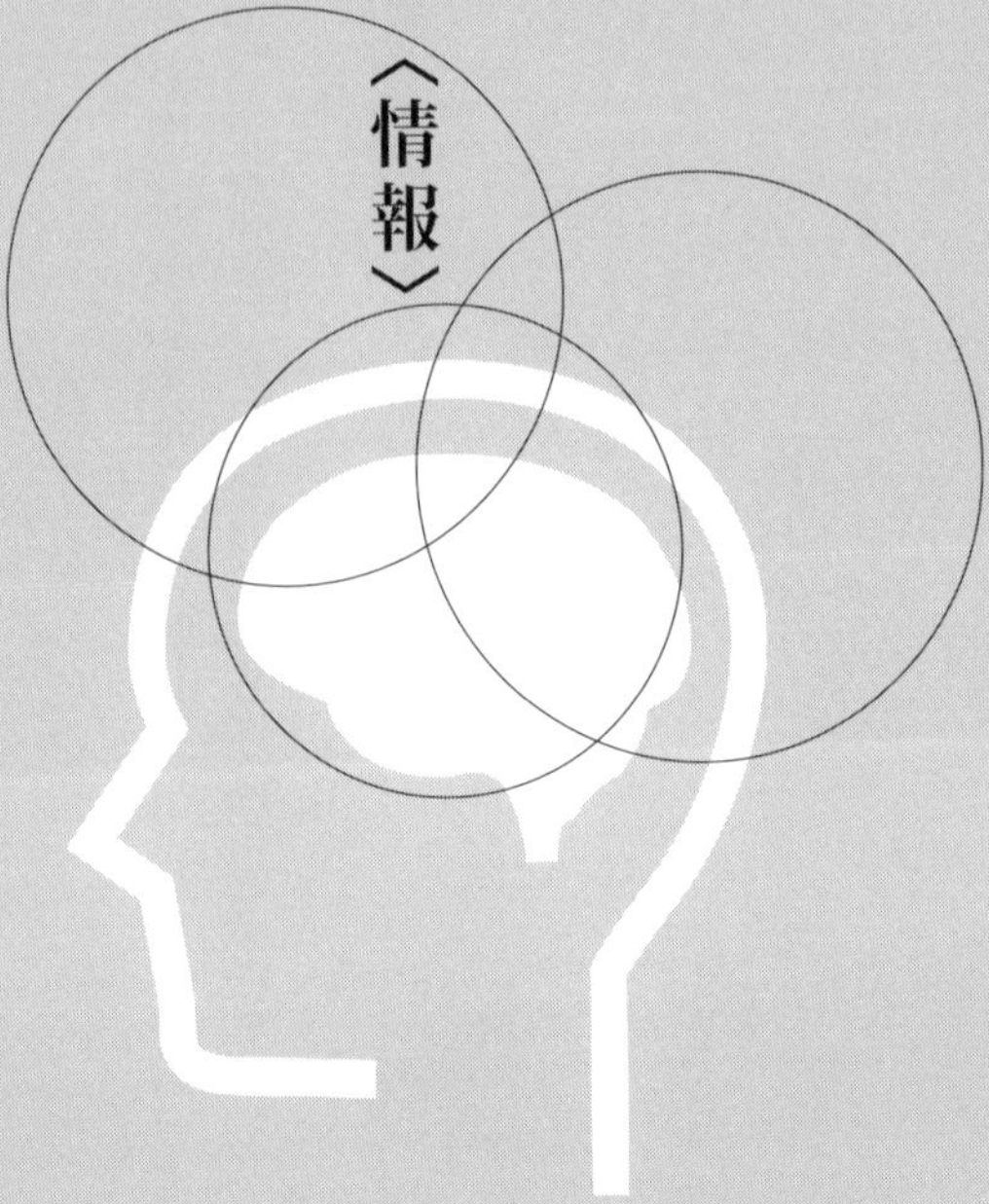

第一章

You Are the

PLACEBO

making your mind matter

そんなことがありえるの？

一九七〇年代初頭、セントルイス郊外に住む、靴のセールスマンを引退したサム・ロンドは、嚥下《えんげ》障害を感じるようになった。(1) しばらくして医者に行くと、医者は彼が転移性食道癌を患っていると診断した。当時の常識で転移性食道癌は不治の病で、一度かかったら生還した例はなかった。その診断は死の宣告と同義のため、担当医はそれなりに重々しい口調でこの宣告をした。

余命を少しでも延ばそうと、担当医はロンドに食道と胃の癌細胞におかされた部分の切除術を提案した。医者を信頼していたロンドはこれに同意し、外科手術を受けた。予測された程度の改善は見られたものの、容体は間もなく悪化していった。そこにロンドの肺の画像が悪いニュースの追い打ちをかけた。転移した癌が肝臓の左葉全体に広がっていたのだ。担当医は悲しい顔で、ロンドの余命は持ってあと数か月だと告げた。

それでロンドと新婚の妻（二人とも70代）は、妻の実家のある、300マイル（約480キロメートル）離れたテネシー州ナッシュビルに引っ越すことにした。引っ越して間もなく、ロンドは地元の病院に入院し、内科医クリフトン・メドーが担当医となった。メドー医師が初めてロンドの病室を訪ねたとき、そこにいたのは毛布の中に小さく丸まって、ほとんど死んでいると思しき髭面《ひげづら》の患者だった。ロンドは無愛想で会話に応じることもなく、看護師はロンドが数日前に入院した当初からずっとこんな様子だと説明した。

ロンドの血液検査結果を見ると、糖尿病のため血糖値は高かったが、それ以外の数値はほぼ正常。肝酵素はほんの少し高かったが、それは肝臓癌患者特有の数値だった。さらなる検査の結果を見ても、それ以上の問題は見つからなかった。余命宣告された哀れな患者にしては福音というべきことだった。新しい担当医の指示で、ロンドは嫌々ながら理学療法、強化流動食、そしてかいがいしい看護と世話を受けることになった。数日後、ロンドは少し元気を増し、不機嫌な態度が減っていった。そしてメドー医師に、自分の身の上話をするようになった。

ロンドの最初の結婚で得た妻は、ロンドにとって、かけがえのないソウルメイトだった。二人は子宝にこそ恵まれなかったが、それ以外では概ね幸福な結婚生活だった。二人ともボートが趣味だったため、定年後には大きな人造湖のほとりにコテージを買った。ある夜半、近くの土製ダムが決壊し、水の壁が彼らのコテージを襲い、押し流してしまった。ロンドは漂流物につかまり、奇跡的に命を取り留めたが、妻はとうとう見つからなかった。

「大切にしていたものを、あのときすべて失くしたんです。」とロンドは医師に言った。「私の心も魂も、あの晩の洪水とともに消えてしまいました。」

妻を亡くして半年経った頃、ロンドはまだ深い絶望の底にいたが、食道癌が見つかり、外科手術をした。そしてそのときに二度目の妻と出会い、再婚した。親切な彼女はロンドの不治の病についても理解して、生きている間は面倒を見てくれると約束してくれた。結婚から数か月経った頃、二人はナッシュビルに引っ越してきた。それ以降はメドー医師も知っているとおりだった。

ロンドが身の上話を終えると、聞き入っていたメドー医師は感嘆し、慈愛に満ちた声でこう言った。「それで、私にどうしてほしいですか?」死が差しせまった患者はしばらく考えてからこう答えた。「今年のクリスマスを妻とその家族と一緒に過ごしたいので、そこまでは生きていたいです。彼らは私によくしてくれましたから。クリスマスまで生きられるように、先生お願いします。私の望みはそれだけです。」メドー医師は、ベストを尽くすと約束した。

ロンドが一〇月下旬に退院したとき、体調は入院時よりずっとよくなっていた。メドー医師は驚きつつ、ロンドの復調を心から喜んだ。その後、一か月に一度の経過観察で、ロンドは会うたびに元気になっていった。しかしクリスマスの一週間後(元日)に、ロンドは妻によって病院に運び込まれた。

メドー医師は、再び死にかかっているロンドを見て驚いた。調べたところ、見つかったのは微熱の他、胸部X線に映った小さな肺炎の病巣だけで、彼の呼吸には何の問題もなかった。血液検査の結果も良好で、その他の生検の結果もすべてネガティブだった。メドー医師は抗生物質を投与し、酸素吸入をして回復を図ったが、それから24時間を持たずにサム・ロンドは死んだ。

この話は末期の癌患者によくある残念な顛末《てんまつ》だ、と思うだろう？

ところがそう簡単ではない。

その後病院でロンドの遺体解剖を行ったところ、不思議なことが分かった。彼の肝臓は癌細胞だらけ、ではなかった。肝臓の左葉にごく小さい癌の塊、それに肺にもっと小さい癌が一つあるだけだった。真実を言えば、どちらの癌も彼の命を奪うほどのものではなかった。しかも食道周辺には何の異常も見られなかった。セントルイス病院で撮った肝臓の画像から見つかった異常は、明らかに間違いだった。

サム・ロンドの死因は食道癌でも肝臓癌でもなかった。もちろん再入院した際に患っていたごく軽い肺炎のせいでもなかった。彼は、身近な人々全員が、〝彼は死ぬものと思っていた〟というきわめて単純な理由で亡くなった。セントルイスの病院の担当医は、ロンドが死ぬと宣告し、ナッシュビルのメドー医師もまた、彼が死にかかっていると思った。ロンドの妻も実家の家族も皆、彼には死が迫っていると思っていた。サム・ロンドは思考だけで死んだと考えることは可能だろうか？思考はそれほどパワフルだなんてことがあり得るだろうか？もしそうなら、この話はそれほどレアケースと言えるだろうか？

プラシーボの過剰摂取なんてあるの？

26歳の大学院生フレッド・メイソン（仮名）は、彼女と別れてすっかり落ち込んでいた。[2] そこでたまたま目にした抗鬱剤《こううつざい》の新薬の臨床試験の募集広告に応募することにした。彼は過去にも四年ほど鬱病を経験していて、当時の医師に処方された抗鬱剤アミトリプチリン（エラヴィル）には強い眠気と痺《しび》れという副作用があったため、途中で服用をやめざるを得なかった。彼にはその処方薬が強すぎたので、もっと副作用の少ない新薬を試してみたかった。

治験が始まり一か月が経った頃、彼は別れた彼女に電話をしてみようと思い立った。そして電話で口論になり、メイソンは怒りに震えて電話を切った。メイソンは衝動的に治験薬の瓶に残っていた29錠を全部飲んで自殺を図った。しかしすぐに後悔し、家の外に飛び出し、必死に助けを求めた。隣家の人が叫び声を聞いて外に出てみると、メイソンが地面に倒れていた。

メイソンは身もだえしながら隣人に、ひどい間違いを犯して服薬自殺を図ったが、本当は死にたくないと訴えた。病院に連れて行ってほしいと頼むと隣人は了解した。緊急救命室に着いたとき、メイソンは真っ青で汗まみれ、血圧80／40、心拍数１４０だった。激しく浅い呼吸の中でメイソンは「死にたくない！」と叫び続けた。

医師が診察をすると、低血圧、速い心拍と呼吸を除けば、メイソンには何も悪いところが見つからなかった。にもかかわらず、彼は昏睡に陥りそうな、ろれつの回らない話し方をした。医療チームは彼に生理食塩水の点滴をつけ、血液検査と尿検査をした上で、何の薬を飲んだのか訊ねた。メイソンは薬の名前を憶えていなかった。

彼は医師たちに、自分が飲んだのは臨床試験中の抗鬱剤の治験薬だと告げた。そして空の瓶を渡すと、そこにはなるほど臨床試験の情報がラベルに記載されていたが、薬品名は見当たらなかった。病院では検査結果を待つ間、症状が悪化しないようにバイタル（血圧、心拍、呼吸といった生命兆候）をモニタリングしながら治験の研究者に連絡した。

4時間後、検査結果はまったく正常だったことが判明した頃、治験の担当医が病院に到着した。医師はメイソンの空瓶に書かれたコードから治験の詳細記録を調べた。そして言ったことには、メイソンが飲んだ薬はプラシーボで、薬品は一切含まれていないということだった。ものの数分で、メイソンの血圧と心拍は奇跡のように正常値に戻った。そして魔法のように、ろれつの回らない口調もひどい眠気も収まった。メイソンはノシーボ（無害にもかかわらず、強い期待によって有害の効果を生む物質）の犠牲となった。

掌からこぼれるほどの量の抗鬱剤を一度に飲んだら陥《おちい》るであろうと彼が考えた症状に、その思い込みだけで実際に陥るなどということが可能だろうか？　サム・ロンドのケースのように、メイソンの意識が体をコントロールし、予測した未来のシナリオを現実に引き起こすほどのパワーを持ち得るのだろうか？　それが普段はコントロールが及ばない無意識領域もコントロールしなくてはならないとしても可能だろうか？　もし可能だとしたら、思考によって病気になるのと同じように、思考によって病気を治すことも可能なのではないか？

慢性鬱病が魔法のように解消した

カリフォルニア在住の46歳のインテリアデザイナー、ジャニス・シェーンフェルドは、ティーンエイジャーの頃からの鬱病に悩まされてきた。一九九七年に新聞の広告を見るまで、彼女は症状をずっと放置してきた。ＵＣＬＡの神経精神病学研究所がベンラファクシン（イフェクソル）という抗鬱剤の新薬の治験ボランティアを募集していたのだ。シェーンフェルドの鬱病は、自殺を考えるほど悪化していたので、治験の募集というチャンスに飛びついた。

シェーンフェルドが研究所を訪問すると、技師は彼女の脳波記録（ＥＥＧ）を45分間測定した。それから病院の薬局から錠剤をひと瓶もらい、帰された。五十一名の被験者を二つに分け、一つ目のグループには新薬が、残りのグループにはプラシーボが渡されることを彼女は知っていた。選別はランダムで、シェーンフェルドはもちろん医師たちですら、どちらが処方されたかを知るすべはなかった。どちらを処方されたかは、治験終了後まで明らかにされないことになっていた。しかしそのときのシェーンフェルドにとって、そんなことはどうでもよかった。何十年も悩まされてきた臨床的鬱病（突然何の理由もなく泣き出すといった症状）からついに解放される糸口が見つかるかもしれないという期待に胸が躍った。

シェーンフェルドは八週間の治験期間中、毎週通院することに合意した。そして行くたびに、どんな気分かといった類いの質問票に記入し、数回にわたり脳波記録を取った。薬を飲むようになって間もなく、シェーンフェルドの気分は劇的に改善し、それはかつて経験したことがないほどだった。同時に吐き気も起こったが、吐き気は治験薬によくある副作用の一つとして挙げられていたので、それはむしろ良いニュースだった。鬱病が改善し、副作用も起きているのだから、彼女が飲んでいるのは新薬に違いないと思った。毎週会っている看護師ですら、彼女のあまりの変化に驚き、飲んでいるのは新薬だと確信した。

やがて八週間が過ぎ、研究者の一人が衝撃的な真実を発表した。薬を飲んだおかげで自殺願望がなくなり、新しい人生が始まったように感じていたシェーンフェルドは、プラシーボのグループだったのだ。彼女は床に崩れ落ちた――医者が間違えたに決まっている。何年も苦しめられてきた息詰まるほどの鬱病が、砂糖粒をひと瓶飲んだだけで、あれほど気分爽快に完治するなんていうことがあるはずがないと思った。副作用まであったではないか！　リストの名前が混ざってしまったに決まっている。そう考えたシェーンフェルドは医師に記録を見直すようせまった。医師は快活に笑いながら「あなたが持ち帰り、人生を取り戻したあの瓶にはプラシーボ錠剤しか入っていませんでしたよ」と答えた。

ショックに座り込んだシェーンフェルドに医師は、本当の薬を飲まなかったからと言って、彼女が経験した鬱症状やその改善は想像によるものではなく、彼女を回復させたのはイフェクソルではなかったというだけのことだと主張した。

そんな経験をしたのは彼女一人ではなかった。統計によると、プラシーボ・グループでは38％、イフェクソルを服用したグループでは52％が改善した。そして残りの研究結果が出されたとき、驚愕したのは研究者の番だった。プラシーボによって改善が見られたシェーンフェルドのような患者たちは、単に改善したつもりになっていたのではなく、実際に脳波の波形が変化していたのだ。治験の期間中にたびたび測定した脳波記録には、前頭前野の活動（鬱《うつ》病患者の場合非常に不活発な領域）が顕著に向上しているという所見が見られた[3]。

かくしてプラシーボ効果は、シェーンフェルドの意識だけでなく、現実に生体的変化ももたらした。言い換えると、症状改善は単に彼女の意識にとどまらず、脳内にも及んでいたということだ。彼女はよくなった気がしたのではなく、本当によくなったのだ。治験終了後のシェーンフェルドの脳は、投薬も他の行動も何ら介在することなく、文字通り別物になっていた。彼女の体を変化させたのは彼女の意識だった。あれから十数年経った今も、シェーンフェルドは快適に過ごしている。

ただの砂糖粒が長年のしぶとい鬱病を快癒させるだけでなく、吐き気のような副作用までもっともらしく引き起こすことがどうして可能なのだろうか？　その同じ不活性物質が脳内回路の発火の仕方を変え、鬱病の影響を受けている前頭前野の活動を促《うなが》す力があるとはいったいどういうことだろうか？　主観的意思が本当に測定可能な客観的生理学的変化を生み出せるのだろうか？　そんなふうに、本当の薬を上手に真似るかのようにプラシーボが奏功するとき、体や意識には何が起きているのだろうか？　これと同じような驚異的ヒーリング効果は、慢性の精神疾患だけでなく、癌のような致死率の高い疾病でも奏功するだろうか？

〝奇跡の〟ヒーリング　光が見え、再び見えなくなった

一九五七年、ＵＣＬＡの心理学者ブルーノ・クロプファーが査読済みの専門誌に、末期の悪性リンパ腫（リンパ球の癌）患者ライトの話を発表した。(4)　記事によると、彼の腫瘍は首、足のつけ根、腋の下などにあり、どれも巨大でオレンジ大のものもあった。既存の抗癌剤はどれも奏功せず、彼は何週間も〝熱っぽく息苦しそうな寝たきり生活〟を余儀なくされていた。主治医のフィリップ・ウェストはもう助からないと思ったが、ライト本人は違った。ライトが入院しているカリフォルニア州ロングビーチの病院は、たまたまクレビオゼンという馬の血液から作った新しい抗癌剤の治験

を行っている、全米一〇か所の指定医療機関の一つだった。それを知ったライトは喜んだ。彼は来る日も来る日もウェスト医師を粘り強くせっついて、とうとう治験薬の一部を分けてもらうことになった（この治験の参加条件である余命最低三か月以上という対象者の条件を満たさなかったライトは正式に参加できなかった）。

こうして金曜日に初めてクレビオゼン接種を受けたライトは、翌週月曜日には病室を歩き回り、看護師たちと笑って冗談を言い合ったりしてまったくの別人になった。ウェスト医師の報告によると、ライトの腫瘍は〝熱いフライパンに載せた雪玉のように〟解けていったという。三日も経たないうちに腫瘍は半分に縮小し、一〇日後にはすっかり消えたのでライトは退院した。まるで奇跡のストーリーだ。

しかしその二か月後、クレビオゼンの治験を行った一〇の医療機関の評価が報道され、結論は「効果なし」だった。それを読んだライトは記事を真剣に受け止め、「新薬には効果がない」という考えを受け入れると、すぐさま腫瘍の再発が始まった。ウェスト医師は、ライトが一度快癒《かいゆ》したのはプラシーボ効果によるものだと考えていた。この先治る見込みのないライトにとって、ウェスト医師が〝ある試み〟を実行することで、ライトが失うものは何もなく、やってみる価値は十分にあると考えた。そこでウェスト医師はライトに、「報道を信用しないでください。実は今回あなたの腫瘍《しゅよう》が再発したのは、あなたに投与されたクレビオゼンがたまたま問題のあるサンプルだったからだと判明しました」と告げた。そして「新しく最強に作り直した、二倍の薬効のある改良版クレビオゼンが近々病院に届くことになっています。それが届きしだい、あなたに投与します」と。

再び治る希望を得たライトは大喜びし、数日後に注射を受けた。しかしこの時ウェスト医師の注射器の中にあったのは新薬でも治験薬でもなく、ただの蒸留水だった。

ライトの腫瘍は再び魔法のように消滅した。彼は嬉々として退院し、腫瘍のない体で二か月快適に過ごした。ところが米国医師会が、クレビオゼンにはまったく効果がないという宣言を発表した。〝医学界は騙《だま》された。奇跡の新薬はまやかしで、ただのアミノ酸入りの鉱物油以上の何物でもなかった〟と。その後製薬会社は起訴された。このニュースを聞いたライトの腫瘍は再び息を吹き返し、彼はもう健康でいられると信じなくなった。希望を失い、再入院したライトは二日後に亡くなった。

ライトは一度ならず二度までも、ものの数日で、何らかの作用により自らの状態を〝腫瘍のない体〟へと変化させたのだろうか？　もしそうなら、彼の体は新しい意識に自動的に反応したのだろうか？　そして新薬には価値がないと聞いたとたんに、自らの状態を〝腫瘍のある体〟へと戻したのだろうか？　その際は腫瘍をなくしたときと同じように体内に化学変化を起こし、元の腫瘍だらけの体へと変化させたのだろうか？　そのような、錠剤や注射による薬剤投与にとどまらず、外科手術のような大掛かりな医療行為を受けたときのような生化学的変化を起こすことは可能なのだろうか？

実施されなかった膝《ひざ》手術

一九九六年、テキサス州ベイラー大学医学部の整形外科医であり、ヒューストン地域の整形外科スポーツ医学の権威の一人、ブルース・モスリー医師が一〇名のボランティア（全員が変形性膝関節症を患う退役軍人）に関する実験的研究の記事を発表した。[5] ボランティアは足を引きずる、杖をつく、あるいは歩くのに何らかのサポートを必要とする重症者がほとんどだった。

この研究は膝関節鏡視下手術と呼ばれる外科手術に関するものだった。膝関節鏡視下手術とは、患部に麻酔をして小さな切込みを入れ、関節鏡と呼ばれる光ファイバー機器を挿入し、外科医が患者の膝関節の状態を詳しくみるという一般的な手術を指す。この手術で医師は炎症や痛みの原因と思われる、軟骨の変形部分を削ったり、骨の破片を取り除いたりする。当時は毎年約七十五万人の患者がこの手術を受けていた。

モスリー医師の研究では、ボランティア一〇名のうち二名が**創面切除術**《デブリードマン》（膝関節の軟骨の壊死《えし》組織を除去する）と呼ばれる標準的外科手術、三名には**洗浄**（高圧水流を膝関節に当て、腐敗した関節炎組織を洗浄する）を行い、残りの五名には**偽手術**（モスリー医師が外科用メスで器用に皮膚を切開したのち一切の医療行為を行うことなくそのまま縫合《ほうごう》する）を施した。この五名には関節鏡も軟骨組織の除去も破片の除去も洗浄も行《おこな》わず、ただ切開してそのまま縫合するだけだ。

術前の段取りは全員同じだ。患者は手術室に運ばれ、モスリー医師が手術の準備をする間に全身麻酔を施される。外科医が手術劇場に入場すると、そこには封のされた封筒が置かれていて、封筒を開けると、手術台に寝ている患者がランダムに選ばれた三グループのどれに属しているかがわかるようになっている。モスリー医師は、その日どんな手術をするのか封を開ける瞬間まで分からない。

外科手術のあと、一〇名全員に痛みの軽減と、可動性の改善が見られた。事実、偽手術を受けた五名も、創面切除や洗浄を行った五名と遜色《そんしょく》ない改善を見せた。一〇名の術後の状態に違いは何一つなく、六か月後も同様だった。そして六年後、プラシーボ手術を受けたうちの二名がインタビューを受けた。二名とも健常者のように歩き、痛みもなく、可動性が増したと言った。(6) 彼らは日常の活動に何の支障もなく、六年前に手術を受ける前にはできなかったことができるようになったと口をそろえた。

この結果に大いに感銘を受けたモスリー医師は二〇〇二年、今度は患者一八〇名を対象に同じ実験を実施し、術後二年の経過を調査した。(7) 前回同様、手術の結果、三グループ全員の膝がそろって改善し、痛みや足の引きずりが解消した。実際に手術をした二グループと、プラシーボ手術のグループの間に差異はなく、二年後も同様だった。

これらの患者たちは、ただ単に外科医や病院、そしてピカピカの最先端機器でいっぱいの手術室が持つヒーリングパワーを信じていたから治った、などということがあり得るだろうか？　彼らは膝が完璧に修復された自分の未来をイメージし、その可能性に素直に従い、文字通り、その未来に向かって歩き始めたからではないだろうか？　モスリー医師の行為は結果的に見れば、白衣を着た現代のシャーマンそのものではなかろうか？　そしてたとえば心臓手術のような、もっとハイリスクな疾患でも、これと同じような成果が得られないものだろうか？

偽の心臓手術

一九五〇年代後半、二つの研究者グループが狭心症の当時の一般的外科手術とプラシーボを比較する実験を行った(8)。これは今日最も一般的とされる**冠動脈バイパス手術**が導入されるよりずっと以前の話だ。その当時、ほとんどの心臓病患者が受けていたのは**内胸動脈結紮**《けっさつ》と呼ばれる術式で、損傷した冠動脈を露出させ、それを縛って血流を止めるというものだ。これは、もしそのように血流をブロックすると、心臓に入る血流が増加し、体は必要に迫られて新しい血管通路を生じさせるのではないかという仮説に基づくものだ。この手術を受けた患者の大多数に有意な成果が見られ、大成功を収めたものの、新しい血管通路が生まれたという確かな証拠は見つからなかった。二つの研究は、これを解明するために生まれたものだ。

カンザスシティとシアトルの二つの研究者グループは、それぞれ患者を二つのグループに分けた。第一グループには標準的な内胸動脈結紮術を施し、第二グループには偽手術（外科医は第一グループと同じように、手術をする手順として小さな切込みを患者の胸に入れ、内胸動脈を露出させたのち、何もせずそのまま縫合する）を行った。

二つのグループの術後の結果は驚くほど似通っていた。実際に手術を受けた患者の67％の痛みが緩和し、薬の量が減った。そして偽手術を受けた患者の83％が同様の改善を示した。プラシーボ手術の結果のほうが、実際に手術を受けたグループの結果よりも良好だったのだ！

偽手術を受けた患者たちは、手術を受けたから元気になれると信じたため、その期待と信念のみにより、実際に改善したなどということが可能なのだろうか？　もしそうなら、私たちが日頃考えていること、それがポジティブであれネガティブであれ、自分の体や健康について思うことはどれほどの影響があるだろうか？

捉え方がすべて

人の寿命を含め、健康状態は本人の物事の捉え方によって大きく変わってくることは、たくさんの調査研究が示すところである。たとえば、二〇〇二年にメイヨークリニック（米国ミネソタ州）が四四七名の被験者を三〇年にわたり経過観察したデータによると、楽観主義者は精神的にも肉体的にも、そうでない人より健康だということが分かっている。[9] 楽観主義者《オプティミスト》とは、文字通り最良《オプティマル》を意味し、彼らは自らの未来の最良のシナリオを思い浮かべ、そこに意識を向ける人々だ。楽観主義者は基本的に健康・精神状態がよい――そうでない人々と比べると痛みは軽く、生命力が豊かで、社会活動を楽しんでいて、ほとんどの場合、幸福で穏やかで平和な気分でいる。このため、楽観主義者は大体において日常に問題を抱えていない。メイヨークリニックでは、この研究の前にもう一件の調査を行っている。三〇年間にわたり八〇〇名を対象に観察したもので、楽観主義者は悲観主義者より長寿であるという結論を示していた。[10]

イェール大学の研究者グループは五〇歳以上の被験者六六〇名を対象に、最長二三年間にわたり調査研究を行った。それによると、加齢を肯定的に捉えた人々は、否定的に捉えた人々より、平均して七年以上長く生きたということだ。[11] 物事の捉え方はとりわけ寿命に影響し、血圧、コレステロール値、喫煙、体重、運動量にはそれほど影響が見られなかった。

より焦点を絞った、心臓病と物事の捉え方の相関関係に注目した研究もある。ほぼ同じ時期にデューク大学の研究チームが八六六名の心臓病患者を対象に行った調査では、習慣的にポジティブ志向の患者の十一年生存率は、習慣的にネガティブ志向の患者より20%高いことが分かった。[12] もっと顕著な結果が出たのは、ジョージア医科大学の学生二五五名を二十五年にわたり調査したものだ。被験者の中で最も非友好的・短気な人々は、冠動脈性心疾患になる確率が、それ以外の被験者の5倍だった。[13] 米国心臓協会の二〇〇一年度の年次科学会議に発表された、ジョンズホプキンズ大学の研究結果でも、家族の既往歴によりハイリスク認定された成人にとって、ポジティブ志向は心臓病対策として、知り得る限り最強の防御であると結論づけている(14)。この結果は、物事の捉え方というものは、正しい食習慣や適度な運動、体重管理と同等あるいはそれ以上の効力を持つことを示している。

私たちの日常的な心の状態、たとえばいつも楽しく愛情深いとか、他人に批判的で否定的だとかいった習慣的な思考や感情の傾向が、その人の寿命を決める要素の一つだとしたらどうだろう？今の私たちの心の持ちようを変えることは可能だろうか？もし可能なら、新しく取り入れた意識状態は、それまでの経験によって形作られた古い思考や感情の傾向を**無効化**できるだろうか？また、何か悪いことが再び起きると予測することが、実際にそれが現実になるように働きかけてはいないだろうか？

針が刺さる前に吐き気がする

米国国立癌研究所によると、化学療法《キモセラピー》を受けている患者に、化学療法を連想させるような匂いや画像を見せると、患者の29％が〝期待的吐き気〟と呼ばれる症状を起こすという(15)。化学療法を開始する前に、約11％の患者は強い吐き気に襲われ、実際に嘔吐する。化学療法を受けるために病院に向かう車中で、病院に着く前から気分が悪くなる患者や、処置を受ける前の待合室で嘔吐する患者もいる。

ロチェスター大学癌センターが二〇〇一年に発行した専門誌『痛みと症状管理ジャーナル』に掲載された論文によると、吐き気を予測することが、実際に吐き気を経験する最大の因子となっていると結論づけている[16]。この研究では、（化学療法の後には恐らく吐き気がするだろうと医師に言われるため）「化学療法を受けると吐き気がするだろう」と予測した患者の40％が、処置が始まる前から吐き気を経験している。「化学療法を受けた後どうなるかわからない」と言った患者の13％が、吐き気を経験している。しかし「化学療法の後で吐き気がする」という予測をしなかった患者のうち、実際に吐き気を経験した患者は一人もいなかった。

「化学療法の薬物投与を受けると必ず吐き気がする」と確信している患者は、どうしてまだ始まってもいないうちから、ひどい吐き気に悩まされるのだろうか？　もしかしたら、彼らの思い込みの強さこそが、吐き気を引き起こす元凶だと考えられないだろうか？　化学療法を受けた患者の40％にそれが当てはまるのなら、同じ40％の人々が、自分の体調やその日がどんな日になるかについての考えを変えさえすれば、簡単に吐き気を克服できるのではないだろうか？　患者の考えひとつで、自分の体調を良くも悪くもできるのではないだろうか？

消化機能障害が消えた

少し前のことだが、オースティンで飛行機を降りようとしていたとき、ある女性が読んでいた本が私の目に留まった。乗客が皆立ち上がり、降りる準備をしているときに、その本は彼女の鞄の上に置かれていた。タイトルは『信じること《ビリーフ》』。彼女と目が合った私は微笑み合い、本の内容について訊ねてみた。

「キリスト教と信仰についてです。どうしてですか?」と彼女は訊き返した。「今、私はプラシーボ効果についての本を執筆中で、その本の全部が〝信じること〟についてだからですよ」と私は答えた。

「こんな話があるんです」と彼女は語り始めた。数年前、彼女はグルテン不耐症、セリアック病、大腸炎、それ以外にも複数の病名を診断され、慢性的な痛みに悩まされていた。それぞれの病気について調べた彼女は複数の専門家を訪ね、助言を求めた。専門家は避けるべき食物、服用すべき処方薬を勧め、彼女はそれに従ったが、それでも全身の痛みはなくならなかった。彼女は痛みの他、睡眠障害、皮膚発疹、ひどい消化機能障害、その他にも多数の不快な症状を抱えていた。数年後、彼女はかかりつけの病院を変え、そこで血液検査をした。検査結果はすべての項目で正常だった。

「すべての数値が正常で、私には悪いところが何もないと知ったあの日、ああ私は健康だ、と考えたんです。すると不快な症状が全部消えてなくなりました。突然素晴らしい気分になり、食べたいものを何でも食べられるようになりました。」微笑みながら身振り手振りを交えて語った後、彼女はこうつけ加えた。「あなたは何を信じる？」

自分についての思い込み《ビリーフ》を180度覆《くつがえ》すような新しい情報を聞くことで、不快な症状を一掃できるというのが真実なら、私たちの体の何がそれを可能にしているのだろうか？ 意識と体は具体的にどこでどんなふうにつながっているのだろうか？ 新しい信念《ビリーフ》が、実際に私たちの脳と体の化学的組成を変化させ、脳内回路の再編を行《おこな》って、私たちが考える自分像を変え、遺伝子発現を変えることは可能だろうか？ それは事実上別人になることではないか？

パーキンソンVSプラシーボ

パーキンソン病というのは、中脳の**脳幹神経節**と呼ばれる部分（身体動作をつかさどる）にある神経細胞が緩やかに退化していく神経障害だ。この痛ましい病気を患う人の脳は、脳幹神経節が正しく機能するために不可欠なドーパミンという神経伝達物質を十分に作れない。現在のところ不治の病であるパーキンソン病の初期症状には、筋肉の硬直、震え、歩き方や話し方の変化などの運動機能障害が起こり、自分ではコントロールできない。

カナダ、バンクーバーのブリティッシュコロンビア大学の研究チームが行った研究では、あるパーキンソン病患者グループが、「症状を著しく改善させる薬を投与する」と告げられた。[17] 実際のところ、それはただの生理食塩水注射で、プラシーボだった。にもかかわらず一切の薬物を使うことなく、投与された患者のうち半数の運動機能が著しく改善された。

研究者たちは患者に何が起きているのか詳しく知るために脳スキャンを行った。そこでわかったのは、プラシーボが奏功した患者の脳では実際にドーパミンが作られていて、その量は実に処置前の200%という伸びだった。これと同じ効果を上げるためには、ドーパミンを増やす働きを持つアンフェタミン（中枢興奮作用）を最大量投与しなくてはならない。

〝改善への期待を抱く〟というたったそれだけの行為が、パーキンソン病患者のそれまで使われて来なかった、ドーパミンをつくる力――患者の体が改善するためにまさに必要とされる機能――を解禁するトリガー（引き金）となっているようにみえる。もしそれが真実なら、思考のみによって脳がドーパミンをつくれるようになる過程とはどんなものだろう？　明確な意志と高揚した感情の状態という二点セットが作る新しい脳内環境が、ある状況下で実際に（脳内の薬局を活性化し、かつては私たちの手が届かないとされていた病気の遺伝的因子に手を加えることで）無敵の存在にしているのではなかろうか？

毒蛇とストリキニーネ

アパラチア山脈の奥地に、〝蛇掴み〟の宗教儀式を100年続ける孤立地帯がいくつか存在している。(18) ウェスト・バージニア州以外では違法行為とされているが、職務に忠実な全米各州の地元警察でも、この儀式を黙認していると言われる。礼拝の日、信徒たちが粗末な小さい教会に集まると、牧師がブリーフケースの形をした木製の施錠された箱を一つかそれ以上持って現れる。箱には蝶番《ちょうつがい》のついた透明なプラスティック製の扉があり、空気穴が開いている。牧師は細心の注意を払って箱を祭壇、または集会所の前の説教壇の辺りに置く。すると、カントリー&ウェスタンとブルーグラス（訳注：米国アパラチア南部入植者の伝承音楽をベースにしたアコースティックなストリングバンド音楽のこと）を混ぜたようなテンションの高いメロディに、救済とイエス・キリストへの愛に関するきわめて宗教的な歌詞をつけた音楽が始まる。キーボードやエレキギターにドラムセット、若いアマチュアバンドが羨《うらや》むほどの楽器編成でミュージシャンたちが情感たっぷりにライブ演奏をすると、信徒たちもタンバリンを振り、トランス状態になる。場内のエネルギーが高揚してきたころあいを見計らって、牧師は説教壇の上に置かれた入れ物に点火し、その炎に手を伸ばしてかざし、炎の先端が掌を舐《な》めるように手を動かす。次に炎の入った入れ物を手に取り、肘《ひじ》から指先までの素肌に炎をゆっくりと這《は》わせていく。これが牧師のウォーミングアップだ。

信徒たちは体を揺らし、互いの体に触れながら異言（訳注：宗教的高揚状態にある人が聖霊の働きによって話す意味不明の言葉）を話し始める。そして救い主を讃《たた》える音楽に合わせてジャンプやダンスをする。この状態で信徒たちは聖霊に乗り移られ、〝聖別〟（訳注：人を儀礼的に清め、世俗から区別すること）された。ここで牧師があの施錠された箱を開けることになる。扉を開け、手を差し入れて毒蛇を取り出す。蛇はたいていガラガラヘビ、ヌママムシ（訳注：北米の水棲大型毒蛇）、またはアメリカマムシが使われる。牧師もダンスをしてひと汗かきながら、生きた蛇の真ん中辺りを掴むため、恐ろしいことに牧師の頭や喉に蛇の頭が届きそうになる。

彼はひっきりなしにダンスをしながら、蛇を空中に高く掲げては自分の体に近づける。真ん中を掴まれた蛇は、尻尾側を牧師の腕に巻きつけ、頭側をくねくねと旋回させている。牧師はここで二匹目、三匹目の蛇を箱から取り出し、信徒は男も女も、聖霊に促《うなが》されたと感じる者から牧師に倣《なら》って蛇を掴《つか》みに行く。礼拝によっては、牧師自らストリキニーネなどの毒をコップで飲むが、毒にやられることはない。

蛇を掴んでいるうちに噛《か》まれることもときにはあるが、何千回と繰り返されてきた礼拝で、ひとかけらの恐怖心も持たない信徒たちが、熱気に包まれてあの扉つきの箱に手を伸ばしていることを考えれば、頻度は高くない。噛まれたとしても必ず死ぬわけではないし、すぐに病院に駆け込むことはない。病院よりも、信徒たちが噛まれた当人を囲んで祈りを捧げるほうを選択する。信徒たちがほとんど噛まれないのはなぜだろう？　噛まれても思うほど死なないのはなぜだろう？　噛まれれば必ず死に至る猛毒を持つ生き物を恐れない心の状態に、彼らはどうやって入るのだろう？　その心の状態はどんなふうに彼らを守っているのだろう？

緊急事態に陥ったときに極限ともいえる強さを発揮する、いわゆる〝火事場の馬鹿力〟というものがある。二〇一三年四月、オレゴン州レバノンに住む16歳のハンナ・スミスと14歳の妹ヘイリーは、３０００ポンド（１３６０キログラム）のトラクターを持ち上げ、下敷きになった父親ジェフ・スミスを救い出した(19)。火渡りはどうだろうか？　先住民たちの儀式である、燃える石炭の上を素足で歩く火渡りを、欧米人がワークショップでやっている。あるいはカーニバルの見世物やジャワのトランスダンサーたちがガラスをバリバリ噛んで飲み込んでしまうパフォーマンスはどうなんだろうか？（これはガラス摂食という異食症）

こういう、いかにも超人としか思えない行為がなぜ可能なのだろうか？　またこれらに共通する必須条件というものがあるのだろうか？　彼らは不屈の信念と集中力で、環境の限界を超越できるように自らの体を変えているのだろうか？　蛇掴みや火渡りをする人々に力を授ける、石のように固い意志が逆の方向にも使われるとしたら、自分では気づくことなく、自らを傷つけたり、死んだりすることがあるだろうか？

ヴードゥーの呪い封じ

一九三八年、テネシー州郊外に住む60歳の男性の具合が悪くなり、四か月にわたり悪化の一途を辿っていった。見かねた妻が、町はずれにあるベッド15床の診療所に夫を連れて行った[20]。この時点でバンス・バンダース（仮名）は50ポンド（約23キログラム）以上やせてしまい、ほとんど死にかけていた。担当医のドレイトン・ドハティは、バンダースが患っているのは結核か、もしかしたら癌かもしれないと疑っていたが、検査はすべてネガティブで、バンダースを悩ませている原因は見つからなかった。バンダースは食事を摂ることを拒否したため、栄養チューブが使われた。しかし栄養チューブに何を入れてもバンダースはことごとく嘔吐した。体調は日に日に悪化し、死は時間の問題と思われた。とうとう言葉も話せなくなり、いよいよかという段になってなお、ドハティ医師には何が原因か不明のままだった。

バンダースの妻はすっかり取り乱し、ドハティ医師に内密に話があると言い出した。絶対に口外しないと医師に誓わせたのち、バンダースの容態はヴードゥーの呪いのせいだと訴えた。ヴードゥー教徒が多く住む地域に住んでいたバンダースは、あるとき、ヴードゥー教の神官と喧嘩をしたらしい。

ある夜遅くに、神官はバンダースを共同墓地に呼び出し、悪臭を放つ液体の入った瓶をバンダースの顔の前で振り回し、呪いをかけたのだと言う。神官はバンダースに「お前は近々死ぬだろう。誰もお前を助けられない」と言ったそうだ。たったそれだけのことだった。バンダースは余命のカウントダウンが始まったと確信し、陰鬱な新しい未来の現実を受け入れた。バンダースは打ちひしがれて帰宅すると、それ以降食事を摂らなくなった。そして妻が彼を病院に連れて行ったという顛末だった。

話を全部聞いた後、ドハティ医師は患者の命を救うため、ある奇抜な計画を思いついた。翌朝医師はバンダースの家族を病室に呼び寄せ、彼を治す方法が見つかったと宣言した。家族が熱心に耳を傾ける中、医師は長々と次のような作り話をした。昨夜医師はヴードゥーの神官をだまして共同墓地に呼び寄せ、どのようにしてバンダースに呪いをかけたのか白状させた。それにはかなりてこずった、と医師は振り返った。神官は当然ながら打ち明けることを渋ったが、医師が彼を木に押しつけて首を絞めると、ようやく折れたのだ、と。

ドハティ医師が聞いた話によると、神官はあの晩バンダースの皮膚に複数のトカゲの卵をこすりつけたのだという。それらは全部、どうにかバンダースの胃まで到達し、そこで孵化《ふか》した。ほとんどのトカゲが死んだが、大きいのが一匹残り、それが今彼の体を中から食べ尽くしている。そのトカゲを取り除きさえすれば、彼は元通りになれると医師は宣言した。

ここで医師が看護師を呼ぶと、大きな注射器を持って看護師が現れた。医師は、この中には強い薬が入っていると言ったが、実際は嘔吐誘発剤だった。ドハティ医師はこの処置が完璧になされるよう注意深く注射器を確認してから、儀式を行うように仰々しく、恐れおののく患者に注射を打った。唖然としている家族を残し、医師はひと言も発することなく病室を出た。

その直後、バンダースは嘔吐した。バンダースは看護師が用意したボウルを持ち、うめき声をあげながらしばらく吐き続けた。嘔吐が収まるころあいを見計らってドハティ医師は自信たっぷりな足取りで再び病室に入ってきた。ベッドに近づきながら、医師は黒いドクター用のカバンに手を忍び込ませ、緑色のトカゲをつまんで誰の目にも触れないように掌に隠した。そしてバンダースが最後のひと吐きをした瞬間、ボウルの中にトカゲを投げ込んだ。

「おおバンス、見てごらん！」医師は能力の及ぶ限りの大芝居をして見せた。「すごいものを吐き出したね。これで君はもう治った。ヴードゥーの呪いが解けたんだ！」

病室の中は大騒ぎで、驚きのあまり床にへたり込んだ家族もいた。バンダースはボウルから弾かれたように飛び下がり、目を見開いた。そしてその数分後、彼は眠りに落ち、そのまま十二時間眠り続けた。

長い眠りから覚めたとき、バンダースは激しい空腹を訴え、食欲に任せてあまりにむさぼったので、医師は彼の胃袋が破裂するのではないかと心配になったほどだ。それから一週間もすると、バンダースの体重は元に戻り、元気を回復した。全快したバンダースは退院し、その後少なくとも一〇年は健康に過ごしたという。

呪いをかけられたと思っただけで、ぐったりと衰弱して死んでいくなどということがあり得るだろうか？　現代の白衣のシャーマンたちは、首から聴診器をぶら下げ、手には処方箋を持ち、ヴードゥーの神官がバンダースにしたのと同じように患者に呪いをかけ、患者はバンダースと同じように信じ込んでいるのではなかろうか？　もし自分は死ぬと思い込むと、本当に死に向かうのだとすれば、死を目前にした重病患者が、生きられると思い込んだらどうなるだろう？　もし癌やリウマチ、心臓病、パーキンソン病の患者であるという自己認識を、心の内面から永久に変化させ、新しい服に着替えるように簡単に、健康な体を手に入れることはできないだろうか？　次の章以降で、私たちに何ができるのか、そしてそれをどうすれば応用できるかについて論じたい。

第二章

You Are the
PLACEBO
making your mind matter

プラシーボの歴史

〝非常時には非常手段を使え〟という言葉がある。ハーバード出身のアメリカ人外科医、ヘンリー・ビーチャーが第二次世界大戦中、軍医として治療にあたっていたとき、モルヒネを切らしてしまった。大戦が終盤に近づき、どの戦地の野戦病院でもモルヒネの供給が滞っていた時期だった。ビーチャーは酷《ひど》い負傷をした兵士の外科手術を行うところだった。しかし痛み止めがないと、心臓血管性ショックで死んでしまうのではないかという怖れがあった。そして次に起きたことに彼は心底驚いた。

間髪入れずに看護師が生理食塩水を注射器に満たし、あたかもモルヒネを打つかのように、兵士に打ったのだ。兵士はすぐに穏やかになった。塩水を注射されただけにもかかわらず、兵士は麻酔が効いているかのような反応を示した。そこでビーチャーは一切の麻酔薬を使わず、メスで兵士の肉を切り裂き、手術を終えて縫合した。兵士はほんの少し痛みを感じたが、ショック状態に陥ることはなかった。ビーチャーは不思議でならなかった。塩水がモルヒネの代わりになるなどということが、どうして起こり得るのだろうか？
この衝撃的成功例に倣《なら》い、病院でモルヒネがなくなるたびにビーチャーは迷わず、モルヒネを打つように塩水を注射した。この経験からプラシーボの力を確信したビーチャーは、大戦が終わって帰国すると、プラシーボの研究を開始した。

一九五五年、米国医師会ジャーナル（訳注：アメリカ医学界で最も権威のある学会誌）に15の臨床例に関する論文を発表したビーチャーは歴史にその名を刻んだ。論文はプラシーボの圧倒的有用性についてだけでなく、現代でいうところの〝無作為化比較対照試験〟により、通常の医療を受ける患者の一定割合にブラシーボをランダムに取り入れ、パワフルなプラシーボ効果が実験結果に表れることを立証するという、新しい医療研究を提案するものだった(1)。

思考や思い込み、期待（それと自覚しているか否かにかかわりなく）だけで物理的現実を変えられるという考えは、当然ながら第二次世界大戦中の野戦病院から始まったわけではない。聖書にはおびただしい数の奇跡のヒーリングの逸話が書かれているし、現代でもひっきりなしに多くの人々が、南フランスのルルドの泉（一八五八年に小作農の14歳の少女ベルナデッタが聖母マリアのビジョンを見たと言われる場所）のような聖地を訪れ、完治の証《あか》しとして、松葉杖や体の固定具、車椅子などを当地に残している。ポルトガルのファティマ（一九一七年、羊飼いの子供たち三人が聖母の出現を見たと言われる場所）、そして聖母出現三〇周年を記念してつくられたファティマの聖母像の巡回に関連して、似たような奇跡が報告されている。聖母像は三人の子供たちの最年長の子供（のちに修道女となった）の証言に基づいて作られた。聖母像は教皇ピオ一二世によって祝福され、世界中を巡回するようになった。

信仰によるヒーリングは、もちろんキリスト教の歴史以外にも存在する。弟子たちから**神の化身**《アバター》として広く知られているインドのグル、サティヤ・サイ・ババ（故人）は、掌から聖なる灰（ビブーティと呼ばれる）を出現させたと言われている。このきめ細かい灰色の粉を食べる、またはペースト状にして皮膚に塗ると、その人の肉体的、精神的、霊的問題が解決すると言われている。チベットのラマ僧（生き仏）にもヒーリングパワーがあり、病人に息を吹きかけることでヒーリングを起こすと言われている。

四〜九世紀のフランスやイギリスの国王たちも、按手《あんしゅ》（訳注：体に手を当てることによる治療）により臣民の病気を治したと言われる。英国王チャールズ二世は特にこの施術が得意で、この治療を10万回も行ったと言われる。

ヒーリングをもたらすツールが、神の信仰、超人的な能力を持つ人物への信頼、奇跡のパワーを持つ物、あるいは聖地と呼ばれる特別な場所など何であれ、いったい何がこれらのいわゆる奇跡のヒーリングを引き起こしているのだろうか？　信仰や思い込みがそれほど深淵なる効果を生み出すプロセスとはどんなものだろう？　私たちが儀式（祈りの言葉を何度も唱える、聖なる灰を体に塗りつける、あるいは立派な肩書の名医が処方した奇跡の新薬など何であれ）に意味づけをすることが、プラシーボ現象を起こす正体なのだろうか？　奇跡のヒーリングを受ける人の心の状態が、彼の外界のありよう（しかるべき条件を満たす人、場所、物）に強く影響を受けたことにより変化し、新しい心の状態がリアルな物理的変化を起こしたのだろうか？

磁気から催眠へ

一七七〇年代、ウイーンの医師、フランツ・アントン・メスメルは、奇跡のヒーリングの医療モデル（と当時は考えられていた手法）を開発し、その治療デモンストレーションで一躍有名になった。アイザック・ニュートンが主張した、惑星の重力が人体に与える影響に関する理論を発展させ、メスメルは人体には目に見えない液体があり、それを〝動物磁気〟と彼が名づけた力でコントロールすることにより病気を治せると考えた。

彼のテクニックとは、患者が彼の目をじっと見るように指示したのち、患者の体に磁石を当てて動かし、体内の磁力を帯びた液体を動かし、調和させるというものだった。その後彼は、磁石を使わなくても手の動きだけで同じ成果が得られることに気づいた。治療セッションが始まるとすぐに、患者には震えや痙攣、そして発作が起きたため、メスメルは治療効果を確信した。メスメルは患者の反応が収まるまで液体の調整を行い続けた。このテクニックを使って、メスメルは麻痺や痙攣《けいれん》性疾患などの重篤な疾患から、月経不順や痔など比較的軽微な疾患まで、多種多様な症状の治療に当たった。

彼が行った治療で最もよく知られているのは、10代のコンサートピアニスト、マリア・テレジア・フォン・パラディスが三歳の時から患っていたヒステリカル・ブラインドネス（訳注：葛藤やストレスなどの心理的要因によって視力を失うこと）と呼ばれる心身症を部分的に治したという例だ。メスメルの自宅に何週間も滞在して治療を受けた結果、パラディスは動くものを認識し、色を識別できるまでに回復した。しかし彼女の両親は回復をまったく喜ばなかった。娘が盲目でなくなると、国王の特別恩給の受給資格を失うからだった。しかも視力が回復した彼女は、鍵盤を叩く指が見えるようになったため演奏の質が低下した。さらに証拠はなかったものの、メスメルとパラディスが不適切な関係にあるという噂まで広まった。そのため両親はメスメルの家から彼女を無理やり連れ戻し、彼女は再び盲目になり、メスメルの評判は地に落ちた。

ピュイゼギュール侯爵として知られるフランス貴族、アマン＝マリー＝ジャック・ド・シャストネは、メスメルの治療法を学び、次のレベルへと進化させた。ピュイゼギュールは〝磁気的夢遊状態〟（夢遊病のようなもの）と名づけた深い変性意識状態に患者を誘導し、患者本人や他人の健康に関する考えやひらめきが収まる深層意識にアクセスした。この状態の患者は非常に暗示にかかりやすく指示に従うが、覚醒後には変性意識状態で起きたことを記憶していない。メスメルは、治癒へと向かわせる力は治療者の側にあると考えた一方で、ピュイゼギュールは（治療者に導かれた）患者本人の側の、自らの体についての考えにあると考えた。これは恐らく心と体の関係について、治療の観点から取り組んだ世界初の試みだったと思われる。

一九世紀のスコットランドの外科医、ジェイムズ・ブレイドは、メスメリズム（メスメルの動物磁気理論）をさらに進展させた概念を〝神経催眠〟（現在の催眠）と名づけた。ブレイドが興味を持ったきっかけは、ある日患者との約束に遅れて部屋に入っていくと、患者がオイルランプのゆらめく炎にうっとりと見とれていたことだった。ブレイドは、患者の注目が炎に固定されることで脳のある部分が〝疲労する〟ため、その状態にある限り患者は極めて暗示にかかりやすいと気づいた。

その後、たくさんの実験を重ねた結果、患者が何か一つのことを考えながらある一点を見つめ続けていると、似たようなトランス状態に入るので、これを使って、患者の慢性関節リウマチ、感覚障害、脊髄損傷の多様な合併症、脳卒中といった病気を治すことができるとブレイドは考えた。ブレイドの著書〝Neurypnology（神経催眠）〟には、33歳の両足麻痺の女性や、54歳の皮膚疾患と酷い頭痛に悩む女性を完治させたケースなど、彼のたくさんの成功例が詳細にわたりつづられている。

高名なフランスの神経学者、ジャン＝マルタン・シャルコーは、ブレイドの功績に一石を投じるべく参戦した。シャルコーは、そのようなトランス状態は、ヒステリー症状（シャルコー曰く、これは遺伝性で不治の神経障害）を持つ人にしか起こらないと主張した。シャルコーは催眠を治療目的ではなく、症状の解明に活用した。そして最後にシャルコーのライバルである、ナンシー大学の医師ヒポライト・ベルンハイムは、催眠の中核機能である被暗示性は、ヒステリー患者に限定されるものではなく、すべての人間に起こりうる自然な状態だと主張した。彼は患者をトランス状態にして、暗示から目覚めたらあなたはすっかり元気になり、症状はなくなりますよ、という暗示をかけた。彼は暗示の力を治療の道具として活用し、彼の医療活動は一九〇〇年代初頭まで続いた。

着眼点やテクニックに微妙な違いはあるものの、被暗示性に注目した黎明《れいめい》期の探求者たち全員に共通するのは、患者の意識（病気に対する考えや、病気が自分の体にどんな作用を及ぼしているかの認識）を変えることで、何百何千という、多種多様な心身の病に悩む人々を治癒へと導いたことだ。

第一次、第二次世界大戦当時、陸軍の精神科医ベンジャミン・サイモンを筆頭に多くの軍医たちは、催眠による被暗示性（これについては後ほど詳しく）を利用して、戦争のトラウマ——当時は砲弾ショックと呼ばれたが、現在はPTSDとして知られている——に苦しむ帰還兵の治療を行った。退役軍人たちはあまりに残酷な前線を経験したため、自己保存の一形態として、感情を麻痺させたり、恐怖体験の記憶喪失を発症したり、もっと悪いケースではフラッシュバックにより恐怖体験を反復し続けている人もいた。そのどれをとっても、ストレスが引き金となって、何らかの疾病を引き起こす。退役軍人たちがトラウマと向き合い、克服する（不安や吐き気、高血圧、循環器疾患、免疫不全といった疾病から解放される）にあたり、催眠が非常に有効だということにサイモンとそのグループは気づいた。ひと時代前の先駆者たち同様、陸軍の軍医たちは催眠を取り入れて、患者の思考パターンを変え、心身の健康と調和を取り戻した。

これらの催眠療法の効果があまりに良かったため、一般の医師たちも被暗示性に関心を寄せるようになった。ただし多くの場合、患者をトランス状態にするのではなく、砂糖粒などのプラシーボを処方し、この〝薬〟でよくなるだろうと言い含めるものだった。その結果、モルヒネを投与されたと信じて麻酔が効いたビーチャーの負傷兵と同様に、暗示が奏功した患者は少なくなかった。実際のところ、これはまだビーチャーが現役時代のことで、一九五五年の画期的な論文（プラシーボを取り入れた新薬の無作為化比較対照試験を提案した）発表以来、プラシーボは医療研究の確かな一角を占めるようになった。

医学界はビーチャーの主張を取り入れた。研究者たちの当初の目論見では、対照群の被験者（プラシーボを投与されたグループ）に変化は起こらず、対照群と本物の薬を投与されたグループとの間に有意な差があればそれがその薬の効果だと評価できる、というものだった。しかし対照群の被験者たちも自らの治癒力に加え、自分の症状に合った薬を服用しているのだからよくなるに違いない、という**期待と信念**が奏功し、あまりに多くの比較実験で対照群の被験者に改善が見られた。プラシーボ自体は不活性の代物でも、その効果は見過ごせないほど甚大だ。ここでも期待と信念がいかにパワフルかが立証された形になった！　そのため、ある実験が意味ある結論を引き出すためには、プラシーボ効果を注意深く差し引かなくてはならなくなった。

このため、ビーチャーの提案に従い、研究者たちは無作為二重盲検臨床試験――無作為にプラシーボまたは本当の薬を投与する患者グループに分け、研究者も被験者も誰がどちらを投与されているかがわからないようにする臨床試験――を実施するようになった。この方式なら、すべての被験者に等しくプラシーボ効果が起こり、研究者がどちらのグループの被験者かを知らなければ、先入観に基づいて異なる対応をする心配も払しょくできる。（今日では時折**三重盲検**臨床試験――試験を実施する研究者、参加する被験者に加え、上がったデータを分析する統計管理者も作業を終えるまで被験者の属するグループが伏せられる――も実施される。）

ノシーボ効果の探求

もちろん表があれば裏もある。被暗示性は、治癒力への期待から注目を集めたが、同じ現象が逆に働けば有害な作用をもたらすことも明らかになった。黒魔術やヴードゥーの呪いは、被暗示性の負の効果の典型だ。

一九四〇年代、ハーバード出身の生理学者ウォルター・ブラッドフォード・キャノン（一九三二年に〝闘争・逃走〟という言葉を作った人物）は、究極のノシーボ効果の研究を行い、その現象を〝ヴードゥー死〟と呼んだ。[2] キャノンは呪術医やヴードゥー神官が持つ力を強く信じる文化圏の人々が魔術や呪いをかけられた結果、怪我や服毒、感染といった理由がないにもかかわらず、突然病気になったり死んだりする事例報告のいくつかを研究した。彼の研究は、今日知られるようになった、人の感情（特に恐れ）による生理的反応が疾病を創出するという概念の土台となった。呪いには人を殺すパワーがあると被害者が思い込むことは、被害者が死に至るまでの心理的要因の一つにすぎない、とキャノンは言う。別の要因として挙げられるのは、属する社会からの疎外や拒絶、ときには自らの家族からも忌み嫌われる。そうなった人はあっという間に歩く屍と化す。

言うまでもないが、無害のものが有害の効果を発揮する実例はヴードゥーに限ったことではない。

一九六〇年代、不活性物質（砂糖粒や食塩水などの無益・無害なもの）が有害であると思い込んだことにより引き起こされる有害の効果を表す言葉として、科学者たちはノシーボ（ラテン語で「私は喜びを与える」という意味のプラシーボの反意語として、「私は傷つける」という意味）と呼ぶことにした。[3] ノシーボ効果は医薬研究の過程でよく起こる一般的な現象だ。たとえばプラシーボを投与される被験者が〝この薬には副作用がある〟と考える、あるいは投与する医師に〝この薬には副作用があるかもしれない〟と予告されると、被験者は（薬ではないにもかかわらず）服用している〝薬〟の薬理作用として副作用も経験することになる。

この現象を扱う研究がほとんどないのは倫理的配慮として当然ではあるが、実際にいくつかは存在する。よく知られた研究例として、一九六二年に日本で、ウルシ過敏症の子供たち一三名に対して行った実験がある。[4] 研究者が被験者の子供たち一人ひとりの腕にウルシの葉をこすりつけ、これは無害だと説明する。そしてもう片方の腕には無害の葉をこすりつけ、これはウルシだと説明する。その結果、被験者の子供たち全員が、ウルシだと言われて無害の葉をこすりつけられた側の腕に発疹を起こした。実際にウルシをこすりつけた側の腕に発疹を起こしたのは、被験者一三名のうちわずかに二名だった。

これは驚異的な結果と言える。ウルシ過敏症の子供たちがウルシをこすりつけられたのに、どうしてかぶれを起こさないのだろうか？　おまけにまったく無害であるはずの葉っぱをこすりつけられた腕に、どうして発疹が起きるのだろうか?「この葉っぱは無害だ」という新しい考えが、「ウルシに過敏だ」という古い考えを**覆した**ために、本物のウルシを無害の状態に**変えた**ということだ。そして反対の腕の実験では真逆のことが言える——無害の葉が、思考のみにより有害になった。どちらの場合も、子供たちの**体**が瞬時に新しい**考え**に反応したように見える。

この時点で、子供たちは有害な葉に体が反応するという未来予測(これは過敏に反応した過去の経験に基づく)から自由になっていると言える。事実上、子供たちは予測可能な、線形に流れる時間を超越していると言えるだろう。ある意味で、子供たちは環境(ウルシ)による条件づけを凌駕《りょうが》したとも言える。結論として、子供たちは自らの思考を変えることのみにより、生理的反応を変え、またコントロールすることに成功している。思考(この場合は予測という形)が実際の物理的環境よりも大きな影響力を持つという驚嘆すべき証拠は、**精神神経免疫学**という新しい科学研究への道を切り開いた。精神神経免疫学とは、思考と感情が免疫系に及ぼす影響を扱う学術分野で、心と体を結ぶ重要な構成要素だ。

もう一つ画期的なノシーボ研究に、一九六〇年代の喘息患者を対象としたものがある。(5) 研究者は四〇名の喘息患者にただの水蒸気が出る吸入器を与え、吸入器にはアレルゲン物質や刺激物が入っていると説明した。その結果、一九名(48%)が気道閉塞などの喘息の兆候を示し、一二名(30%)が重度の喘息発作を起こした。研究者が次に喘息症状を和らげる薬が入っていると説明したうえで別の吸入器を与えると、全員の気道が広がり、症状は改善した。しかしこの吸入器にも水蒸気しか入っていなかった。

喘息を起こす薬と、治す薬の投与という両方の実験で、患者は説明のみに反応した。研究者によって植えつけられた考えが、そのまま患者の予測となった――喘息を起こすものを吸い込んだと思った時に喘息症状を起こし、回復させる薬を吸ったと思ったときに回復した。それらの思い込みは環境的現実よりも強い影響力を持っていた。これを、〝彼らの思考が**まったく新しい**現実を作り出した〟ということができる。

これらの実験に照らすと、私たちが日々巡らせている思考や思い込みについてどんなことが言えるだろうか？　冬になると、どこを向いてもインフルエンザの季節到来を示す記事や予防接種の案内が目につき、〝予防接種を打たないとインフルエンザに罹《かか》る〟と促《うなが》され続けていることが原因で、私たちはよりインフルエンザに罹りやすくなっていやしないだろうか？　もしかしたら私たちはインフルエンザのような症状の人を見ただけで、あの子供たちが無害の葉っぱでウルシ過敏症になったように、喘息患者が水蒸気を吸っただけなのに深刻な喘息発作を起こしたように、思考だけで自らインフルエンザの症状を引き起こしてはいないだろうか？

腱鞘炎《けんしょうえん》や関節の硬直、記憶障害、体力の減退、性欲の減少など、加齢とともに起こる症状は、広告やコマーシャル、テレビ番組、メディア記事などの夥《おびただ》しい露出が私たちを襲ってくるからではなかろうか？（実際その暗示こそが広告の真の目的だが）私たちは脳内で、他にどんな予測を我れ知らず立て、それを実現させているだろうか？　そして新しい思考と、新しい思い込みを選択することにより、どんな〝避けられない真実〟を覆すことができるだろうか？

最初のブレークスルー

七〇年代後半の画期的な研究により、プラシーボが有効成分を持つ薬とまったく同じように、エンドルフィン（体内で作られる鎮痛剤）分泌を誘発し得ることが初めて証明された。カリフォルニア大学サンフランシスコ校の医学博士、ジョン・リバインは、親不知《おやしらず》歯を抜いた四〇名の患者に鎮痛剤の代わりにプラシーボを処方した。(6) 患者は抜歯の痛み止めを処方されたと思っているので、予想通りほとんどの患者の痛みが軽減された。しかしその後研究者は患者にナロキソンと呼ばれるモルヒネの解毒剤（脳内のモルヒネと体内で作られるエンドルフィンの両方の受容体《レセプター》を阻害する化学物質）を投与したところ、痛みが復活した！　これでわかったのは、プラシーボによって患者の脳内では自前の鎮痛剤であるエンドルフィンが分泌されていたということだ。これは、被験者が感じた鎮痛効果は意識の領域のみではなかった、という意味においてプラシーボ研究の節目となる出来事だった。効果は意識と体の両方に及んでいた――つまり患者の**心身の状態**を変化させたのだ。

もし人の体が自力で鎮痛剤を作れるような〝薬局機能〟を持っているのなら、体が必要とするときに他の薬だって作れるのではないだろうか——医者が処方する薬と同等か、それ以上のクオリティの、無限の化学物質をブレンドして体にぴったりの治療薬が？

七〇年代に実施されたロチェスター大学の心理学者ロバート・エイダー博士によるもうひとつの研究は、プラシーボの話に〝条件づけ〟という新たな画期的要素を提示した。ロシアの生理学者イワン・パブロフによって有名になった**条件づけ**という概念は、パブロフが毎日犬に食餌《しょくじ》を与える時にベルを鳴らした結果、犬はベルの音と食餌を連携づけたという実験で知られるように、あるものにもうひとつのものを連携させるというものだ。ベルに条件づけられた犬は、ベルの音を聞くと自動的によだれを流し、食餌が出ることを予測するようになった。この条件づけの結果、元の刺激（食餌が出る）が起こらないにもかかわらず、犬の体は新しい刺激（この場合はベルの音）に生理的に反応するように訓練される。

したがって、このような条件づけの反応は、体内にある無意識（これについては後の章で詳説する）が顕在意識を上回り作動していると言っていいだろう。このようにして、体は過去の反復経験により、意識にとってかわることを条件づけられる。結果として、顕在意識は意思決定の司令塔の役を部分的に明け渡すことになる。

パブロフの例でいうと、犬たちは何度も食餌の匂い、色や形、そして味という経験を重ね、同時にベルの音を聞く。しばらくすると、ベルの音がしただけで、犬たちは何も考えないまま自動的に自らの生理的・化学的状態を変えるようになる。つまりこのとき、犬の**自律神経系**（無意識下で働く体のシステム）が司令塔になっている。条件づけとは、予測や期待をした結果が自動的に起きるようになるまで、過去の記憶と内的影響への期待（連想記憶と呼ぶ）とを連携させることにより、無意識による体の内面の変化を促《うなが》すものだ。条件づけが強いほど、それにかかわる意図的コントロールは弱まり、無意識のプログラムはより自動的に作動する。

エイダーは、条件づけによる反応がどれくらい持続するかを調べる研究にも着手した。彼は実験室のラットに、サッカリンで甘くした水にシクロフォスファミド（腹痛を起こす物質）を混ぜたものを与えた。甘い水と腹痛の条件づけをラットに植えつけたら、ラットは薬物混入した水を拒絶するだろうとエイダーは考えた。実験計画は、ラットが甘い水を拒絶し続ける期間を測ることで、甘い水についた条件づけの持続期間を調べるというものだった。

しかしエイダーは、シクロフォスファミドには免疫系を抑制する機能もあるということを知らなかったため、バクテリアやウイルス感染によりラットが予想に反して死んでいく様子を見て驚いた。

そこで実験の方向転換を行い、シクロフォスファミドを混ぜることなく、サッカリン水の投与（スポイトでの強制投与）を続行した。免疫抑制剤は投与されていないにもかかわらず、ラットは引き続き感染症で死んでいった（甘い水だけを投与されていた対照群のラットは引き続き元気だった）。

ロチェスター大学の免疫学者、ニコラス・コーエン博士との協力体制の下、エイダーがその後の実験で導き出した結論は次のようなものだった。ラットが甘い水と免疫抑制剤の効果を連想記憶したとき、そのつながりがあまりに強かったため、甘い水を飲んだだけで、その刺激が免疫システムにストップ信号を送った結果、薬剤と同等の生理学的効果を起こしたということだ。[7]

第一章でご紹介したサム・ロンドのケース同様、エイダーのラットたちも、思考だけの力で死んでいった。研究者たちは、明らかに思考は、彼らが想像もしなかったような強力ないくつかの方法で、無意識に体に影響を与えられるということに気づき始めた。

東洋の叡智を西洋に取り入れる

この頃までには、インドのグル、マハリシ・マヘーシュ・ヨギが教えていた超越瞑想法（ＴＭ）はアメリカで人気を博するようになっていた。きっかけは一九六〇年代のビートルズに始まり、熱心な著名人が火つけ役となった。一日2回、20分にわたってマントラを繰り返すことにより心を鎮めるこの瞑想のゴールは、スピリチュアルな覚醒だった。しかしこの瞑想法に関心を持ったハーバードの心臓専門医、ハーバート・ベンソンは、この瞑想テクニックが、どのようにストレス軽減や心臓病のリスク軽減に役立つかに興味を持つようになった。瞑想の過程を明確化し、ベンソンは〝リラクセーション反応〟と名づけた類似手法を開発し、一九七五年に同名の本を出版した。[8] ベンソンは、思考パターンを変えるだけでストレス反応のスイッチを切り、結果として血圧が低下し、心拍が正常化し、深いリラックス状態が実現することを発見した。

瞑想ではニュートラルな状態をキープすることを主眼とするが、よりポジティブな捉え方でポジティブ感情を引き出すことの効能についても関心が寄せられた。この考えに先鞭《せんべん》をつけたのが一九五二年に出版された、元牧師のノーマン・ヴィンセント・ピールの著作『積極的考え方の力』（ダイヤモンド社）という本で、思考によって私たちの日常をポジティブにもネガティブにも変える力があるという考えに注目が集まった。[9] この考え方は一九七六年、政治評論家・雑誌編集者のノーマン・カズンズが、不治に近い難病を笑いによって快癒させたという手記をニューイングランドジャーナルオブメディスン誌に寄稿したことを契機に、医学界にも注目が広まった。[10] その数年後、カズンズはその体験を『笑いと治癒力』（岩波書店）という本にまとめ、ベストセラーとなった。[11]

カズンズの主治医は、彼を強直性脊椎炎と呼ばれる退行性疾患（体内の細胞を束ねる線維性たんぱく質であるコラーゲンが破壊されるリウマチ性疾患）と診断し、回復の見込みは５００分の１しかないと伝えた。カズンズの症状は激痛に加え、手足を動かすことができず、寝返りも打てない状態だった。皮膚の下に粒の細かいこぶができ、とうとう顎関節が固まって口が開けられないところまで行った。

ネガティブな気持ちに囚われていることが病気に悪影響を及ぼしていると確信した彼は、ポジティブな気持ちでいれば病気の状態をひっくり返せるに違いないと考えた。医師への相談は続けながら、カズンズはビタミンCの大量投与とマルクスブラザース（訳注：アメリカのコメディ俳優5人）の映画（他にもユーモア映画やコメディショーなど）を見るという治療計画を立てた。こうして分かったのは、10分間腹を抱えて笑うと、2時間痛みのない睡眠が得られるということだった。そして彼の疾患は最終的に完治した。カズンズは笑いという単純な方法ひとつで健康を獲得したのだ。

どうやって？ 当時の科学者にはこのような奇跡的回復を理解し、説明する術《すべ》がなかったが、近年の研究によると、恐らく後成的遺伝学的プロセスが作動していると思われる。カズンズがものの捉え方を変えたとき、それは体の化学組成を変化させ、その結果、体の状態に変化が起きる。そうすると新しい遺伝子が新しいやり方で発現するプログラムができる。つまり、彼は体に病気を起こしている遺伝子を**下方修正**（またはスイッチオフ）し、回復に向かわせる遺伝子を**上方修正**（またはスイッチオン）したということだ。（遺伝子のスイッチについては後の章で詳しく解説する。）

その数十年後、筑波大学の林 啓子博士の研究で同じことが証明された[12]。林の研究では、糖尿病の患者が一時間コメディ番組を見ると、39の遺伝子に上方修正が見られ、そのうち14がナチュラルキラー細胞の活動にかかわるものだった。これらの遺伝子のどれも血糖値制御に直接かかわるものではないが、同じ患者が別の日に糖尿病患者向けの健康指導の講義を聞いたときと比べると、血糖値がより改善した。笑いが免疫反応にかかわる多くの遺伝子に影響を与え、結果として血糖値制御の改善に貢献したのではないかと研究者は推察した。患者の脳がポジティブな感情を誘発し、それが遺伝的変異を起こす化学物質を作る。すると、それがナチュラルキラー細胞を活性化し、何らかの形で血糖値制御の改善につながった。そして恐らく、他にもいろいろいいことが起きているに違いない、と言っている。

一九七九年にカズンズはプラシーボのことを「効果があるのは錠剤に魔法があるのではなく、人の体には自分専用の薬局が備わっているからであり、最も奏功する処方は自分の体が作るものだからだ。」[13]と言っている。

代替医療や心身医療が百花繚乱《ひゃっかりょうらん》となった中、カズンズの経験に感銘を受けたイェール大学の外科医バーニー・シーゲルは、自身が担当する癌患者が、なぜ勝算が悪いのに快癒したり、逆に勝算がよいはずなのに亡くなったりするのかに注目した。シーゲルの研究では、癌から生還したのは積極的で闘争心の旺盛な患者が多かったことを挙げ、こう結論づけた。「治らない病気はない。治らない患者がいるだけだ。」シーゲルはまた、希望は強いヒーリングパワーとなること、無条件の愛は万能薬を作る体内薬局を発動するという意味で、免疫系を最も強く刺激することについても執筆している。[14]

プラシーボは抗鬱剤《こううつざい》より効果てきめん

一九八〇年代後半から一九九〇年代にかけて市場化された、おびただしい数の抗鬱剤の新薬は新たな物議をかもし、結果的にプラシーボの力に対する評価を究極的に（速やかに、ではないが）上げることになった。一九九八年、コネティカット大学の心理学者アーヴィング・キルシュ博士は抗鬱剤に関して、これまで行われた研究のメタ解析（訳注：複数の臨床研究データを収集・統合し、より高い見地から行う分析のこと）を行った。それによると、19件の無作為二重盲検臨床試験の被験者2，300名を超える患者に見られた改善のほとんどが、抗鬱剤ではなくプラシーボによるものだとわかり、キルシュは衝撃を受けた[15]。

キルシュは次に、情報公開法を使って製薬会社の非公開の臨床試験データにアクセスしたが、これは法律上米国食品医薬品局（FDA）に告知する義務がある。キルシュとそのグループは二度目のメタ解析を行ったが、これは一九八七年から一九九九年までに認可された抗鬱剤のうち、最も多く処方されている6銘柄のうち、4銘柄に対して実施された35件の臨床試験を対象とした[16]。被験者の数が5，000名を超える臨床試験の結果において、プロザック、イフェクサー、セルゾーン、パクシルという名だたる抗鬱剤4ブランドに対し、とてつもない割合の81％の確率で、プラシーボの方が上回る効果を示した。プラシーボより抗鬱剤の効果が上回った残りのケースのほとんどで、その違いは微々たるもので、統計上有意な結果とみなされなかった。明らかに抗鬱剤の方がプラシーボより奏功したのは、重度の鬱病患者に限定されていた。

キルシュの研究結果が騒動を巻き起こしたのは驚くにはあたらないが、ほとんどの研究者は、せっかくの新発見であるプラシーボを無碍《むげ》に葬《ほうむ》ろうとした。騒動のほとんどは対象となった抗鬱剤がプラシーボ程度の効果しかなかったという事実を論点にしたが、抗鬱剤でよくなった患者がいたことは事実だった。薬は確かに効いたが、プラシーボを投与された患者がもっとよくなったこともまた事実だった。キルシュの研究結果を〝抗鬱剤が負けた証拠〟とみる代わりに、〝コップに水が半分入っている〟という前向きな捉え方を採用し、〝プラシーボが有効だという証拠〟だと考えた研究者もいた。

結局のところ研究で分かったのは、鬱病が治ると考えることが、抗鬱剤を飲むのと同じくらい鬱病からの回復に効果があることを示す衝撃的な証拠となった。プラシーボでよくなったこの試験の被験者たちは、七〇年代に体内で鎮痛剤をつくったリバインの親不知《おやしらず》の抜歯患者同様、**自前の天然抗鬱剤**をつくっていた。キルシュが広く知らしめたのは、私たちの体にはありとあらゆる化学物質を調合して治療薬を出してくれる内なる叡智があることのさらなる証拠だった。面白いことに、鬱病の二重盲検臨床試験の日を追うごとに、プラシーボを投与された被験者グループも、抗鬱剤を投与されたグループも、同じように効果の向上が見られた。その理由として、抗鬱剤に対する世間一般の期待度が高まったこと、そしてその期待が、プラシーボにもさらなる信頼が寄せられたからだと指摘する研究者もいた[17]。

プラシーボの神経生理学

プラシーボを処方されると脳内でどんな神経化学的変化が起きるのかを捉えるために、神経科学者が精緻《せいち》な脳スキャンを始めるのは時間の問題だった。一例としては二〇〇一年に実施された、食塩水注射を薬だと思い込み、運動機能を回復したパーキンソン病患者の研究（第一章で触れたケース）だ[18]。その数年後、プラシーボ研究のパイオニア、イタリアのファブリッツィオ・ベネデッティ博士は、似たようなパーキンソン病患者の研究を行い、初めてプラシーボ効果が個々の神経細胞に与える影響を捉えることができた[19]。

この研究は、パーキンソン患者のような、期待が起こす神経生理学だけでなく、その数年前にエイダーが行ったラットの腹痛実験のような、古典的な条件づけの際に起きる神経生理学も進展させた。ベネデッティはある実験で、被験者に成長ホルモンを刺激し、コルチゾール分泌を抑制するスマトリプタンを投与した後、患者に知らせないままプラシーボに差し替えた。その後脳スキャンを見ると、スマトリプタン投与が続いているかのように、脳内の同じ場所が明るくなっていることが分かった。この結果は、脳が実際にプラシーボ投与前と同じ物質（この場合は成長ホルモン）を自発的に作り続けたことの証左となった[20]。

プラシーボと他の薬の組み合わせでも同様の結果が得られた。免疫機能不全、運動障害、鬱病などの改善を目的に投与された薬を途中でプラシーボに差し替えた後、脳内では、初めに投与された薬によってつくられた化学物質と同じものがつくられた[21]。実際ベネデッティは、プラシーボが副作用まで継続・再現することを証明した。あるプラシーボ実験では、麻薬を投与された被験者がプラシーボに変わっても、変わらず浅く遅い呼吸を続け、プラシーボが麻薬の生理学的効果を本物そっくりに再現することを示した[22]。

真実を言うなら、私たちの体は本当に自らの体を癒やし、痛みを止め、深い眠りを促し、免疫系を補強し、明るい気分を維持し、恋愛へと誘うために必要な生化学物質の合成能力を持っている。考えてみてほしい。人生のある時点で、ある特定の遺伝子発現が起こり（スイッチオン）、それに見合った化学物質が生成されていたとしよう。その後ストレスや病気などの外界の事情により、その遺伝子のスイッチがオフになっているとする。その場合、同じ遺伝子のスイッチを再びオンにするのは簡単だ。かつてオンだった経験値を体が持っているのだから。（これの証明は後の章で祥述する。）

ではその過程を見ていこう。神経学研究がかなり面白いことを解明している。ある人がある物質を体内に取り入れ続けていると、その人の脳は同じ回路を同じやり方で発火させ続ける。その結果、脳はその物質がどんなことをするか記憶する。人は過去に経験した馴染みのある体内変化に照らし、いとも簡単に錠剤や注射の効果に条件づけされる。このような条件づけにより、人がプラシーボを投与されると、プラシーボが代替する薬の効果を起こす既存の脳内回路が発火を続ける。連想記憶は、錠剤や注射とその結果体内に生じるホルモンの変化を結びつける無意識プログラムを作動させる。するとプログラムが、自動的に自律神経に信号を送り、薬によってつくられていたのと同じ化学物質をつくり始める……すごいことじゃないか？

ベネデッティの研究が明らかにしたポイントがもう一点ある。目的によってそれぞれにふさわしいプラシーボ処方があるという点だ。たとえばスマトリプタンの研究では、プラシーボを処方する前に薬効についての説明をしたが、成長ホルモンは分泌されなかった。プラシーボを使って連想記憶（たとえばホルモン分泌、免疫の働きを変えるなど）が無意識の生理反応に作動するようにするには（つまり条件づけが奏功するには）、痛みや鬱症状の緩和など、自覚症状ではっきりわかる変化を起こすためにプラシーボを使うときと異なり、シンプルな暗示や説明が奏功する。プラシーボの使い方はひとつではなく、いくつかのパターンがあるとベネデッティは言う。

物質より意識を手中に

二〇一〇年、プラシーボ研究にびっくりするような展開があった。ハーバード大学のテッド・カプチャック博士のパイロット・スタディ（予備テスト）では、被験者が**プラシーボだとわかっていても効果があること**が分かった[23]。この研究でカプチャックとそのグループは、過敏性腸症候群を患う患者四〇名にプラシーボを投与した。各患者は〝プラシーボ錠剤〟とラベルに明記されたボトルを渡され、「これは砂糖粒のような不活性物質でできたプラシーボ錠で、臨床研究では、心身医療のセルフヒーリングプロセスを通じて、過敏性腸症候群に顕著な改善があると証明されている」という説明を受けた。対照群として、過敏性腸症候群患者である別の40名には投薬を行わなかった。

三週間後、プラシーボを飲んだグループは、何もしなかったグループの**二倍の症状改善**が見られた。カプチャックによると、これは過敏性腸症候群治療薬のなかで、最も効果があるものに匹敵するレベルだという。これらの患者は、プラシーボを**特効薬**だと言って騙されていない。本当の薬を飲んでいないと**重々承知の上**で、プラシーボが症状改善に奏功するかもしれないという説明を聞き、理由はどうあれよくなることを信じ、彼らの体はその思い込みの影響を受けた。

一方それらの研究と並行して、患者の物事の捉え方、認識、信念の影響を調べる研究は近年の心身医療研究を引っ張る存在となり、エクササイズが体にいいと言った一見具体的なことでも、信じることによって効果が向上することが分かっている。二〇〇七年にハーバード大学の心理学者アリア・クラム博士とエレン・ランガー博士がホテルのメイド八四名に対して行った研究はその代表例と言える。(24)

実験を始める前の時点で、メイドが職務の一環として行うルーティーンワークが、米国公衆衛生局長官の推奨する一日のエクササイズ量（60分）を上回っていることを、被験者であるメイドは誰も知らなかった。実際被験者の67％が定期的に運動をしていないと答え、37％はまったく運動をしていなかった。このヒアリングの後、クラムとランガーはメイドたちを二つのグループに分けた。第一グループには、メイドが通常の労働時間内に燃焼するカロリー量に相当する活動レベルは十分な運動量に達すると説明した。第二グループには何も説明を行わなかった（このグループは第一グループとは異なるホテルに勤務しているため、相互に会話することはない）。

一か月後、第一グループは通常業務以上の運動をせず、食生活も変えずに体重が平均2ポンド（約1キログラム弱）減少し、体脂肪率と最高血圧は約10％減少した。第二グループは、第一グループとまったく同じ通常業務をしたが、何の変化もなかった。

この実験の少し前にケベックで行われた研究でも同様の結果が現れた。若い男女四八名が二つのグループに分けられ、それぞれ一回90分、週3回のエアロビクスエクササイズを一〇週間継続して行った[25]。インストラクターは第一グループに、これはエアロビクス能力と心理状態を向上する目的で行う実験だと説明した。一〇週間後、両グループともにエアロビクス能力の向上が見られたが、良好な心理状態の目安である自己肯定感が著しく向上したのは、第一グループだけだった。

これらの結果が示すように、私たちは、ただ気づくだけで、自分の体や健康状態に重要な物理的効果を及ぼすことができる。私たちが学ぶことや、経験することをどんな言葉で定義するか、また提示された説明にどんな意味づけをするか、などがすべて私たちの意志に影響する。何をしていても、その行為に強い意志を載せると、その効果は自然に拡大していく。

つまりやろうとすることが何か、そしてなぜやるのかがわかると、どのようにやるか、がどんどん楽に効率よくできるようになる。（私は読者が本書でこれを実践することを願っている。自分が何をしているのか、なぜそうするのかがよくわかると、その成果は格段に向上する。）

私たちは些細なことにも意味づけを行っている。たとえば飲んでいる錠剤の色や数にも影響されることを、シンシナティ大学の古典的研究が明らかにしている。この研究では、医学生五七名に対し、ピンクとブルーのカプセルを一錠、または二錠処方し、ピンクは興奮剤、ブルーは鎮静剤だと伝えたが、いずれも不活性のプラシーボだった[26]。結果は、二錠飲んだほうが一錠飲んだ時より強い効果があり、ブルーを飲んだグループはピンクより鎮静効果が見られた。実際被験者たちは、ブルーのカプセルはピンクより2・5倍の鎮静効果があると評価した。どれも同じプラシーボなのに、だ。

近年の研究では、思い込みや認識が標準テストの成績に心理的影響を及ぼすことがわかっている。二〇〇六年カナダで行われた研究では、女子学生二二〇名が「数学の能力は男子のほうが女子より5％優れている」という偽の研究報告書を読んだ。(27) 次に被験者を二つに分け、男子が優れている理由として、第一グループには最近発見された遺伝的要素による、第二グループには小学校の教師の〝男女には能力差がある〟という思い込みによる、と説明した。この後、全員が数学の標準テストを受けた。男子が遺伝的に優れていると聞かされた第一グループは、第二グループより成績が悪かった。言い換えると、女子が不利であることは不可避だという考えを植えつけられると、それが真実であるかのように振る舞うということだ。

これと似たような例が、アフリカ系アメリカ人学生の研究データでも認められる。社会経済的階級は能力とは無関係であるにもかかわらず、SAT（大学進学適性試験）を含み、ボキャブラリー、読解能力、数学の能力などについて、アフリカ系アメリカ人学生が劣っていることはこれまでの歴史が示している。実際ほとんどの標準テストの成績において、黒人学生の平均値は同学年の70～80％の白人学生の平均値より低いことが分かっている。(28) スタンフォード大学の社会心理学者クロード・スティール博士はこれを〝既成概念の脅威《ステレオタイプスレット》〟と呼ばれる効果が元凶だと指摘する。彼の研究によると、ステレオタイプにより出来が悪いと決めつけられたグループに属する学生は、自分の成績が偏見に影響されると考えるとき、その心配がないときより成績が悪いという[29]。

スティールの記念碑的研究は、ジョシュア・アロンソン博士と共同でスタンフォード大学二年生を対象に実施された。学生の第一グループには、これから受けてもらうテストは受験者の認知能力を測定するもので、概して白人より黒人の成績が悪いというステレオタイプを植えつける説明をした。そして学生第二グループには、テストは単なるマイナーな研究データの材料となると伝えた。第一グループの黒人学生の成績は、SATの時同様白人より劣っていた。第二グループの黒人学生は、SATの成績と異なり、白人と同レベルだった。かくして、事前のステレオタイプ誘導が両者に決定的な違いを生んだことが証明された。

先入観の植えつけは、ある環境（たとえばテストを受ける）において、**誰か、どこか**、あるいは**何か**が別の対象の記憶と脳回路で連結しているため、連想の呼び水となる（この場合採点者が白人より黒人のほうが成績が悪いと考えていること）ことを指し、その結果、人は予想を裏切らない行為（劣った成績を残す）を無意識に行う。このことを呼び水と呼ぶのは、ちょうどポンプの呼び水のようだからだ。ポンプで水をくみ上げるとき、ポンプに水を差して、なかの空気を追い出すことにより水が上がってくる。先の例で言えば、世間の人が白人より黒人の成績が悪いと信じているのは、ポンプで水をくみ上げるために入っている水のようなものだ。ある体制に刺激を与えるとき（ポンプの取っ手を掴む、あるいはテストを受ける行為を指す）、それに紐づいたすべての考え、行動、感情などが波立って起こり、その体制に結びついた予測を裏切らないことをする——ポンプの場合は水が上がってくる、テストの場合は低い点数を取るなど。

考えてみてほしい。ほとんどの呼び水がもたらす自動的行動は無意識のプログラミングによるもので、大体において当人がまったく気づかないうちに起きている。では私たちは一日中まったく気づかないうちに無意識プログラムによって導かれ続けているのだろうか？

スティールは別のステレオタイプに該当する人々を対象に同じ実験を行っている。スティールは数学を得意とする白人・アジア人学生に数学テストを行った。テストの前に一部の白人に、「アジア人のほうが白人よりやや成績が勝っている」と伝えた。それを聞かされた白人学生は、聞かされなかった白人学生より劣る成績を残した。スティールは同じ実験を数学が得意な女子学生にも行ったが結果は同じだった。ここでも「アジア人より劣る」と言われたことで、学生たちは無意識の予測によって、実際に劣る成績を残した。

スティールの実験の背後には深い意味がある。自分たちについて思い込まされている条件づけ、そして世間の人々が自分たちのことについて思い込んでいる条件づけは、ともに私たちの行動、そして成功の度合いに作用する。プラシーボも同じで、薬を飲んだらこうなると条件づけられたことが実際に起きる。そして自分が薬を飲んだらどうなるかを周りのすべての人々（担当医を含む）がこぞって予測することは、私たちの体がプラシーボにどう反応するかに影響を与える。ほとんどすべての薬や外科手術でも、私たちが繰り返しその効果について呼び水を与えられ、教育され、条件づけられているから奏功しているのではないだろうか？　そのプラシーボ効果がなかったら、それほど、あるいはまったく効果がないということもあるのではないか？

自らプラシーボになれるか？

トレド大学の近年の研究は、思考だけで人の認識や経験を決定づけられることを最も端的に示している[30]。研究者はあらかじめ実施した質問の回答に従い、健康なボランティアを二つのグループ（楽観主義者と悲観主義者）に分けた。最初の実験では被験者にプラシーボを与え、これを飲むと具合が悪くなると説明した。結果として悲観主義者は楽観主義者より具合が悪くなった。二つ目の実験では、被験者にプラシーボを与え、これを飲むとよく眠れると説明した。結果は、楽観主義者は悲観主義者より良い睡眠が得られた。

この実験で楽観主義者は、体調がよくなるという暗示により強く反応することがわかる。なぜなら、彼らはよりよい未来のイメージを描くための呼び水が常駐しているからだ。悲観主義者は、体調が悪くなるという暗示により強く反応した。なぜなら、それと意識しているかいないかにかかわりなく、彼らは最悪のケースを想定する習慣があるからだ。たとえるなら、楽観主義者は無意識によく眠るための化学物質を作り、悲観主義者は脳内薬局で体調が悪くなる化学物質を作っているようなものだ。

言い換えると、まったく同じ環境において、ポジティブなものの見方をする人はポジティブな状況を作り出し、ネガティブなものの見方をする人はネガティブな状況を作り出す。これが私たち一人ひとりの自由意思に基づく生体工学の奇跡だ。

現代の医療で治癒したケースの、どれくらいがプラシーボ効果によるものか、はっきりした数字は不明だが（一九五五年のビーチャーの論文によると35％だが、最近の調査では10～100％ではないかと言われている[31]。その割合は看過できないほど重要だ。だとすれば、私たちは自らにこう問うべきではないか？「**病気や不調が、本人のネガティブな思考や感情によるノシーボ効果に負うところがあるとしたら、どれくらいの割合だろうか？**」ごく最近の心理学研究によると、私たちが日々巡らす思考の70％がネガティブで同じことばかり繰り返し考えているという。このことから考えると、無意識のノシーボ効果により発病、発症している割合は、恐らく私たちの想像をはるかに超えるすさまじい数字になることだろう[32]。精神・身体・感情面での不健康の原因がどこにも見つからないケースが多いことを考慮すれば、この考えは理に適っている。

人の意識がそれほどの力を持っているというのは信じ難いことかもしれないが、過去数十年にわたる研究の結果がゆるぎない真実を明らかにしている——あなたが考えることはあなたが経験することとなり、健康に関する限り、あなたの思考に自動的かつ絶妙に直結した、誰もが体内に持っている驚嘆すべき薬局方《やっきょくほう》（医薬品に関する品質企画書）に従い、心身の調和が維持されている。この奇跡の脳内薬局が、体内にすでに持っている天然のヒーリングの分子を活性化させ、あらゆる状態に対応して、最適な効果を発揮する成分を合成している。そこでこんな質問が湧き起こる。「いったいどうやって？」

この後に続くいくつかの章では、人の生体内で何が起きてそれが実現するかについて解説していく。あなたの健康だけでなく、あなたがこれから経験したい人生を意志によって創造する、内面のパワーを動員する方法が理解できるだろう。

第三章

You Are the

PLACEBO

making your mind matter

脳内のプラシーボ効果

私の前著、『あなたという習慣を断つ』を読んだ読者諸氏にとって、本章はすでに知っている話の復習となるだろう。内容がしっかり頭に入っていると思うなら本章を飛ばして、あるいは復習に必要なところだけ拾って読んでもかまわない。しかし迷ったら改めて読むことをお勧めしたい。なぜなら本書の後半に書かれていることを理解するために、この部分を完全に把握している必要があるからだ。

本書の最後の二章の内容が示すように、意識の状態を完全に変容させると、体は新しい意識に合わせてくる。そして意識の状態を変えるには、自分の思考を変えることから始まる。私たちには巨大な前脳が備わっているため、人間であることの特権として、脳内の思考が他のどの生物よりもリアルに感じられる。そのおかげでプラシーボが奏功する。その過程を紐解くには、三つのカギとなる要素、**条件づけ**、**予測**、そして**意味づけ**について掘り下げなくてはならない。これらの三要素はプラシーボの反応を起こすにあたり連動していることが追々《おいおい》わかることと思う。

第一の要素、**条件づけ**については前章のパブロフの話ですでに解説した。おさらいすると、過去の記憶（たとえばアスピリンを飲む）と生理的変化（頭痛が治る）を結びつけるとき、条件づけが起こる。これは薬の効果を過去に繰り返し体験していることで成立する。こんなふうに考えてみよう。頭痛がすると感じたとき、あなたは必然的に体内環境の生理的変化（頭痛がある）に気づいている。次にあなたが迷わずすることは、内的世界に変化を起こすものを外的環境（この場合はアスピリン）から探すことだ。これは言い換えると、あなたの内面の状態（痛みを感じる）がスイッチとなり、過去にあなたが下した選択、行動、経験の中から、あなたが感じている痛みをとることができた外界の現実（アスピリンを飲んで頭痛が治った）を探るべく考え始める、という流れだ。

こうしてアスピリンという名の外界からの刺激、あるいはきっかけがある特定の経験を生み出す。その経験が生理反応、あるいは報酬を生むと、あなたの内的環境が変化する。内的環境の変化に気づいた瞬間、あなたは外的環境の何がその変化をもたらしたかに注目する。その出来事（あなたの外側にある何かがあなたの内側の何かを変えたこと）を**連想記憶**と呼ぶ。

この過程を何度も繰り返すと、その連想により外界の刺激がどんどん強くなるため、アスピリンをアスピリンのように見える砂糖粒に差し替えても、それまでと同様、自動の内的反応を起こす（頭痛の痛みを軽減する）。これがプラシーボが奏功する一例だ。図3・1A、3・1B、3・1Cは、条件づけの過程を示している。

条件づけ

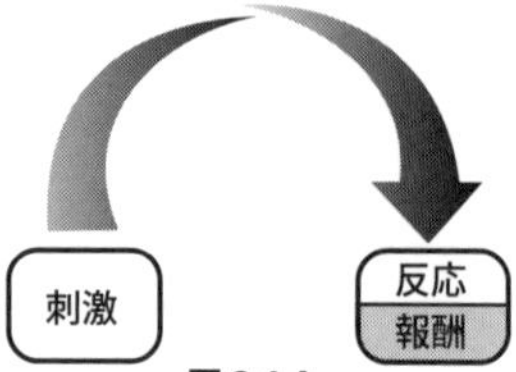

図 3.1 A

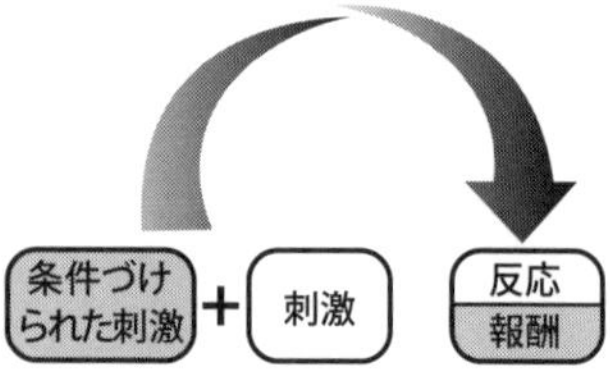

図 3.1 B

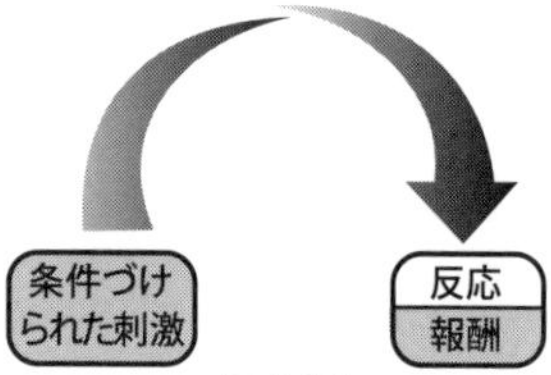

図 3.1 C

図 3.1A が示すのは、ある刺激が、反応または報酬と呼ばれる生理的変化を起こすということ。図 3.1B では、ある刺激に条件づけられた刺激をセットにして何度か反復すると、最初と同じ反応が得られるということ。図 3.1C では、初めの刺激を取り除き、条件づけられた刺激 (プラシーボ) のみとなっても、当初と同じ生理的反応を得られることを示している。

第二の要素、**予測**は、異なる結果を期待する理由がある時に登場する。**条件づけ**が過去に基づいているとすれば、**予測**は未来に基づくと考えていい。たとえばあなたにリウマチの慢性痛があったとして、主治医が新しい薬を処方したとする。この薬はあなたの痛みを軽減してくれると医師が熱心に説明すれば、あなたは医師の助言を聞き入れ、これを飲めば違うことが起きる(慢性痛がなくなる)ことを期待する。その場合、医師はあなたの被暗示性に影響を与えたことになる。

被暗示性が高まると、私たちはごく自然に外界のもの（新薬）と、選択した異なる可能性（痛みがなくなる）を結びつける。心の中で私たちはまだ実現していない未来の可能性を選択し、異なる結果が得られることを望み、期待し、予測する。それを感情面でも受け止め、選択した潜在的未来を大切に思い、その思い入れが十分強いとき、脳と体は痛みのない状態に変化したことを単に想像していることと、実際にその出来事によって体の状態が変化したこととを識別できない。脳と体に関する限り、それらは同じことなのだ。

結果として脳は、実際に変化した（薬が効いて痛みがなくなった）時と同じ神経回路を発火させ、同じような化学物質を体内に放出する。こうして私たちがそうなると予測した（痛みがなくなった）ことが起こる。脳と体は体内環境を変えるために完璧な化学物質を製造するからだ。こうして私たちは新しい状態に移行する。このとき、意識と体は一体になって機能している。人はそれほどパワフルな存在なのだ。

第三の要素、プラシーボへの**意味づけ**は、プラシーボが働くのを助ける。ある行動に意味づけをするとき、私たちはそれに意志を載せることになる。言い換えると、何か新しいことを学び、理解するとき、私たちはそこに意図的で目的を持ったエネルギーを注ぎ込む。たとえば、前章のホテルのメイドの実験でいうと、毎日の通常業務をこなしているだけでどれほどのカロリー消費をしているかを理解し、それがいいエクササイズになっていると自覚すると、通常業務に新たな意味が付加されることになる。メイドたちはただ単に掃除機をかけ、シンクをこすり、床にモップをかけているのではなく、そうしながら筋トレをし、体力をつけ、カロリーを燃焼していることに気づいた。研究者からエクササイズをすることのメリットについて講義を聞いた後で、掃除機かけやシンク磨き、モップかけに新たな意義が加わったため、メイドたちの意志や目的はただの業務遂行にとどまらず、エクササイズをしてより健康になることが加わった。

そしてその通りになった。対照群のメイドたちは通常の仕事がいいエクササイズになっていることを**知らなかった**ため、業務遂行以上の意味づけをしなかった。前述のグループとまったく同じ仕事をしているにもかかわらず、このグループはエクササイズの効果が得られなかった。

プラシーボの働きもこれと同じだ。ある特定の物質、やり方、あるいは外科手術の有効性を教え込まれ、それを信じれば信じるほど、より健康になり、体調が回復するという考えによりよく反応する。言い換えると、ある内的環境を変える経験の可能性の背後に、外界にある人、場所、あるいはものの意味を見出すと、**思考のみにより**内的状態を意図的に変えられる確率が高くなる。さらに、ある行為をすることのメリットについて教えられ、健康に関する新しい結果を受け入れられるほど、何をやろうとしているのかが脳内で明確になり、その結果、脳と体がその通りの状態を作るための呼び水を投じることになる。早い話が、根拠や理由が**信じられる**度合いに比例して、効果も絶大になるということだ。

プラシーボ――思考の解剖学

プラシーボ効果が、思考によって生理的変化を起こすことの結果（意識は物質の上位構造、と言える）なら、思考についてもっとよく理解し、それが脳と体とどう連携するのかを知る必要がある。手始めに日常的思考について考えてみよう。

人は習慣の動物だ。人は毎日六万から七万の事柄について考えると言われる。[1] そのうち90％が前の日とまったく同じ内容のことを考えている。毎朝ベッドの同じ側から起き出し、洗面所で毎朝同じルーティーンをこなし、同じように髪をとかし、同じ椅子に座り、同じ朝食をとり、同じ手でコーヒーカップを持ち、同じルートを辿《たど》って会社に行く。いつもと同じ面々（気に入らない奴はいつも同じことでイラつかせる）のいるオフィスで熟練しきった仕事をこなしている。一日が終われば急いで家路を辿り、帰宅すれば急いでメールのチェックをし、急いで夕食をとり、お気に入りのテレビ番組を見る。それから急いで同じ時間に寝る前の歯磨きなどのルーティーンを終え、同じ時間にベッドに入る。常に次にやることを考え、朝起きればまた同じことを繰り返す。

これを聞いていて、「それじゃあまるで自動操縦ロボットだ」と思ったとしたら、あなたはまったく正しい。同じ**思考**は同じ**選択**を生む。同じ**選択**をすれば、同じ**行動**をすることになる。同じ行動は同じ経験を創出する。同じ経験をつくり続ければ、同じ感情が生まれる。その同じ感情は同じ思考を連れてくる。図3・2を見て、私たちの思考が同じ現実を作り出す仕組みを辿ってほしい。

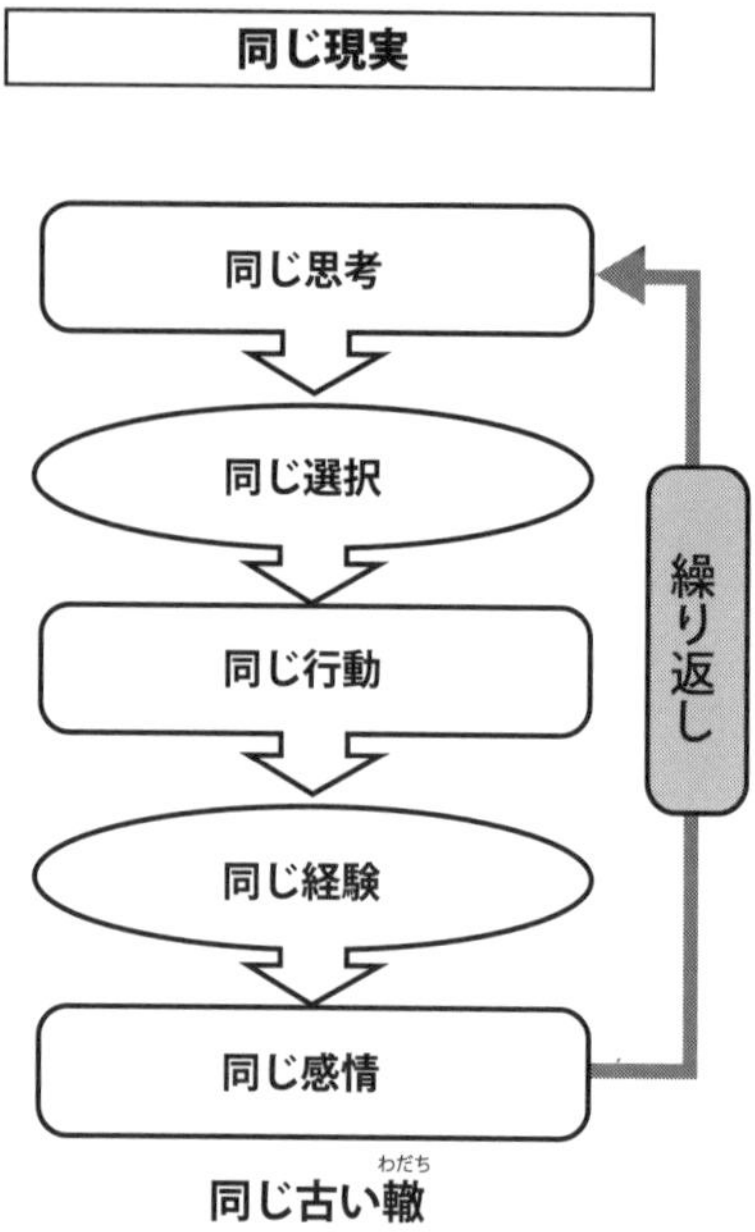

図 3.2

自覚があってもなくてもこの過程をたどると、結果としてあなたの生理的状態は常に同じものになる。あなたは（内心では密かに違う人生を望んでいたとしても）毎日同じことを考え、同じ行動を取り、同じ気分で過ごしている限り、あなたの脳と体は普段とまったく変わらない。あなたは普段と同じ脳内活動を促し、脳内では同じ神経回路が発火して同じ化学物質を作り出す。その化学物質はいつも通りに体の化学反応を起こす。いつもの化学物質は同じ遺伝子に同じような信号を送り続ける。

同じ遺伝子発現は同じたんぱく質（これが細胞の原料）を作り、体は同じ状態を維持することになる。（たんぱく質については後程詳説する。）たんぱく質の発現は、生命や健康の基本機能なので、結果としてあなたの日常や健康はずっと変わらない。

ここであなたの毎日について振り返ってみよう。これをあなたに置き換えるとどういうことになるだろう？　もしあなたが昨日とほぼ同じことを考えているなら、あなたは今日も昨日とほぼ同じ選択をしているだろう。あなたの今日の選択が昨日と同じなら、恐らく明日の行動は今日と同じになるだろう。習慣的に取っている明日の行動は、あなたの未来にも同じ経験をもたらすだろう。未来の現実となる同じ出来事は、予想通りの同じ気持ちをあなたの人生全般にもたらすだろう。その結果として、あなたは毎日毎日同じ気分で過ごすことになる。あなたの昨日があなたの明日をつくる――真実を言えば、あなたの過去イコールあなたの未来だ。

ここまでのところで合点がいくなら、先ほどの馴染み深い気分があなたのアイデンティティ、あるいは人格と言っていいだろう。それがあなたのありよう、意識の状態だ。それが一番心地よく、無理がなく、自動的に起こる状態だ。それがよく知っているあなたであり、はっきり言えば過去を生きているあなただ。朝起きるとすぐに同じ自分を思い出し、同じ一日を予測するため、来る日も来る日も同じことを繰り返しているうちに、馴染み深いあなたの意識状態が馴染み深い思考をもたらし、その思考は毎度お馴染みの一連の選択肢、行動、経験の自動サイクルを渇望し、その帰結として、また同じ意識状態（イコールあなたの人格）に帰ってくることを望んでいる。このとき、あなたの人格のすべてが同じ状態を維持している。

それがあなたの人格なら、**あなたの人格があなたの個人的現実を作る**。実にシンプルだ。あなたの人格とは、あなたの**思考**、**行動**、そして**感情**でできている。今このページを読んでいるあなたの今の人格が、今のあなたの人生という個人的現実をつくっている。もしあなたが新しい個人的現実、新しい人生を望むなら、あなたの頭の中を占めてきた思考を精査し、変える必要があるということだ。これまで繰り返してきた同じ経験をもたらす、無意識に選択してきた自動運転サイクルを見直し、新しい選択をし、新しい行動により、新しい経験をする必要がある。図3・3は、あなたの人格がどのようにあなたの個人的現実を形成しているかを示している。

過去の経験からくる感情を記憶し、日常的に再現している様子をよく観察し、注目してほしい。そして来る日も来る日も過去の感情で生きる日々がこの先ずっと続くことを、あなたは望んでいるのか否かを決める必要がある。お分かりの通り、ほとんどの人は古い意識状態のまま新しい個人的現実を作ろうとして、結局うまくいかない。人生を変えるには、文字通り違う人にならなくてはならない。そのやり方をサポートする正しいサイエンスをこれからご紹介したい。図3・4のフローを見てほしい。

このモデルが理解できれば、あなたの新しい思考が新しい選択をもたらすという概念にご納得い

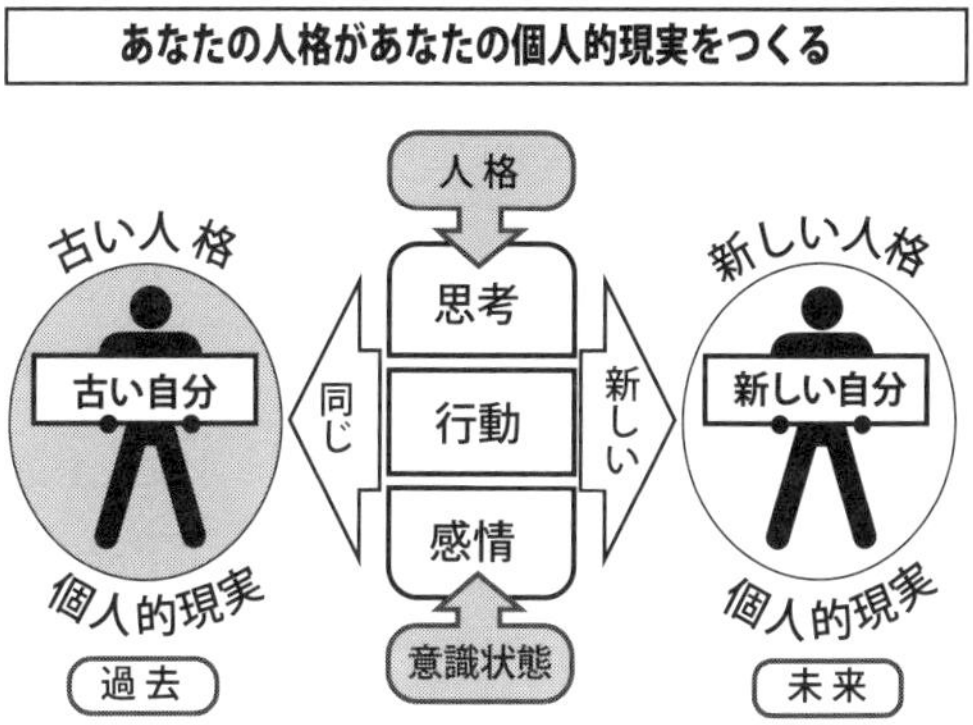

図 3.3

あなたの人格は、あなたが何を考え、行動し、感じるかによってつくられる。
それがあなたの意識状態だ。したがって、同じ思考、行動、感情はあなたを過去の個人的現実に閉じ込める。しかし、あなたの人格が新しいことを考え、行動し、感じるようになると、あなたは必然的に新しい個人的現実を未来に創り出す。

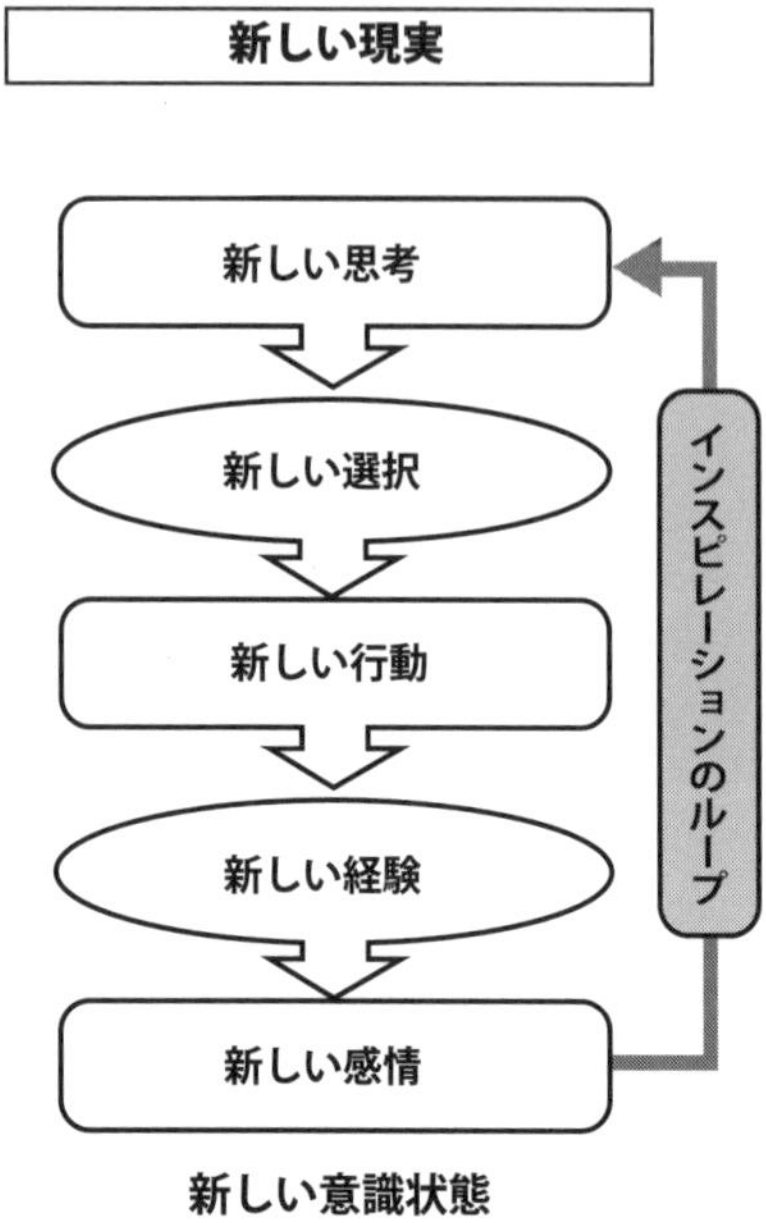

図 3.4

ただけるだろう。新しい選択は新しい行動を生む。新しい行動は新しい経験をもたらす。新しい経験は新たな感情を引き出し、新たな感情は新しい考えを呼び起こすインスピレーションとなるだろう。このことを〝進化〟と呼ぶ。あなたの個人的現実と生理的状態——つまりあなたの脳内回路、体内の化学組成、遺伝子発現、そして最終的にあなたの健康——は、新しい人格が作る新しい意識状態を反映して変化するだろう。このサイクルの始点にあるのが思考だ。

脳の働きのおさらい

これまで、私は定義を説明することなく**脳内回路**、**神経ネットワーク**、**脳の化学組成**、**遺伝子発現**といった用語を使ってきた。本章ではこれより、あなたが自らプラシーボになるための完全モデルを構築するべく、脳と体がどのように連携しているかを科学的に解説していきたい。

人の脳は75％が水分で、全体的に半熟卵のような柔らかさで、一千億個もの神経細胞（**ニューロン**と呼ばれる）が隙間《すきま》なく行き渡り、水っぽい物質の中で浮かんでいる。神経細胞の一単位は葉っぱのついていない、弾力性のある樫の木のような形状で、揺れ動く枝先と、根っこの先は隣りの神経細胞とくっついたり離れたりしている。一つの神経細胞とつながっている周囲の神経細胞との接点の数は、脳内の位置により千から十万以上と言われている。たとえば大脳新皮質（思考する脳）は一つの神経細胞ごとに一万〜四万の接点がある。

少し前まで、脳はよくコンピュータにたとえられてきた。確かに似ているが、最近ではもっといろんなことが分かってきた。各神経細胞はそれぞれが小さなバイオコンピュータのようなもので、そのRAMは60メガバイトを超える。その情報処理能力は毎秒数十万と言われる。私たちが日常で新しいことを学び、新しい経験をするとき、神経細胞は新しい接点を作り、互いに電気・化学情報を交換している。これらの接点を**シナプス結合**と呼ぶ。シナプスとは、細胞同士が情報を交換するところ、つまり神経細胞同士の枝先と根っこの間の接合部位のことだ。

学習が新しいシナプス結合を作るなら、覚えていることとはこれらの結合を維持することを意味する。事実上記憶とは神経細胞同士の長期にわたる関係、あるいは接合のことを指す。これらの結合の創出や経年変化の仕方により、脳の物理的構造も変化する。

脳がそのように変化すると、思考は**神経伝達物質**（セロトニン、ドーパミン、アセチルコリンなどがその代表的なもの）と呼ばれる化学物質の調合カクテルをつくる。脳内である考えがよぎるとき、神経細胞の木の枝の一つから神経伝達物質がシナプス結合を通って別の神経細胞の根っこの先に届く。すると神経細胞は情報の稲妻のように発火する。同じ考えを繰り返し巡らしていると、神経細胞は同じように発火し続ける。これにより二つの神経細胞の結合が強化され、次に発火した時にはより簡単に信号が伝達されるようになっていく。結果として、脳内にはその持ち主が何かを学習しただけでなく、しっかり記憶したという痕跡が残る。選択的に補強するこの過程のことを、**シナプスの増強**と呼ぶ。

密林状態にある無数の神経細胞の木が同時発火して、ある新しい思考に反応するとき、新しい化学物質（たんぱく質）が神経細胞の中で作られ、細胞の中心部（核と呼ばれる）に向かい、そこでDNAに収まる。するとたんぱく質はいくつかの遺伝子のスイッチをオンにする。遺伝子の仕事は、体の構造と機能を維持するたんぱく質を作ることなので、神経細胞は互いを結びつける新しい枝を作るための新しいたんぱく質を急いで作り始める。こんなふうに、私たちが同じ思考、経験を何度も繰り返すとき、私たちの脳細胞は互いの結合を増強する（これにより体の生理的機能が変化する）だけでなく、結合部の総数を増やしていく（これにより体の物理的構造が変化する）。顕微鏡で見ると脳はより豊かになったと言える。

したがって、あなたが新しいことを考えるやいなや、あなたは神経・化学・遺伝子的に変化する。実際、新しい学習、新しい考え方、初めての経験をすると、ものの数秒で数千という新しい神経結合を作り出す。つまり、あなたの思考ひとつで、即座に新しい遺伝子を稼働できるということだ。意識を変えるだけでそういう変化が起きる。物質より意識が先行するということだ。

ノーベル賞を受賞した神経学者エリック・カンデルは、新しい経験が記憶されるとき、刺激を受ける感覚神経細胞のシナプス結合の数は2，600に倍増することを示した。ところが、その新しい経験を何度も繰り返し使っていないと、新規に生まれたシナプス結合は、ものの三週間で半減し、1，300に戻るという。

したがって、新たに覚えたことを何度も繰り返すという行為は、神経細胞の集合体を強化し、次回に備える態勢を作ることに他ならない。それをしないとシナプス結合は消滅し、記憶も消去される。新しい考えや選択、行動、習慣、信念、経験などを脳内に定着させたいとき、コンスタントに情報の更新・見直しを行い、記憶しておくという行為がとても重要なのはこのためだ。[2] 図3・5を見ると、神経細胞や神経ネットワークの様子が理解できるだろう。

図 3.5

これは神経ネットワークの中にある個々の神経細胞（ニューロン）の様子を描いたもの。神経細胞同士のコミュニケーションを助ける枝（シナプス）の先端同士の間のわずかな間隙をシナプス間隙と呼ぶ。砂粒ひとつ分のスペースに約 10 万の神経細胞が収まり、それらを結ぶ接点は 10 億を超える。

このシステムがどれほどすごいものかを把握するにあたり、一つの神経細胞が他の四万の神経細胞と連結していることを想像してみてほしい。この神経細胞が毎秒一〇万ビットの情報を処理し、その情報を他の神経細胞（これも毎秒一〇万ビットの情報処理をしている）と共有している。このようにクラスター化して連動している集合体のことを**神経ネットワーク**（または**神経ネット**）と呼ぶ。神経ネットはシナプス結合の組織を形成する。これを別名**神経回路**と呼ぶ。

脳の灰白質を構成する神経細胞に物理的変化が起きると、そして該当する神経細胞が選択され、億単位の情報を処理できる巨大な神経細胞ネットワークが起動するよう指示が出されると、脳の物理的インフラも、外界から受信する情報に応じて変化する。そのうちに、分厚い雲の中で集中と拡散をしながら伝達していく、ランダムな稲妻のような電気活動により神経ネットワークが活性化すると、脳は同じハードウェア・システム（つまり物理的な神経ネットワーク）を使い続ける。しかし同時にソフトウェア・プログラム（自動的な神経ネットワーク）も始動する。こうしてプログラムが脳内にインストールされる。ハードウェアがソフトウェアを作り、ソフトウェア・システムはハードウェアに組み込まれる。そしてソフトウェアが使われるたびにハードウェアが強化される。

毎日新しいことを学んだり経験したりすることがないまま、同じ思考、同じ感情の上塗りばかりしていると、あなたの脳内では、同じ神経細胞が同じ神経ネットワークを、同じ段取り、パターン、コンビネーションで発火させ続けることになる。それは自動プログラム化し、あなたは無意識にそれを毎日使い続ける。人には言葉を話す、髭を剃る、化粧をする、コンピュータに入力する、同僚を批判するなど、それぞれの目的別に自動神経ネットワークができている。なぜならそれらの行為を無数に繰り返したために、事実上無意識にできるまでになっているからだ。こうなると、顕在意識で考える必要もなく、レールに乗るように楽になる。

それらの神経回路があまりに頻繁に補強されると、それらはハードウェア化する。神経細胞同士の結合は接着剤でくっつけたように一体となり、追加の回線が作られ、枝が増え、物理的に分厚く強固になっていく。土木工事にたとえるなら、橋を架け、それを頑丈に補修し、新しい道路を作り、高速道路の幅員を広げ、もっとたくさん車が通れるようにするといった具合だ。

神経科学で最も基本的な原理の一つに次の概念がある。「ともに発火する神経細胞はともにつながり合う(3)」。あなたの脳が繰り返し同じ神経細胞を発火させていれば、あなたは同じ意識レベルを再生産していることになる。神経科学的に言うと、**意識**とは〝行動する脳〟、あるいは〝進行形の脳〟だ。したがって、あなたが毎日同じ意識状態を再生することによりあなたが自分だと思っている自分像を再確認しているとしたら、あなたはもう何年にもわたり同じ神経細胞を発火させ、同じ神経ネットワークを稼働し続けていることになる。人は30代半ばになると、脳は非常に限定的な本人仕様の自動プログラムを作り上げている。そしてその固定されたパターンのことを、人はアイデンティティと呼ぶ。

これを脳内の箱にたとえてみよう。もちろん脳内に物理的な箱は存在しないが、「型にはまった考え方をすること」とは、図3・6に描かれたように、物理的に脳を限定的なパターンに固定配線していると考えていいだろう。同じ意識レベルを何度でも再生産していると、一番発火率の高い神経回路の一団が先回りしてあなたの意思を遂行するようになる。

神経可塑性

そうであるなら、私たちのゴールは図3・7に描かれたように、「型に囚われない考え方をすること」であり、脳内回路を新しいやり方で発火することだ。これが開かれた意識を持つということだ。なぜなら、あなたがこれまでとは違ったやり方で脳を使うとき、あなたは文字通り意識を変えているからだ。

研究によると、私たちが脳を使うと、脳は育ち、変化する。これは**神経可塑性**《かそせい》（新しい情報を学習したときに脳がそれに適応し、変化する能力）のおかげだ。脳を新しい知識で満たし、豊かな経験を創造していくと、それは生理学的にあなたが新しいやり方で考え、行動し、感じるための原料を提供していることに他ならない。たとえば、数学者が行う研究期間が長いほど、数学に使われる部分の脳には多くの神経線維が枝分かれしてつくられる。[4] そして何年もオーケストラで楽器を演奏しているプロの音楽家は、脳内の言語や音楽をつかさどる部分が拡大している。[5]

神経可塑性の働きを表す正式な科学用語は**刈込**と**発芽**と言い、文字通りの意味だ。神経線維同士

神経可塑性

枠を超える思考

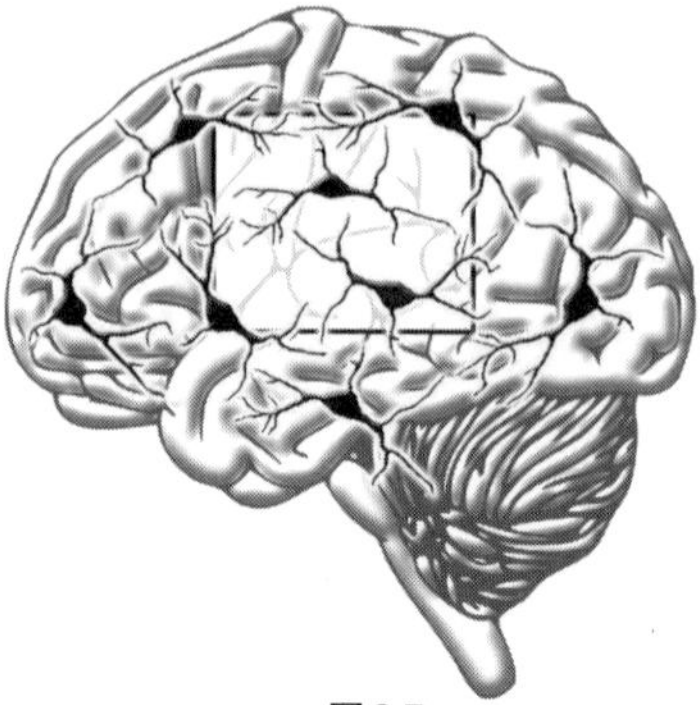

図 3.7

新しいことを学び、新しい発想で思考を巡らすとき、あなたは脳内回路を新しい順番、パターン、コンビネーションで発火させている。脳内回路がそれまでと違った働きをするときは常に、意識も変化している。それまでの規定枠を超えて思考を巡らすとき、新しい思考は新しい選択・行動・経験、そして新しい感情を生み出す。同時にアイデンティティも変化する。

固定型神経

型にはまった思考

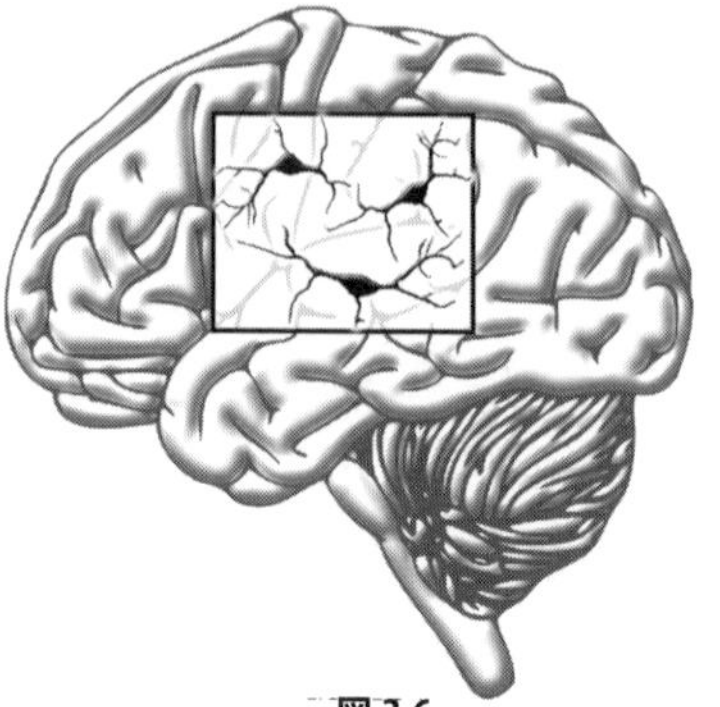

図 3.6

あなたの思考、選択、行動、経験、感情が何年も同じ内容だったら、そして同じ思考は常に同じ感情を喚起し、同じループを無限に繰り返すことになることから、あなたの脳は習得回路に限定されたものしか生み出さない。なぜならあなたは毎日同じ意識状態でいることにより、同じ脳内回路の同じ発火パターンを再生し続けているからだ。それが長期化すると、この状態は特定の神経ネットワークのみを強化するという生理的変化を起こすため、あなたの脳は同じ意識状態をつくりやすい態勢を整える。このときあなたの思考は型にはまっている。
型にはまった習得回路の総体のことを、アイデンティティと呼ぶ。

のつながりやパターン、回路を消去するのが刈込で、新規に突起を伸ばし成長するのが発芽だ。よく機能する脳では、この過程はものの数秒で完了する。カリフォルニア大学バークレイ校の研究者が、この働きを研究室のラットで証明した。実験では、豊かな環境に暮らすラット（ハウスには親子、きょうだいが皆一緒にいて、多様なおもちゃに自由にアクセスできる）の脳は神経細胞の数も神経細胞同士の結合も、豊かでない環境に暮らすラットの脳より多かった。[6] ここでも新しいことを学び、経験すると、文字通り脳が変化することがわかる。

人を同じ轍《わだち》に押し込める、固定プログラムや条件づけの鎖から解放されるには、かなりの努力が必要だ。加えて知識も必要となる。なぜなら、自分や自分の人生にかかわる重要な情報を学ぶとき、あなたの灰白質の中にある三次元的〝刺繍《ししゅう》作品〟に、まったく新しい刺繍模様を縫《ぬ》いつけることになるからだ。こうしてあなたは、脳をそれまでとは違ったやり方で働かせるための原料をまたひとつ手にしたことになる。そしてあなたは、現実を違ったふうに捉え、違った考えを巡らせ始める。あなたは自分の日常を新しい意識というレンズ越しにみることを始めたからだ。

変化の川を渡る

ここまで読んできて、変化するには自分の中の無意識（一連の固定プログラムのこと）に意識を向けなくてはならないということがお分かりと思う。

変化するにあたり最も難しいのは、**前日と同じ選択をしないことではない**。難しい理由は、同じ選択肢に至る同じ思考——それは自動的に慣れ親しんだ同じ行動を生み、結果同じ経験をして、同じ気持ちになり、慣れ親しんだアイデンティティの再確認へと至る——をやめた途端に居心地が悪くなるからだ。新しい意識状態には馴染みがなく、よく知らない領域のため、〝正常〟という気がしない。それは自分じゃないという感覚になる。実際それはあなたではない。すべてについて不確かで、よく知っている自分を予測できず、自分のそれまでの人生を反映していない。

最初は居心地が悪いかもしれないが、その感覚こそが変化の川を渡り始めたことがわかる瞬間だ。それが未知の世界に足を踏み入れた感覚だ。古い自分でいるのをやめた瞬間から、古い自分と新しい自分の間に横たわるギャップの川を越さなくてはならない（図3・8）。言い換えると、新しい人格に瞬時に移行できるわけではない。時間がかかる。

一般に、人が変化の川を渡るとき、古い自分と新しい自分の間にある空間があまりに不快感を伴うため、慌てて元の自分に逃げ戻ってしまう。このとき無意識にこんな考えが浮かぶ。「**なんかおかしい**」「**居心地が悪い**」「**気分がよくない**」など。こういった**考え**、あるいは**自動で繰り出される暗示**に耳を貸した途端、人はそれと意識しないまま元の古い**選択**に戻り、それは元の**行動**、そして**経験**へとつながり、元の**感情**へと至るループに逆戻りする。そして人はこう考える。「**うん、これ**

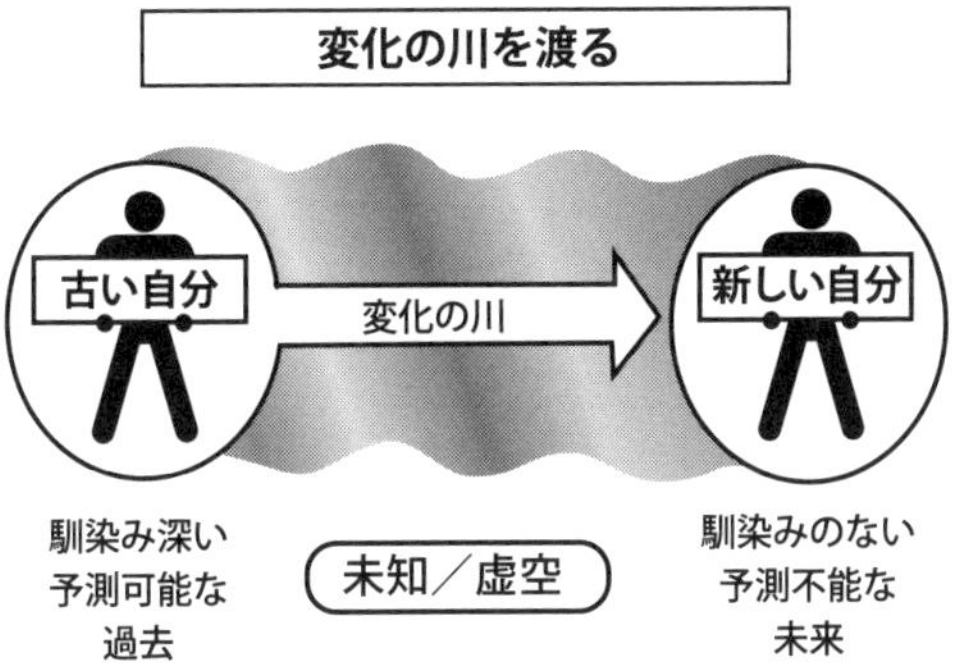

図 3.8

変化の川を渡るには、いつもと同じ思考、同じ選択、同じ行動、同じ経験、同じ感情に結びついた馴染み深い予測可能な自分から離れ、未知の虚空に進入しなくてはならない。古い自分と新しい自分の間にあるのは、古いアイデンティティの生理的な意味での消滅だ。古い自分が消滅したら、新しい思考、新しい選択、新しい行動、新しい経験、新しい感情からなる新しい自分を創出しなくてはならない。変化の川に進入するとは、新しい予測不能で馴染みのない自分自身へと踏み出すことを意味する。未知の領域は、あなたが何かを創造できる唯一の場所だ。既知の領域にとどまっていては何も創造できない。

が正しい」しかしこの感覚は〝正しい〟というより〝**馴染みがある**〟という意味だ。

変化の川を渡り不快感を味わうことが、とりもなおさず、古い自分が生理的・神経的・化学的、そして遺伝子的にも死んでいくことが苦しみなのだということが理解できると、自ら進んで変わろうとする力が授かり、その視線の先に川の向こう側を捉えることができる。変化というものが、長年にわたり無意識に考えてきた結果作られた固定回路を変性させることだとわかれば、前向きになれるだろう。不快に感じるということは、これまで何度となく脳の構造に刻み込まれてきた古い習慣、思い込み、認識が、今まさに解体されているのだと思えば耐えられるだろう。変化の渦中で直面する渇望感との戦いは、体が長年浴び続けた感情（化学物質）への依存症の離脱への葛藤なのだと理解できれば頑張れるだろう。無意識の習慣や行動パターンから生理的バリエーションが生まれるので、今自分の体は細胞レベルで変化しているのだと考えれば、ゴールに向かっていけるだろう。今していることは現在の自分の遺伝子だけでなく、祖先が営々と築いてきた遺伝子情報をも書き換えているのだと思い出せれば、集中力を切らすことなくインスピレーションを味方に達成できるだろう。

この経験を、〝魂の闇夜〟と呼ぶ人々がいる。その過程は不死鳥が自らに火をつけ、灰になるまで燃え尽きるようなものだ。新しい自分が生まれるためには、古い自分が死ななくてはならない。それが不快でないはずがないだろう！

でも大丈夫。その見知らぬ領域こそが創造には完璧の場所――可能性が存在するところだからだ。これ以上の場所があるだろうか？　私たちのほとんどは、知らないことから逃げるように条件づけられている。このため、今後は何もない世界、見知らぬ世界を恐れる代わりに、馴染んでいくことを学習する必要がある。

もしあなたが私に「何もない世界というのはよりどころがないし、この先何が待ち受けているのか予測できないし、見えないから行きたくない」と訴えたとしたら、私はこう答えるだろう。「それは素晴らしいことだね。未来を予測する一番いい方法は、**創る**ことだからだ。それもすでに知っているところからではなく、**未知の世界**からね。」

新しいあなたが生まれたら、それは生物学的にも違う存在になっているはずだ。脳内では新しい神経突起が発芽して結合し、毎日新しい思考と行動を意識的に選択していなくてはならない。新しいあなたをかたどる神経結合は、習慣になるまで同じ経験を繰り返し創造することで、補強されなくてはならない。新しい経験がもたらす感情から生まれる、体内の新しい化学組成にも馴染む必要がある。新しいあなたのありようを作るたんぱく質を作るよう、新しい遺伝子に信号を送る必要がある。見てきたように、もしたんぱく質の発現が生命力の顕《あらわ》れを示し、それが健康な体に等しいなら、その次に来るのは、新しい領域に達した構造的・機能的に健全な心身と未来だ。一新された意識と、生まれ変わった体の誕生だ。

長く暗い夜が終わり、不死鳥が灰の中から蘇り、まったく新しい朝が来たら、私たちは新しい自分を再発明したのだと言える。新しい自分の物理的・生物学的発現は、文字通り別人になったことを示す。それこそが真の完全変態《メタモルフォーゼ》だ。

環境を超越する

脳を別の視点から見ると、脳とはこれまでの人生の中で知り得たこと、経験したことのすべてを反映するように構成されたものと言える。外界と何かやり取りをするたびに、その出来事が刻印され積み重なって今のあなたができているということが、もうお分かりのことと思う。あなたが地球に生きる日々の一瞬一瞬で、脳内でともに結束し、発火してきた複雑な神経ネットワークは、何億何兆という数の結合を作り、学習の記憶として記録されている。神経細胞同士の結合が〝記憶〟と呼ばれるため、脳は過去を収める生きた記録装置だ。外界でそれぞれの場所や時間で出会った人々や出来事が織りなす膨大な経験は、すべて灰白質の奥深くに刻印されている。

私たちは過去の記憶からつくられたハードウェアとソフトウェア・プログラムを繰り返し使っているため、ほとんどの人はごく自然に過去に基づいて考えている。毎日同じ時間に同じことをして、同じ場所で同じ人々に会い、昨日と同じ経験を再生産し続け、一〇年一日の如き人生を送っていると、私たちは外界の奴隷となり、私たちの内面は外界に支配されることになる。そうなると、私たちが何を考え、行動し、感じるかをコントロールするのは外的環境となる。私たちは自分の個人的現実の被害者となる。なぜなら個人的現実が人格をつくり、それが自動操縦モードになっているからだ。当然の帰結として、それが同じ思考や感情のループを盤石にするため、外界と内面の世界がマッチしてタンゴを踊り、外界と内面は一心同体だ。

もしあなたの環境があなたの日々の考えや感情の引き金になっているのなら、変化するにあたり、あなたやあなたの日常の何かが、外界の状況を上回る力を持つ必要がある。

思考→感情、感情→思考

思考が脳の言語であるように、感情は体の言語である。そして、何をどのように考えるか、感じるかが、心の状態をつくる。**心の状態**とは、意識と体が連動している状態を指す。したがって、現在の心の状態とは、純粋に意識と体のつながりを示している。

何かを考えるたびに、脳内では神経伝達物質に加え、**神経ペプチド**と呼ばれる化学物質が作られる。神経ペプチドは脳から体中にメッセージを送り、各ホルモンセンターを活性化させる小さなたんぱく質だ。すると体はそれに反応し、感情を感じる。体が感情を受け取ったことを察知した脳は、その感情に見合った思考を探してくる。その思考は再びさっきと似たような化学物質として体内に送信され、その感情は思考に同調し、強化される。

このように、思考が感情を生み、感情がそれに見合った思考を連れてくる。これはループ状になっていて、ほとんどの人はこれを何年でも続けている。脳は、体が感じている感情に対応し、それを支持する思考を巡らせて同じ感情を増幅させていくため、反復する思考は、明確な神経回路の固定パターンとしてフレーム化される。

体では何が起きているだろうか？ 感情は体を操る道具なので、自動操縦思考に合わせて繰り返し湧き起こる感情（脳内で固定パターン化した思考にマッチした感情）を体が記憶するよう条件づけを行う。この一連の流れに顕在意識のコントロールは働いていない。体は無意識にプログラムされ、条件づけられ、文字通り意識に成り代わる。

思考が感情を呼び、感情が思考を呼ぶというこのループが一定期間続くと、最終的に、脳が体に送る感情信号を、体がすっかり暗記する。すると、この思考と感情のサイクルが不動のパターンとして確立し、馴染み深い心の状態となる。この状態とは、何度もリサイクルされ続けてきた過去の情報に基づくものだ。ここで、過去の経験の化学的痕跡以上の何物でもないこれらの感情は、今の私たちの思考をコントロールし、何度でも執拗に介入してくる。これが続く限り、私たちは過去を生きている。これでは未来を変えるなんて夢のまた夢だ！

神経細胞が同じように発火すると、それは同じ神経伝達物質と神経ペプチドという化学物質を、脳内と体全体に放出するスイッチを押し続ける。体全体に放出された化学物質は体を物理的に変化させ（イコール感情の想起）、体がその感情を記憶するように手なずける。体の細胞や組織は、これら特定の化学物質による信号を、それぞれ特定の受容体部位で受け止める。受容体部位とは、化学物質のメッセンジャーが細胞にドッキングする場所だ。ちょうど子供のパズルのように、丸や三角、四角といった図形がそれぞれに見合った穴にぴったり収まる形で、各メッセンジャーが収まる場所がある。

事実上感情の分子である、これら化学のメッセンジャーは、電磁エネルギー情報が書かれたバーコードを各細胞の受容体に運んでいると考えるといいだろう。形ぴったりの受容体に収まると、受容体部位は準備を始める。メッセンジャーはドックに収まり、細胞は持ち込まれた情報を解読すると、たんぱく質をつくったり変更させたりする。こうしてできたたんぱく質は細胞の中心にあるＤＮＡを活性化する。ＤＮＡは開かれ、解かれ、細胞の外から来た情報に見合った遺伝子が解読され、細胞はＤＮＡに従って新しいたんぱく質（たとえば特定のホルモンなど）を作り、体に放出する。

これで体は意識によって手なずけられることになる。脳内の意識が変わらない(本人が同じ思考、行動、感情を毎日再生産している）と、同じメッセージばかりが細胞に届き続ける。これが何年も続くと、同じ遺伝子ばかりが同じように呼び出されることにも合点がいく。体が環境から受け取る情報が変わらなければそれも当然だ。何しろ新しい思考も選択も行動もなく、新しい経験もないのだから、新しい感情も起こりようがない。脳から同じ情報ばかりやってきて、同じ遺伝子ばかりが繰り返し呼び出されていると、ちょうど車のギアが摩耗するように、遺伝子も劣化し始める。体が作るたんぱく質は構造的・機能的に弱いものになる。こうして人は年を取り、病気を発症する。

そうなると、二つのシナリオのうちどちらかが起きる。第一のシナリオは、コンスタントに同じ情報ばかり受け取っていると、細胞膜の知恵として、体のニーズや要求により多く答えられるように、受容体部位を変形させる。基本的には、より多く受け入れられるようにドッキングステーションの数を増やす。スーパーマーケットでレジ待ちの行列が長くなると、行列解消のためにレジの数を増やすのと同じ要領だ。スーパーの事業が順調(同じ化学物質がコンスタントにやってくる)なら、開けるレジを増やし、人員を雇い入れなくてはならない。このとき、体は意識と同じとなり、意識になり代わっている。

第二のシナリオは、やってくるメッセンジャーを全員ドックに受け入れようとしている細胞が、時々、刻々と届く同じ感情の化学物質の集中砲火に圧倒されてしまうパターンだ。同じ化学物質が、来る日も来る日も細胞のドッキングステーションのドアの外をうろついているため、細胞がその収容しきれない状態に馴染んでくる。そうなると、脳が送ってくる感情がとびきり強くなった時だけドアを開けて迎え入れるようになる。いつもよりよほど強い感情にならないと、刺激が伝わらなくなり、ドアが開かず細胞も動かない。(ここはプラシーボの方程式のカギとなる部分で、感情の重要性については後程詳述する。)

第一のシナリオで、細胞が新たに受容体部位を増設した場合、脳がその特定の化学物質を十分送り込んでこないと、体のほうから要求するようになる。結果として、感情は脳が考える内容を決める、つまり、体が意識をコントロールするという状態が生まれる。**体が感情を暗記した**、というのはこの状態を指す。体は意識の投影として生理学的に条件づけられ、そのように改変されている。

第二のシナリオでは、化学物質の集中砲火を浴び過ぎたおかげで、ドックが鈍感になっている。

そうなると、薬物依存症患者よろしく、もっと強い化学物質の刺激を求めるようになり、それがないと細胞のスイッチが入らない。別の言い方をすれば、体が求める刺激を与えるには、脳は前回よりもっと強く怒り、不安に駆られ、罪悪感に苛まれ、あるいは混乱しなくてはならなくなる。そこで体が求める、たとえば怒りの感情のオーダーに答えるために、ちょっと演出を利かせて、意味もなく犬に向かって怒鳴ったりする。細胞が覚醒するために必要な化学物質を生成するために、どれほど義母が嫌いかについて力説したりする。あるいは細胞がアドレナリン・ラッシュを浴びたがっているからと、おぞましい結末のイメージにとり憑かれたりする。体が欲しがる感情の化学物質が得られないとき、体は脳に信号を送り、例の化学物質をもっと送れ、そのためにその感情に見合った思考をもっと強く考えろ、と指示を出す。つまり体が脳をコントロールすることになる。まるで薬物中毒のようではないか。私が**感情の中毒**というとき、それはこの状態のことだ。

感情がこんなふうに思考の手段となったとき、あるいは感情に基づかない思考ができないとき、**あなたはプログラムにはまっている**。あなたが考えることは感情の通りで、感情は思考と一致している。そこで経験するのは、思考と感情の一体化で、**考《かん》じている**、あるいは**感《かん》がえている**、と呼ぶべき状態だ。このループにつかまってしまうと、無意識の脳となった体は、文字通り、一年三六五日、週七日、一日24時間を通じて、過去の同じ経験を今この時間も生きていると信じ込んでいる。意識(脳)と体は一体となり、無意識に作動しているプログラムによって、あらかじめ決められた運命のレールの上を走っている。したがって、変化を起こすには、体とすべての感情の記憶、中毒、無意識に立ち上がる習慣を抑え込まなくてはならない。つまり、体が脳になった状態からの脱却が不可欠だ。

思考↓感情、そして感情↓思考のループの反復は、顕在意識が体に対して行った条件づけの過程だ。そして体が意識になったとき、それを習慣と呼ぶ。習慣とは、体が脳になったことを指す。三十五歳までには、本人の95%がすでに暗記された行動、スキル、情動的反応、信念、認識、態度の集積となっていて、知らないうちに、自動で動くコンピュータプログラムのように機能している。

あなたの存在の状態は95%が無意識、もしかしたら意識不明といえるほどの無自覚状態にある。それが意味するのは、あなたが知覚できるたった5%の顕在意識が、95%の暗記された無意識プログラムに対峙しているということだ。顕在意識でどれほど熱心にポジティブな考えを巡らしたところで、それが意識全体の5%でしかないのなら、下流に向かう川の流れに逆らって、必死に上流に向かって泳いでいるような感覚に襲われることだろう。顕在意識が戦っている相手は、過去三十五年間の経験の中で蓄積された多種多様なネガティブな価値観が記憶された、あなたの無意識領域である体の化学物質だ。頭と体が真逆を向いている。流れに逆らって泳いでいるなら不毛な努力だったのも当然だ！

私の前作のタイトルを、『**あなたという習慣を断つ**』（ナチュラルスピリット刊）としたのはこのためだ。ずっと同じ思考、感情、行動を続けることで、無意識プログラムを補強し続け、それがその人の人格や個人的現実となっている――これが断つべき最大の習慣だ。過去に生きていながら、新しい未来を創造することはできない。それはムリ筋というものだ。

自らプラシーボになるために必要なこと

ひとつ包括的な例を挙げてみよう。ネガティブな出来事は私たちを抑制的思考へと導き、成功体験や嬉しい出来事はよりよい未来への期待を抱かせる。（この過程については後述）このためあえて意図的にネガティブな出来事を選んで解説してみたい。

たとえば、あなたが公衆の面前でスピーチをしたときに大恥をかいて、それ以来トラウマになっているとしよう。（あなた自身が抱える、気持ちが縮みあがるような体験があれば、それに差し替えてほしい）その経験のために、あなたは集団を前にして何か話すことを怖がっている。それはあなたに不安や落ち着きのなさ、そして何より自信のなさを思い出させる。会議室に二〇人ほど集まっている景色を想像しただけで、あなたは喉が詰まり、手は冷たい手汗をかき、心臓はバクバク、首から上が紅潮し、胃が捻じれ、頭が真っ白になる。

これらすべての反応は、あなたの自律神経系（あなたの意思が届かない、無意識によって機能する神経系のこと）の管轄で起きる。自律という単語は、自動に置き換えられる。自律神経系とは消化、ホルモン、体液循環、体温管理といった活動を、あなたの顕在意識を介在させることなくコントロールしている神経系だ。あなたの意思で心拍数を変えたり、血流を鎮めたり、顔を紅潮させたり、消化酵素の代謝分泌を変えたり、まして何百万という神経細胞の発火による指令伝達を止めたりすることはできない。どれかひとつでも試してみれば、それが意思の力では動かないことが実感できるだろう。

あなたの体がそのような自律的生理的変化を起こしたとき、それは観衆の前でプレゼンをするという**未来の考え**を、以前集団の面前で大恥をかいたという**過去の感情的記憶**に照らした結果起きている。そして、その未来の思考、概念、あるいは可能性が、ことごとく過去の不安や失敗、恥ずかしさという感情に紐づけされていると、意識は早晩、それらの思考が浮かぶとすぐに、それらの感情を生み出すよう体に条件づけるようになる。馴染みのある意識状態にすぐに落ち着くのはこのためで、私たちの思考と感情は過去によって結びつけられている。それも、思考が感情を上回ることができないという結果だ。

ではこのとき、脳内では何が起きているか見てみよう。その特定の体験は過去の記憶（経験は脳内回路を豊かにすることをご記憶のことと思う）として神経的に刻印され、パターン化されて、脳内に足跡のように物理的痕跡を残している。その結果、その記録を辿れば人前で大恥をかいた経験という思考を思い出せる。ある経験を思い出すには、ある程度明確な感情の色づけが必要となる。このため、優れた講演者になろうとして失敗したときの感情に近いものを動員することになる。あなたはあの経験で化学変化を起こしてしまったからだ。

覚えておいてほしいのは、気持ちや感情というのは、過去の経験の産物だということ。ある経験をすると、その出来事を五感が受け止める。その生理的情報は、五感それぞれの伝達経路を辿って脳に届く。新しい情報が脳内に集まると、神経細胞の群れがその新しい経験を反映する神経ネットワークを形成する。神経回路ができた瞬間に、脳は化学物質をつくり、全身に信号として送り、体の生理的組成を変化させる。この化学物質が感情と呼ばれるものだ。私たちが過去の出来事を記憶できるのは、その時どう感じたか、をきっかけにしているからだ。

あなたのスピーチが大失敗に終わった時に、五感が外界から感じ取った情報の集積が、体内で感じていたものを変化させた。眼前の人々の表情、部屋の広がり、頭上から注がれるスポットライトのまぶしさ、マイクのキーンという響き、話し始めた瞬間に部屋の温度が上がった感覚、そしてあなたが放った最初のジョークが見事に滑った後の静寂、振りかけてきた古いオーデコロンが自分の汗で蒸発している匂い——あなたの五感が処理したこれらすべての情報が、体内の存在の状態を変えた。五感がとらえた外界のこの稀有な出来事（原因）と、内的世界で考え、感じたこと（結果）

を結びつけた瞬間に、記憶が形成される。あなたは原因と結果を紐づけし、自らに条件づけの過程を仕込んでいる。

幸運なことに、腐った果物や野菜がステージに投げられることはなかったものの、自作自演の拷問の一日が終わり、あなたは車を運転し、家路についた。帰りの道すがら、あなたはステージ上の体験映像を心の中で何度も巻き戻しては振り返った。そのシーンを思い出す（同じ意識状態を再生産する）たびに、程度の差はあれど、あなたの脳と体には同じ化学変化が再生産される。ある意味あなたは過去を何度も再確認し、条件づけの過程を強調していると言える。

あなたの体は無意識のように振る舞うので、あの出来事を思い出して同じ感情に浸るとき、体はその感情が実際に今経験していることの結果なのか、あるいは、ただ思い出しているだけなのかを識別できない。静かに一人で運転席に座っているにもかかわらず、あなたの体はあの同じ経験を何度も何度も繰り返していると信じ込み、今この瞬間も、ステージに立っているかのように化学物質を放出する。あの経験に紐づいた思考によってつくられた脳内回路を繰り返し発火し結束し続けることで、物理的にシナプス結合を保全し、神経ネットワークにさらに強固な回路を形成している——つまりあなたは長期記憶を形成している。

家に着くと、あなたは配偶者や友人、あるいは母親にまで、今日の出来事を話して聞かせる。トラウマ体験を詳細にわたり説明するうちに、感極まってくる。その時の感情を再現しながら、体を過去のあの時間へと化学的条件づけをしている。あなたは自分の体が生理学的に自らの個人的歴史になるように、無意識かつ自動的に訓練している。

その数日後、あなたは依然として機嫌が悪い。それは周囲の人の目にも留まり、「何かあったんですか？」と聞かれるたびに、あの話をしてしまう。あなたは自分に都合よく、あの日浴びまくった化学物質にもっと耽溺《たんでき》し続けられる機会を捕まえては、不機嫌さを味わおうとする。あの日の経験が作り出した気分が、しょっちゅう思い出すたびに蒸し返され、長い感情的反応となって、数日間も引きずるようになる。それが数週間続き、やがて数か月、数年経っても、あの日の感情的反応が延々と続くことになる。初めはその日の気分だったものが、やがて性格や個性となり、人格に格上げされる。アイデンティティとはそういうものだ。

もし誰かがあなたに、ある集団の前で話をしてほしいと頼んできたら、あなたは自動的に縮み上がり、硬直し、不安に駆られるだろう。外的環境があなたの内的環境をコントロールし、それを打ち破ることができない。未来（人前で話をする機会）が過去の感情（耐えがたい苦痛）になると予測していると、魔法のように体（意識にとって代わっている）は、自動的・無意識に反応する。やってみればすぐわかるが、顕在意識はそれに抗う力を持ち合わせていない。ものの数秒で脳と体の薬局が条件づけられた化学物質を放出する——大量の汗、口が渇き、膝はがくがく、吐き気に眩暈《めまい》、息が浅くなり、どうしようもない疲労感など、たったひとつの思考があなたに生理的変化を起こしたのだ。なんだかプラシーボみたいじゃないか。

もし断れるオファーなら、人前で話をしてほしいという友人に対し、あなたは「講演は柄じゃない」「あがり症なんだ」「プレゼンは苦手でね」、あるいは「大勢の前で話をするのはどうも好きじゃないんだよ」などと言って断る。あなたが「自分は○○なんだ」と言うとき（ここに読者それぞれの○○を入れてほしい）、あなたが宣言しているのは、あなたの意識と体が、あなたの既定の未来と一体化する、あるいは、あなたの思考と感情があなたの運命と一体になる、ということだ。あなたは暗記された心の状態を強化している。

もしあなたが、「なぜ過去にこだわり、自らの限界を容認しているのか」と訊ねられたら、恐らく、今の状態の意味づけとして、過去の記憶と感情の話をして、自らのありようを肯定するだろう。そうしながら話を多少盛って説明するかもしれない。生理学的見地から言えば、あなたが事実上宣言しているのは、数年前のあの出来事により、あなたは物理的、化学的、感情的に変わってしまい、以来それをずっとキープしているということだ。自らの限界によって自らを定義することを選択しているのだ。

この例で言えば、あなたは**体**の奴隷になっていると言っていい（体は今や脳にとって代わっている）。また、あなたは**環境**による条件づけに囚《とら》われているとも言える。（ある時間と場所である人やものとかかわる経験は、あなたの思考、行動、感情に影響する）。そしてあなたは**時間**を失っている。（過去の時間を生き、その過去と同じ未来を予測しているので、あなたの脳と体は今という時間にいない）。したがって今の心の状態を変化させたいなら、体、環境、そして時間という三つの要素を超越しなくてはならない。

では本章の初めに書いた、プラシーボは条件づけ、予測、意味づけという三つの要素で成立する、という話に戻ろう。今なら自分がプラシーボだと理解できることだろう。何故かって？　今挙げた例には三つともそろっているじゃないか。

第一に、優秀な動物訓練士のように、あなたは自分の体を無意識の**心の状態**（ここでは脳と体が融合して一体になっている）に**条件づけ**している。その結果、**思考ひとつで**体は自動モードで生物学的・生理学的に脳にとってかわるようになっている。外界から同じ刺激が提示されると（たとえばスピーチをしてほしいと頼まれる）、パブロフが犬たちに条件づけをしたように、あなたは自らの体が無意識に自動的に、過去のあの経験をした時の存在の状態を再現するように条件づけしている。

ほとんどのプラシーボ研究では、あるひとつの考えが体の自律神経に働きかけて、際立った生理的変化をもたらすことを指摘している。そうであるなら、あなたがしているのは、ただ単純に、ある考えと感情を結びつけるだけで自らの内面世界を制御する行為と言える。あなたの無意識の自律システムのすべては、恐怖によって湧き起こる馴染み深い感情と身体感覚によって、神経化学的に強化されている。そして、あなたの体は完璧にその通り機能している。

第二に、もしあなたが自分の未来は過去と同じになる、という**予測**を立てていたら、思考は過去にあるだけでなく、過去のみに基づいた特定の未来を選択し、体（無意識の脳）が今、その未来を生きていると信じ込むようになるまでその感情に浸っていると言える。あなたの関心のすべては既知の、予測可能な現実に向けられているため、新しい選択、行動、経験、そして新鮮な感動の可能性が著しく限定されている。生理作用の結果、過去に固執することにより、無意識に自らの未来を予測している。

第三に、ある行動に**意味づけ**、あるいは明確な意志を加えると、結果は拡大する。あなたが日々自分に言い聞かせていること（この場合、人前で話をするのが苦手で、ステージに上がるとパニックになるということ）が、あなたにとっての意味づけとなる。あなたは日々自分に自己暗示をかけているということだ。もし今の知識が過去の経験からくる個人的結論に基づいているなら、新しい情報が入らない限り何度でも自分の思い込み通りの結果を再生産するだろう。経験の意味を変え、意思を変えると、前章で例に挙げたホテルのメイドたちのように、結果も変わるだろう。

要するに、あなたが望ましい変化を起こすために新しい心の状態を築こうとしていても、自動操縦プログラムに支配されて古い心の状態に囚われていても、真実を言えば、どちらにしても、あなたは**常に**あなた自身のプラシーボだということだ。

第四章

You Are the
PLACEBO
making your mind matter

体内のプラシーボ効果

一九八一年九月のある清々《すがすが》しい日、七〇代から八〇代の男性八名の集団が車数台に分乗し、ボストンから北に約二時間、ニューハンプシャー州ピーターバラの僧院を目指した。彼らが向かったのは五日間の滞在型リトリートの宿泊先で、その期間中「自分の実年齢より少なくとも二十二歳若いつもりになって過ごしてほしい」という課題が与えられていた。このリトリート実験のリーダーはハーバード大学の心理学者エレン・ランガー博士で、この八名の実験の翌週には別の高齢者八名を迎える予定を組んでいた。この第二グループは対照群で、二十二年前のことを積極的に思い出しはするが、若いつもりになっての行動はしなかった。

僧院に到着した第一グループは、その環境には二十二年前の世界を想起させる小道具がたくさん散りばめられていることに気づいた。そして彼らは当時発行されていたLifeやSaturday Evening Postといった古い雑誌をぱらぱらとめくっては読み、一九五九年頃に流行っていたテレビ番組や映画を見て、ラジオではペリー・コモやナット・キング・コールの音楽を聴いた。彼らは当時の時事問題、たとえばフィデル・カストロが起こしたキューバ革命や、旧ソビエト連邦最高指導者フルシチョフのアメリカ訪問、そして当時の人気野球選手のミッキー・マントルやボクシングのスーパースター、フロイド・パターソンなどについても語り合った。これらすべての小道具は彼らが本当に二十二年前に戻ったことを想像させるよう、巧みに設計されていた。

両グループとも五日間のリトリート終了後にはいくつかの健康診断を行い、リトリート開始前の数値と比較した。結果は、両グループとも身体構造・機能の両面において生理的に若返っていた。しかし第一グループ（実際に若返ったつもりになって過ごした面々）のほうが、若い頃を思い出しただけの対照群よりずっと大きな変化を示した。[1]

研究者は被験者たちが身長、体重、そして歩き方も若返ったことを確認した。姿勢がよくなったことにより身長が高くなり、関節が柔軟になり、リウマチの症状が改善したため指が長くなった。視力も聴力も、握力も向上した。記憶力も向上し、精神認知テストの点数も上がった。（第一グループは平均63％上がり、第二グループは44％上がった。）研究者たちの目の前で、被験者たちは五日間で文字通り**若返った**。

ランガーはこうコメントしている。「リトリートの最終日に私は彼らとサッカー（正式ではないけれどほぼサッカー）をしました。何人かは杖を放り出して遊んでいました。[2]」

どうしてそんなことが起きるのだろうか？　彼らは明らかに二十二年前の自分を思い出させる脳

内回路を活性化して、体内の化学組成が何らかの魔法のように反応したということだ。彼らはただ若くなった**気がした**だけではない。徹底した計測の結果が示すとおり、彼らは物理的に**若くなったのだ**。変化は**意識**にとどまらず、**体**にも及んでいた。

では体内でいったい何が起きると、この衝撃的な身体変容が可能になるのだろうか？　身体構造や機能について物理的に計測可能な変化を起こすのは誰の仕業だろうか？　その答えは遺伝子だ。遺伝子はあなたが思っているほど不変ではない。そこで、次は遺伝子とその働きについて詳しく見ていこう。

DNAの謎を解く

らせん状に渦巻いているジッパーを思い浮かべてもらえると、かなり正確にデオキシリボ核酸（通称DNA）の姿がイメージできるだろう。私たちの体内のすべての細胞の中心、核に収まるDNAには、私たちを私たちたらしめる、すべての原初的情報や指示書が入っている（これからわかることだが、これらの指示書は、細胞が従うべき、生涯変わらない青写真というわけではない）。DNAジッパーの、並んだ二本には、相互に対応する**塩基対**《えんきつい》と呼ばれる核酸があり、これは一つの細胞の中に約30億個あると言われている。これらの核酸の長い配列のことを**遺伝子**と呼ぶ。

小さな遺伝子はユニークな構造を持っている。体内の細胞の核からDNAを取り出して伸ばしてみると、それは約6フィート（約1・8メートル）にも及ぶ。一人の体内のすべての細胞の核からDNAを全部取り出して伸ばしてつなげると、その距離は地球から太陽まで150往復することになる[3]。しかし、地球に生きる約70億の人類全員の体内のDNAを取り出して全部丸めても、米粒ほどの大きさにも満たない。

DNAは個々の長い配列に刻まれた指示書に従ってたんぱく質をつくる。たんぱく質《プロテイン》という言葉はギリシャ語のプロタス（「最も重要な」という意味）に由来する。たんぱく質は、まとまりのある三次元構造の体（人の生体構造）を構築するためだけでなく、人体を動かす複雑な生理機能と、その機能同士のやりとりのために、体が使う原料だ。人体というのは事実上たんぱく質製造機だ。筋肉細胞はアクチンとミオシン、皮膚細胞はコラーゲンとエラスチン、免疫細胞は抗体をつくり、甲状腺細胞はチロキシン、目の細胞の一部はケラチン、骨髄細胞はヘモグロビン、膵臓細胞はプロテアーゼ、リパーゼ、アミラーゼなどの分解酵素をつくる。

細胞が製造しているこれらすべてがたんぱく質だ。たんぱく質は私たちの免疫系を制御し、食物を消化し、傷を修復し、化学反応の触媒となり、体の構造的完全性を支え、細胞同士のコミュニケーション用の麗《うるわ》しい分子を提供する他《ほか》、いろんな仕事をする。簡単に言えば、たんぱく質は生命（そして身体的健康）の表現だ。図4・1の簡略図を見ると、ざっくりと遺伝子のことがわかるだろう。

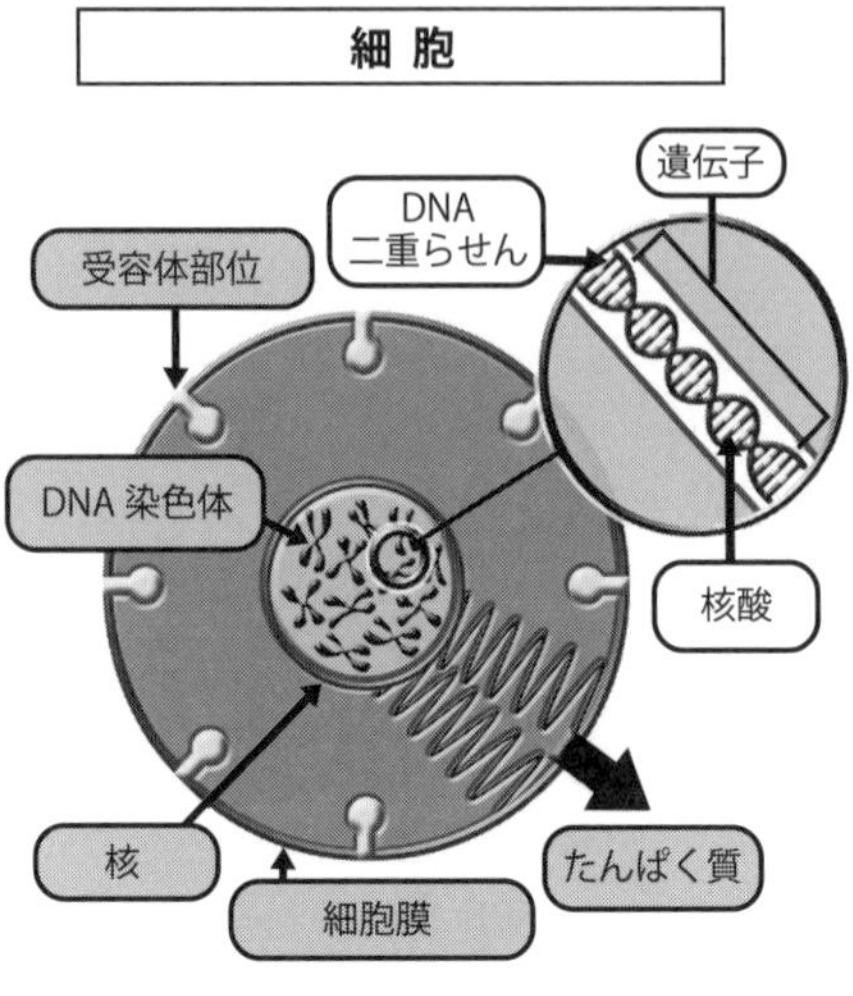

図 4.1

核内に DNA を収めた細胞を簡略化した図。捻《ね》じれたジッパーまたは梯子のような DNA 二重らせんを伸ばして二つに開くと、そこには遺伝物質が並んでいる。梯子の一段ずつに各 2 個の核酸があり、たんぱく質製造の暗号として機能する。異なる長さや配列の DNA 鎖を遺伝子と呼ぶ。遺伝子はたんぱく質をつくることにより発現する。体内の多様な細胞は、構造と機能の両方の目的で異なるたんぱく質をつくる。

ジェームズ・ワトソン博士とフランシス・クリック博士がＤＮＡの二重らせんを発見してからの六〇年間というもの、ワトソンが一九七〇年発行のネイチャー誌[4]で主張した、「遺伝子が人のすべてを決める」という定説は不動の支持を得ていた。しかしその説を否定する証拠があちこちで見つかると、研究者たちはこの説を、「複雑系の中の一説に過ぎない」として却下するようになった。[5]

それから四十有余年経った今でも、この遺伝子決定論の古い学説は一般市民の意識に根強く残っている。ほとんどの人が、この、すでに科学的に却下されて久しい遺伝子決定論を信じ、私たちの運命は遺伝子ですでに決められていると考え、たとえば癌や心臓病、糖尿病といった疾病などの遺伝子を親から受け継いでいると、それはあたかも、目の色や鼻の形が一生変わらない（コンタクトレンズや整形手術は別として）のと同様に、自分ではどうしようもないと思い込んでいる。

ニュースメディアが、特定の遺伝子によってこんな症状が出るとか、あんな病気になるとか言った報道を繰り返し、間違いの上塗りをしている。これらの報道は、「私たちは自らの生体の犠牲者であり、私たちの健康の行方はもちろん、幸福や人格についてまで、遺伝子が最終決定権を持っている。また、遺伝子が人々の行動に影響を与え、人間関係を決め、未来を予言する」と言った概念を視聴者にプログラミングしている。しかし、あなたが今のあなたでいるのも、今していることをするのも、すべてそのように生まれついたことが理由だろうか？　根深いこの考えが暗に示しているのは、たとえば統合失調症の遺伝子、ホモセクシュアルの遺伝子、リーダーシップの遺伝子といったラベル貼りに象徴されるように、遺伝子決定論が深いところで私たちの文化に侵食しているということだ。

これらはどれも過ぎし日の報道に基づく、誤った思い込みだ。まずはっきりさせておきたいのは、失読症やＡＤＤやアルコール依存症を発症させる遺伝子などというものは存在しない。健康状態や身体的多様性のすべてが遺伝子によるわけではない。たとえば1型糖尿病、ダウン症、鎌状赤血球貧血といった遺伝的疾患を持って生まれる人々は、地球の全人口の5%に満たない。残りの95%以上の人々が病気を発症するとしたら、それはライフスタイルや行動パターンが原因だ(6)。そして逆もまた真である――遺伝子を持って生まれた人々（たとえばアルツハイマー病や乳癌など）全員が必ずしも発症するとは限らない。遺伝子というのは、時が来れば必ず孵《かえ》る卵のようなものではない。そういう類のものとは本質的に異なる。本当に問うべき問題とは、私たちが持っているかもしれない何らかの遺伝子が発現するか否かであり、私たちが遺伝子の発現スイッチをオンかオフにする信号を送っているか否かだ。

遺伝子の捉え方に大きな転換期が訪れたのは、科学者たちがヒトゲノムのマッピングに成功した時だった。一九九〇年、このプロジェクトを立ち上げた際、研究者たちが立てた目標は、最終的に14万種類の遺伝子を見つけるということだった。14万という数字の根拠は、遺伝子はたんぱく質を製造し、製造管理を行うが、体内で製造されるたんぱく質は10万種類あり、これに加えてそれらのたんぱく質をつくるための制御用たんぱく質が4万種類あるからだ。したがってヒトゲノムのマッピングを行った研究者は、一つの遺伝子が一つのたんぱく質を担当すると予測したのだが、二〇〇三年にプロジェクトが終了してわかったのは、人の遺伝子の数は研究者の予測をはるかに下回る、23,688しかないということだった。

ワトソンが唱えた基本的概念に照らして考えると、人体の複雑な構造や機能の青写真にしては遺伝子の数が少なすぎるだけでなく、これでは脳を動かすことすら不十分な数だった。遺伝子が持っていないのなら、無数のたんぱく質を体内に送り出して生命を維持するために必要な膨大な情報は、いったいどこからやってくるのだろうか？

遺伝子の類《たぐい》まれな能力

その疑問の答えが、新たな考えを引き出した。細胞内でたくさんの遺伝子が同時に発現（スイッチオン）または抑制（スイッチオフ）するためには、遺伝子同士が組織的に協同しているに違いない。生命維持に不可欠な各種たんぱく質を、いつ、どれほど製造するかのスイッチを制御しているのは、遺伝子発現の組み合わせだ。クリスマスツリーのオーナメントの電飾で、複数の豆電球が同時に点滅する様子を想像してほしい。あるいは都会の夜の地平線を見ると、ネオンやビルの照明が不規則に点滅している、あの感じだ。

もちろん遺伝子の点滅はランダムではない。ゲノム全体、あるいはDNA鎖は、どれがどれと連動して点灯または消灯しているか、その緻密な点滅プランをすべて承知している。体内のすべての原子、分子、細胞、組織、そして系統は、体の持ち主の存在の状態（意識、無意識を問わず）とエネルギー的に同調して機能している。(7) このため、遺伝子が細胞の外側の環境によって活性化、あるいは不活性化するのは理に適っている。細胞の外の環境とは、感情的・生理的・神経的・心理的・エネルギー的・スピリチュアル的な状態を指す**体内**環境、またはトラウマ、気温、海抜、毒物、バクテリア、ウイルス、食物、アルコールといった**体外**環境を指すこともある。

実際のところ遺伝子は、スイッチのオン・オフをする刺激のタイプによって分類されている。たとえば、経験・行動依存型の遺伝子は、私たちが希少な経験をしたとき、新しい情報を学んだとき、そしてヒーリングを行うときなどに活性化する。これらの遺伝子は、たんぱく質合成と化学物質のメッセンジャーを作り、基幹細胞が、その時点でヒーリングに必要とされているどんな細胞にでも、形を変えるよう導く（基幹細胞とヒーリングに果たす役割については後程詳述する）。

行動状態依存型の遺伝子は、感情が高揚したとき、ストレスがかかったとき、そして夢見を含む変性意識状態で活性化する。これらの遺伝子は、思考と体をリンクさせる働き、つまり心身相関機能を持つ。これらは、私たちがどのように自らの健康、抵抗力、ヒーリングを増進する心身状態に影響を与えられるかを理解するよう促す遺伝子だ。

科学者たちの最新の考えによると、遺伝子発現は秒単位で刻々と変化するらしい。私たちの思考や感情、行動（つまり私たちの選択、行動パターン、そして経験）は、私たちの体を根本から癒し、再生させる力があることは、僧院の高齢者の実験からも明らかだ。あなたの家族や友人、同僚たちとのつきあい方、スピリチュアルな活動、セックスの習慣、エクササイズの質と量、そしてあなたが使う洗剤すらも、あなたの遺伝子に影響を与えているのだ。最新の研究によると、遺伝子の約90％が外的環境からの信号に連動して活動することが分かっている。[8] もし私たちの**経験**がかなりの割合の遺伝子を活性化するのなら、私たちが持って生まれた天性も環境によって変わり得るということだ。そうであるなら、この理論に基づいて健康を増進し、お薬手帳と無縁になるためにできることを全部やらない手はないではないか？

アーネスト・ロッシ博士が著書〝Psychobiology of Gene Expression（遺伝子発現の精神生物学）〟に、「私たちの主観的な心の状態、顕在意識で意図した行動、そして自由意思の認識は、遺伝子発現を調節し、健康を増進することができる」と書いている。[9] 最新の研究によると、人は一代で遺伝子を書き換えることができる。遺伝子の進化の過程というものは何千年とかかる半面、遺伝子発現は行動変容や新しい学習体験があればものの数分で変化し、それは次の世代に引き継がれることもある。

遺伝子のイメージとして、人が生まれる前に厳かな儀式で石板に刻まれた運命の筋書きのように考えるのではなく、膨大な暗号情報の貯蔵庫、あるいはたんぱく質発現の可能性に関する巨大な資料室のように考えるといいかもしれない。とはいえ、この貯蔵された情報を使うために、企業が倉庫から商品をオーダーするようなわけにはいかない。それはまるで、貯蔵庫に何が入っているのか、またどうすればアクセスできるかも不明のため、貯蔵庫が持つ可能性のごく一部しか活用できていないようなものだ。実際、私たちが使っているのは、DNAの1・5％に過ぎず、残りの98・5％は体内に眠ったままでいる。（これを科学者は〝ジャンクDNA〟と呼んでいるが、実際はジャンク（ゴミ）ではなく、この一部が調節たんぱく質に使われていること以外、この素材が何に使われているのかまだ解明できていないということだ。）

ドーソン・チャーチ博士は、その著書〝Genie in Your Genes（遺伝子の中のジーニー）〟で、「現実的に遺伝子は私たちの人格に貢献してはいるが、決定するものではない」と語っている。「信念、祈り、思考、意思、信仰といった意識のツールは、遺伝子よりずっと強く我々の健康、長寿、幸福に影響力を持っている」[10]。事実、私たちの体は骨と肉を入れた袋以上のものであり、遺伝子は情報の貯蔵庫というよりはるかに大きな存在意義がある。

遺伝子発現の生物学

それでは、遺伝子のスイッチがどのようにオンになるか、詳しく見てみよう。（実際には複数の要因があるが、心と体のつながりに焦点を絞り、簡略化して解説する。）

細胞の外側（周辺環境）から化学物質のメッセンジャー（たとえば神経ペプチド）がやってくると、細胞膜にあるドッキングステーションから細胞膜を突破する。そのまま細胞の中心部に向かい、DNAと出会う。化学メッセンジャーは新しいたんぱく質をつくるか調整する。こうして化学メッセンジャーの持ち込んだ信号は細胞内で別の情報に翻訳される。それから、小さな入り口から核内に進入、たんぱく質が持ち込んだメッセージ内容によって、対象となる染色体（らせん状のDNA

を構成する要素で、その中に遺伝子がたくさん入っている）を探す（ちょうど図書館の棚から特定の本を探すように）。

二本の鎖のそれぞれがたんぱく質の軸《じく》ざや（フィルターの役割）に覆われていて、DNAに収められた情報と、核内部のそれ以外の環境とを分離している。DNA暗号を取り出すには、軸ざやを取り除くか開けるかしてDNAを露出しなくてはならない（書棚から目当ての本を取り出し、他の誰かに読まれる前に本を開くように）。DNAの遺伝子暗号には、特定のたんぱく質をつくるにあたり解読・活性化されるべき情報が含まれている。たんぱく質の軸ざやが取り除かれ、遺伝子内の情報が露出するまでDNAは眠っている。それは、解錠・解放されるのをただ待っている暗号情報の潜在的貯蔵庫だ。DNAとは、生命のあらゆる局面で調節・維持をする道具であるたんぱく質を構築するための指示を待っている、潜在的パーツのリストだと考えるといい。

たんぱく質が染色体を選ぶと、DNAを覆っている外側のカバーが開かれる。すると別のたんぱく質が、染色体内のすべての遺伝子配列（DNAという本の中の一つの章という位置づけ）を、長いひとつなぎの端から端まで解読できるよう調節する。遺伝子が露出し、軸ざやが取り除かれると、遺伝子を読む、調整役のたんぱく質により、リボ核酸（RNA）と呼ばれる、別の核酸がつくられる。

こうして、遺伝子は発現、つまり活性化する。RNAは細胞の中心にある核の外に出て、RNA

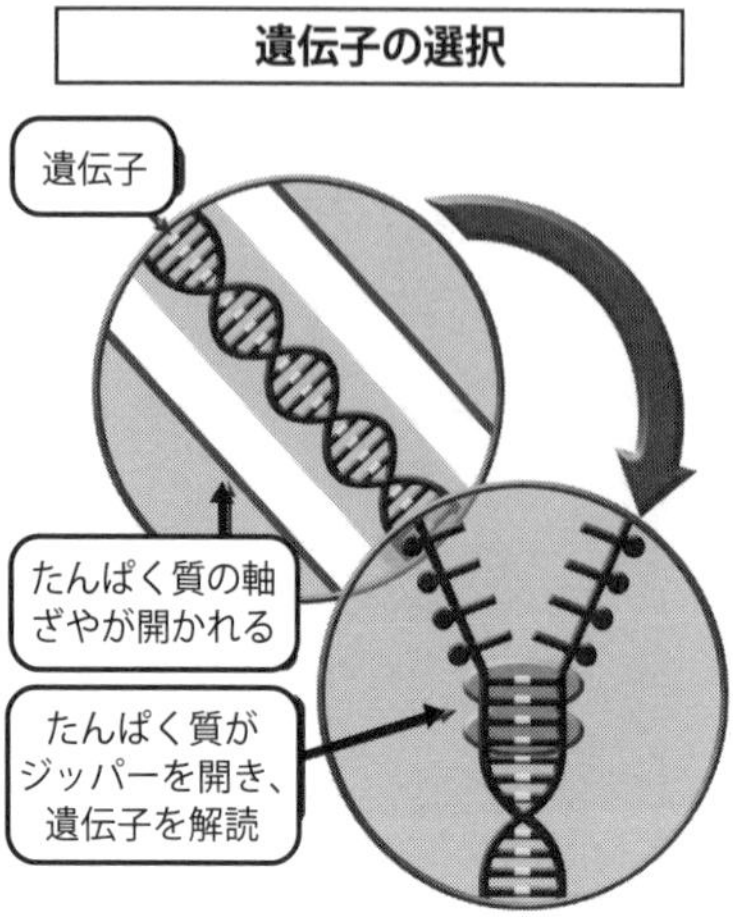

図 4.2 B

図 4.2B は、DNA 内の遺伝子配列を覆っているたんぱく質の軸ざやが開かれ、調節たんぱく質と呼ばれる別のたんぱく質がジッパーを開き、正確な位置で遺伝子解読を行うメカニズムを示している。

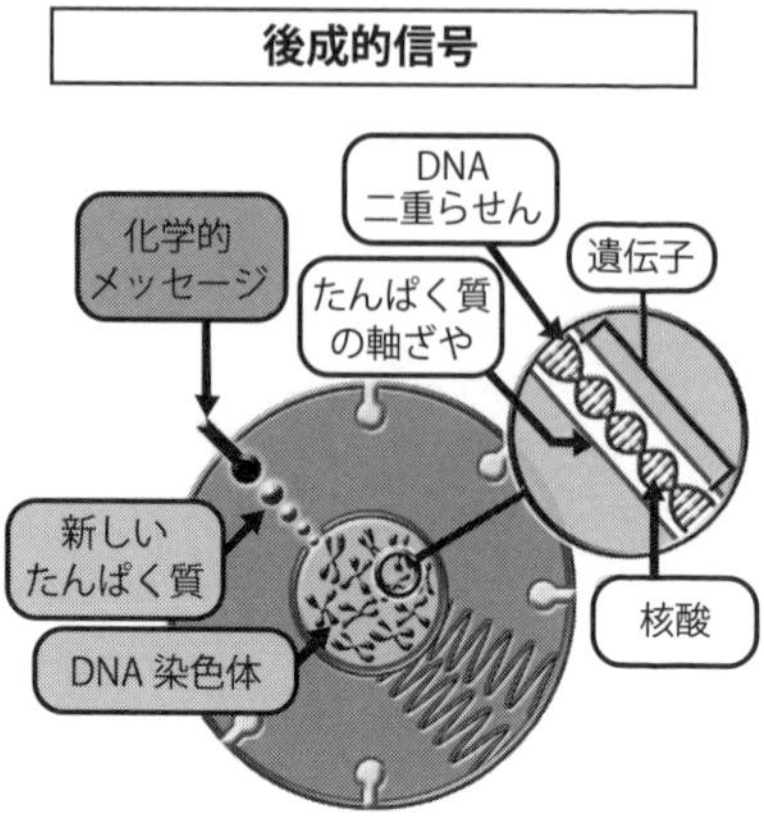

図 4.2 A

図 4.2A は、後成的信号が受容体部位に進入する様子を示している。化学物質のメッセンジャーが細胞膜を突破すると、それは新しいたんぱく質という別の信号となって細胞の中心にある核に進入し、遺伝子配列を選択する。遺伝子は外的環境から保護するたんぱく質の軸ざやに覆われている。遺伝子を解読するにはそのカバーを取り除かなくてはならない。

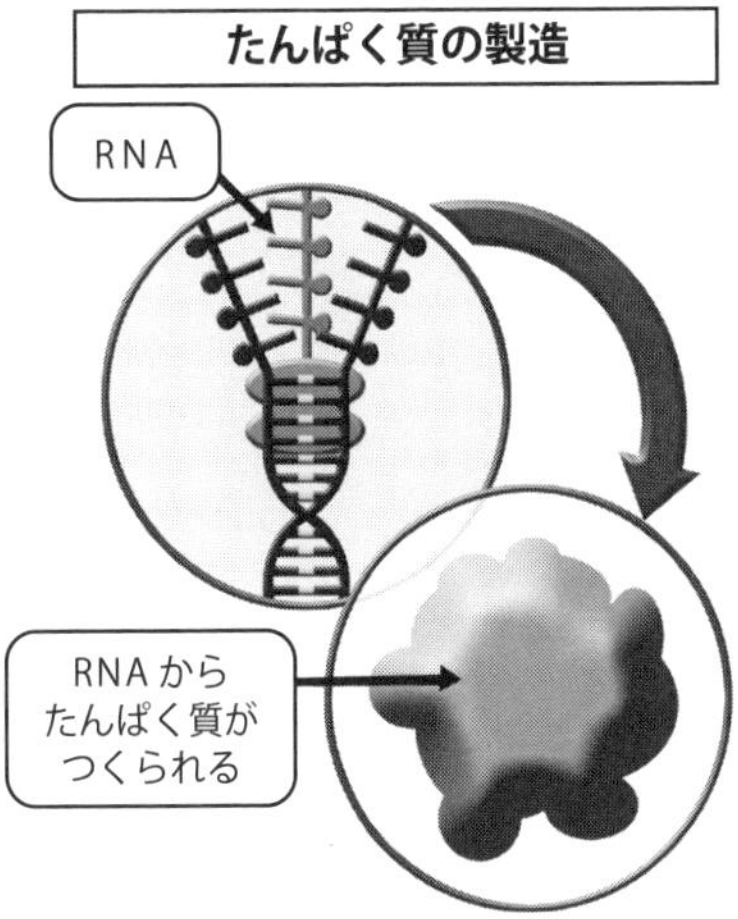

図 4.2 D

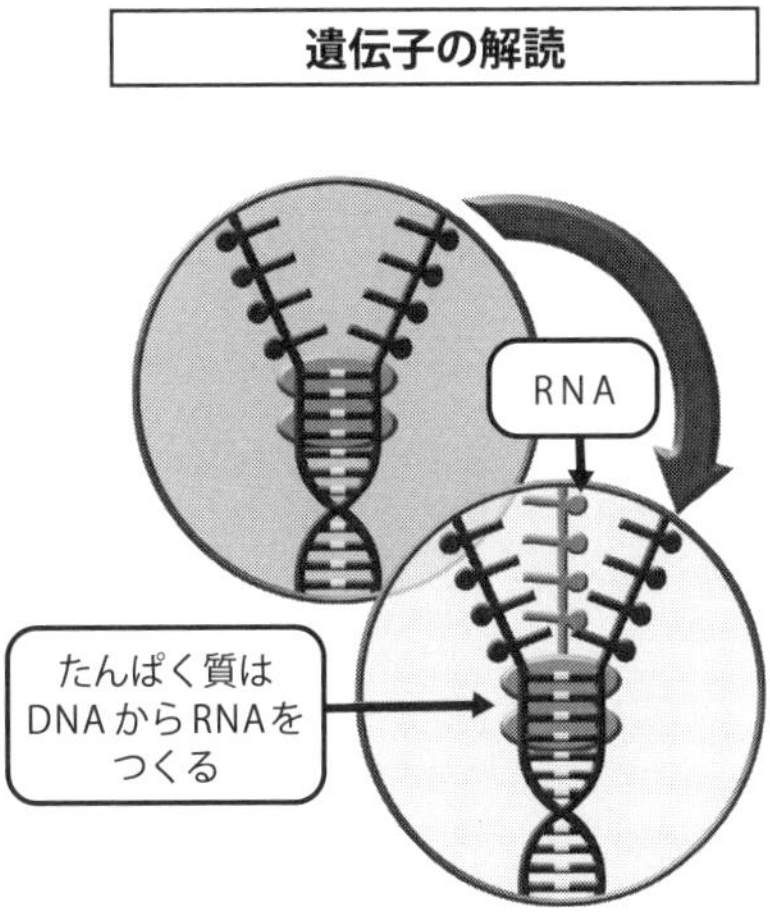

図 4.2 C

図4.2Dは、たんぱく質の製造過程を示す。RNAはアミノ酸と呼ばれるたんぱく質をつくる素材を合成し、新しいたんぱく質をつくる。

図4.2Cは、調節たんぱく質がRNAと呼ばれる別の分子を作る過程を示している。RNAは、転写により一部のDNA配列を鋳型として合成し、遺伝的に暗号化された物質をたんぱく質に変える。

が持ってきた遺伝子情報をもとに新しいたんぱく質がつくられる。ＤＮＡにあった潜在的可能性の青写真は今、実働性のある発現に変わった。遺伝子が作ったたんぱく質は、細胞の内外の、人の生命の多様な部分を構築、合成、交信、修復、維持、あるいは影響を与える力を持つ。図４・２はこの過程を示したものだ。

私たちの体が快適に生き続けるために使われる、複雑な構造の分子を作るのに必要なすべての指示書がＤＮＡの染色体から引き出される。それはちょうど建築家が建物を建てるのに必要なすべての情報を青写真から得るのと同じことだ。ただし、建築家が青写真を取り出す前に、人体の場合は青写真が丸めて入っている筒から取り出して、平たく伸ばすひと手間が必要だ。それまでは、解読されるのをただ待っているだけの不活発な情報に過ぎない。細胞も同様で、遺伝子はたんぱく質の軸ざやが取り除かれ、細胞が遺伝子配列を選択するまで、遺伝子は眠ったままだ。

科学者たちはかつて、人体にとって重要なのは、構築するための情報そのもの（青写真）だと考えていたため、研究の対象は情報に向けられていた。このため彼らは、一連の出来事のすべてが**細胞の外からやってくる信号**から始まるという事実にはほとんど注意を向けていなかった。実際のところ、外からの信号とは、細胞が図書館の中から解読を選択する遺伝子を決めているものだ。その信号には、思考、選択、行動、経験、そして感情などがあることが、今では明らかになっている。したがって、あなたがこれらの要素を変えるとき、あなたは同時に、遺伝子発現を決めているということだ。

後成的遺伝学

有限の人間が無限の神を真似できる理由

遺伝子が私たちの運命を封印していないのであれば、そして遺伝子が、実際は無限の可能性をストックした図書館のようであり、私たちが棚から手に取って解読するのを待っているのであれば、その潜在的可能性にアクセスできるものが私たちの健康や幸福に絶大な影響力を持ち得るのではないか？　僧院での実験に参加した高齢の被験者たちはそこにアクセスしたが、どうしてできたのだろうか？　その答えは、比較的新しい学術分野、後成的遺伝学の中にある。

後成的遺伝学《エピジェネティクス》とは、文字通り〝遺伝子《ジーン》の上《エピ》〟という意味だ。遺伝子をコントロールしているのはＤＮＡそのものではなく、細胞の外、つまり〝環境〟から入ってくるメッセージだということを表す。これらのメッセージ信号により、メチル基（炭素原子一つに水素原子三つからなる）が遺伝子の特定のスポットにくっつく。**ＤＮＡメチル化**と呼ばれるそのプロセスが、遺伝子スイッチのオン・オフを行う主要な過程の一つだ。（他の二つの過程、**共有結合ヒストン修飾と非翻訳性ＲＮＡ**もスイッチのオン・オフを行うが、本書ではこれらの詳細は割愛する。）

後成的遺伝学は、私たちが生まれた時から遺伝子に運命づけられていないこと、そして意識の変化が人体の構造・機能面での物理的変化を起こせることを教えてくれる。私たちの環境にある、遺伝子プログラミングを行う多様な要素と上手につきあうことにより、私たちは望ましい遺伝子のスイッチを入れ、望ましくない遺伝子のスイッチを切り、遺伝子の運命を変更できる。遺伝子プログラミングを行う信号には、思考や感情といった体内に発するものや、環境汚染や太陽光といった体外から入ってくる刺激もある。

後成的遺伝学は、体内、体外から細胞に入ってきて、いつ、何をするようにという指示を与えるすべての信号について研究を行っている。研究では、遺伝子発現の上方修正、つまりスイッチをオンに（活性化）したり、下方修正、つまりスイッチをオフに（抑制）したりするものの正体、そして、細胞機能が刻々と変化する過程を調整しているエネルギーの力学にも注目している。DNAに刻印された情報が変化することはないが、遺伝子ひとつに数千に及ぶ組み合わせや順序、パターンのバリエーションを作ることができる。（脳内で数千という神経ネットワークの組み合わせ、順序、パターンができるのと同じだ。）

ヒトゲノム全体を見渡してみると、数百万に及ぶ後成的バリエーションが可能なため、考えただけでも頭がくらくらすると科学者たちが戸惑うほどだ。二〇〇三年にヒトゲノムプロジェクトが終了した後に、ヒトエピゲノムプロジェクトがヨーロッパで立ち上がり、現在も続いている。[11] そこにいる研究者がこんなことを言っている。「このプロジェクトが終了した頃を振り返ると、ヒトゲノムプロジェクトとは、十五世紀の子供が算盤《そろばん》を使ってやった宿題程度の幼稚な代物に見えることだろう。(12)」青写真モデルに話を戻すと、私たちは青写真そのものをまったく変えることなく、つくるものの色や寸法、使う素材のタイプ、そしてつくったものの位置関係すら変えることができ、そのバリエーションは無限大と言える。

後成的遺伝学のわかりやすい例として、まったく同じDNAを共有している一卵性双生児のケースがある。すべての疾病は遺伝子により必ず発症するという遺伝決定説が正しいと仮定するなら、一卵性双生児の遺伝子発現はまったく同じであるはずだ。しかし、彼らは必ずしも同じ病気を同じように発症するわけではない。場合によっては一人に発症し、もう一人はまったく発症しないこともある。双子には同じ遺伝子が備わってはいるが、現れ方は違っている。

スペインの研究がこれをはっきり示している。マドリッドの国立癌センター内の癌後成的遺伝学研究室が、3歳から74歳までの40組の一卵性双生児の調査研究を行った。年齢が若くライフスタイルも近く、一緒に過ごしてきた年月が長い双子の後成的遺伝学パターンは類似していて、年齢が高くライフスタイルが異なり、一緒に過ごした年月が短い双子の後生的遺伝学パターンは似ても似つかないものだった。(13)たとえば50歳の双子と3歳の双子の遺伝子発現を比較してみたところ、前者は後者の4倍の違いが見つかった。

双子はまったく同じDNAを持って生まれているが、ライフスタイルや人生が異なれば、時を追うごとにその遺伝子発現の差は広がっていく。別の表現で類推すると、高齢の双子を同じ機種、同じ型番のコンピュータ2台にたとえることができる。2台のコンピュータは同じソフトウェアパッケージをプレインストールされて出荷される。しかし二人の持ち主がそれぞれ異なるソフトウェア・プログラムを次々ダウンロードしていく。コンピュータ（DNA）は少しも変わらないが、持ち主がどんなソフトウェア・プログラムをダウンロードするかによって（後成的バリエーション）、コンピュータが行う仕事内容やそのやり方は、まったく違ったものになる。私たちが何かを考え、感じるとき、体は生物学的変化の複雑な法則に従って反応し、一つひとつの経験が細胞内で遺伝子変化のボタンを実際に押している。

これらの変化の速さは驚愕に値する。ローリスク前立腺癌の被験者31名は、集中的に栄養や生活の仕方による養生法に従い、**わずか三か月**で48の遺伝子（腫瘍の抑制機能）を上方修正し、453の遺伝子（腫瘍の促進機能）を下方修正した。[14] カリフォルニア大学サンフランシスコ校のディーン・オーニッシュ医師の研究の被験者たちは、体重、腹部の肥満、血圧、脂質の質と量などを実験期間内で減少させた。オーニッシュはこうコメントしている。「リスク要因を軽減するとか、何か悪いことが起きるのを予防するとかいった漠然としたことではないのです。習慣を変えるとすぐに結果が出るので、変化が現れるまで何年も待つ必要はありません。[15]」

もっと面白いのは、スウェーデンで半年にわたり実施された、後成的変化の実験結果だ。いくらか肥満気味だが健康な23名の男性が、ほとんど座っているだけの生活から、フィットネスバイクやエアロビクスのクラスに平均週二回程度通う日常に変えた。これにより、被験者たちが7，000

個の遺伝子を後成的に変化させたことをルンド大学の研究者たちは突き止めた。これはヒトゲノム全体の実に30％近い数字だ[16]！

私たちに起きるこれらの後成的変化のバリエーションは子供に遺伝し、さらには孫にまで引き継がれる可能性がある[17]。これを最初に示したのはアメリカ、ワシントン州の生殖生物学センター理事長、マイケル・スキナー博士だった。二〇〇五年、スキナーの研究チームは妊娠中のラットに殺虫剤を噴霧する実験を行った[18]。殺虫剤を浴びた母ラットから生まれたオスの子ラットは、そうでない母ラットから生まれたオスの子ラットに比べ、不妊や精子生産力の低下が見られ、二つの遺伝子に変化が見られた。これらの変化はその後四世代に及ぶオスの子孫の約90％に引き継がれていた。言うまでもなく殺虫剤を実際に浴びたのは最初の母ラットのみだ。

しかしながら、外的環境からくる経験がすべてではない。ここまで学んできたように、私たちが意味づけを行う対象となる経験には、物理的・精神的・感情的、そして化学的反応など多岐にわたり、どれもが遺伝子を活性化する。事実として私たちが五感を通じて取り込んだ情報（それが真実であるか否かにかかわらず）をどのように認識し、解釈するか、そしてそれにどんな意味づけをするかによって、それは遺伝子レベルで顕著な生理変化をもたらす。したがって、私たちの遺伝子と顕在意識とは複雑に連携し合っている。**意味づけ**はコンスタントに神経構造に影響を及ぼし、それは顕微鏡レベルで私たちのありようを変化させ、その結果、肉眼レベルでの私たちのありようを変化させていく。

後成的遺伝学の研究は、またこんな疑問を投げかける。——もし、外界が何ひとつ変化しなかったらどうなるのか？　毎日判で押したように、同じ時間に同じ人と会い、同じことを繰り返していたら——同じ経験は同じ感情を呼び、それが同じ遺伝子を同じように活性化し続けたら？

あなたが人生を過去のレンズを通して認識し、同じ意識状態で、同じ神経パターンの刺激しか生まない条件反射を繰り返していたら、あなたは非常に予測可能な遺伝子的運命にまっしぐらに向かっていると言えるだろう。ついでに言えば、あなたが自分自身、自分の人生、自分の価値観に従って下した選択について認識していることもまた、同じ遺伝子に同じ信号を送り続ける。

新しい情報によって細胞が新しいやり方で覚醒したとき、初めて、同じ遺伝子が何千という後成的バリエーションによって活性化し、新しいたんぱく質発現が起こり、その結果体が変化する。外界のすべての要素をコントロールできる人はいないが、体の内面のかなりの部分は管理可能だ。あなたの信念、認識、外的環境とのつきあい方は、あなたの内的環境（体内だが細胞にとっては〝外的〟環境）に影響を与える。それが意味するのは、あなたの遺伝的運命のカギを握るのは、**あなた自身**（自動プログラム化されたあなたではなく）だということだ。唯一のテーマは潜在能力を引き出すための鍵と鍵穴をマッチさせることだけだ。読者諸氏にはこれより遺伝子の真の姿を受け止め、活用してほしい。遺伝子は可能性の提供元、限りない潜在能力の宝庫、個人的コマンドの暗号システム——真の姿とは、**変容**（形を変える）ツール以外の何物でもない。

ストレスはサバイバルモードを誘発する

ストレスはあなたの体の調和を狂わせるという意味で、後成的変化の代表格と言っていい。ストレスには3つの形がある――身体的ストレス（トラウマ）、化学的ストレス（有害物質）、そして感情的ストレス（恐れ、不安、無力感など）。それぞれのタイプが1，400を超える化学反応を起こし、30以上のホルモンや神経伝達物質をつくる。一連のストレスホルモンの化学物質が雪崩《なだれ》を打って放出されると、自律神経系を通じてあなたの意識は体に（そして体が意識に）影響を与え、究極の心身相互作用を経験する。

皮肉なことに、ストレスを感じるという行為は状況に適応するために起きる。人類を含む自然界のすべての生物は、緊急事態に必要な資源を調達するため、短期的ストレスに対応するようプログラムされている。あなたが外界に脅威を感じるとき、交感神経系（自律神経系の下部構造）が闘争・逃走反応を起こす。すると心拍数と血圧が上がり、筋肉は硬直し、アドレナリンやコルチゾールといったホルモンが体内にあふれ出し、体は眼前の敵と直面するか逃げるかする準備を整える。

もしあなたが飢えた野生のオオカミの群れや、凶暴な武装集団に追いかけられ、逃げ切れたとして、安全な場所に着いたらすぐに、あなたの体は恒常性《ホメオスタシス》（平時の調和した状態）を回復させる。それがサバイバルモードにある時の体の反応で、私たちの体はそのように設計されている。体はバランスを崩したが、危険が去るまでのほんのわずかの時間限定だ。少なくとも元々の設計ではそのようになっていた。

現代の社会でも同様のことが起きているが、事情が少し異なる。たとえばあなたが高速道路を運転しているとき、誰かがいきなりあなたのレーンに割り込んできて、ぶつかりそうになったら、あなたは一瞬ひやっとするが、安全が確認できると衝突事故の恐怖を手放し、体は元通りになる。しかし、一日のうちであなたが遭遇するストレスフルな状況は、これひとつでは終わらない。

もしあなたが大多数の人々と同じようなら、日常のほとんどで神経がピリピリするような出来事が続き、闘争・逃走反応がずっと続いている（恒常性を取り戻せない）状態にある。物理的に危険が迫ったのは車の無理な割り込みだけかもしれないが、オフィスに着くまでの道路の渋滞、大きなプレゼンテーションの準備の重圧、配偶者との口喧嘩、クレジットカードの請求金額、パソコンのハードドライブの故障、鏡を見て気づいた白髪の増え具合といった諸々のことが、ストレスホルモンを放出させ、絶えず体内を巡っている。

過去に起きたストレスフルな経験を思い出し、未来にやってくるであろうストレスフルな状況を想像し、その間にも短期ストレス状態を繰り返しているうちに、全部が混ざり合って長期ストレス状態となる。二十一世紀版サバイバルモードの人生モデルへようこそ。

闘争・逃走モードでは、体が逃げるか戦うかできるように、延命のためのエネルギーが動員される。しかしそのあとで恒常性が戻ってこない（危機をずっと感じているため）と、生命エネルギーは体内で失われる。体内環境にエネルギーが不足し、細胞の成長や修復、細胞レベルの長期建設プロジェクト、そして、緊急でどこかにエネルギーを使った後のヒーリングなどに使う分がショートする。細胞は扉を閉ざし、細胞間のコミュニケーションが途絶えるため、各細胞は自分のことしか考えなくなる。今はルーティーンのメンテナンス（ましてシステムの改善などは論外）を後回しにして、すべてのリソースを延命、防衛に向けるべき時だ。各細胞が自分だけのことを考えるため、全体として動く細胞の組織性は失われる。細胞の外から入る情報信号がオフになると、免疫系、内分泌系（だけではないが）は弱体化し、それらにかかわる遺伝子はサバイバルに道を譲る。

これを国にたとえると、国家予算の98％が国防費に使われ、学校、図書館、道路建設や補修、通信システム、食糧の栽培などに使える予算がほぼゼロという状態だ。道路が陥没しても補修工事はなし。学校は予算をカットされ、生徒の学習の質が低下する。低所得者や高齢者のための社会福祉組織は閉鎖を余儀なくされる。食糧が不足し、国民全体に行き渡らない。

当然の成り行きだが、長期ストレスは不安や絶望、消化不良、記憶障害、不眠、高血圧、心臓病、脳卒中、癌、潰瘍、関節リウマチ、風邪、インフルエンザ、加齢の加速、アレルギー、全身疼痛、慢性疲労、不妊、ＥＤ、喘息、ホルモン異常、湿疹、抜け毛、筋肉の痙攣、糖尿病、その他もろもろの症状にリンクしている。（ちなみにこれらのすべては後成的変化の結果起きるものだ。）自然界のどんな生命体も、長期ストレスの影響を免れるように作られていない。

緊急時には体のヒーリングを促す後成的指示が停止するという強力な証拠を示した研究はいくつもある。たとえばアメリカのオハイオ州立大学医療センターの研究では、１７０以上の遺伝子がストレスの影響を受け、そのうち１００（この中には傷口の修復を促進させるたんぱく質をつくる遺伝子も多く含まれる）は完全に停止したことを発見した。ストレス状態にある外傷患者の傷は、そうでない患者より回復が40％遅く、「ストレスが遺伝子のバランスを、細胞周期の停止、細胞の死や炎症を促すたんぱく質をつくる方向へと向かわせる」ことが研究で分かっている。[19] デトロイト市民一〇〇名の遺伝子を調べた別の研究では、被験者のうちＰＴＳＤに苦しむ23名に焦点を定めて行った。[20] この23名は他の人々に比べ、６〜７倍の後成的バリエーションを持ち、そのほとんどが免疫を抑制する働きに関係していた。

カリフォルニア大学ロサンゼルス校のエイズ研究所は、最も多くのストレスを抱える人々の間で最も早くＨＩＶウイルスが伝染することを発見した。また、ストレスレベルが高い人ほど抗レトロウイルス薬が効かないことも分かった。この薬の効果について比較的穏やかな患者群と、血圧、皮膚水分、安静時の心拍数の数値から高ストレスと判断された患者群を比較すると、前者には後者の四倍の効果が認められた。[21] これらの研究結果から、神経系はウイルス複製機能に直接的に作用すると研究者は結論づけている。

闘争・逃走反応は、原初は環境に適応したすぐれものだったが（先史の人々の命を救ったので）、現代においては、サバイバルシステムが長期にわたり継続的に稼働されるほど、理想的に整えられた体作りに必要な道具が脇に押しやられ、体全体のシステムとしては適応から逆に遠ざかっていくことが明らかになっている。

ネガティブ感情の遺産

私たちが体内にストレスホルモンを放出し続けると、結果として、依存性の非常に高いネガティブ感情を醸成することになる。ネガティブ感情には、怒り、敵意、攻撃性、競争心、憎悪、フラストレーション、恐れ、不安、嫉妬、自己嫌悪、罪悪感、恥、悲しみ、絶望、希望の不在、無力感など、いくらでもある。私たちが苦い過去の記憶や、想定し得る最悪の未来などについて意識を集中させ、ただそればかり繰り返し想起していると、その行為は体が恒常性を取り戻す力を阻害する。真実を言えば、人には思考のみでストレス反応を起こす力があるということだ。自分でストレス反応のスイッチをオンにした後、ずっとオフにできずにいれば、その先にはちょっとした風邪から癌に至るまで、何らかの不調や疾病が確実に待っているだろう。オンになっている間、遺伝子には次々に下方修正のドミノ倒しが起こり、最終的にそれが導く結果が体に起きるまで続く。

たとえば、私たちがある予測可能な未来の出来事について考え、一瞬たりともそれ以外のことを考えずにいたとしたら、体はその未来の出来事に対応するべく、生理的変化を起こし始める。このとき体は、現在に居ながらにして、その未来の出来事が起きている時間を生きている。この現象の結果、条件づけの過程により自律神経系が活性化し、**自動的に**それに見合ったストレスホルモンをつくり始める。これが心身連携が体に害を及ぼす例だ。

これが起きるとき、プラシーボ効果の三要素が完全な左右対称の形で（真逆な形で）現れる。第一に、パワーアップした感覚を得るために、私たちは体にアドレナリン分泌を条件づける。私たちの外的現実の、ある特定の時間や場所にいる人、物、経験などと、体内のアドレナリン分泌を結びつけるとき、私たちは、その特定の刺激について考えただけで体がアドレナリン放出をするという条件づけを行っている。

やがて、ある**時間**、ある**場所**で**誰か**と**何か**をするという**潜在的経験**についてちょっと思考を巡らしただけで、すぐに体が感情的に興奮した状態を作るように、体を条件づけられるようになる。私たちが過去の経験に基づいて未来の結果が予測できるとき、その思考に感情が追いついたとき、その出来事の予測は体の生理的変化を起こす。そしてその行動や経験に特定の意味づけをするとき、私たちはその結果に意志の力を載せ、私たちが知っていると思っている自分自身や自分の現実に等しい体になるよう生理的に変化したりしなかったりする。

あなたが自分の背負っているストレスをプラスにとらえたり、正当化したりするか否かにかかわりなく、ストレスが体に与える影響は常にマイナスであり、健康を損なう。体は、実際にライオンに追いかけられていると信じ、切り立った崖っぷちに立っていると信じ、怒り狂った人食い人種を前にして臨戦態勢にあると信じ込んでいるのだ。ストレスが体に及ぼす影響についての研究をここでいくつかご紹介しよう。

オハイオ州立大学医学部の研究では、ストレスフルな感情はホルモンと遺伝子の反応のトリガーとなることを確認した。これは遺伝子発現の主要な指標である皮膚の軽い外傷が修復されるまでにかかる時間を測定するという手法で行われた[22]。42組の既婚夫婦の皮膚に小さな吸引水疱をつくり、その後三週間にわたり、主として外傷を修復する際に発現する三つのたんぱく質の量を測定した。被験者たちは、それぞれの夫婦で三〇分間普通の会話（これがベースライン）をした後、夫婦間で過去にトラブルになった出来事について話し合うよう指示された。

測定結果によると、過去の諍《いさか》いを蒸し返した後、外傷修復を担当するたんぱく質がいくらか抑制された（遺伝子が下方調整された）ことが分かった。抑制レベルが40％にまで跳ね上がった夫婦の場合では、皮肉や中傷、なじり合いなどがエスカレートして大喧嘩に発展していた。

真逆の効果についても研究で明らかになっている。ポジティブ感情でストレスを緩和すると、それは健康を向上させる変化を起こす後成的変化のトリガーとなる。ボストンのマサチューセッツ総合病院内のベンソン・ヘンリー心身医療研究所の研究者たちは、人を平和で満ち足りた精神状態に導くことで知られる瞑想が、遺伝子発現に与える効果に関する二つの研究を行った。第一の研究は、二〇〇八年に20名の被験者が八週間にわたり、リラックス効果があり身体状態に深い癒やしをもたらすと言われる心身活動（瞑想数種類、ヨガ、お祈りの反復など）を行ったものだ[23]（第二章で触れた）。研究者たちはまた、同テクニックを長期にわたり実施している指導者十九名についても測定を行った。

実験期間が終わったとき、初心者たちは1，561の遺伝子発現（健康を促進する遺伝子874が上方修正、ストレスを起こす遺伝子687が下方修正）に変化が認められ、血圧、心拍数、呼吸速度が低下した。指導者のほうは2，209の新しい遺伝子発現が見られたが、そのほとんどが慢性的心理ストレスに対する体の反応を改善する遺伝子だった。

第二の研究は二〇一三年のもので、たった一度の瞑想をしただけで得られたリラックス効果は遺伝子発現に変化をもたらすということを証明した。瞑想初心者も熟練者も効果があったが、経験豊富な人ほどその効果が高かったのは驚くにはあたらない[24]。上方修正された遺伝子は免疫機能、エネルギー代謝、インシュリン分泌などを促すもので、下方修正されたのは主として炎症やストレスを起こすものだった。

これらの研究結果は、私たちがどれほど短時間で遺伝子発現を変えられるかを如実に示している。だからこそ、プラシーボ反応による物理的変化が、ものの数秒、数分でも現れるわけだ。私は世界中でワークショップを主催しているが、私と主催チームは、たった一度の瞑想で参加者の健康が見るも鮮やかに一変する様子を何度も経験している。彼らは思考のみの力で新しい遺伝子を新しいやり方で発現させ、自らを変容させたのだ。（このうちいくつかについて後程ご紹介する。）

サバイバルモードで生きていると体は常時ストレス反応のスイッチがオンのままとなり、私たちは三つのことに集中するようになる。①自分の体（**体は無事か？**）②環境（**どこが安全か？**）③時間（**この危機はあとどれくらい続くのか？**）これら三つにばかり関心が向かうため、私たちはスピリチュアルなものの見方を失い、注意散漫になり、配慮が欠けるようになる。なぜならこのモードにあるとき、私たちは自分のことしか見えなくなるよう仕向けられ、自分の体のことやその他の物質（たとえば自分の所有物、自分の家、銀行の預金残高など）、そして外界で抱えている諸問題などに関心が極端に集中するからだ。この状態になると、私たちは必然的に時間に囚われた考えを持つようになる——過去に経験したトラウマに照らし、最悪の未来のシナリオを描く。（この状態では時間がひっ迫し、他のすべてのことは時間がかかり過ぎて考えられない。）

長い間ストレスホルモンのカクテルを体内に湛《たた》え続けていると、私たちは自分やかかわる人々を取り巻く状況を必死にコントロールしようとするようになり、望むような結果を強引に求め、目の前の問題（ストレス源）が悪化することを予測し、分析過剰に陥り、馴染みのある結果を予測する。

実際、ストレスが私たちを偏執的、衝動的、神経症的振る舞いへと誘導する。ストレスホルモンが体内の細胞を（生き延びるために）利己的にするように、ストレスホルモンは私たちをどんどん利己的思考や行動へと追い込み、（現状を五感によって知覚するため）ますます物質主義的にすると言っていいだろう。その結果私たちは孤立感を増し、新たな可能性から遠ざかる。慢性的な危機状態から出られないため、思考のすべてに浸透する自分第一主義はますます強調され、正当化される結果、わがまま放題で利己的、横柄な振る舞いが目立つようになる。それが究極的に導く先は、物理的環境と線形時間を生きている自分の体イコール自分自身だという自己認識だ。

ここまで読めばもうお分かりのように、あなたがある程度自らの遺伝子の働きを、自らの思考、選択、行動、経験、そして感情を通じてコントロールできるというのは現実の話だ。『オズの魔法使い』のドロシーがずっと探し続けていた魔力を、本当は初めから持っていたように、あなたもそれまでは自分の中にあるとは知らなかったものを持っている――あなたを縛ってきた遺伝子発現の限界から自由になれる鍵を。

第五章

You Are the
PLACEBO
making your mind matter

思考がどのように脳と体を変えるか

あなたの頭をよぎるどの思考も、心に湧き起こるどの感情も、そしてどんなに小さな経験も、それが喜ばしいことであれ苦痛に満ちたものであれ、あなたはその一つひとつによって自らの細胞に後成的変化を起こす〝遺伝学エンジニア〟の役を果たしているのだということがお分かりいただけたことと思う。あなたは自らの運命をコントロールしている。ここで次の疑問が浮かぶ。環境が変わり、新しい遺伝子が新しいやり方で発現するようプログラムされるのなら、自分の認識や信念に基づき、**新しい環境に変わる前に**、遺伝子にプログラムすることは可能だろうか？　気持ちや感情というものは普通は何かを経験した後に生まれるものだ。しかし感情に明確な意志を合体させ、まだ顕現していない未来の経験を体に垣間見せることはできないだろうか？

未来にある結末が起きてほしいという意志を鮮明に頭にとどめ、その内面の思考を外界以上にリアルに想像できたら、脳はそれが現実か想像かを識別できない。すると無意識である体は、その想像上の未来を、今その瞬間から経験し始める。この時あなたは、想像上の未来の出来事の準備をするために、新しい遺伝子に新しいやり方で発現せよという信号を送っている。

あなたが望む未来の一連の選択、行動、経験をある程度以上の頻度でイメージし続け、繰り返し未来の意識状態を再生していると、脳は物理的に変化し始める。その新しい意識状態に合わせた神経回路を作り、あたかもその想像上の経験が実際に起きたかのようになる。この時あなたは思考のみにより、体の構造的・機能的変化を促す後成的バリエーションを作っている。それはプラシーボ反応とまったく同じメカニズムだ。そうなると脳と体は、馴染み深い過去を生きるのをやめ、心に描き、脳内に作り出した新しい未来の時間を生きている。

これはメンタル・リハーサルで実現可能だ。このテクニックとは基本的に、目を閉じて、ある行動を行っている自分を繰り返し想像し、あなたの望ましい未来の姿を心の中で確認するという作業だ。それをしている間じゅう、自分自身にどういう自分でありたいか、またどういう自分でありたくないか（古い自分）を自らに記憶させている。そこには、未来の行動について考え、その中でどんな選択をするか計画し、新しい経験に意識を集中させるという過程が含まれる。

メンタル・リハーサルをするとどんなことが起きるのか、なぜ奏功するのかがよりよくわかるように、もう少し掘り下げてみよう。未来の運命のメンタル・リハーサルをする、あるいは望ましい未来を夢見るにあたり、それが馴染み深いものになるまで、寝ても覚めても繰り返し想像し続ける。

あなたが思い描く未来の現実に関する知識や経験が、脳内回路にたくさん刻み込まれるほど、それは、あなたが想像する未来の姿のモデルを、よりリアルに構築するための地盤となる。臨場感のあるイメージモデルは、あなたのやる気を倍増させ、期待も膨らんでいく（ホテルのメイドの実験のように）。それはあなたが手に入れたい未来を現実に引き寄せた暁には、あなたの人生がどんなふうになるか、どんな感じがするかを自らに〝**予告する**〟という行為だ。こうして未来の想像に、あなたの意志が加わる。

次に、あなたの思考や意志を、喜びや感謝といった高次元の感情と合体させる。（高次元の感情については後述する。）新しい感情に馴染み、わくわく感が増して来たら、その未来の出来事が現実になった時に起きるであろう神経化学的反応が体内に充満し始める。それは、あなたが体に未来の経験の味見をさせているようなものだ。あなたの脳と体は、それがあなたの人生で実際に起きているのか、脳内で想像しているだけかを識別しないし、それらは神経化学的には同一の現象とみなされる。つまり、あなたの脳と体は現在にとどまりながら、事実上新しい未来を生き始めている。

あなたがその未来の出来事に意識を集中させ、一瞬たりとも違うことを考えずにいれば、ものの数秒で、あなたは古いあなたにつながる脳内回路の活動を制限することになる。それはつまり、古い遺伝子のスイッチを切り、新しい神経回路を構築することを指し、未来を現実にする新しい遺伝子を新しいやり方で発現するための信号を送ることを指す。すでに説明した神経可塑性の性質により、あなたの脳内の回路はメンタル・リハーサルで描いたとおりに再編を始める。あなたが根気よく未来のイメージと思考を強い、ポジティブな感情と合体させているとき、あなたの頭と体はシンクロしている。その時あなたは新しい意識状態にあると言っていい。

この時点で、あなたの脳と体は過去の記憶庫ではなくなり、未来の指標（あなたが脳内で創造した未来図）となる。こうしてあなたの思考は経験となった——あなたはプラシーボとなった。

メンタル・リハーサルの成功談

少し前の話だが、ヴェトナムの強制収容所に投獄されたアメリカ軍人の話をあなたも聞いたことがあるかもしれない。彼は過酷な環境の中で正気を保つため、いつか釈放されて帰国し、お気に入りのゴルフコースで最高のスコアでプレーする日を夢見て、毎日ゴルフの練習のメンタル・トレーニングをしていた。また旧ソビエト連邦の人権活動家アナトリー・シチャランスキー、のちにナタン・シャランスキーと呼ばれた人物の話もよく知られている。彼は一九七〇年代にアメリカのスパイ容疑で（無実にもかかわらず）投獄され、九年以上も獄中生活を送った。このうち最も過酷だった四百日間、シャランスキーは特殊刑罰用の凍えるような暗く小さな独房で過ごしたが、毎日心の中で自分対自分のチェスゲームを行い、一つひとつの駒の盤上の列や位置などを鮮明に描いていたという。

この仮想ゲームのおかげで、シャランスキーは神経地図（訳注：大脳皮質と脊髄を結ぶ皮質脊髄路のこと）をほとんど損傷することなく維持できた（通常は外界の刺激なしに健全性を保てない）。釈放されてから、彼はイスラエルに移住し、最終的にイスラエル政府の閣僚になった。一九六六年にチェスの世界チャンピオン、ゲーリー・カスパロフがイスラエルを訪問した際、25人のイスラエル人と同時にチェスゲームを行い、シャランスキーが勝利した。[1]

グリーンベイ・パッカーズ（アメリカ、ウィスコンシン州に本拠地を置くNFLチーム）のクォーターバック、アーロン・ロジャースも、プレーのイメージトレーニングをしては、実際にフィールドでイメージ通りの正確なプレーをしていた。二〇一一年のスーパーボウルの決勝戦のプレーオフゲームで、シード6位のパッカーズが、シード1位のアトランタ・ファルコンズを48対21で下した。この試合でパッカーズが上げたパス36回のうち、31回（86・1％）がロジャースによるものだった。この記録はポストシーズン全達成記録の5位となっている。

「僕が小学6年生のとき、視覚化《イメトレ》の大切さについてコーチが教えてくれました」とロジャースはUSAトゥデイ（訳注：アメリカの全国紙）のスポーツ担当記者に語った。[2]「会議中でも映画を見ていても、寝る前ベッドの中でも、プレーしているイメージを視覚化しています。僕が試合で見せるプレーの多くは、頭の中で何度もイメージしてきたものです。カウチに寝転んで、ファインプレーを想像していたのです。」ロジャースはまたその試合で、３つの潜在的サック（訳注：敵のクォーターバックの後方からタックルすること）を達成し、後日こんなコメントを残している。「あれはほとんどがイメージトレーニングの成果だったね。」

この他にも数えきれないほど多くのプロスポーツ選手が、メンタル・リハーサルを使って目覚ましい成果を上げている。ゴルファーのタイガー・ウッズ、バスケットボール界のスター、マイケル・ジョーダン、ラリー・バード、ジェリー・ウェスト、野球のピッチャー、ロイ・ハラデイ、ゴルフ界の大御所、ジャック・ニクラウスは著書〝Golf My Way〟の中でこう語っている。

「私はこれまで、非常に緻密《ちみつ》でフォーカスしたプレイを脳裏に描くことなくボールを打ったことは、試合はもちろん練習でも一度もない。イメージするのはカラー映画のようなものだ。まずボールが着地してほしい場所――目の覚めるような明るいグリーンに白いボールが乗っている様子を〝見る〟。次にシーンが変わり、その地点にボールが飛んでいく様子、コース、軌道、飛形、そして着地したボールの動きも〝見る〟。それからシーンがフェードアウトして、次はさっき見た映像を現実にするスイングをする自分。この短い、ハリウッド張りのスペクタクルプライベート映像を見てからじゃないと、私はクラブを選んでボールの前に立ったりしない[3]。」

これらの例を見ただけでも（実際この手の話は枚挙にいとまがない）、メンタル・リハーサルが少しの物理的訓練で身体的スキルを習得するのに極めて実効性が高いことを多くの事例が証明している。

ここでどうしても書いておきたい例がある。それは一九八〇年代後半に仕事を求めて、初めてロサンゼルスにやってきた、当時無名の俳優ジム・キャリーの衝撃的なエピソードだ。彼は一枚の紙に、一段落分くらいのアファメーションを書いた。そこには、出会いたい人々と出会う、自分がやりたい俳優の仕事を獲得する、出たい映画にやりたい役で出演する、その作品で成功を収め、何か人の役に立つことをして、世界に貢献する、などと書かれていた。

彼は毎晩ハリウッド・ヒルズにあるマルホランド・ドライブにコンバーチブルの愛車で出かけ、シートにもたれて空を眺めた。そこでアファメーションを読み上げ、それを脳内に叩き込みながら、書かれたことが現実に起きている様子を想像した。そして自分が、アファメーションで描いている自分であるかのように感じられるまで、それがリアルに浮かび上がるまで、ハリウッドの丘から下りなかった。彼は自分自身宛てに一千万ドル(一〇〜十三億円)の小切手をつくり、「出演料として」という但し書きをつけ、日付は「一九九五年の感謝祭の日」になっていた。彼はこの小切手を財布に入れて何年も持ち歩いた。

そしてついに一九九四年に、彼をスターにした三本の映画がリリースされた。まず〝Ace Ventura—Pet Detective〟(邦題「エース・ベンチュラ」)が二月に、続いて〝The Mask〟(邦題「マスク」)が七月に放映された。そして十二月に登場した三本目の映画〝Dumb and Dumber〟(邦題「ジム・キャリーはMr.ダマー」)で演じた役の出演料として、キャリーは一千万ドルちょうどの小切手を受け取った。キャリーは自分が心に描いた未来を**寸分違わず**創造したのだ。

これまでご紹介した例の全員に共通するのは、外的環境を意識の外に追い出し、自分の体の制限を超え、時間を超越することにより、体内の本格的な神経的組成変化を遂げたということだ。彼らが属する分野のメインステージに立ったとき、彼らの体と心は調和して機能し、非物質界で生まれ、育んできたイメージを物質界にも創造したのだ。

これには科学的な裏づけがある。メンタル・リハーサルに関する多くの研究が、以下のことを実証している――体のどこか一点に意識を向けると、思考により、脳内にあるその一点をつかさどる領域が刺激されること。[4] そしてそれを続けていると、脳内の感覚野に物理的変化が起きること。体のある一部にばかり意識を集中させるということは、同じ神経ネットワークを繰り返し発火・結束させ続けるということなので、この話は理に適っている。そしてその結果、脳内のその領域には、より明確な脳内マップがつくられる。

ハーバード大学の研究では、ピアノをまったく弾いたことがない被験者が、一日二時間、週五日、簡単な五本指のピアノ曲をイメージの中だけで、指一本動かすことなくメンタル・リハーサルした結果、同じ条件でピアノを実際に弾いて練習した被験者とまったく同じ脳内変化が起きた。[5] 脳内の指の動きをつかさどる部分が劇的に密度を増し、それはあたかも、実際にピアノを弾いて練習をした結果のようだった。被験者は神経的ハードウェア（神経回路）とソフトウェア（プログラム）をインストールし、思考のみにより新しい脳内マップを出現させたのだ。

別の研究では、三〇名の被験者を対象に十二週間にわたり小指のエクササイズを行った。ここでも、被験者の一部は実際に指を動かし、残りは同じエクササイズを脳内でイメージするだけ、という実験だ。実際に指を動かしたグループの小指は53％強度を増したが、イメージしただけのグループの小指の強度も35％増えていた[6]。脳内のみで行ったエクササイズにもかかわらず、後者グループの体は、外界で物理的に体を動かす経験を何度も繰り返したかのように変化した。彼らの意識が体を変えたのだ。

これと似たような実験で、十名の被験者が週5回、片方の上腕二頭筋を可能な限り鍛えるエクササイズを行うことを脳内でイメージするというものがあった。研究者はセッション中の被験者の脳内の電気活動の測定と、二週間に一度の筋力測定を行った。ほんの数週間想像上のエクササイズをしただけなのに、上腕二頭筋の強度は13・5％増加した。しかもこのメンタル・エクササイズをやめてから三か月後に再び測定したところ、筋肉の強度は維持されていた[7]。彼らの体は新しい意識に反応したということだ。

最後の例はフランスの研究で、重量の異なるダンベルを実際に持ち上げるグループと、それを想像のみで行うグループの比較実験だ。想像のみのグループのうち、重いダンベルを持ち上げた被験者は、軽いダンベルを持ち上げた被験者より筋肉の活動量が多かった[8]。これら三つのメンタル・リハーサルの実験例を見ると、被験者たちは**思考のみによって、**身体強度を測定可能なレベルで増強させていた。

ここまではわかったが、例の二点セットの実験はないのだろうか、と考えた読者があるかもしれない。創造したいことをただ想像するだけでなく、それを強い、ポジティブな高揚感と合体させるというフルコースの実験は？　実際のところそれは存在するので、後ほどご紹介したい。

新しい意識が新しい遺伝子に信号を送る

メンタル・リハーサルがどのように機能するかをよりよく理解するために、脳の構造についていくつか、そして神経化学について簡単に解説しておきたい。では前頭葉から始めよう。前頭葉は額《ひたい》のすぐ裏にある、創造センターだ。私たちはこの脳を使って新しいことを学び、新しい可能性を夢見、顕在意識で決断を下し、信念を温める。前頭葉は言わば脳内CEOであり、もっと適格に言えば、前頭葉のおかげで私たちは自分を客観的に観察し、自分の行為や感情を評価できる。ここは良心が住まうところだ。これは大事なポイントで、あなたが自分の思考についてよりよく観察できたら、最終的に、あなたはよりよい思考を巡らすように自らを軌道修正できるからだ。

メンタル・リハーサルを行い、望む結果に意識の焦点を定めるとき、前頭葉が外的環境からのノイズの音量を下げて応援してくれるので、五感を通じて外界から入ってくる情報に振り回されにくくなる。メンタル・リハーサルの最中など、高度に意識を集中させている時は、時間と空間の認識が弱くなることが脳スキャンからも明らかになっている。[9] これは、前頭葉が時間・空間情報を処理する脳内の対応部分にある神経ネットワークをトーンダウンさせることによって起きる。環境と体を超越し、時間も超越できれば、よりスムーズに脳内でイメージ映像を結ぶことができ、それは他の何よりもリアルになっていく。

あなたが新しい未来を想像し、新たな可能性について考え、具体的な質問（たとえば、「**この苦痛と制限がなくなったら、どんな人生になるだろう？**」）を自問し始めると、前頭葉がパッと身を引き締める。ものの数秒で、前頭葉は健康になるという意志（何を創造したいか、何をもう経験したくないかを明確にする）と、あなたが健康をイメージできるように、健康を表す**ビジュアル・イメージ**を紡ぎ出す。

CEOとして、前頭葉は脳内のすべての部分と直接つながっている。たとえば先ほどの質問に答えられる新しい意識状態を創設するため、前頭葉は脳内のその仕事にあたる神経ネットワークを選別する。たとえるなら、オーケストラの指揮者となり、古いあなたをつくっているハードウェアを沈黙させ（神経可塑性でいう〝刈込〟）、別の部分から別の神経ネットワークを選別し、あなたが望む未来のベースとなる新しい意識状態をつくるためのネットワーク構築を始める。意識を変えるのは前頭葉の仕事で、前頭葉は思考の順序、パターン、コンビネーションをコントロールする。前頭葉が新しい神経ネットワークを選別し、それらが淀みなく活性化して新しい意識状態がつくられると、内的表象であるイメージが浮かぶようになる。

ここでちょっと神経化学の面から見てみよう。あなたがある明解な意志に集中し、管轄の神経ネットワークのオーケストラが一丸となって活性化するように前頭葉が指揮棒を振り始めると、あなたの意識の中で、思考が経験に変わる瞬間が訪れる。その瞬間とは、〝外界の現実より内面の現実のほうがリアルに感じられる時〟を指す。思考が経験に変わると、あなたのなかには、それが現実に起きたら感じるであろう感情が湧き起こる（感情とは経験の化学的記録だということを思い出してほしい）。あなたの脳は新しい感情の神経メッセンジャー（神経ペプチド）を体内の各細胞に送る。

この神経ペプチドは、自分を受け入れる受容体部位（ドッキングステーション）がある細胞を探して全身に向かって飛び出していき、そこにメッセージを届けると、それは体内のホルモンセンターへ、そして最終的に細胞内のＤＮＡに届く。新しいメッセージを受け取った細胞は、その出来事が起きたことを知る。

神経ペプチドが持ってきた情報を細胞の中心にあるＤＮＡが受け取ると、ＤＮＡは新しい意識状態をつくるためにいくつかの遺伝子のスイッチをオンに（上方修正）し、別のいくつかの遺伝子のスイッチをオフに（下方修正）する。この上方・下方修正を、光や熱の量に置き換えると分かりやすいだろう。上方修正すると明るく、熱くなり、下方修正すると暗く、冷たくなる。遺伝子が明るくなると、活性化してたんぱく質をつくる。遺伝子のスイッチを切ると、不活性化して暗く、弱々

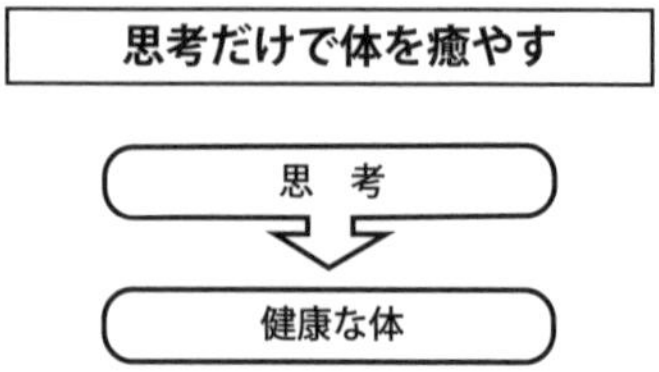

図 5.1 B

図 5.1A のフローチャートは、思考が単純な仕組みにより次々と進展し、化学反応によって体が変化するまでの過程を表している。新しい思考が新しい意識を創造し、新しい神経ネットワークを活性化し、健康をつくる神経ペプチドやホルモンを生成し（それにより細胞に新しいやり方で信号を送り、新しいたんぱく質をつくる新しい遺伝子を活性化する）、たんぱく質の発現が生命の発現と同じもの（つまり健康な体）なら、演繹的帰結として図 5.1B のように、思考が健康な体をつくることが証明される。

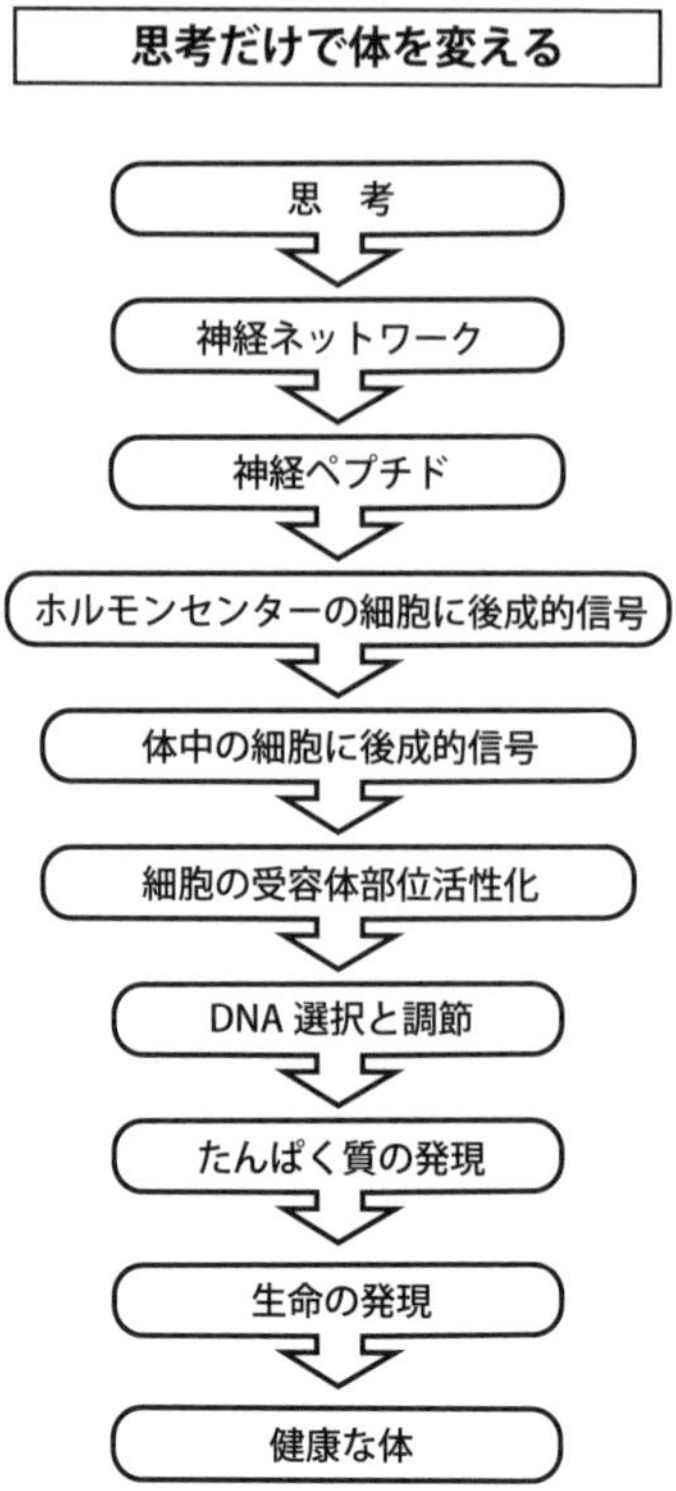

図 5.1 A

しくなるので、たんぱく質をほとんどつくれない。これらの反応の変化は身体的変化として計測可能だ。

図5・1Aと図5・1Bを見てほしい。思考のみで体を変える一連の手順が一目でわかるだろう。

幹細胞は潜在能力の素

読み解くべきパズルの次の段階にあるのが幹細胞だ。幹細胞は、不可能に思えることが可能になるというからくりに少なくとも一枚噛んでいる。幹細胞の正式な定義は、専門化され得る、未分化な細胞、つまり潜在能力の素だ。この白紙の細胞が活性化すると、体が必要とするどんな細胞にでも変身できる。骨でも筋肉でも皮膚でも免疫でも、脳内の神経細胞ですら、体の組織や系統を構成する細胞が傷ついたり壊れたりした時に、それらを補填する細胞となる。幹細胞はたとえるなら、シロップをかける前のまっさらな白いかき氷、あるいは陶芸家のろくろに載って成型されるのを待っている粘土の塊――皿、ボウル、花瓶、マグカップ、何にでもなれる。あるいは銀色の粘着テープ――パイプの水漏れをふさぐのはもちろん、うまく作れば、一張羅のパーティードレスにもなれるかもしれない。

幹細胞の働きの一例を挙げよう。指に切り傷ができると、体は破れた皮膚細胞を修復しなくてはならない。外傷を負った部分から細胞の中の遺伝子に信号が送られる。遺伝子にスイッチが入り、指定されたたんぱく質がつくられる。するとそれが幹細胞に、健康で機能的な皮膚細胞になるよう指示を与える。外傷信号は、幹細胞が皮膚細胞に変身しなくてはならないという指示情報だ。このような過程は、体内で常時数百万という規模で起きている。この手の遺伝子発現を通じて体の修復を行う例は、肝臓、筋肉、皮膚、腸、骨髄、脳、心臓などで立証されている。(10)

創傷治癒の研究で、負傷者が怒りのような強いネガティブな感情に囚われていると、幹細胞が明確なメッセージを受信できないことが分かっている。ちょうどラジオの電波障害のように、信号を妨害する雑音が入ると、白紙の細胞が指定された細胞に変身するために必要な、調和した環境と正しい刺激を受け取れない。ストレス反応やサバイバルモードについてすでに読んできたように、体内のほとんどのエネルギーが、怒りの感情とその化学物質が起こす影響への対応で出払っているため、修復には平静時より長い時間がかかる。怒っている時は緊急事態なので、創造、成長、保育どころではない。

プラシーボ効果が働くとき、あなたが明確な意志を持つ意識状態に、育み慈しむといった高次元の感情を合体させると、正しい信号が細胞内のＤＮＡに届く。メッセージは必要な、構造や機能に貢献する健全なたんぱく質の製造を促すだけでなく、そのメッセージによって発動するのを待っている幹細胞から真新しい健康な細胞がつくられる。

幹細胞は、モノポリーゲームの、刑務所から釈放されるチャンスカード、いわゆる〝釈放券〟

のようなものだと考えてもいい。カードが使われるとき（幹細胞が発動すると）、壊れて駄目になった細胞を新品交換し、ゼロベースで真新しいスタートが切れる。実際幹細胞はプラシーボの偽手術（第一章で書いた膝関節、冠状動脈バイパスなど）の少なくとも半分について、体の修復がなぜ起きるかを説明できる。

意志と高次元の感情がなぜ体を生理学的に変えるのか

感情が体の修復に重要な役割を果たすことについてはすでに書いたが、ここでもう少し掘り下げていこう。メンタル・リハーサルの最中に何か新しいことについて集中的に思考を巡らし、**高揚した感情**が湧き起こったとき、その感情は思考活動の成果を何倍にも拡大してくれる。なぜなら、感情は後成的変化の速度を加速させるからだ。ただしこの過程に感情という成分が不可欠というわけではない。ダンベルを持ち上げることを想像しただけで筋肉を増強させた被験者たちが遺伝子を変えるのに、恍惚とした気分になる必要はなかった。しかし、彼らは心の中で持ち上げる自分を想像するたびに、「もっと強く、もっと強く、もっと強く！」と気持ちを高めながらその行動を鼓舞した。

高揚した感情をキープすることが、その過程を力強く後押しするエネルギー的触媒となったのだ[11]。

高揚した感情を維持することにより、結果は劇的に高まり、しかも結果が出るまでの時間がずっと短縮できる。それはプラシーボ効果にみられるような鮮やかな成果と同じものだ。

第二章でご紹介した日本の笑いの研究をご記憶だろうか？ 研究者は、お笑い番組を一時間見た被験者の遺伝子39個が上方修正されたが、このうち14個が免疫系のナチュラルキラー細胞だった。コメディ映像を見た後の被験者が、複数の種類の抗体を増やしていたことを確認した研究は少なくない[12]。ノースキャロライナ大学チャペルヒル校の研究では、ポジティブ感情が高まると、**迷走神経の緊張**（**迷走神経**の健全さを表す指標）も増加することを発見した[13]（迷走神経とは、自律神経系と恒常性維持機能を調節する中心的機能を果たす脳神経）。日本の研究では、ラットの赤ちゃんがポジティブな感情を抱くように、一日5分、五日続けて撫でて可愛がったところ、ラットの脳内には新しい神経組織がつくられたという[14]。

これらすべての例で、強いポジティブ感情は実際に健康を促進する物理的変化を起こすトリガーになっている。ポジティブ感情は脳と体を繁栄へと誘導する。

ではここで、プラシーボ研究に共通するパターンについて見てみよう。ある人が新しい未来について明確な意志（苦痛や病気のない、望ましい未来）を持ち、それに高揚した感情（ワクワク感、希望、苦痛や病気と無縁の未来への期待など）が加わったとき、その人の体はもう過去を生きていない。体は心に描いた新しい未来にいる。すでにお分かりのように、体はその感情が、今実際に経験していることの結果なのか、単にイメージしているだけなのかを識別できないからだ。新しい思考が誘発した高揚感情の状態は、夢を現実にする過程になくてはならない要素となる。なぜなら、その高揚感情は細胞の外から来た新しい情報であり、体にとって、細胞の外の環境が体内であれ体外であれ、変わりはないのだ。

第一章でご紹介したライト氏をご記憶だろうか？　彼は素晴らしい効能を持つ新薬のことを聞き及び、それを使ったら自分の病気も効果てきめんに治癒するだろうと想像した。彼はいてもたってもいられず、担当医をしつこくせっついて、何とか入手できるようにした。実際手に入ったとき、彼はそれが偽薬だとは知らなかった。しかし彼の脳は、彼のワクワク感が単に治癒への期待によるものか、実際に治癒したからかを識別しなかった。その結果、体はその期待がすでに現実になったものとして、その高揚感情に反応して変化が起きた。彼の脳と体は協力して新しい遺伝子に新しいやり方で発現させ、上方・下方修正を行い、（彼が苦労して手に入れた新薬ではなく）それこそが彼の腫瘍を消滅させ、健康を回復させたのだ。それが彼に新しい意識の状態をもたらした。

その後、ライト氏は新薬の治験の結果、効果がなかったと知り、古い思考、古い感情へと逆戻りした。それは古い遺伝子プログラムを再稼働させるので、当然の帰結として腫瘍は再発した。彼の意識状態が変化したのだ。ところが担当医に、初めに効果があった新薬の改良版ができたから、これを投与すれば治ると言われ、彼の気分は再び高揚した。ライト氏は、一度この薬で劇的治癒を経験している（少なくともそう思い込んでいた）ため、この改良版は必ず効くと確信した。

当然ながら、再び希望を持って新しい思考を温め始めると、脳内では新しい神経ネットワークが発火・結束をはじめ、新しい意識が誕生する。ワクワク感と希望が復活し、その高揚感はそれに見合った化学物質を放出し、それが新しい思考を強調・支援する。こうして再び彼の体は、すでに治ったワクワク感か、期待だけなのかを判別できず、脳と体はあたかも治癒が起きたかのような後成的変化を起こした。そして腫瘍はまた小さくなった。

その後、あの〝奇跡の新薬〟が実は失敗作だったというニュースを読むと、彼は再び古い思考と古い感情に舞い戻った。古い人格が戻り、腫瘍も戻ってきた。もとより奇跡の新薬など存在せず、奇跡は**彼自身**だった。投与されたプラシーボ（偽薬）も意味はなく、プラシーボは**彼自身**だった。

したがって、怖れや怒りといったネガティブ感情を避けるだけでなく、意識して、心のこもったポジティブ感情、たとえば感謝、喜び、ワクワク感、情熱、感動、畏敬、インスピレーション、驚き、信頼、尊重、親切、慈愛、サポートといった感情を常に抱くよう留意するべきであることは理に適っている。それらを折に触れて感じるたびに、私たちの心身の健康状態が向上するのだから。

親切心や寛大さといった、ポジティブで広い心（私たちが生まれながらに持っている資質）を抱くとき、脳内にはオキシトシンと呼ばれる神経ペプチドが放出されることが研究で分かっている。オキシトシンが出ると、自然な流れとして**偏桃体**（怖れや不安を認識・発信する大脳辺縁系の一部）の受容体部位が閉ざされる[15]。怖れがブロックされると、人はごく自然に際限なく他者を信頼し、赦し、愛するようになる。自己中心的態度は他者尊重へと変わる。あなたがこれを自分の意識状態

だと認識すると、脳内の神経回路はあなたが夢にも思わなかったほど無限の可能性の扉を解放する。なぜなら、この時あなたはサバイバルのためだけにエネルギーを浪費していないからだ。

最近の研究では、体のあちこち、たとえば腸、免疫系、肝臓、心臓その他にも複数の臓器にオキシトシンの受容体部位が見つかっている。それらの組織がオキシトシンの持つ主要な癒やし効果に強く反応すると、心臓は血管を増強し[16]、免疫機能が刺激され[17]、胃の運動が活性化し[18]、血糖値の正常化[19]が促進される。


ここでメンタル・リハーサルのおさらいをしよう。前頭葉がメンタル・リハーサルの味方だということはご記憶だろうか？　前頭葉は私たちの意識を身体、環境、時間というサバイバルモードの三大関心事から遠ざける働きをする。そして自我意識をなくし、純粋意識状態に誘ってくれる。

この新しい意識状態で、望ましい未来を心に描くと、私たちの心はよりオープンになり、ポジティブな気持ちが全身に行き渡ることで、思考↓感情、感情↓思考のループが私たちをさらに良い方向に後押ししてくれるようになる。サバイバルモードにあった時の自己中心的志向は消え、サバイバルに使われていたエネルギーは、今や創造の原動力に振り向けられる。たとえるなら、借家に住んでいる人が家賃を、家を購入した人がローンを払い終えたので、残ったお金はすべてやりたいことに使えるといった感覚だ。

新しい未来について明確な意志を持ち、それに発展的な高揚感を合体させ、その状態が自分の意識状態、あなたの自然な姿として定着するまで繰り返し再生し続けていると、新しい想像上の未来は、それまでの限定的な物理的現実よりずっとリアルに浮かび上がってくる。ここまでくればあなたはもう自由だ。その喜びの感情を純粋に感じられれば、願ってきた理想の未来の可能性に恋することが容易になってくる。

　オーケストラの指揮者（前頭葉）は今やキャンディショップに入った子供状態だ。何でも思いのままに創造できることがうれしく、ワクワクしながら新しい神経組織を形成し、ネットワークを拡大していく。指揮者が古い自分の意識状態を表す神経ネットワークのプラグを抜き、新しい自分の意識状態の神経回路のスイッチをオンにすると、神経伝達の化学物質は新しいメッセージを全身の細胞に届ける。細胞は後成的変化を通じて新しい遺伝子に新しいやり方で発現する態勢を整える。高揚感を使って、まだ現実になっていない未来の出来事が、すでに起きたかのように体に信号を送ったため、遺伝子は**環境が変化する前に**反応する。あなたは望ましい未来が環境に出現するまで**待つ**ことも、そのように変化してほしいと**願う**必要もない。**あなたは変化そのものだ。**

前章の僧院の実験

　前章の冒頭に出てきた、高齢者が若いつもりで過ごしていたら本当に若返ったという実験について振り返ってみよう。彼らがどうしてそれを実現したのかはすでに解明され、若返りの神秘は解かれた。

　被験者たちが僧院に来たとき、彼らが慣れ親しんだ生活から遮断された。その時点で、彼らは自分がどんな人物だと思っているかについて、外界によって認識させられることはない。そして彼らは非常に明確な意志とともに、新しい環境での生活を始めた。その意志とは、若い頃の自分になったつもりになること（物理的・想像上の変化のどちらも脳と体に有効なため、物理的行動とメンタル・リハーサルの両方を活用した）、そして、それを可能な限り現実ととらえることだった。彼らがまだ若かった二十二年前の映画を鑑賞し、当時の雑誌を読み、ラジオやテレビ番組に触れ、その間、現在という時間に属する情報の介入がなかったため、彼らは、今自分が70代や80代であるという現実を手放すことができた。

　彼らは実際に若返ったつもりになって生き始めた。自分が若いと考え、感じ、若い自分として行動し始めると、彼らの人格が変化し、その結果、彼らの個人的現実に変化が起きる。脳内では神経細胞《ニューロン》が新しいパターンやコンビネーションで発火・結束を始め、その中にはこの二十二年間まったく使われて来なかった神経細胞も含まれている。若いつもりになった彼らの想像の世界も、僧院内の物理的現実も、若返り体験をリアルに感じさせるものばかりだったため、彼らの脳は、それが一時的に二十二年**若返ったふり**なのか、**本当に若返ったのか**を識別できなかった。その結果、ものの数日で遺伝子は脳が認識したとおりの発現を始めたのだ。

　その過程で、彼らの体は、新しい感情を表す新しい神経ペプチドやホルモンを放出し、それらが新しいメッセージを細胞に伝達した。それらの化学メッセンジャーを受け入れるドッキングステーションを持つ細胞は、メッセンジャーを招き入れ、核の部分にあるDNAまで案内する。メッセンジャーがDNAに到達すると、新しいたんぱく質が作られ、そのたんぱく質は入ってきた情報に従って新しい遺伝子を探す。探し物が見つかったら、たんぱく質はDNAを覆っているカバーを外し、そこに眠ってただ呼ばれるのを待っていた遺伝子のスイッチを入れて、後成的変化を促す。これらの後成的変化によってつくられるたんぱく質は、二十二年前の彼らにそっくりなものだ。もし彼らの体内に、後成的変化が指定するものを作る材料がなかった場合、エピゲノムは淡々と幹細胞を呼び出し、ほしいものをつくらせる。

彼らが後成的変化を起こし、さらに多くの遺伝子のスイッチを入れると、次々に物理的変化が起こり、最終的にリトリートを終えて僧院の門を出る頃には、ワルツを踊るように足取り軽く、つい一週間前に杖を突いて門をくぐった彼らとは似ても似つかなくなっている。

この過程でこれらの高齢者が若返ったのだから、同じことがあなたに起きても何ら不思議はない。

あなたはどんな現実を生きることを**選択**するだろうか？　そしてどんな人物になった**つもりで生きたい**（またはどんな人物になりたくない）だろうか？　**それって本当にそんなに単純なことなのか？**

第六章

You Are the PLACEBO making your mind matter

被暗示性

アイヴァン・サンティアゴ（36歳）はニューヨーク、マンハッタンの四つ星のロウアー・イーストサイド・ホテルのスタッフ通用口の前に張られたベルベットの停止線の手前で、パパラッチ数名とともに辛抱強く立ち尽くしていた。彼らが待っていたのは、ホテルから出てきて道路脇に停められた二台の黒のＳＵＶリムジンのどちらか一方に乗って出発する予定の、海外の要人だった。サンティアゴが抱えていたのは、カメラではなかった。片手では真新しい赤のバックパックを掴み、もう片方の手は半開きのジッパーの中にある、サイレンサーつきのピストルを握っていた。サンティアゴはペンシルバニア州の刑務官で、その堂々とした禿げっぷりをヴィン・ディーゼル（訳注：アメリカの男優）が見たら誇らしく思うだろう。彼は銃について多少の知識を持っていた。勤務中に発砲した経験はないが、今日は実弾を発砲する気満々だった。

ほんの少し前、サンティアゴが帰宅しようとしていたときは、銃もバックパックも、海外の要人のことも、まして暗殺など心によぎりもしなかった。しかし今や、彼はピストルの引き金に指をかけ、眉を吊り上げ威圧するような形相で、殺人者と化すまであと数秒というところまで来ていた。ホテルのドアが開き、のんびりとした足取りで標的が出てきた。彼はパリッとした白のドレスシャツに身を包み、どことなくスポーティで、革製のブリーフケースを持っていた。待機していたリムジンに向かって彼が数歩進んだところで、サンティアゴは素早くバックパックから銃を取り出し、続けて三発撃った。男は歩道に倒れ、動かなくなり、シャツが血に染まった。

その数秒後、トム・シルバーという名の男がどこからともなく現れ、やさしくサンティアゴの肩に手を触れ、もう一方の手を額に当ててこう言った。「これから私が5つ数えてから、〝すっきりと目覚めました〟と言います。そうしたら目を開けてください。1，2，3，4，5！　すっきりと目覚めました！」

サンティアゴは、見知らぬ人物（実際はスタントマン）を狙撃せよという催眠術をかけられていた。ピストルだと思っていたのは、無害なおもちゃのエアソフトガンだった。これは〝想定外のこと〟——法律を守る非の打ち所のない善人が、催眠により冷血な暗殺犯になり得るか——をテストする、数名の研究者が考えた実験だった[1]。

SUVの中では、シルバーの同僚の研究者たちがそろってサンティアゴに目を凝らしていた。その面々とは、実験精神病理学を専門とする、当時ハーバードのポスドクフェロー（博士研究員）だったシンシア・マイヤーズバーグ博士、オックスフォードで意思決定の神経経路について研究している神経科学者、マーク・ストークス博士、そしてもう一人はミシガン州グランドラピッズの人材組織の法心理学者で、触法精神障害者向けの最強クラスのセキュリティつき刑務所・病院に関する研究者でもあるジェフリー・キーリゼウスキ博士だった。

この実験の前日、研究者たちは185名のボランティア被験者を集めた。シルバー（公認臨床催眠療法家、法医学催眠捜査のエキスパートで、かつて24億ドルの国際武器取引事件のきっかけとなった台湾国防省の摘発に協力した）は185名全員のスクリーニングを行い、被暗示性（どの程度催眠にかかりやすいか）をチェックした。結果、全体の5～10％が非常に高い被暗示性を示した。厳しいスクリーニングを突破した十六名は、この実験から恒久的ダメージを受ける可能性のある人を除外するための心理評価を受けた。その結果、十一名が次のテストに進んだ。その先に社会通念として染みついている行動規範を、催眠を使って破れるかどうかというテストがあり、一番高い被暗示性を持つ人物が洗い出されるという段取りだった。

十一名の被験者たちは少人数のグループに分けられ、かなり込み合っているレストランでランチをとることになった。被験者たちは顕在意識レベルでまったく認識していないものの、ある後催眠暗示（訳注：催眠時に、催眠が解けた後の行動に対する暗示をかけること）をかけられていた。その暗示とは、「レストランで着席するなり、座った椅子があまりに熱いため、レストランにいるにもかかわらず、下着姿になるまで服を脱いでしまう」というものだった。被験者全員が多かれ少なかれ暗示の効力を示したが、研究者の判断により、暗示に十分従わなかった人や周りの様子に合わせていた人、合計七名を除外した。残りの被験者は、全員着席してものの数秒で下着姿になっていた。彼らは座った椅子が本当に熱いと思っていた。

最終レベルに進んだ四名は、とても催眠にかかった〝ふり〟などできないようなテストを受けた。35度F（1・7度C）という氷結寸前の冷水を張った金属製の深いバスタブに一人ずつ入るというもので、被験者は心拍、呼吸数、脈拍を調べる機器につながれ、熱画像カメラが被験者の体温と水温をモニターしていた。シルバーは、被験者に催眠をかける際、冷水は「まったく不快に感じられず、実際のところ気持ちの良い温かいお風呂に入っているように感じる」という暗示を入れた。テストに際し、麻酔専門医セカール・ウパディヤユラが緊急医療技術者としてスタンバイした。

このテストは実験の成否を分けるものだった。これほどの冷水の場合、普通の人は乳首の辺りまで身を沈めたところで自然に息切れのような反応が起こる。心拍数と呼吸数は跳ね上がり、ガタガタ震え出し、ガチガチと歯の根が合わなくなる。これは体内の調和を維持するために自動的に起こる、自律神経系の働きによるもので、顕在意識でコントロールできない。被験者が深い催眠状態にあったとしても、この極限状態では、体から脳に送られる刺激の信号の量が多すぎて、普通は催眠状態を維持できないのではないかと思われた。もしこのテストをクリアした被験者がいたとしたら、その被験者は紛れもなくかなり高度な被暗示性の持ち主だということになる。

四名のうち三名は、実際に深い催眠状態にあったものの、これほど冷たい水に耐え、体の恒常性を失ってなお維持できるほどではなかった。この三名のうち、最も長く冷水のバスタブにとどまっていられた人でも八秒が限界だった。しかし最後の一人、サンティアゴは、ウバディィヤユラ医師がドクターストップをかけるまで、二分以上も冷水のバスタブに入り続けた。

テストを始める前のサンティアゴの心拍数は高かったが、水に入るとすぐに落ち着きを取り戻した。心電図に乱れはほとんどなく、呼吸数にもまったくぶれがなかった。サンティアゴは氷の浮かんだ水の中に、まるでちょうどよい湯加減の風呂に浸かっているかのように入り続けた。実際彼はそうしているつもりだった。彼は一度も冷水にひるむことなく、体が低体温症に陥ることもなかったので、研究者たちは、来たるべき実験にぴったりの、待ち望んでいた人物を見つけたと確信した。サンティアゴは被暗示性が非常に高かったため、彼の体は過酷な環境で長時間耐えることができ、意識によって自律神経系の機能をコントロールすることができた。このテストをクリアしたサンティアゴは、最後にして本命の実験に進んだ。

事前に行った身元調査によると、サンティアゴは素晴らしい人物だった。雇用主の信頼は篤く、親孝行な息子であり、愛情深い叔父でもあった。彼はどう転んでも冷徹に誰かを殺すことに合意するタイプの人物ではなかった。シルバーはそんな人物を暗殺者に変貌させることができるだろうか？

この実験が正しく行われるためには、これから何が起こるかをサンティアゴに悟られてはならなかった。彼が参加している実験と、その現場であるホテル前とは無関係である必要があった。そこで計画の一環として、この実験を撮影してきたテレビのプロデューサーがサンティアゴに、このテレビ番組に出演し続ける対象者としてサンティアゴが選ばれなかったと伝えた。しかし番組では最後に彼の短いインタビューを撮りたいので、次の日にもう一度来てほしいと依頼した。サンティアゴが家に帰される前、「もうこの先催眠をかけることはない」と告げられた。

そして翌日、サンティアゴは再びやってきた。サンティアゴがプロデューサーと雑談している間、研究チームは外に出てホテル前で準備を進めた。スタントマンは〝流血用パック〟を体に巻きつけた。小道具のエアソフトガン（本物の銃と同じ発砲と反跳の衝撃がある）が赤いバックパックに入れられ、ホテル通用口の脇に停められたバイクのシートに置かれた。そのすぐ横、ホテルのスタッフ通用口の前にはベルベットロープの停止線が張られ、静止画や映像を撮るためのカメラをそれぞれに持ったパパラッチが位置についた。二台のＳＵＶが路上に停められ、〝海外の要人〟とその随行団が乗って出発する準備が整っているというロケ現場が完成した。

一方ホテルの上の階で最後のインタビューに臨んだサンティアゴは、快活に質問に答えていた。そして、プロデューサーが「すぐに戻ります」と言って席を外した。プロデューサーが部屋を出るとすぐにシルバーが入ってきて、サンティアゴに最後にお別れの挨拶がしたいと言った。二人は握手をしたが、同時にシルバーはサンティアゴの腕を軽く引っ張った。この動作はすでにサンティアゴに刷り込まれた条件づけのサインで、〝すぐに催眠状態に入る〟という合図だった。彼はすぐにソファにだらんと座り込んだ。

シルバーはサンティアゴに、「階下に〝悪い奴〟がいる」と伝え、「彼は死ななくてはならない」とつけ加えた。「私たちは彼を殺さなくてはならない。そして君がそれをするんだ」と。シルバーは、ホテルの建物を出たすぐのところにバイクが停まっていて、そこに赤いバックパックが置いてある、その中に銃が入っている、と伝えた。「君は赤いバックパックを掴んでベルベットロープが張ってあるところに行き、要人を待つんだ。そいつはブリーフケースを下げてホテルから出てくる」と。「奴がホテルから出てきたらすぐに、君は銃を彼の胸めがけて発砲する。バン！　バン！　バン！　バン！　バン！　でもこれが終わったとたんに、君は起きたことのすべてを完全に忘れるんだ」。

最後にシルバーは、聴覚（ことば）と身体的刺激（握手）を伴うトリガーを合図にサンティアゴが瞬時に催眠状態に入り、例の指示に従うように、次のような後催眠暗示を施した。――この建物の外で、君は現場担当プロデューサーと出会う。彼は君と握手をして、こう言うだろう。「アイヴァン、君は本当によくやってくれたね」――と。シルバーは、自分が指示したとおりのことをやるなら、イエスという意味でうなずいてほしいとサンティアゴに訊ねた。そしてサンティアゴはうなずいた。この後シルバーはサンティアゴの催眠を解くと、本当に最後の別れを惜しんでいるかのような挨拶をした。

シルバーが部屋を出ていくと、さっき出ていったプロデューサーが部屋に戻り、お礼を言って、インタビューはこれで完了だと伝えた。もう帰ってよいと言われたので、サンティアゴは建物を出て、まっすぐ家に帰るつもりだった。

彼が建物の外に出ると、現場担当プロデューサーが歩み寄ってきて、握手をしながらこう言った。「アイヴァン、君は本当によくやってくれたね」。これがトリガーだった。アイヴァンはすぐに辺りを見回し、停めてあるバイクを見つけるとそこに歩み寄り、シートに置かれた赤いバックパックを静かに手に取った。すぐ近くにベルベットロープの停止線があり、パパラッチがたむろしていたので、その隣まで行ってバックパックのジッパーをゆっくりと開けた。

その直後、ブリーフケースを下げた男がドアから出てきた。サンティアゴはひるむことなくバックパックから銃を取り出し、胸めがけて何回か撃った。〝要人〟のシャツの下に巻かれた流血バッグが破れて噴出し、彼は大袈裟に地面に倒れ込んだ。

シルバーは即座に現場に飛び込み、サンティアゴに目を閉じるよう命じた。その間にスタントマンは急いで撤収し、シルバーは静かにサンティアゴの催眠を解いた。心理学者ジェフリー・キーリゼウスキがSUVから出てきて、サンティアゴに「説明をするので、関係者と一緒に建物に入ろう」と促した。部屋に入ると、驚いているサンティアゴに状況を説明し、今自分が何をしたか、ホテルの外で何が起きたか覚えているか訊ねた。サンティアゴは何一つ覚えていなかった。発砲直後にシルバーが催眠を解いた瞬間までの記憶が飛んでいた。

潜在意識にプログラミングする

冒頭の数章では、自分の行く末の想定シナリオを受け入れ、その意識や期待に体が魔法のように反応したという人々についてご紹介してきた。突然震えの発作が起きるパーキンソン病の症状で何年も不自由を強いられてきた人が、思考のみによりドーパミンの量を増やし、痙攣《けいれん》性麻痺が消えたというケース。慢性的な鬱《うつ》病に悩んできた女性が時間をかけて脳内回路を物理的に変え、日常的に喜びや心地よさといった感情をとどめて過ごせるようになったケース。水蒸気を吸っただけで最悪レベルの発作に陥った喘息患者が、まったく同じ水蒸気を吸い込んだことにより、ものの数秒で気管支狭窄症状が収まったというケース。そして嘘の膝手術をして重度の膝の痛みと運動機能障害から奇跡的に回復し、その後何年も良好な状態を維持したケースなど。

このような例は枚挙にいとまがないが、いずれの場合も本人は健康を回復できるという**暗示**を受け入れ、それを確信し、それ以上の分析を加えることなくその結果に身を委ねている。彼らが潜在的回復の可能性を受け入れるとき、彼らは未来の現実の可能性に自分をマッチングさせている――その過程で、意識と脳をその未来のものに変えている。望ましい結果を信じるとき、彼らはより健康な自分という概念を感情面で採用している。体は無意識の宿るところなので、結果として彼らの体は、今現在という時間にいながら、未来の可能性の中を生きている。

体を新しい意識に合わせていき、その結果新しい遺伝子に新しいやり方で信号が伝わるため、より健康な未来をつくる新しいたんぱく質が発現する。その結果、新しい心の状態が生まれる。彼らが新しい可能性というシナリオに身をゆだねると、もうそれがどのようにして実現するか、いつ頃実現するかなどについて分析をしなくなる。ただ単純により良い状態になることを信じ、そのまま長い間その新しい意識と体の状態をキープできる。このキープの期間に、その未来を作る遺伝子発現が起こり、それをずっと維持するためのプログラミングが完成する。

砂糖粒の錠剤を毎日何週間、あるいは何か月も服用するとか、一回だけ食塩水注射をするとか、偽の手術を受けるとか、理由づけは何であれ、彼らは自分が受け入れ、信じ、身を委ねたものを、実験に参加していた期間中ずっと維持し続けた。たとえば、彼らが鎮痛剤や抗鬱剤だと思ってプラシーボの錠剤を飲んでいたなら、毎日飲む錠剤が、自らの体内の活動を条件づけ、予測し、意味づけるよう繰り返し思い起こさせるきっかけとなる。錠剤を飲むたびに、繰り返し体内の変化の過程は強化されていく。もし週に一度病院に行き、担当医の診察を受け、症状の進展をチェックしているのなら、担当医や看護師、診察室、そこに置かれた機器の数々、待合室の風景などからなる特定の環境に行く度に、五感で感じる諸々の刺激がトリガーとなって、連想記憶が呼び起こされ、未来の可能性について思い出すよう促されている。私たちは過去の経験から、〝病院〟と呼ばれる場所に行けば病気は回復するものだという条件づけをされている。ここに来ていれば快癒するという未来の変化を予測し、回復に向かうプロセス全体に意志の力が加算される。これらすべての要素に意味があるため、その一つひとつがプラシーボの患者に暗示をかけ、結果を引き寄せている。

ではここで、これまであえて触れてこなかった重要な問題に取り組もう。治るという変化を起こすにあたり、ここには何の物理的、化学的、セラピー的メカニズムも介入していない。本物の手術も、実効性のある薬も、理学療法も受けていないのに、彼らは目覚ましいまでの健康を創造している。彼らの意識の力が彼らの体の生理状態に影響を与えた結果、治癒が起きたのだ。彼らのこのリアルな変容は、顕在意識とかかわりなく起きていると言っても差し支えないだろう。彼らの顕在意識は一連の行為をスタートさせたかもしれないが、実際の変化を担ったのは彼らの無意識で、それがどのように起きたのか、顕在意識にはまったく分からない。

アイヴァン・サンティアゴのケースも同様だ。催眠状態にある彼の意識が彼の体の生理状態に影響を与え、氷の浮いた冷水風呂に浸かっていても震え出さなかった。ただ暗示を入れられただけで変えられた彼の無意識の力のなせる業であり、顕在意識の力ではない。もし彼が暗示を受け入れていなかったら、結果はまったく違っていただろう。ついでに言えば、彼は自分にできるかどうか考えることなくやってのけた。実際のところ、彼の意識の中で、彼は冷水風呂に入っていなかった。彼が入ってい（ると思ってい）たのは、ちょうどよい湯加減の心地よい風呂だった。

したがって、プラシーボ効果は、催眠同様、人の意識が何らかの形で自律神経と連携することで起きる。簡単なことだが、顕在意識は潜在意識（無意識）と混ざり合う。プラシーボの患者がある考えを現実として受け入れ、最終的に起きると思い込み、信頼し、それに気持ちがこもったら、次に起きるのは病気の全快だ。

一連の生理的変化は、自動的かつ大々的に生物学的変化を起こし、そこに顕在意識は介入しない。それらはOS（訳注：オペレーティング・システム、無意識のことをそう呼んでいる）内に入ることができ、そこでは機能がルーティーン化しているため、新しい変化がルーティーンとなれば、ここに変化を起こす行為とは、肥沃な大地に種を蒔くようなものだ。新しいシステムは自動化され、勝手に進めてくれる。実際のところ、誰かが何かをしたから起きるということではなく、それはただ自然に起きるのだ。

被験者たちは誰も**意図的に**ドーパミンレベルを200％に急上昇させたり、意志の力で体の震えを制止したり、鬱病と闘う神経伝達物質をつくったり、免疫反応を起こすために幹細胞が白血球に変身するよう信号を送ったり、痛みを緩和するために膝軟骨を再建したりすることは不可能だ。それはサンティアゴが冷水風呂に入ったとき、体をぶるっとさせるのを**意図的に**抑制できないのと同様だ。これらのことを意志の力でやってのけようと思っても失敗するだろう。これらすべての過程のやり方を〝熟知している意識〟の助けを借りるしかないのだ。これらのことを成功させるには、自律神経、**無意識**を活性化させ、それに新しい細胞と健康で新しいたんぱく質をつくる仕事をさせるしかない。

受け入れ、信じ、身を委ねる

本書で、私は何度も**被暗示性**という言葉を使い、まるで誰でも指示さえ受ければ自発的に暗示にかかるかのように書いてきた。が、本章の冒頭に書いたスクリーニングテストの過程を読む限り、それほど簡単ではなさそうだ。それは認めよう。世の中にはアイヴァン・サンティアゴや、少なくとももう一人、イギリスで実施された別の実験[2]でもサンティアゴ並みに強い被暗示性を持つ人がいる。しかし彼らとて、よく反応する暗示とそうでない暗示というものがある。

たとえば前述の催眠術実験の、ある被験者は、公衆の面前で下着姿になるという後催眠暗示を難なく受け入れたが、凍えるような冷水風呂が温かい泡風呂《ジャクージ》だという暗示には乗れなかった。一般的に、後催眠暗示（サンティアゴが見知らぬ他人を狙撃するように指示された暗示など）は、催眠に入っている最中に何かを一時的に変えることに比べれば、意識に残りにくいというのは事実だ。

そして催眠同様、プラシーボ反応は、誰にでも等しく奏功するものではない。すでにご紹介した偽の手術を受け、その効果が数年続いたプラシーボの患者は、ちょうど催眠中に後催眠暗示をかけられた状態が持続したようなものだ。こういう人々には、目を見張るほどの効果が見られる半面、ほとんど変化が見られないという人々も存在する。

たとえば、そういう人々が病気になると、彼らの多くが薬や治療の段取りや処置、注射などを駆使して治るとは考えられない。ましてやプラシーボなど効くわけがない、と。なぜかって？ 治るという思考が今の感情より強くなければならないからだ。そして、その新しい思考は新しい感情を連れてきて、その感情は新しい思考を強調する——それが新しいあなたの自然な状態となるまで、これを繰り返す必要がある。しかし馴染み深い感情が馴染み深い思考と合体し、その習慣のループから抜け出せなければ、その人は過去の意識と体を今も再生するばかりで、何一つ変化することはない。

しかし、投薬や治療が奏功することを受け入れられない人々が、新しい受容と信念のレベルに達し、くよくよ不安に苛まれたり分析したりせずに、よりよい未来に身を委ねることができたら、彼らとて大きな成果を手にすることができるだろう。被暗示性とはそういうものだ。思考をバーチャル体験に引き上げ、最終的に体が新しい体験に沿って変化するということだ。

被暗示性には三つの要素がある——受け入れ、信じ、身を委ねる。私たちの内的現実を変えるためにする行為をより深く受け入れ、信じ、身を委ねるほど、より大きな成果を生み出すことができる。同様に、サンティアゴが催眠状態で、彼の無意識が行動をコントロールしていたとき、彼は、シルバーが言った、殺す必要がある〝悪い奴〟の話を完全に**受け入れる**ことができ、シルバーの話が真実だと**信じる**ことができ、シルバーに言われた具体的な指示に**身を委ねる**ことができ、自分がやろうとしていることに一抹の分析も批判も差しはさまなかった。心配のかけらもなく、証拠を求める気もなく、後知恵を働かせることもなかった。彼はただ、やったのだ。

感情を込める

今よりもっと健康になれる、という考えと出合い、あなたがその考えや希望（外的環境にある何かが体の内面を変えるということ）に期待する気持ちを込めるとき、あなたは目指す結果を手に入れるという暗示にかかっている。あなたは望むものが届けられるという構造全体を条件づけ、予測し、意味づけをしている。

ただし、この経験には感情という要素がカギとなる――被暗示性とはいわゆる知的プロセスではない。自分が今よりもっとよくなることを合理的に理解できる人は多いだろう。しかし目指す結果に**気持ちがこもらなければ**（催眠中のサンティアゴのように）、自律神経系に働きかけることはできない。ここは非常に重要で、自律神経系こそが無意識の本拠地で、すべての采配を振るっているところだからだ（第三章参照）。実際のところ、心理学では一般に、激しい感情の持ち主は他人の意見に同調しやすく、結果として暗示にもかかりやすいと言われている。

自律神経系は大脳**辺縁系**の管轄で、辺縁系の別名は〝感情脳〟そして〝化学脳〟だ。図6・1に描かれている辺縁系の担当は、化学秩序や恒常性維持機能といった体の自然な生理的調和を維持する無意識の機能だ。ここは私たちの感情中枢だ。いろんな感情が湧き起こるとき、脳内のこの部分が活性化し、浮かんだ感情に対応する化学物質でできた〝感情分子〟をつくる。感情脳は顕在意識をつかさどる脳のすぐ下に位置しているため、あなたが何らかの感情を抱いた瞬間に自律神経系が発動する。

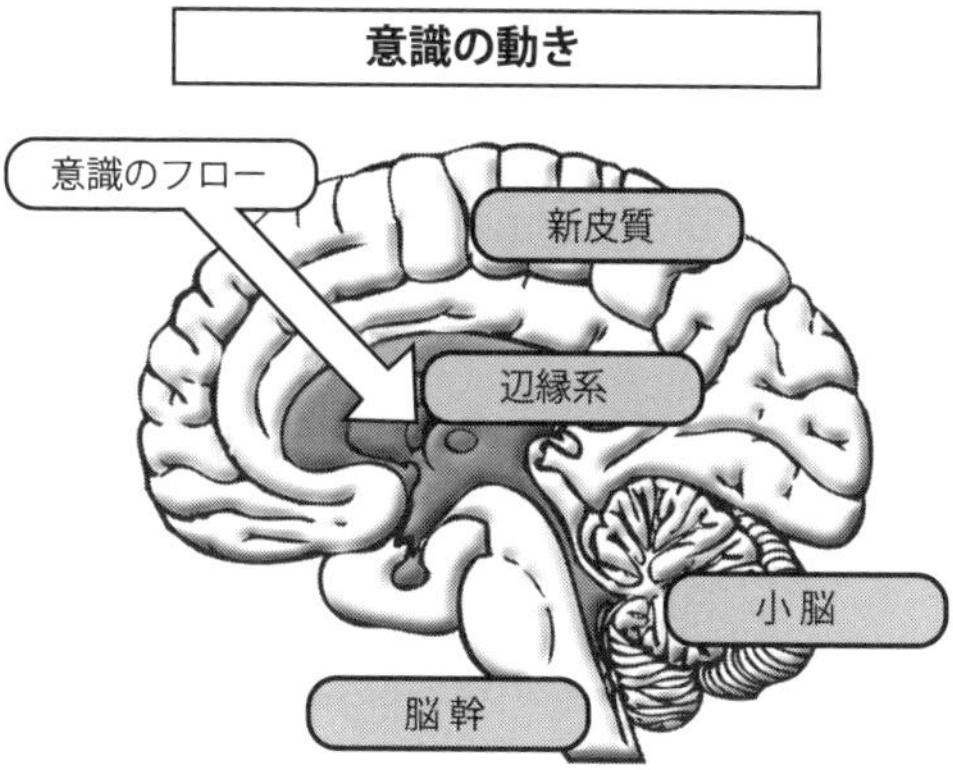

図 6.1

ある感情が浮かぶとき、それは顕在意識をつかさどる新皮質を経由せずに自律神経系に到達できる。したがって、思考脳を超越し、健康面の調節・維持・実行が行われている脳に進入できる。

したがって、プラシーボ効果を得るために、病気が実際に治癒する前に高揚した感情を抱く必要があるなら、その気持ちを大袈裟なほど（平静時ではないレベルに）高めていけば、あなたは無意識のシステムを活性化できるということだ。感情を高揚させるというのは、体のOS（オペレーティング・システム）に進入して、変化のプログラミングを行うことを指す。こうしてあなたは、いまや自律神経系が自動的に、すでに治癒したあなたに見合った化学物質をつくり始めるよう指示したことになる。そして体は、脳・意識から、天然の錬金術的万能薬のカクテルを受け取る。その結果、体は意識と同じ感情を共有し、感情と意識は一体となる。

これまで見てきたように、強い感情なら何でもいいわけではない。前の章で解説してきたサバイバル感情は、脳と体の調和をぶち壊し、健康維持に必要な遺伝子のスイッチをオフに（下方修正）する。怖れ、無力感、怒り、敵意、短気、厭世感、競争心、心配といった感情は、健康増進に働く遺伝子に信号を送らないどころか、真逆の信号を送る。これらの感情は、闘争・逃走神経システムのスイッチを入れ、体を緊急事態の臨戦態勢に整える。このとき、あなたの体のヒーリングに必要なエネルギーは残っていない。

ちなみに、何かを起こす**努力をする**ということにも似たようなことが言える。努力をするとき、あなたは苦心して何かを変えようとしているという点で、何かに逆らって力を加えている。自分では気づいていないかもしれないが、あなたは、ある結果を強引に手に入れようと試み、悪戦苦闘している。ちょうどサバイバル感情のように、その感情はあなたの脳と体の調和を乱し、その進捗にフラストレーションやイライラを感じれば感じるほど、調和はますます遠ざかる。『スターウォーズ―帝国の逆襲』で、ヨーダがルーク・スカイウォーカーにこんなことを言う。「試すんじゃない。やるか、やらないかだ。」プラシーボ反応にも同じことが言える。――試すんじゃない。ただ起きるに任せるんだ。

私たちはネガティブでストレスフルな感情のすべてによく親しんでいて、それらはどれも過去の多くの実体験と紐づいている。その感情に意識を集中させるとき、その馴染み深い感情は体を過去の経験に条件づける――つまり、この場合は不健康に条件づける。このとき、新しい情報は遺伝子にプログラミングできない。あなたの過去があなたの未来をなぞり、強化しているからだ。

その一方で、感謝や尊敬といった感情は人の心を開かせ、体内のエネルギーレベルを上げて、エネルギーを体の下部のホルモンセンターから別の場所へと誘導する。感謝は、被暗示性のレベルを高める最もパワフルな感情のひとつだ。感謝というのはふつう何かいいことが起きた**後に**抱く感情なので、感謝は、感情という化学信号を通じて、体に対して、「望ましいことが**すでに起きた**」と教える。

起きてほしいことが起きる前に感謝の気持ちを抱くと、あなたの体（無意識の本拠地）は、未来の出来事がすでに起きた、あるいは起きている最中だ、と判断する。したがって、感謝とは究極の管財人（訳注：最終的に資産の管理や処分の任に当たるもの）だ。図6・2を見て、サバイバル感情と高次元感情の表現の違いを比べてみよう。

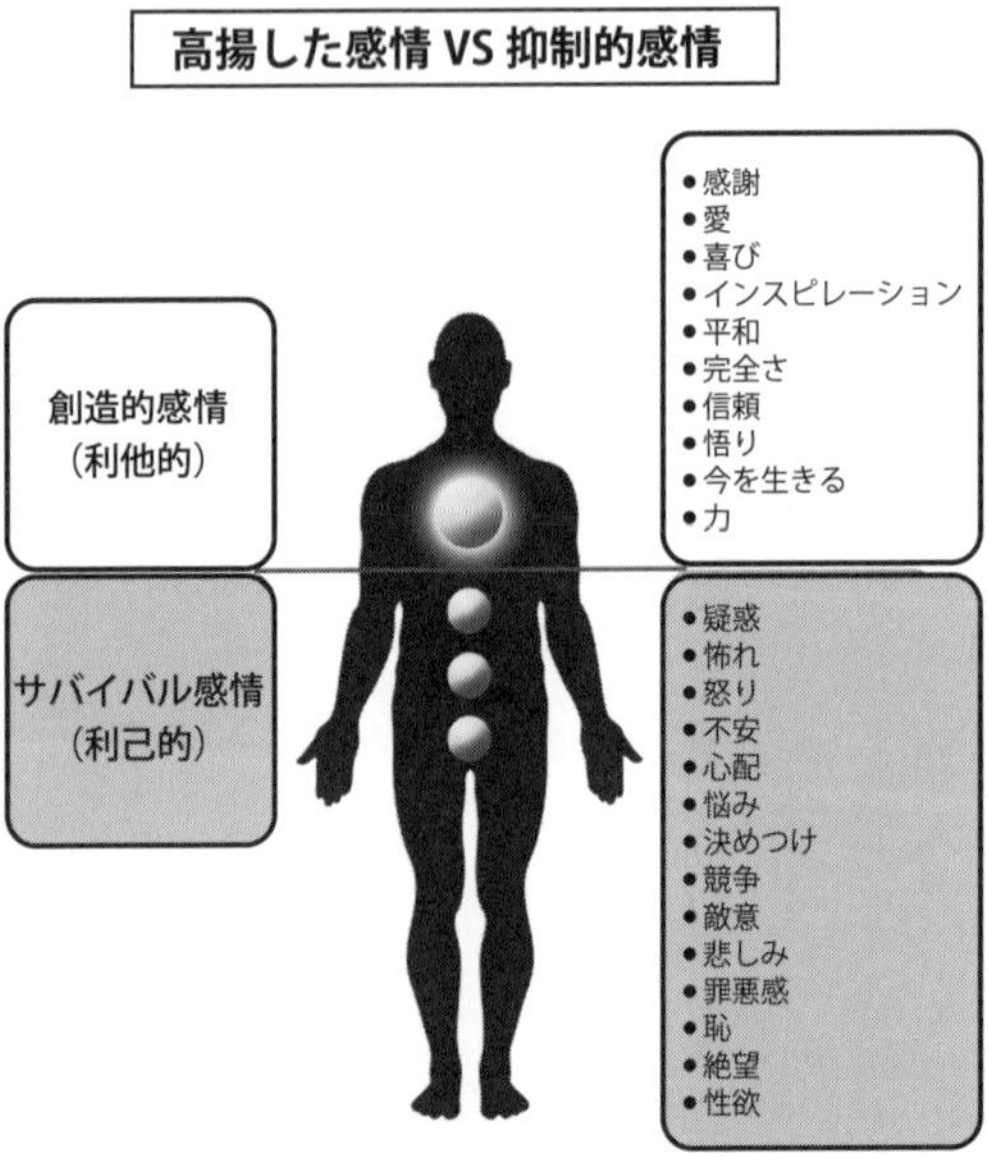

図6.2

サバイバル感情は主としてストレスホルモンによって起こり、さらに利己的で抑制的な意識や体の反応を誘発する傾向がある。高揚した創造的感情を抱くとき、エネルギーレベルが上がり、異なるホルモンセンターを刺激し、心が解放されて利他的になる。このとき体は新しい意識に対応している。

尊重や感謝といった感情を心に抱き、そこに明確な意志を合体させるとき、あなたはその出来事に感情を込め、それを体感し始めている。あなたは脳と体を変化させている。具体的に言えば、あなたは体に化学信号による指示を与え、脳が知的に知っていることを体に知らしめている。そのとき、現在に居ながらにして、新しい未来を生きていると言って差し支えないだろう。このとき、あなたは馴染み深い粗野な感情で体を過去に結びつけてはいない。今高揚した感情を道具に、体を新しい未来へと引き込んでいる。

分析脳の2つの顔

ここで、先ほど触れた、人によって被暗示性の強弱があり、効果にもばらつきが出るという話に戻ろう。私たちには一人ひとり異なる感受性があり、同じ思考、暗示、指示を聞いても、各人固有の多様な変数に照らし、その人にとっての（内的、外的）現実に落とし込むため、受け止め方は各人各様となる。被暗示性のレベルは、分析思考（図6・3参照）のレベルと反比例関係にあると捉えられる。分析思考のレベルが高くなる（分析する）ほど、被暗示性は低くなる。分析思考のレベルが落ちるほど、被暗示性は高くなる。

分析思考（または批判思考）は顕在意識の領域で、自覚できる部分だ。それは顕在意識の本拠地である大脳**新皮質**が行う思考という機能の一環だ。新皮質は物事について考え、観察し、記憶し、

分析思考と被暗示性

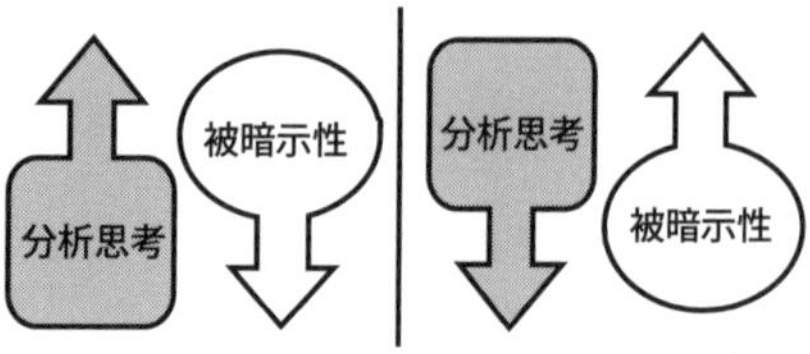

図 6.3

分析思考と被暗示性は
反比例関係にある。

問題を解決するところであり、分析し、比較し、判断し、再検討し、チェックし、疑問を抱き、対比し、精査し、理論化し、理屈をこね、反省するのが仕事だ。新皮質は未来予測や未経験のことに対応するにあたり、過去の経験から学習したことをベースにする。

本章冒頭の催眠実験の例では、公共のレストランで下着姿になるという後催眠暗示を受けた被験者十一名のうち、七名は完全には従わなかった。その理由は、彼らの分析思考が彼らを〝正気に戻した〟からだ。彼らが「こんなことして大丈夫かな？」「僕はこうするべきだろうか？」「これをしたら僕は他人の目にどう映るだろう？」「誰かに見られないかな？」「私の彼は何て言うかしら？」などと分析を始めた瞬間に、催眠暗示は効力を失っていき、彼らは元の自分が慣れ親しんだ意識状態へと戻っていく。その一方で、迷わず下着姿になった被験者たちは、自分が何をしているのかをまったく疑問に思っていなかった。彼らは従わなかったグループより分析思考が弱く、被暗示性が高い。

新皮質は**右半球**と**左半球**と呼ばれるふたつの部分に分かれている。道理で私たちは二元性、二極性に照らした分析や思考に多くの時間を費やしている。二元性とは、善対悪、正対偽、ポジティブ対ネガティブ、男性対女性、異性愛対同性愛、民主党対共和党、過去対未来、理性対感性、旧対新、脳対ハートといった対比、と言えばお分かりだろう。ストレスモードで生きているとき、脳から全身に送られる化学物質は分析思考を促進させる傾向がある。私たちは過去の経験に照らし、起こり得る最悪のシナリオから我が身を守れるように未来を予測しようとする。その結果、分析思考に拍車がかかる。

当然ながら、分析思考が悪いわけではない。分析思考は私たちが起きて活動している間中、顕在意識をサポートしている。これがあるからこそ私たちは人間たり得る。分析思考の仕事は、外界(異なる時間と場所での人やものとの経験)と内面(思考と感情)との間に意味を見出し、整合性を図ることにある。

分析思考は、私たちがリラックスして、穏やかで、かつ集中している時に最もよく機能する。この状態での分析思考は、私たちにとってプラスの働きをする。私たちの生活のいろんな側面を同時に比較検討し、意味のある答えを引き出してくれる。また無数の選択肢の中から適切な決断をするのを助け、新しいことを習得し、入ってきた情報が信頼に足るものかどうかを精査し、道徳観念に照らして社会状況を判断し、生きる目的について明確な指針を出し、信念をもって倫理を見定め、主要な五感情報の評価を行う。

私たちの自我の延長として、分析思考は、私たちが外界と上手に折り合い、生き延びるための防御機能を発揮する。（実際、自己防衛は自我の主たる機能のひとつである。）分析思考は常に外界の状況を評価し、現状を最大限活用して有利な結果を引き出すべく策を練っている。常に自分の面倒をよく見て、体の保全に気を配る。自我は潜在的危機がある時にそれを知らせ、対処を促す。たとえばあなたが道を歩いているときに、向こうから走ってくる車があなたの歩いている側に接近しすぎているとき、危険を避けるためにあなたは道をよける――こういうガイド役を務めるのが自我だ。

しかし、ストレスホルモンを浴び過ぎて自我が不調和をきたしているとき、分析思考がトップギアとなり、物事に過剰反応するようになる。このとき、分析思考は役立つどころか私たちにとってマイナスの働きをする。このとき、私たちは分析過剰に陥っていて、自我は〝自分ファースト〟を徹底するため、極めて利己的になっている（それが自我の仕事だ）。自我は自分のアイデンティティを守るためにはすべてをコントロールしなくてはならないかのように考え、感じる。そして望む結果を引き出す力を持とうとする――安全な状況をつくるために何をすべきかを予測し、既知の領域にしがみつき、手放そうとしないので、恨みに思ったり、苦痛を味わったり、被害者意識に囚われたりする。

自我は自分の知らないことは潜在的脅威とみなし、常に未知の状況を回避する。自我にとって、未知は信用できないものなのだ。

そして自我は自分が依存症に陥っている感情を浴びるためなら何でもしようとはっぱをかける。

欲しいものは欲しいと主張する。ごり押ししてでも最前列に進み、誰より先に目指すところにたどり着こうとし、そのために代償を厭わない。自分と自分の利益を守るためなら狡猾《こうかつ》に他者を操り、張り合い、だまし討ちだってする。

したがって、あなたの置かれた状況がストレスフルであればあるほど、分析思考はフル稼働して、その時点で浴びている感情の範囲内で分析を働かせる。これが起きるとき、あなたの意識は無意識のOS（真の変化が起きる場所）からますます遠ざかっている。あなたは過去に抱いた感情をベースに現状の分析を行っている。しかしあなたの問題の答えはその感情の範囲内にはないため、あなたはその限定的な、馴染み深い化学物質の体内環境の中でさらに深く思考を巡らせる。あなたは既知の枠の中で堂々巡りしている。

すでに解説した思考と感情のループの法則として、ある思考が同じ感情を繰り返し呼び起こし、脳と体はますます不調和を極めていく。ストレス感情のループから抜け出し、違った意識状態から改めて問題を見直せば、よりよい答えが引き出せることは間違いない（これについては後述する）。

分析思考モードがトップギアになるにつれ、新しい結果を引き出す発想に対する猜疑心《さいぎしん》が増す。なぜかって？　分析がフル稼働している時は危機が迫っているので、心を開放して新たな可能性や潜在的価値を探っている場合ではないからだ。斬新なアイデアを信じ、それに身を委ねている余裕はない。信頼する代わりに、生き延びるための最良の方法を決定するべく自分が知っていることと知らないことを秤にかけて自分を守るべきときだ。未知のものから逃げ出すときだ。したがって、分析思考がストレスホルモンに背中を押されると、あなたの思考の幅が狭くなり、疑い深くなり、新しいものを遠ざけ、思考だけで現実が変わると信じることもなく、未知の思考を既知の領域にすることもないというのは理に適っている。結論として、分析思考や自我は、使い方次第であなたにとって両刃の剣となる。

意識の内面

分析思考は顕在意識と無意識を分ける独立した存在と捉えるといいだろう。プラシーボは、分析思考が停止し、（変化を起こす主体である）無意識に注目が向いているときしか作動しないため、プラシーボ反応は、**自我**を超越し、自律神経系が顕在意識を上回ったときにしか起きないということだ。

図6・4に、このことが簡単に示してある。円は意識全体を指す。顕在意識は意識全体のわずか5％に過ぎない。顕在意識は論理や理性、創造力の領域だ。これらの要素から私たちの自由意志が生まれる。残りの95％が無意識だ。ここにはすべての自動操縦となったスキル、習慣、感情的反応、習慣化した行動、条件づけられた反応、連想記憶、ルーティーン化した思考と感情といった要素が私たちの立ち居振る舞い、信念、知覚を創造するＯＳ（オペレーティング・システム）が収められている。

図 6.4
顕在意識、分析脳、潜在意識（無意識）

顕在意識には**顕在記憶**、あるいは**宣言的記憶**（訳注：陳述記憶とも言う）が収められている。宣言的記憶を簡単に言うと、宣言できる類の記憶のことだ。それらは学習された知識（**意味記憶**と呼ぶ）であり、これまで生きてきた中で経験したこと（**エピソード記憶**）を指す。たとえばテネシー州で生まれ育ち、子供の頃よく馬に乗っていたが、落馬して腕の骨を折って以来乗らなくなったとか、10歳のときにタランチュラ（訳注：黒くて大きな毒蜘蛛）をペットとして飼っていたが、ある時ケージからいなくなり、家族全員で二日間ホテルに宿泊する羽目になったとか、14歳の時に州のスペリングコンテストで優勝して以来、単語のスペルを間違ったことがないとか、ネブラスカの大学で簿記を勉強し、今は大企業に就職した妹の近くにいられるようにアトランタに住んでいて、現在財政学の修士課程をオンラインで受講している、などなど。宣言的記憶は自叙伝のような記憶だ。

この他に、私たちには**潜在記憶**、または**非宣言記憶**、ときには**手続き記憶**とも呼ばれるものがある。この記憶は私たちが何度も何度も繰り返したために無意識に習熟した（顕在意識ではどうやるのかわからない）という類の記憶だ。あまりに頻繁に繰り返したことから、脳だけでなく、体もそれを記憶している。例を挙げると、自転車に乗る、車のクラッチ操作、靴ひもを結ぶ、電話番号をダイヤルする、キーパッドにＰＩＮコードを入力する、そして読むことや話すこともこの部類だ。これらは本書の随所で書いてきた自動プログラムだ。すでに無意識に組み込まれているため、あなたはもうそれを分析したり顕在意識で考えたりする必要がないほど熟達しているという類のスキルや習慣だ。それが図６・５に描かれた、プログラム化されたＯＳだ。

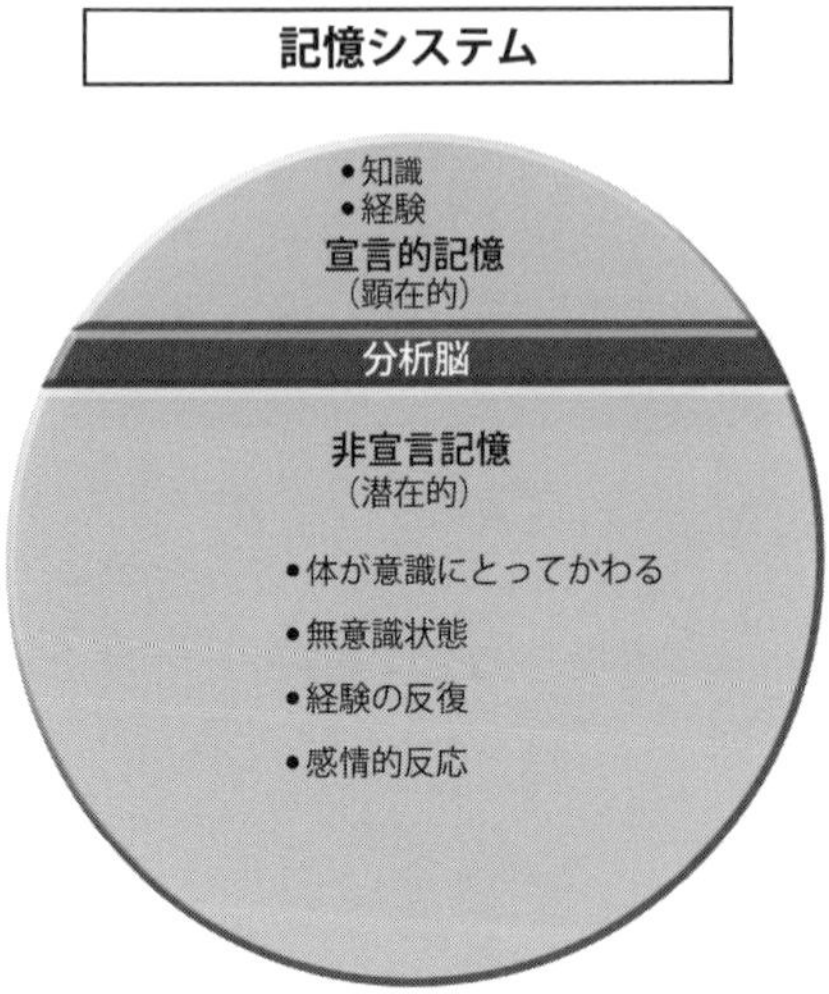

図 6.5

記憶システムは、宣言的記憶（顕在的）と、非宣言記憶（潜在的）という、二つのカテゴリーに分かれている。

あなたが何かのやり方に熟達し、それが脳内ハードウェアとなって定着し、体にはそれに見合った感情がしっかり条件づけられるまでになったら、あなたの体は脳と同じくらい、そのやり方に習熟している。体内の神経化学秩序が自動化され、暗記されたのだ。その理由は簡単だ。経験の反復により脳内の神経ネットワークが強化され、最終的に体がその特定の感情に馴染んだ時に刻印が確立するからだ。経験の十分な反復により、ある行為が化学的に体内に刻印されると、それ以降はその行為に紐づけられた、無意識下にある馴染み深い感情や思考にアクセスするだけで、体のスイッチをオンにして、その行為の自動プログラムを発動できるようになる。そしてすぐに、その行為とマッチした意識状態が作られ、自動運転が開始する。

潜在記憶は経験に伴う感情によってつくられるため、このメカニズムのシナリオとして二つの可能性が考えられる。①**強く感情を揺さぶられた、ただ一度の経験**は、即座に脳内に刻印され、貯蔵される。(たとえば幼い頃に大きなデパートで母親とはぐれて迷子になったという記憶)。あるいは②**度重なる経験による感情の反復**もまた、ここに収められる。

潜在記憶は無意識の記憶システムの一部であり、強い印象づけや反復された感情によって刻印されているため、その感情が起きたとき、あなたは無意識の扉を開けている。思考は脳の言語で、感情は体の言語なので、あなたが何らかの感情を抱いたとたんにあなたは体/意識(体が脳の仕事をすっかり暗記している状態)のスイッチを入れている。このときあなたはOS内に入っている。

こんなふうに考えてほしい。何か馴染みのある感情が湧き起こったとき、あなたはその感情に紐づけられた一連の思考に無意識にアクセスしている。あなたは日常的に、浮かんでくる感情に紐づけられた思考の自己暗示をかけている。それらはあなたがそれを真実だとみなして受け入れ、信じ、身を委ねている思考だ。したがって、あなたはその感情についてくる思考の暗示に**ますます**かかりやすくなっている。結果として、あなたが無意識にアクセスしている、あなたが受け入れ、信じ、身を委ねている思考は、あなたが何度も何度も自己暗示をかけたものになる。

その逆として、あなたにとって馴染み深い感情と**かけ離れた**思考に対して、あなたの被暗示性は格段に**低くなる**と言える。未知の可能性を秘めた新しい思考（概念）はどれも、感情（気持ち）的にすわりが悪いものとなるからだ。あなたの心のひとりごと（毎日聞かされている思考）は顕在意識をすり抜け、一分一秒ごとに自律神経系と生理的過程を刺激し、すでにハードウェア化された感情とあなたのセルフイメージとを補強している。第二章に出てきた研究で、楽観主義者はポジティブな暗示をより好意的に受け止め、悲観主義者はネガティブな暗示をより悪いほうに受け止めたという結果をご記憶だろうか？

これと同じ方法で、あなたが感情を変えようとするとき、一連の新しい思考の暗示にかかることができるだろうか？　答えはもちろんイエスだ。高揚した感情を醸成し、その感情に見合った、まったく新しい考えを想起すれば、あなたはその感情と思考に対する被暗示性を高めることができる。そのとき、あなたは新しい意識状態にあり、その新しい思考は、その高揚した感情に等しい自己暗示となるだろう。感情が起きるとき、あなたはごく自然に、潜在記憶システムと自律神経系のスイッチを入れている。こうして、あなたは自律神経系が最良の仕事（調和、健康、秩序を最適化する）をするに任せればいい。

まさしくそれが、これまで見てきたたくさんのプラシーボ研究の被験者がしてきたことではないだろうか？　彼らは病気が全快するという希望、インスピレーション、喜びといった〝高揚した感情〟を心に醸成できていたのではないだろうか？　一切の分析を差しはさむことなく、プラシーボをとって全快する可能性を見つけたとき、その感情の影響により、被暗示性が高まったのではないだろうか？　全快するという思考に伴う高揚感により、彼らは自らのＯＳに進入し、自律神経系に全快という指示のプログラミング、つまり高揚感に等しい自己暗示を、思考のみで実現したのではなかろうか？

無意識の扉を開ける

人によって被暗示性のレベルが異なるのなら、それは分析思考の層の厚みという形で視覚化できる。顕在意識と無意識を隔てるバリアが厚ければ厚いほど、ＯＳに進入することが困難ということになる。

図６・６と図６・７を見てほしい。これらは二人の人物の意識構造を示している。

図６・６の人物は顕在意識と無意識のはざまにある層が非常に薄い。つまりこの人物の被暗示性

図 6.6

分析思考の弱い（薄い層で表されている）人は被暗示性が高い。

図 6.7

分析思考の発達した（厚い層で表されている）人は被暗示性が低い。

は高い（本章冒頭のアイヴァン・サンティアゴのようなタイプだ）。この人はごく自然に結果を受け入れ、信じ、身を委ねる。この人はあまり分析や合理的判断をしないからだ。このタイプの人々は生来、提示された考えを潜在的経験として受け入れ、それに気持ちを込められる傾向が強いため、その思考と感情のセットは自律神経系に刷り込まれ、現実として作動し始めるのにさほど時間がかからない。この人々は日々の暮らしの中で何かを徹底的に追求したりせず、遭遇する諸々のことについてあまり深く考えない。もし催眠術のショーを見たことがあったら、ステージの一番前に出てくるのはこのタイプの人々だ。

これと対照的な図6・7を見てみよう。顕在意識と無意識の間を隔てる分厚い分析思考の層を見れば、この人は提示された考えを決して鵜呑みにせず、自らの評価、処理、計画、査定といった知的なスクリーニングを十分に経たうえでないと、なかなか暗示にかからないことがわかるだろう。このタイプの人々は非常に批判精神が強く、全方位的な分析を終えたものしか信用しないし、身を委ねることもない。

世の中には、常にストレスホルモンにさらされているわけではないにもかかわらず、分析傾向が非常に強い人々がいる。大学で多面的思考をするよう訓練されたり、幼少期に両親に合理的思考をしつけられたり、あるいは生まれながらにそういう性質という人もあるだろう。（しかし、分厚い分析思考の層を持っている人でも、それを突破する方法は習得できる。私自身がこのタイプだったので、希望はある。）

これら二つのタイプのどちらかが有利とか不利とかいうことはない。これら二つが健全な均衡状態にあるのが理想だと私は思っている。過剰分析傾向にある人は、自分の運命の流れを信じて身を任せることは少ないだろう。被暗示性が高すぎる傾向にある人は、騙されやすく、作業効率が悪いかもしれない。ここで私が言いたいのは、もしあなたが絶え間なく自分の人生を分析し、自己批判をし、あなたを取り巻く物理的現実に憑りつかれているとしたら、それらを実行する自動プログラムが収まっているオペレーティングシステムに入れないので、プログラムの書き換えもできないという点だ。暗示を受け入れ、信じ、身を委ねたときにのみ、顕在意識と無意識の間にある扉が開く。そしてそれが自律神経系に信号を送ると、あら不思議！　スイッチがオンになり体が変化する。

脳波
分析思考を突破する

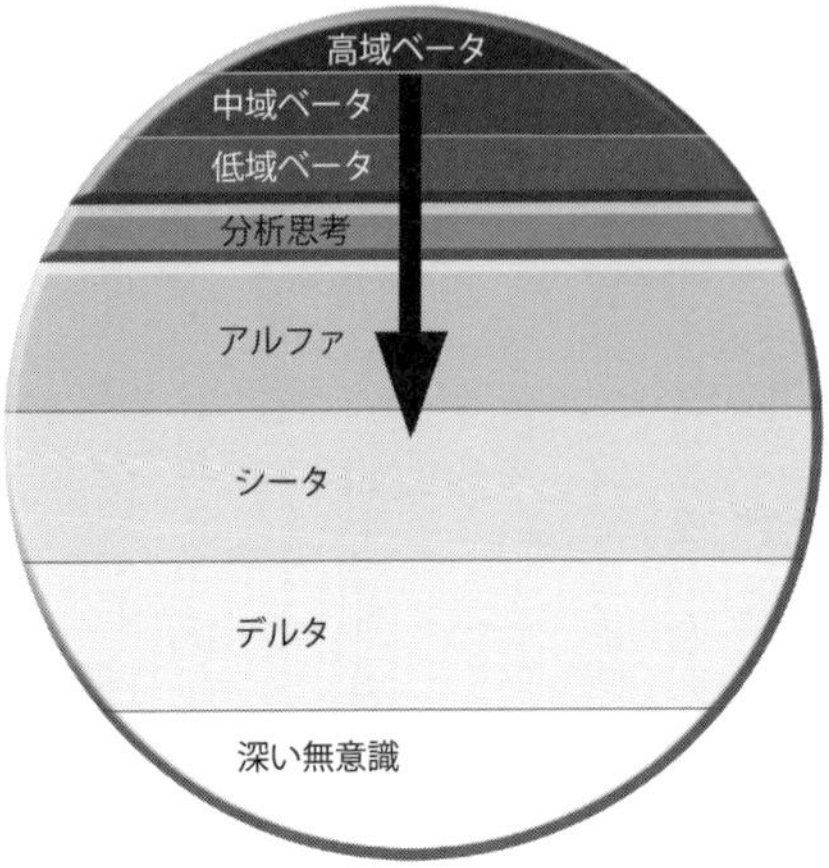

図 6.8

上の図は、瞑想に伴い意識が顕在意識から分析思考を超えて無意識領域に移行していく過程に対応した脳波を示している。

図6・8を見てほしい。矢印は、意識が顕在意識の領域から、暗示が生理的に刻印されてプログラミングされる無意識領域へと移行する方向を示している。

被暗示性のレベルを高めるために、分析思考を沈黙させ、無意識の扉を開ける要素がいくつかある。たとえば身体的、または精神的に疲れているとき、被暗示性は高まる。研究によると、社会的・物理的・環境的刺激を限定的にして阻害し、感覚を遮断すると、感受性が高くなることが分かっている。極度の飢餓、感情的ショック状態、トラウマなども、私たちの分析能力を衰えさせるため、外部からの情報を信じやすい状態になる。

瞑想の謎を解く

分析思考の層を突破して、無意識プログラムにアクセスするには催眠の他、瞑想という方法もある。瞑想の目的は、分析思考からあなたの意識を遠ざけることに尽きる——つまり、関心を外界、体、時間から逸《そ》らし、あなたの思考と感情からなる内面世界を見つめることだ。

瞑想という言葉にはたくさんの厄介な先入観がつきまとう。たいていの人が思い浮かべるのは、山頂で厳しい自然をものともせずに、完全な静寂の中に座っている髭《ひげ》ぼうぼうのグルの姿。粗末な布に身を包み、不可解な笑みを浮かべる僧侶。あるいは雑誌の表紙を飾る、輝くばかりの素肌をスタイリッシュなヨガウェアで包み、日常の苦痛や困難とは無縁の、涼しい表情の若い美女の姿かもしれない。

そんなイメージを思い浮かべると、瞑想とはおよそ実用的でない、自分の手の届かないところにあり、仮に届いても能力が及ばないものだと考えても無理はない。瞑想とは、宗教的な信条とは相容れない、スピリチュアルな慣習だと捉えている人もいる。さらに、ひとくちに瞑想と言っても無限大に多様なやり方があるため、それだけで圧倒されて、どこから始めたらいいかすらわからないという人もあるだろう。しかし、瞑想とは必ずしもそこまでハードルの高いものではないし、遠い存在でもなく、混乱するほど複雑でもない。本書ではシンプルに、瞑想の目的は顕在意識と無意識の間にある分析思考のフィルターを超え、意識の深層部に分け入ること、としておこう。

瞑想をすると、意識が顕在意識領域から無意識領域へと移行するだけでなく、利己主義から利他主義へ、あなたの名前がつけられた、体という存在から、名前も体もない存在へ。所有物とのかかわりを持つ存在から、ものとのつながりのない存在へ。物質主義者から非物質主義者へ。ある場所を占有する存在から、どこにもいない存在へ。ある時間軸にいる存在からどの時間にもいない存在へ。外界を現実だと信じ、五感を通じて現実を定義する認識の仕方から、内面世界が現実だと信じ、そこに入ると無感覚になる（意識だけの世界に五感の感性は存在しない）という認識へ、と変わる。

瞑想は私たちをサバイバルから創造へ、不調和から調和へ、緊急事態モードから成長・修復モードへ、怖れや怒り、悲しみといった自己抑制的感情から喜び、自由、愛といった発展的な感情へと移行させてくれる。簡単に言えば、既知の世界にしがみつく態勢から、未知の世界へと自分を解放する姿勢への移行だ。

これについて論理的に紐解いてみよう。大脳新皮質が顕在意識の本拠地であり、そこであなたの思考が組み立てられ、論理的な分析を行い、思考力を働かせ、合理的な過程をたどる場所なら、瞑想するにあたり、あなたは意識を新皮質の先へ、あるいは外へと移行させる必要がある。要するに、思考脳から辺縁系へ、あなたの無意識領域へと意識のフォーカスを移動させなくてはならない。言い換えると、新皮質の活動を抑え、毎日作動しているすべての神経ネットワークの活動を鎮めるには、分析的な考えを巡らせるのを停止し、理性、論理性、知性、予測、合理性といった機能を、少なくとも一時的にでもすべて追い出す必要がある。これが心を鎮めるということだ。（図6・1で再確認しよう。）

前章でご紹介した神経科学モデルによると、心を鎮めるということは、あなたが毎日習慣的に神経回路を発火し続けている思考脳の自動発火装置を止め、停戦を宣言するようなものだ。つまり、コンスタントに自分が何者かを思い出させるのをやめ、毎度お馴染みの思考・感情ループを断たなくてならない。

これだけでも大仕事なのは事実で、意気消沈するかもしれない。しかし、それを成し遂げられる実用的で科学的に立証済みの方法があり、スキルとして身に着けることができる。私が世界各地で実施しているワークショップでは、それまで一度も瞑想をしたことがなかったごく普通の人々が、やり方を覚え、かなりいい線まで行っている。この後の章でその方法をご紹介していくが、まずは意志のレベルを高めていこう。そうすればハウツーのところまで来たときに、より多くの成果が引き出せるからだ。（第二章に出てきた、ケベックのエアロビクス・エクササイズの実験で、被験者たちはエクササイズの努力は健康増進に役立つと聞かされた結果、そのエクササイズに意味づけを行い、実際にそれが結果として現れたように。）

瞑想が難しい理由

分析担当の新皮質は、五感から入る情報を使って現実を認識する。新皮質は関心のすべてを体、環境、そして時間に集中させている。あなたがほとんどストレスを感じない状態にあるとき、関心はそれら三つの要素に均等に注がれる。一方、あなたが銃口を突きつけられたような緊迫状態にあり、逃げるか戦うかという状況でアドレナリン放出スイッチを入れるとき、野生動物が生命の危機にさらされたとき同様、あなたの関心は、自分の体を守り、傷つけないこと、環境の中から逃げきれそうなエスケープ・ルートを探すこと、そして安全な場所にたどり着くのにどれくらい時間がかかるか、に注がれる。あなたは問題点に過剰集中し、自分の外見に囚われ、感じる痛みにどっぷり浸かり、やるべきことをやるための時間が足りないと悩み、仕事を一つでも多く片づけようと自分を駆り立てる。こんな人が身近にいないだろうか？

サバイバルモードにあるとき、人は目の前の問題とその背景の外界に過剰集中し、今、自分の目に映る世界、経験していること以外何も存在しないと考えるのはあまりにも簡単だ。そして外界がなければあなたは**誰**でもなくなり、**体**も存在せず、**もの**もなくなり、**場所**も**時間**も消えてしまう。

コンスタントに自分のアイデンティティを確認することで、すべての外的現実をコントロールしようとする自我にとって、それほど恐ろしいことはない。

サバイバルモードにあるとき、あなたが感覚的に知覚しているものは氷山の一角――外界を構成するたくさんの要素のうちのごくひと握りに過ぎないということを心にとどめるようにすると、いくらか楽になるかもしれない。あなたは外界にある多様な事柄や組み合わせのパターンによって自分自身を定義し、それらを外界の中から見出すことで自分が誰かを思い出している。しかしあなたという存在はそれだけにとどまらない。実際あなたが何か新しいことを学ぶたびに、あなたが外界を見る視点は変化する。外界そのものは変化していないが、あなたが認識する外界の定義が変化していく。（認識については次章でより詳しく扱う。）

今の時点では、〝もしあなたが外界に変化を起こそうとしているにもかかわらず、外界の諸々の要素を駆使しても、なお変化を起こせないでいるとしたら、それは明らかにあなたの視界、五感の感覚、経験の及ばない領域に目を向けるべきであり、そうしなければ答えは得られない〟――ということが理解できれば十分だ。つまり他の資源、あなたがまだ自分のアイデンティティと結びつけていない、未知の領域に踏み込む必要があるということだ。その意味で、未知はあなたの敵ではなく、味方だ。あなたが求める答えは、その中にある。

関心を外界から逸《そ》らし、内面に向けることが難しいもうひとつの理由は、私たちのほとんどがストレスホルモン中毒に陥っていることにある。意識・無意識にかかわりなく、私たちは日常の大半でストレス反応を起こしていて、それに見合った化学物質（ストレスホルモン）を体内に浴びているからだ。この中毒状態は、外界偏重、外界は内面世界よりもずっとリアルな現実だという考えを強化する。そして身体感覚はこれを必然的に支持する。なぜなら体にとって警戒すべき脅威、問題、不安材料はリアルに存在するからだ。その結果、私たちは、今目の前にある外的環境に依存するようになる。そして連想記憶を通じて、私たちは日常にある問題や条件づけを使って感情的依存を再確認し、自分が何者であるかを繰り返し思い出させている。

こんな言い方もできる。サバイバルモードにあるとき、私たちの体内にあふれるストレスホルモンは、外界の現実と直結する五感の感覚に大量のエネルギーを注入するため、五感が高度に活性化する。その当然の帰結として、慢性的にストレスを感じていると、私たちはいつでも五感を通じて現実を定義するようになる。すると考え方も物質主義的になる。自分の内面に向かい、非感覚・非物質の世界にアクセスしようとすると、すでに条件づけられた習慣と、外界の刺激によるストレスホルモンの中毒状態から抜け出すにはかなりの努力を要することになる。であるなら、私たちはどうすれば思考が物理的、三次元的現実を上回ることができると信じられるだろうか？　私たちが外界を通じて自分や現実を認識するのなら、思考だけでは何を変えるにも困難がつきまとう。私たちは自らの体と外的環境の奴隷と化しているのだから。

その解毒剤のひとつとして、第一章で挙げたいくつかの話や、第九、十章でご紹介する私のワークショップの話が役立つかもしれない。不可能に違いないと思っていたことが実際は可能だという新しい情報を脳内に繰り返しインプットすることにより、私たちの五感が感知し得る現実以外にも何かがあることに気づく助けとなるだろう。自覚しようがしまいが、私たちは皆プラシーボだ。

脳波のナビゲーション

瞑想が自律神経系に進入して被暗示性を高め、物質界偏重癖という困難を克服するツールとなるのなら、その境地に至る方法を知らなくてはならない。一番簡単なやり方は、脳波を通じて変性意識に至るという方法だ。脳がどんな状態にあるかによって、被暗示性は大きく変化する。

異なる脳波の状態を知り、自分の脳波が今どの領域にあるかを把握できるようになったら、脳波を上げるなり下げるなり、自力で脳の状態を変えられるよう訓練できる。もちろん多少の練習を要するが、それは実現可能だ。では、異なる脳波域について掘り下げていこう。

神経細胞が結束して発火するとき、荷電した要素の交換が起こり、それが電磁場を形成する。脳スキャン（脳波図など）をするときに計測されるのがその電磁場だ。人の脳にはいくつかの計測可能な脳波の周波数があり、それが遅いほど無意識の内面世界に深く入っていける。周波数が最も遅いものから最も早いものまでを順に列挙すると、デルタ（元気を回復させる深い眠り——完全なる無意識状態）、シータ（深い眠りと覚醒の狭間の領域）、アルファ（創造、想像の領域）、ベータ（顕在意識で思考を巡らす領域）、そしてガンマ（高揚した意識の領域）となる。

ベータは日常の覚醒時の脳波域だ。脳波がベータ域にあるとき、思考脳（新皮質）が五感を通じて入ってくるすべての情報を処理し、外界と内面世界との相関関係に意味づけをする。ベータ域にあるとき、外界のほうが内面世界よりリアルに感じられるため、瞑想には適していない。ベータ波スペクトルには、低域ベータ（読書時のように、リラックスしつつ興味をどこかに向けている状態）、中域ベータ（何かを学び、記憶しているときのような、体外の刺激に意識を集中している状態）、高域ベータ（ストレスホルモンが分泌され、危機モードの高度な注意力が発動している状態）の三つの領域がある。波動が高いほど脳内のＯＳにアクセスしにくくなる。

ほとんどの場合、私たちの脳波は日常的にベータとアルファの間を行ったり来たりしている。アルファ波の状態にあるとき、私たちはリラックスしていて、外界に注意を向けていない状態にあり、内面に向かう入り口に立っている。アルファ波状態は、軽い瞑想状態、または想像、白昼夢状態にあると言える。対象が想像上のものに向かっているため、この状態にあるとき、外界よりも内面のほうがよりリアルに感じられる。

高周波のベータからより遅いアルファ（リラックスした状態で何かに注意を向け、集中し、フォーカスできる状態）に移行するとき、前頭葉が自動的に活性化される。すでに解説したとおり、前頭葉は時間と空間を処理する脳内回路の雑音を低下させる。この時点で私たちはもうサバイバルモードにはない。ベータ波域にあった時に比べ、私たちの被暗示性は高まり、より創造的な状態にある。その先のシータにまで落とすことを習得するのはもっと難しい。シータ波域とは、半分覚醒し、半分眠っている、まどろみの状態で、〝体が眠り、意識は起きている状態〟、とよく表現される。この領域で被暗示性が最も高くなるため、瞑想で目指すのはこの状態だ。シータ波域にあるとき、私たちは無意識にアクセスできる。ここでは分析思考が働かず、意識はほぼ内面世界にいる。

シータを、あなたの無意識王国へと至るカギと考えておこう。図6・8を再び見てほしい。ここには脳波の状態と顕在意識・無意識とのかかわりが示されている。次に図6・9を見てみよう。ここには異なる脳波域が示されている。

これらの異なる脳波のパターンに親しんでおくと、本書の後半で実際に瞑想をするようになったときに役立つだろう。脳波に「シータになれ」と命じるとすぐにそうなるという期待はしてほしくないが、多様な脳波の状態について多少の知識があり、目指す活動に、それぞれの脳波状態がどんな効果を表すかを知っていることが助けになるだろう。

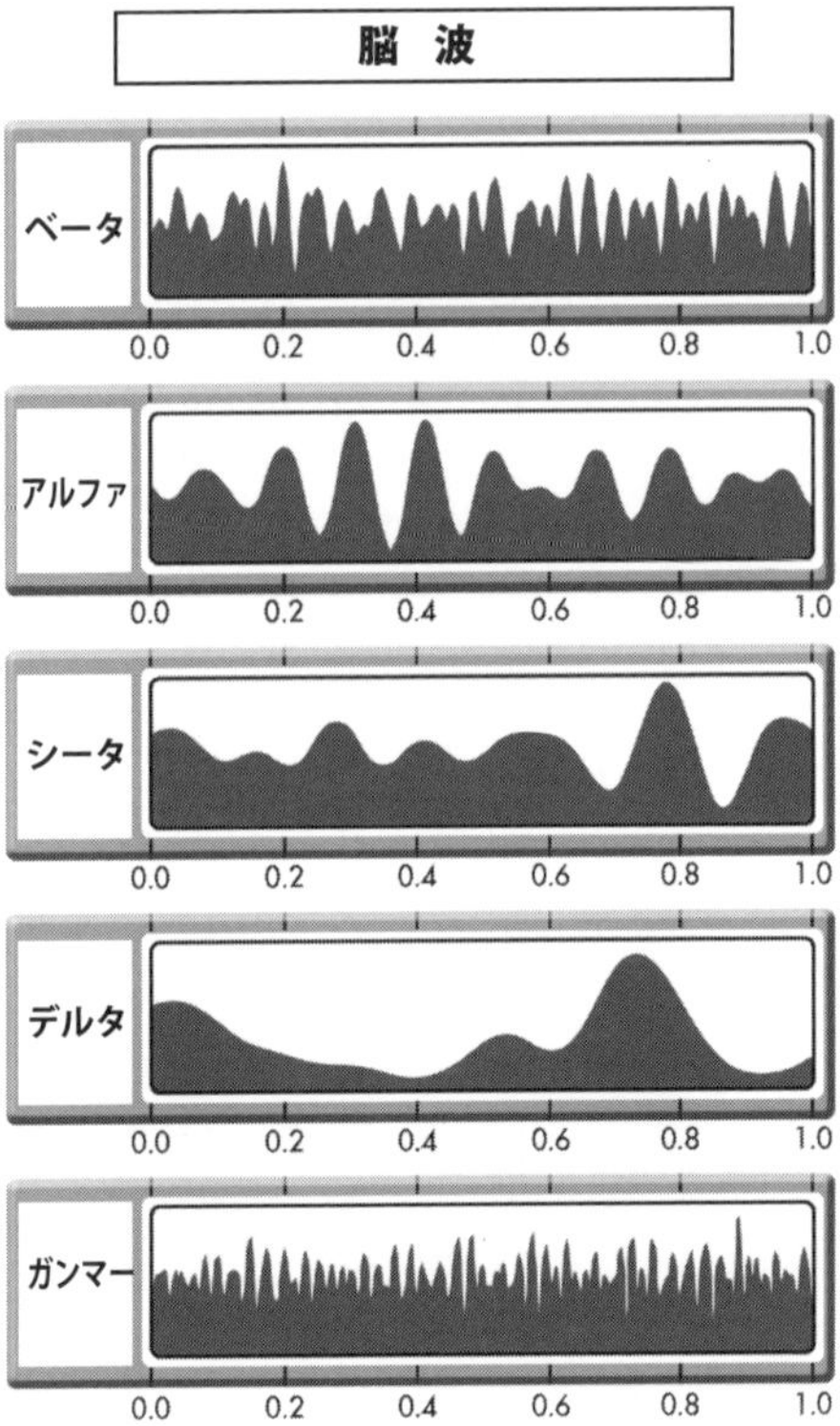

図 6.9

1 秒間に推移する異なる脳波状態を示した図。極度に覚醒した状態（高められた意識）を示すガンマー波の脳波パターンもリストに加えている。

暗殺の構造分析

本章冒頭に書いた催眠実験のアイヴァン・サンティアゴと他の被験者たちの話に戻ろう。被験者たちは明らかに普通の人々より簡単に分析思考をバイパスできる資質を持っている。彼らはどうやら外界より内面をよりリアルに感じるための神経可塑性、そして感情可塑性も持ち合わせているようだ。彼らは日常の起きている時間の大半を、ベータよりアルファ状態で過ごしていると思われる。したがって、体内にはストレスホルモンが巡らず、恒常性維持機能を阻害する要素も少ないだろう。彼らは高度に暗示にかかりやすい状態にあるため、無意識の自律的な機能をよりよくコントロールできる。

しかし、彼らの中にも程度の差があり、この実験の被験者の被暗示性レベルはいくつかにグループ分けされた。最初のスクリーニングをパスした十六名はもちろん高い被暗示性があるが、深く刻まれた社会通念に逆らって、公衆の面前で下着姿になるという後催眠暗示に従った人々に比べれば低い。これにパスした四名は、社会環境より内面を優先できたという意味で、非常に高い被暗示性の持ち主だ。しかし氷の風呂に浸かるという実験で、このうち三名は体の物理的環境より内面を優先できず、あまり持ち堪えられなかった。

サンティアゴただ一人が、氷の風呂という極限状態にありながら自らの体を支配し、物理的環境より内面を優先させて長時間持ち堪《こた》え、最も高い被暗示性を発揮した。彼は氷の風呂に耐え続けただけでなく、普段の顕在意識レベルでは冷血な殺人者とは程遠い性格でありながら、道徳環境と相容れない、〝海外の要人〟を狙撃するという後催眠暗示を優先させることができた。

プラシーボ効果が奏功するには、ある一定期間にわたり体や環境を超越できるほど高い被暗示性をキープする必要がある。言い換えれば、外界よりも内面のほうがよりリアルに存在するという考えを受け入れ、信じ、身を委ねる必要があるということだ。しかしこの後のいくつかの章を読めば、あなたも自分の思い込みを変えて被暗示性を高めるだけでなく、その状態で無意識のOSにプログラミングできるようになる。幸運なことに、それはおもちゃの銃でスタントマンを狙撃するといったことではなく、あなたを悩ませてきた健康問題、感情的トラウマ、あるいはその他の個人的課題を克服するというプログラムだ。

第七章

You Are the
PLACEBO
making your mind matter

捉え方→信念（思い込み）→認識

ジャカルタ市内の公園。クダ・ルンピングと呼ばれる伝統的なジャワのトランス・ダンスを見に集まった人々の中で、虚空を見るような眼をした12歳のインドネシア人の少年は口を開け、群衆の一人が差し出したガラスの破片を躊躇なく口に含んだ。少年は、あたかもポップコーンかプレッツェルを食べるかのように、当たり前の顔をして、ガラスの破片をバリバリと噛んだ末飲み込んで、ケロッとしていた。三代目クダ・ルンパーであるこの少年は、9歳の頃からこのような神秘的なパフォーマンスでガラスを食べ続けている。この少年と、残りの19名からなる伝統的ダンス・カンパニーは、パフォーマンスの前に必ずジャワ語の呪文を唱え、死者の霊を呼び出して、その日の演目の間中そこにとどまり、ダンサーを苦痛から守ってもらうための儀式を行う[1]。

この少年や仲間のダンサーたちがしていることは、ある意味では第一章でご紹介したアパラチアの蛇使いの牧師が精霊の受託を受け、毒蛇を腕や肩に絡みつかせながら、説教壇の周りを情熱的に踊り続けるのと何ら違いはない。彼らは毒蛇を危険なほど顔に近づけ、もし噛まれたとしても、蛇の毒には免疫があるように見える。ジャワ・ダンサーたちはまた、フィジーのベカ島、サワウ族に伝わる火渡りの儀式をする行者にも似ている。炎に包まれ、燃え盛る木と真っ赤に燃えた石炭で何時間も熱せられて白く光っている石の上を、確かな足取りで歩く彼らは、その部族の祖先が神から授かった能力を受け継ぎ、部族の間に伝承していると言われる。

ガラスを食べる少年、蛇使いの牧師、フィジーの火渡り行者の脳裏には、「**今度はうまくいくだろうか?**」などという疑念が一瞬たりともよぎることはない。彼らの中にはほんのわずかの迷いすら存在しない。ガラスを食べる、アメリカマムシを手なずける、焼けつく石を踏みつける、という決然とした意志により、彼らは自らの体・環境・時間を超越し、体の生理状態も変えて、普通なら不可能と思えるようなことを可能にしてしまう。彼らの信じる神が守ってくれるという、岩のようにゆるぎない信心深さが、それ以外のどんな思考も入り込む隙を与えない。

プラシーボ効果が奏功するためには、これと同様の確固とした信念が不可欠だ。しかしながら、この要素についてはまだほとんど研究が進んでいない。心身医療分野の研究者たちは、これまでプラシーボの効果にばかり注目し、効果が上がる理由に目を向けてこなかったからだ。人の内面の状態に変化が起きるのは、治ることへの強い思い、条件づけ、抑圧感情の開放、何らかのシンボルを信じる、はたまた特定の宗教的修行をするからか、疑問は残ったままだ。体をそれほど深いレベルにまで変容させるには、いったい何が起きているのか。もしその答えが見つかったとしたら、私たちも同じことができるだろうか？

信念のルーツ

信念や思い込みというものは、私たちが思っているほど自覚できているものではない。ある概念を表面上は受け入れていたとしても、心の深いところでそれを本当は信じていない場合、それは単なる思考の過程に過ぎない。プラシーボ効果が発動するには、自分についての信念、体や健康について何が実現可能かという考えを、根こそぎ変えなくてはならないため、まずは信念について理解し、それがどこから来ているのかを知る必要がある。

ある人が何らかの身体症状を訴えて病院に行ったとしよう。そして医師が客観的なデータに基づき診断をしたとしよう。医師はこれまでの統計に基づく平均値として、診断結果と今後の予測、治療の選択肢などを患者に説明する。医師に「糖尿病」、「癌」、「甲状腺機能低下」、あるいは「慢性疲労症候群」だと病名を告げられた途端に、患者の脳裏には、過去の経験に基づいた一連の思考、イメージ、感情といったものが込み上げてくる。過去の経験には、患者の両親がかつて同じ症状に悩んでいたこと、同じ病気で死んだ人物が描かれたテレビドラマのこと、あるいは、その診断について自分でネットサーチして見つけた恐ろしい情報などが含まれる。

患者が医師のもとを訪ね、医師の専門家としての見立てを聞くと、患者は自動的にその状況を受け入れ、医師が自信たっぷりに言ったことをすべて信じ、そして最後に、医師の治療と起こり得る結果に身を委ねる。この一切が、何の分析のフィルターも通すことなく、患者にプログラミングされる。患者は医師の言うことに対し、高い被暗示性（そして被影響性）を示す。そのとき、患者が怖れや不安、苦痛、悲しみといった感情を抱いたとすれば、その状況で起こり得る思考（または自己暗示）はそれらの感情に見合ったものしかない。

診断を下された患者は、**頑張って**ポジティブに病気を克服するという意志を持つことは可能だが、体は依然として悪い方向へと誘導するプラシーボの影響下にある。その結果体はネガティブな状態になり、ネガティブな遺伝子発現が起こり、新たな可能性を見ることも認識することもできなくなる。患者の未来は、その診断に関する本人の思い込み（そして医師の思い込み）次第ということになる。

この後のいくつかの章でご紹介する、プラシーボ効果を使って自力で病気を克服した人々は、どこが違っていたのだろうか？　第一に彼らは医師が提示した診断、予測、治療を絶対的真実として**受け入れなかった**。次に、医師という権威者に言われた、確率的にほぼそうなるだろうという未来予測を**信じなかった**。そして最後に、彼らは医師の診断、予測、治療に身を委ねなかった。彼らは**自分自身**が受け入れ、信じ、身を委ねたことに基づいて考え、行動したため、異なる存在の状態を維持できた。

彼らが医師の忠告や専門的意見を聞いてもその暗示にかからなかったのは、自分の置かれた状況に対して怖れ、被害者意識、悲しみといった感情を抱かなかったからだ。彼らは楽観的でやる気に満ちていたため、それらの感情に見合った一連の思考が引き出され、その結果として新しい可能性の展望が開かれていった。彼らは自分を待ち受ける未来の運命に対して、医師とは異なる考えや信念があったため、体を最悪のシナリオに**条件づけ**なかったし、自分と同じ診断を受けた他の大多数の患者と同じ、予測し得る結果を自らの運命として**予測**しなかったし、同じ立場の他の大多数の患者がしたような意味づけをしなかった。彼らは自分の未来について異なる**意味づけ**をした結果、それに見合った異なる意志を持った。彼らには後成的遺伝学や神経可塑性の知識があり、自らを病気の被害者という受け身の存在ととらえることはなかった。彼らは私のワークショップやイベントで学んだ知識と情熱を動員して積極的に行動した。その結果、この人々は同じ診断を受けた患者たちとは異なる、ずっといい結果を得た。ちょうどあのホテルメイドの実験で、研究者から情報を与えられたメイドたちがよりよい結果を生み出したように。

ここで、ごく平均的人物がある診断を受けてすぐに「これを克服するぞ！」と宣言したとしよう。担当医が示す条件づけ（病気の進行の見通し）や結果を受け入れない人は少なからずいることだろう。しかし彼らのほとんどは、自分が病気ではなくなると信じるまでには至らない。信念を変えるには無意識に働きかけなくてはならない。これから詳説するが、信念とは、無意識の存在の状態のことだ。

顕在意識だけを操作して信念を変えようとする人々が、リラックス状態に入り、遺伝子と生理状態を変えることはないだろう。彼らはその方法を知らないため、完治への道はそこで閉ざされる。彼らは医師に言われたこととは異なる未来の展望という暗示を、完全に受け入れることができないため、その可能性に身を委ねられない。

では、治療の効果が上がらないとき、あるいは症状に変化がないとき、その人々は他の何百万という人々同様、普通の社会通念に従って、大して分析することもなく、毎日同じ感情を抱き、自分の体の状態を受け入れ、信じ、身を委ねているということだろうか？　医師の診断とは、現代版のヴードゥーの呪いに等しいのだろうか？

信念と認知の解剖学

ここで新たな概念をちょっと加えながら、信念をさらに深く解剖していこう。たとえば、あなたがある一連の思考と感情を関連づけて想起しているうちに、それが習慣的、自動的に出てくるようになったとき、それはそのことに対するあなたの**捉え方の傾向**となる。その人が考えること、感じることがその人の意識の状態をつくるため、捉え方の傾向とは、意識状態の簡易版と言える。それは何を考え、感じるかによって刻々と変化する。捉え方の傾向の寿命は、内容によって数分、数時間、数日、あるいは数週間続く。

たとえば、あなたが一連のポジティブな考えを巡《めぐ》らせ、それに見合ったポジティブな感情を抱いているとき、あなたはこう感じるだろう――「今日は何でもポジティブに見えるなあ」。一方であなたが一連のネガティブな考えを巡らせ、それに見合ったネガティブな感情を抱くとき、あなたはこう言うだろう――「今日は何でも否定的な捉え方になる」。同じような捉え方を繰り返しているうちに、物事を自動的にそのように捉えるパターンができていく。

ある捉え方のパターンを一定期間繰り返し、似たような捉え方が束になってくると、それは一つの**信念**となる。信念とは、ある意識状態が一定期間持続していることを指す。信念の定義は同じことを考え、感じ続けた結果、それが脳内回路として定着し、その感情を表す化学物質を体が暗記した状態にまでなっている思考と感情のセット（捉え方）を指す。それは依存症ともいえる代物で、だからこそ変え難く、変えようとすると、何とも言えない不快感が残る。経験は脳内に神経回路として刻まれ（思考を誘発する）、感情として体が覚えている（感情を誘発する）ため、その信念は過去の記憶に基づいている。

したがって、過去の記憶をたびたび掘り起こし、分析し、同じことばかりぐるぐる考えていると、その思考回路は何度も結束と発火を繰り返し、結果的に自動的な無意識プログラムへと成長する。そして、過去のある経験に紐づけられた感情を何度も呼び起こし、その経験が起きたときに感じたように感じ続けていると、あなたはその感情をきっかけにして、体が無意識の司令塔になるよう条件づけている。そして体は無意識に過去を生きている。

同じ思考と感情を一定期間反復すると、体が意識となるよう条件づけられ、それが無意識プログラムとなるのなら、信念とは過去に由来する無意識、無自覚の意識状態だと言える。信念は、捉え方よりも深く根づいているので、数か月、数年の単位で持続する。信念は長続きするため、プログラムはますます増強される。

私の幼少期に刻まれた忘れられない記憶がこの好例だ。私はイタリア系の家庭に育ち、一家は私が小学四年生の時に、イタリア系とユダヤ系市民が混在する地域に引っ越した。転校した初日に教師は私に、ユダヤ人の女の子三人を含む六人グループの席の一つに座るよう指示した。あの日私は初めて、ユダヤ人の少女たちにキリストがイタリア人でないことを聞いた。あの頃は、私の人生の中で最も深く心に刻まれた時期の一つだった。

その日の午後、私が帰宅すると、小柄なイタリア人の母は、学校の初日がどうだったのかとしきりに訊ねたが、私は口を聞かなかった。私があまり無視し続けたため、母はとうとう私の腕をつかみ、「いったい何があったの?」と詰問した。私は怒りに任せてとうとう口を滑らして言い放った。

「イエス様はイタリア人だと思っていたんだ!」

「何を馬鹿なことを言ってるの? イエス様はユダヤ人よ!」

「ユダヤ人だって?」と私はすかさず言い返した。

「何でだよ？　写真で見ると、まるでイタリア人じゃないか？　おばあちゃんは一日中イタリア語でイエス様に話しかけているし。それにローマ帝国はどうなの？　ローマってイタリアにあるんじゃないの？」

イエス・キリストはイタリア人だという私の信念（思い込み）は過去の経験に基づくもので、イエス様について私が考え、感じたことが自動的に私の意識状態（自分の一部）となった。この思い込みを修正するには時間がかかった。根深く染みついた信念を変えるのは容易ではないが、言うまでもなく私は克服に成功した。

では、この概念を少し進展させてみよう。似たような信念がいくつも集まって束になると、それは**認識**となる。つまりあなたの現実認識とは、長い間温めてきたあなたの信念、捉え方、思考、感情に基づく継続的な意識の状態（あなたのありよう）だ。あなたの信念は無意識で無自覚な存在の状態（つまり、なぜそんなことを信じているのかすら記憶にない、あるいはそれが何らかのきっかけで問われるまでその存在に気づかないもの）となるため、あなたの認識（あなたの主観的なものの見方）は、過去に基づいた現実の、無意識で無自覚な見方となる。

実際、私たちが現実と思っているものは真実とは異なることが実験で明らかになっている。私たちは無意識に、自分の過去の記憶（脳内に神経化学的に保存されている）に基づく個人的現実を混ぜ込んでいる。[2]認識が潜在化すると、あるいは非陳述記憶（前章参照）になると、それらは自動化、無意識化し、私たちは現実を自動的に主観に基づいて編集するようになる。

たとえば、あなたは自分の車に毎日乗っているため、それが自分の車だと知っている。あなたが毎日その車で経験する内容はどれも大差ないため、同じことをずっと繰り返している。あなたは毎日自分の車について同じことを考え、感じている。あなたの車についての捉え方は、思い込みへと発展し、やがて認識へと変わる。たとえば、「滅多に故障しないからいい車だ」という認識など。

あなたは自動的にその認識を受け入れているが、これはあなたの主観によるものだ。なぜなら、あなたとまったく年式も型式も同じ車に乗っている誰かの愛車はしょっちゅう故障しているかもしれないからだ。その人は自分の個人的経験に基づき、同じ車についてまったく異なる思い込みや認識を持つだろう。

実際、もしあなたが大半の人々と同じなら、自分の車の細かい特徴について、それがトラブルを起こすまで気にも留めないことだろう。あなたは自分の車が昨日と同じようによく走ると予測する。未来にこの車に乗れば、過去の経験、機能や一昨日乗った時と同じようによく走るとごく自然に期待する——これを認識という。ところがどこかに不具合が起きると、そこに注目せざるを得ない（たとえばモーターの音の変化に注目するなど）。そのとき、無意識下にある車についての認識に、顕在意識の光が当たる。

走行の状態が変わるなどした結果、あなたの車についての認識が変化すると、あなたは自分の車について新しい捉え方をするようになる。あなたの配偶者や同僚との関係、文化、人種、さらには自分の体、苦痛についてもまったく同様のことが起きている。実際のところ、ほとんどの現実認識はこのように機能している。

したがって、無自覚なまま、無意識下で生きている認識を変えたいなら、それを顕在意識で注目し、漫然と過ごす癖を直す必要がある。真実を言えば、これまでまったく気にも留めてこなかったあなた自身や、あなたの人生に関するいろんな局面について、関心のレベルを上げる必要がある。もっといいのは、それまで無意識の自動運転だった諸々の一つひとつに注目するというモードを、朝目覚めた瞬間から起動することだ。

しかし、それはかなり難しいチャレンジだ。なぜなら、同じ現実を何度も何度も経験すると、目の前に広がる世界についての考えや感じ方が同じ捉え方を導き出し、それが同じ信念（思い込み）となり、それは同じ認識へと至るからだ。（図7・1参照）

あなたの認識があまりにも馴染み深くなり、あなたの一部となり、自動的な反応となると、目の前の現実の真の姿に注意を払わなくなる（あなたはすべてがいつも通りだと予測するからだ）。そうなると、あなたはその現実を無意識レベルで受け入れ、合意するようになる。ちょうど大多数の人々が、医師に言われた診断にまつわる一般的顛末《てんまつ》を無意識に受け入れ、合意しているように。

したがって、プラシーボ効果を起こすために、自分の思い込みや認識を変える**唯一の方法**は、あなたの意識状態を変えることなのだ。無意識にある古い、限定的な思い込み（これらは過去の遺物）を顕在意識で自覚し、それらを手放す意志を持たなければ、新しい未来を創造するために必要な、新しい信念を取り入れることができない。

信念 / 思い込みや認識が形成される過程
（外の層から中心を経て外の層へ）

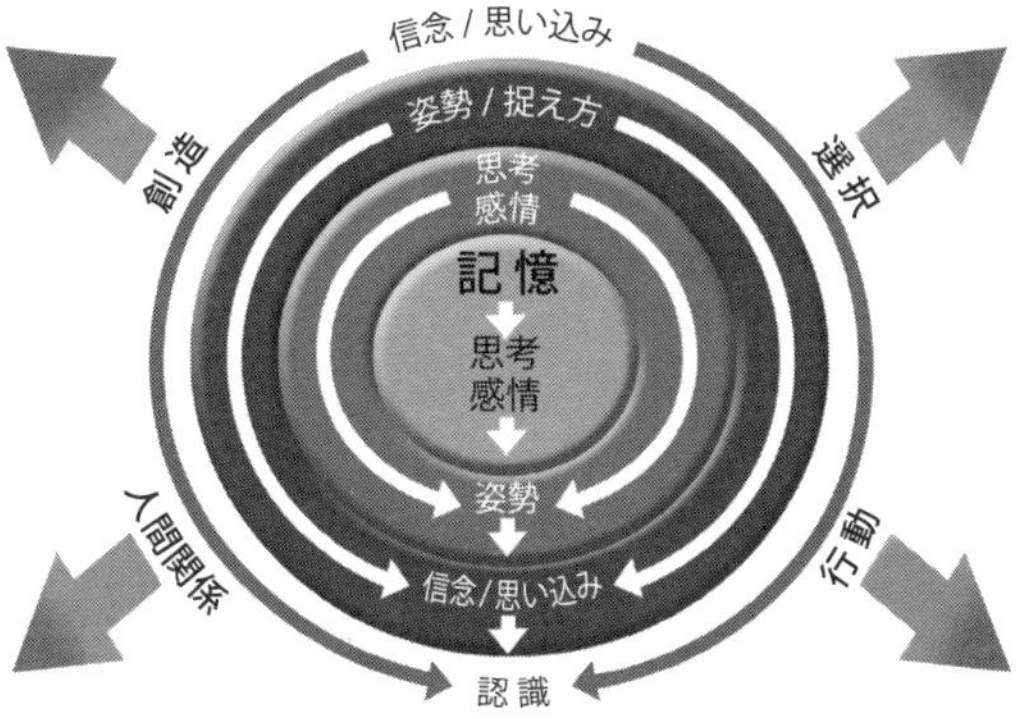

図 7.1

あなたの思考や感情は過去の記憶からくる。ある一定の思考や感情を巡らすとき、あなたはある一定の姿勢を創造している。姿勢とは、短期的に何度も繰り返し経験した思考と感情の周期のことだ。姿勢とはその人の心のありようを短縮したものだ。いくつかの姿勢を束ねると、それは信念や思い込みとなる。信念や思い込みはより長期にわたる心の状態で、潜在意識に収められている。いくつかの信念や思い込みを束ねていくと、それは認識となる。認識はあなたのすべての選択、行動、表現、あなたの選んだ人間関係、あなたが想像する現実のすべてに関係している。

思い込みを変える

それではこう自問してみてほしい。「新しい意識状態をつくるために変えなくてはならない、これまで無意識に合意してきた、自分や自分の人生に関する思い込みや認識にはどんなものがあるだろう?」これに答えるには、ちょっとした思考プロセスが必要だ。すでに言ったように、これらの思い込みの多くは、そう思っていることを本人も知らないからだ。

私たちは多くの場合、外界の何らかのきっかけや手掛かりを見つけると、ある思い込みを信じ込むが、それが真実であるという保証はない。どちらであっても、その思い込みを受け入れた途端にそれは私たちの行動だけでなく、選択にも影響を及ぼすようになる。

第二章で、男子のほうが女子より数学がよくできるという偽の報告書を読んだ後に、数学のテストを受けた女子学生の実験を覚えているだろうか? 男子の優位は遺伝によるという報告書を読んだ女子学生は、男子の優位は性差の決めつけによるという報告書を読んだ女子学生より成績が悪かった。どちらの報告書も真実でない(男子のほうが数学がよくできるということはない)が、自分が遺伝的に劣っているという報告書を読んだ女子学生は、それを信じたため、点数が低かった。試験を受ける直前に、白人よりアジア系の方が少しだけ成績が良いと知らされた白人学生と同様のケースだ。どちらの場合も、無意識下で、自分たちは良い成績を収められないと信じ込まされた学生たちは、実際に成績が低かった。聞かされた情報は偽の情報だったにもかかわらず、だ。

これを心にとどめ、以下の、よくある自己抑制的な思い込みのリストを読んでみよう。この中に、あなたが知らず知らずのうちに無意識に刷り込んでいる思い込みがないだろうか？

私は数学が苦手だ。私は恥ずかしがり屋だ。私は短気だ。私は頭が悪い、創造力がない。私は両親そっくりだ。男は泣いたり弱いところを見せてはいけない。私にはパートナーが見つからない。女性は男性より劣っている。私の人種、文化は他のものより優れている。人生とは深刻なものだ。人生とは過酷で、誰も自分を気にかけてくれない。自分は絶対成功しない。生きていくために必死に働かなくてはならない。生きていてもいいことなんかひとつも起こらない。私はいつもツイてない。自分の思い通りに行ったためしがない。何をするにも時間が足りない。私は誰かに幸せにしてもらうしかない。○○が手に入りさえすれば幸せになれる。現実はなかなか変えられるものではない。現実は過去、現在、未来へと一直線に続いている。私は病原菌に弱い。私は太りやすい。私は八時間睡眠をとらないといけない。いつでもフッーに痛みがあり、消えることはない。命のタイムリミットが刻々と近づいている。美しい人とは○○でなくてはならない。楽しみながらやるなんて不謹慎だ。神は自分の外にある。私は悪い人間だから神様に嫌われている。

まだいくらでも続けられるが、大体お分かりいただけたことと思う。

思い込みや認識は過去の経験に基づいているため、あなたが信じ込んでいる自分に関する思い込みも、すべて過去に由来している。それらは真実か、それとも単なる思い込みだろうか？　**仮に過去のある時点で真実であったとしても、それが今でも真実であり続ける**とは限らない。

　私たちは思い込みの中毒になっているため、当然ながらそんなふうに思うことはない。ここでいう中毒とは、過去の思い込みに紐づけられた感情に対する中毒だ。私たちは思い込みを真実とみなし、変えられるものとは考えない。あることについて非常に強い思い込みがある場合、それを反証する明らかな証拠が目の前にあっても気づかない。それは、あなたの認識に反するからだ。このようにして私たちは、必ずしも真実ではない思い込みによって多種多様なことを信じるよう条件づけている。その多くが、私たちの健康と幸福にマイナスの影響を与えるものだ。


　その好例が文化に関する思い込みだ。第一章で登場したヴードゥー教の呪いをご記憶だろうか？ヴードゥー教の神官がかけたまじないのせいで、患者は死を確信した。まじないが効力を発するのは、彼（と、その周辺の、彼と同じ文化圏の人々）がヴードゥー教を真実だと信じたことによるもので、ヴードゥー教自体によるものではない。ヴードゥー教への信仰のなせる業だ。

　文化的思い込みが早死にを誘発するというケースもある。たとえばカリフォルニア大学サンディエゴ校の研究で、三万人近くの中国系アメリカ人の死亡記録を辿ったものでは、中国占星術（訳注：十干十二支）と中医学で不運とされる年に生まれた、持病のある中国系アメリカ人は、他の年に生まれた中国系アメリカ人より五年ほど寿命が短いことが分かっている。[3]　被験者の中でも、中国の伝統的思想により深く親しんでいる人にその影響が強く、研究対象となったほぼすべての疾病について均一な結果が見られた。たとえば、しこりや腫瘍にかかわる病気に罹りやすい年に生まれ、リンパ腫で死亡した中国系アメリカ人の寿命は、他の年に生まれた中国系アメリカ人や、同様の病気を患う非中国系アメリカ人より四年短い。

これらの例が示すとおり、私たちは自覚・無自覚にかかわりなく、真実だと思い込んでいることにのみ高い被暗示性を発揮する。中国占星術を信じないエスキモーが、何らかの病気に罹りやすい虎の年や辰の年に生まれたからと言って、その暗示にかかることはない。米国聖公会のクリスチャンが、ヴードゥー教のまじないによって殺されるという暗示にかからないのと同じことだ。

しかし、顕在意識に照らして考え、分析することなく、ある力が働くことを妄信的に受け入れ、信じ、身を委ねる人が現れると、その特定の現実に私たちも影響を受けることになる。その手の思い込みは、ほとんどの人にとって表層の顕在意識よりずっと深く根を下ろし、それが病気発症の原因となる。ここでもう一つお訊ねしたい。あなたは文化的経験に基づく、真実でないかもしれない思い込みをいくつ信じているだろうか？

思い込みをリセットするのはたやすくはないが、不可能でもない。無意識に刻まれた思い込みを、うまく変えることができたら、どんなことが起きるか考えてみてほしい。「何をするにも時間が足りない」と考え、感じる代わりに、「時間が存在しない次元を生きていて、何でも実現できる」と考え、感じたらどうだろう？「宇宙は私に敵対している」と信じる代わりに、「宇宙は友好的で私の味方でいてくれる」と信じたら何が起きるだろうか？　何という安堵感だろう！　宇宙があなたの友達で、いつでも味方してくれると信じていたら、あなたの考え方、生き方、道を歩く足取りはどんなふうに変化するだろうか？　その結果、あなたの人生はどれほど変化することだろうか？

思い込みを書き換えるには、まず、それが可能だと信じることから始めなくてはならない。次に、すでに解説した高次の感情というエネルギーレベルを作り、最後に、体が生理的に変化・再編成するための環境をつくる必要がある。生理的再編成をどうやって起こすか、いつ行うかについて考える必要はない。そう考えるのはまさしく分析思考が介入している証拠で、それは脳波をベータ波に引き込み、望むプロセスの真逆に働く。ただ、最終的にこうしたいという不動の決断をするだけでいい。

そして、その決断の持つエネルギーが、脳内の規定プログラムと体に残る古い感情の中毒の力をしのぐほど強くなったら、あなたは過去を上回る力を持ったことになり、あなたの体は新しい意識に合わせて変化をはじめ、本当の変化を起こす力を持ったことになる。

あなたはそのやり方をすでに習得している。過去に、自分や自分の人生に関する何かを変えようと決心した時のことを思い起こしてみよう。あなたがついに決心するに至る過程で、こんなことを考えたのではないだろうか。「もう（体が）どうなってもいい！、生活（環境）がどんなになってもいい！、いくら（時間が）長くかかってもいい！、もうやるって決めたんだ！」

瞬時に武者震いが起きる。それは、あなたが新しい意識状態に移行したからだ。そのエネルギーを感じた瞬間から、あなたは全身に新しい情報を発信している。あなたはインスピレーションを感じ、普段の休息モードから抜け出している。それは、思考のみにより、あなたの体は馴染み深い過去を生きるのをやめ、新しい未来を生き始めるからだ。現実的にも、あなたの体は司令塔ではなくなっている。思い込みが変化しているからだ。

認識の効果

信念や思い込み同様、過去の経験に根差した認識（ポジティブ、ネガティブにかかわらず）もまた、私たちの無意識の心の状態や健康に直接影響する。一九八四年、ロサンゼルスのドヘニー眼科研究所、当時、臨床電気生理学副部長のグレッチェン・バン・ボーメル医師が、ドヘニー研究所に紹介されてきたカンボジア人女性たちの間に見つかった、ある傾向に気づいたとき、すごい発見をした。この女性たちの年齢は40歳～60歳までの間で、カリフォルニア州ロングビーチ付近に住む人々だった（一九八四年、この地域にはカンボジア人が約五万人住んでいたことから、リトル・プノンペンと呼ばれた）。彼女たちに共通していたのは失明を含む深刻な視力障害で、その罹患率は不自然に高かった。

この女性たちの目は物理的に何の問題もなかった。バン・ボーメル医師は、脳スキャンで視覚野の機能を調べ、脳機能と視力との比較を行った。患者の視力はどの人も20／20（訳注：日本では1・0に相当）

または20／40（訳注：0・5）と、完璧に正常であるにもかかわらず、視力検査表を読ませると、法律上失明しているとみなされるレベルだった。患者の中には光をまったく認識できない人、影すらも識別できない人もいた。**目には何の物理的問題もない**にもかかわらず、だ。

この患者たちについて、バン・ボーメル医師が、カリフォルニア州立大学ロングビーチ校のパトリシア・ロジー博士と共同研究を行ったところ、特に重篤な視力障害を持つ患者たちは、クメール・ルージュ政権下、あるいは共産党独裁者ポル・ポト政権下の難民キャンプで、他の患者たちより長い時間を過ごしていたことが分かった。[4] 一九七五年〜一九七九年にかけてクメール・ルージュ政権によって行われた大虐殺は、少なくとも一五〇〇万人のカンボジア国民の死をもたらした。

対象となった患者の90％がその時期に家族を失い（一〇人失った人もいた）、70％は愛する家族（時には家族全員）が惨殺される様子を見るよう強要されていた。ロジー博士はロサンゼルス・タイムズの記事にこう書いた。「彼女らは、心が受け止めることができないものを見たのです。[5]」「彼女らは心のシャッターを降ろし、もうこれ以上見ることを拒絶しました。これ以上の死、拷問、強姦、飢餓を見ることを拒否したのです。」

ある女性は目の前で夫と四人の子供たちが殺される様子を見せられ、その直後に視力を失った。別の女性はクメール・ルージュの兵士に弟とその子供たち三人が撲殺されるのを見せられ、彼女の甥の一人は、まだ生後三か月で、絶命するまで木の幹に叩きつけられた。その直後に彼女も視力を失った[6]。女性たち自身も、殴打、飢餓、無数の屈辱体験、性的虐待、拷問、そして一日二〇時間の強制労働の犠牲者だった。身の安全が確保された今となっても、多くの女性たちは家にこもることを望み、悪夢や執拗に思い出される地獄のような経験を、繰り返し追体験していた。

一五〇〇件に及ぶロングビーチのカンボジア人女性の心因性失明の症例（このような犠牲者の数では世界最大）を論文にしたバン・ボーメルとロジーは、一九八六年、ワシントンDCで開かれた米国心理学会の年次総会でこの研究を発表した。聴衆は釘づけになった。

この研究の女性たちは眼病や身体機能不全により失明、または失明に近い状態になったわけではなかった。女性たちが経験したことがあまりにも感情面での衝撃が強く、文字通り〝失明するまで泣き続けた〟ことが理由だった[7]。耐えがたい情景を強制的に見せられたことで、極限状態の感情に至り、女性たちはもう何も見たくなくなった。その経験が（目にではなく恐らく脳に）物理的身体変化を起こし、それが、彼女らの残りの人生の、現実に対する認識を変えたのだ。その後も、心の中で過酷な経験を何度も何度もリプレイしてきたため、視力は戻らなかったのだ。

もちろんこれは極端な例ではあるが、私たちが過去に味わった過酷な体験も、似たような影を落としていると思われる。もし視力障害があったら、もう見たくないと思えるほどの恐怖や苦痛に満ちた過去の体験がないか自問してみよう。同様に、もし聴力障害があったら、もう何も聞きたくないと思えるほどの、つらい経験はなかっただろうか？

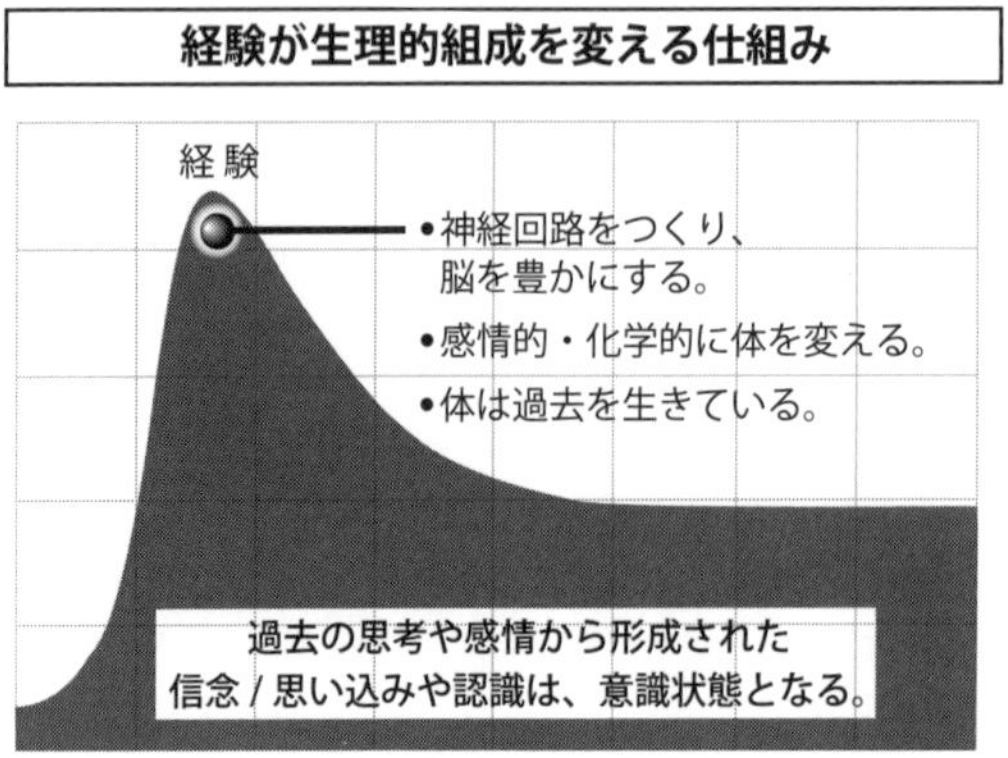
経験が生理的組成を変える仕組み
経験
•神経回路をつくり、
脳を豊かにする。
•感情的・化学的に体を変える。
•体は過去を生きている。
過去の思考や感情から形成された
信念／思い込みや認識は、意識状態となる。

図 7.2

私たちの外的現実のなかで、強烈な印象を与えた経験は、脳内回路として刻印され、それを表す感情によって体が記憶する。その結果、脳と体は過去を生きることになる。その出来事によって、その人の平時の意識状態と現実認識は変化する。出来事がその人の人格を変えたのだ。

図7・2は、これら諸々の事例がどのように起きるかを示している。図の中のカーブする線は、その人の存在の状態を表し、左端は出来事が起きる前のノーマル、あるいは基準値となる始点を指す。急な山形ができているところは、クメール・ルージュ政権下の女性たちが経験した惨劇のような出来事による強い感情的反応を示している。恐ろしい出来事が脳神経に刻印され、体は化学的変化を起こしたと同時に、意識状態を変化させた——思考、感情、ものの見方、信念や思い込み、そして最終的に認識を変えた。具体的に言えば、女性たちはもう世界を直視することを望まなくなった。その結果、神経回路の再編と、化学物質による信号が変わり、生体がそれに反応した。

図の中の線は最終的に下がり、平坦になるが、落ち着くところは、最初の基準値とは異なる。これは、この人が経験により化学的神経的に変化した状態が維持されていることを示している。この時点で、女性たちはあの経験により、神経的化学的に刻印された状態の影響下にあるため、事実上過去を生きている。女性たちは、あの出来事が起きる以前とは別人になった。出来事が、女性たちの意識状態を変えたのだ。

環境の力

思い込みや認識を一度変えても、それでは不十分だ。その変化を何度も何度もなぞり、補強しなくてはならない。その理由として、前に登場した、塩水注射を強力な薬剤だと思い込んで、運動能力を回復させたパーキンソン病患者の話に戻ろう。

ご記憶の通り、患者の症状が改善したという意識状態に移行するや否や、自律神経系はこの新しい状態に合わせて、脳内にドーパミンを作り始める。それは、患者がドーパミンを作るよう祈ったり、願ったり、望んだりしたからつくられるようになったのではなく、患者がドーパミンをつくれる人になったからだ。

しかし、残念ながら、誰にとってもこの効果が定着するわけではない。実際のところ、最初のうちしかプラシーボ効果が起こらないという人もいる。それは、すぐに元の意識状態に舞い戻ってしまう人々だ。偽薬投与を受けたパーキンソン病患者が帰宅すると、そこには以前と同じ介護者や配偶者がいて、同じベッドで眠り、同じ食事をし、同じ椅子に座り、恐らく病気の愚痴をこぼし合ってきた古い友人同士で普段のようにチェスをしたりするうちに、馴染み深い環境が、古い自分の人格と心の状態を繰り返し思い出させる。人格をつくるのは、その人の個人的現実だ。馴染み深い古い日常のすべてが、自分が以前どんなだったかを想起させ、するりと古い習慣に舞い戻ってしまい、それに合わせて運動機能障害も復活する。[8]つまりこの患者は、古い環境に再度人格をマッチさせたということだ。環境とはそれほどパワフルなものだ。

薬物中毒を克服して数年経っているという場合でも同様のことが起きる。実際に薬物を一切やっていないにもかかわらず、薬物漬けだった頃の環境に本人を戻すだけで、薬物を体に入れていた当時の（細胞壁の）古い受容体部位が発動し、結果として、体は薬物が入ったかのような生理的変化を起こすので、強い渇望感が湧き起こる。[9]それは自動反応なので、それに対して顕在意識はまったくの無力だ。

この概念をもっと掘り下げてみよう。条件づけのプロセスが強い連想記憶を形成することについてはすでに学んだ。連想記憶は自律神経系を通じて無意識の自動的な生理機能を刺激することについてもすでに学んだとおりだ。パブロフの犬を思い出してみよう。パブロフが犬たちに、ベルの音がすると餌が出るという条件づけをすると、犬たちの体は、瞬時に生理的変化を起こした。そこに顕在意識はまったく介入していない。環境にある合図（きっかけ）が、連想記憶により、自動的・自律的・無意識的・生理的に、犬の体内の状態の変化を誘発する。犬たちは餌を予測し、唾液が分泌し、消化液が放出される。犬の体はすでにその（食事）経験のさなかにある。これは犬の顕在意識ができることではない。環境からの刺激が条件反射の連想記憶を生み出した結果だ。

　ここで、先ほどのパーキンソン病患者と、離脱した薬物依存症患者の話に戻ろう。彼らが以前の馴染み深い環境に戻った途端、体は自動的・生理的に古い存在の状態に戻るが、そこに顕在意識はまったく介入していない。何年にもわたり、同じ思考や感情を巡らせてきた習慣という古い意識状態が、体に条件反射を起こさせた結果、脳の代わりに体が司令塔となったということだ。言い換えると、体は環境に直接反応する脳になっている。この状態に陥った人がほとんど変化できないのはこのためだ。

　そして感情中毒が重篤であればあるほど、環境に簡単に刺激されて条件反射を起こす。たとえばあなたがコーヒー中毒で、中毒から離脱したいと望んでいたとしよう。あなたが私の家にいたとして、私がジャワコーヒーを淹《い》れ始め、エスプレッソマシンの作動音を聞き、立ち上るコーヒーのいい香りを嗅ぎ、コーヒーを飲む私の姿を見たら、こんなことが起きる。あなたの五感が環境からの合図を感知した途端に、脳（司令塔）となっている体は顕在意識とかかわりなく自動的・無意識的に反応する。なぜならあなたがそのように条件づけたからだ。あなたの脳となった体はすぐにその生理的欲求を感じ、コーヒーを断ちたいという顕在意識に戦いを挑み、一口でも飲みたいと切望するだろう。

　しかしあなたが完全にコーヒー中毒を断つことができているなら、あなたの前に一杯のコーヒーを差し出したとき、飲むことも飲まないこともできるだろう。なぜなら、あなたはかつての生理的条件反射を起こさないからだ。あなたの条件づけは解除され（体は過去の脳の役割をしなくなり）、環境からくる連想記憶は以前と同じ効果を発揮しなくなっている。

感情の中毒にもまったく同じことが言える。たとえば、あなたが過去に犯した過ちに対する罪悪感に囚われ続け、今も無意識にその記憶とともにあるとしよう。その場合、あなたはほとんどの人々同様、外的環境にある人やもの、場所をきっかけにして、罪悪感の中毒を再確認しようとするだろう。顕在意識でそれを克服しようと強く決心したとしても、（たとえば罪悪感を感じる相手が母親なら）実家（罪悪感が育った、かつて自分が住んでいた場所）で母親を見ると、あなたの体は自動的・化学的・生理的に当時の罪悪感に浸っていた体の状態が再生される。ここに顕在意識はまったく介在していない。罪悪感という意識を持つよう無意識にプログラミングされたあなたの体は、現在にありながら過去を生きている。あなたが母親の近くにいるとき、その体にとっては、罪悪感を感じていることが何より自然な状態なのだ。そして、薬物中毒患者同様、現在（過去）の外的現実に基づく条件反射があなたの体内の状態を変えている。無意識にプログラムされた罪悪感への中毒を断つことができれば、過去と同じ環境に身を置いても、現在（過去）の現実に縛られずにいられるだろう。

ニュージーランド、ウェリントンのビクトリア大学の研究では、一四八名の大学生がバーのような場所で勉強をするという環境効果実験が行われた(10)。研究者は、学生の半分にはウォッカトニックが出ると伝え、残りの半分にはトニックウォーターが出ると伝えたが、実際にバーテンダーはウォッカを一滴も入れなかったので、全員がただのトニックウォーターを飲んだ。研究者が用意したバーの雰囲気のある場所は大変真実味があり、中身のウォッカをトニックウォーターに入れ替え、再び巧みに封印されたウォッカの瓶に至るまで、細部に手が込んでいた。バーテンダーはウォッカに浸したライムをグラスの淵に載せてから、ウォッカとトニックウォーターを混ぜる仕草をして、まるで本物の飲み物を作っているように演じて見せた。

被験者たちは酔ったような態度を取り、実際に物理的に酒に酔ったときの体《てい》を示す者もいた。彼らはアルコールを摂取したから酔ったのではなく、環境が連想記憶を発動し、脳と体に、そのよく知っている状態に反応するよう仕向けたのだ。

実験終了後に、研究者に真実を告げられた被験者たちの多くは驚き、あの時は本当に酔っぱらったのだと主張した。彼らはアルコールを飲んでいると信じ、その思い込みは神経化学的に変換され、彼らの意識状態を変えたのだ。

言い換えると、彼らの体が実際に酔ったときに等しい生化学的変化を起こすのに、思い込みひとつで十分だったということだ。それは、被験者たちがバーで酒を飲んだ後に、体が化学変化を起こす経験を何度もしていたため、条件づけが起こるに十分な連想記憶が確立していたことによるものだ。過去の飲酒の記憶から、被験者たちは体の内面の変化を予測した。彼らはパブロフの犬とまったく同じように、環境を合図にして生理的変化を起こしたのだ。

もちろんその逆もある。環境が治癒の合図を送ることもある。ペンシルベニアの病院で、術後の病室の窓から郊外の自然豊かな木々の風景を眺めていた患者は、ただの茶色い煉瓦塀を眺めていた患者より鎮痛剤の投与が少なく、入院期間も七〜九日短かった。(11) 環境によってつくられる私たちの意識状態が、脳と体の治癒に貢献することはほぼ間違いない。

というわけで、あなたには砂糖粒や塩水注射、ヤラセの演技や小道具、窓の外の美しい風景といった外界のもの、人、場所などが、あなたの意識状態を新しく変えるために必要だろうか？ それともただシンプルに自分の考え方、感じ方を変えて変容できるだろうか？ 外的な刺激に頼ることなく、すんなりと健康になる可能性を信じられるだろうか？ そして外界のきっかけによる条件づけを凌駕《りょうが》するほど強い感情を醸成し、体を化学的に再編できるくらいパワフルな思考を、脳内に巡らせることができるだろうか？

その答えがイエスなら、環境に負けて古い自分に舞い戻ったパーキンソン病患者の二の足を踏まないように、一日のルーティーンが始まり、古い轍《わだち》に取り込まれる前、朝起きる前に、自分の意識状態を変えておくことは大変有効だ。第一章に登場した、抗鬱剤を飲んだと思い込んだ結果、脳の構造を変えたジャニス・シェーンフェルドをご記憶だろうか？ プラシーボが非常によく奏功した理由の一つには、毎日欠かさず服用することが、新しい自分を**毎日思い出す機会**となったことが挙げられる。抗鬱剤のプラシーボを服用していた人々の80％以上がそうであったように、彼女は錠剤を飲むことと、楽観的思考や完治した喜びとを連想させていた。

もしあなたが明確な意志と、すでに書いたような高次の感情を合体させて、瞑想により、新しい意識状態にアクセスできるなら、そして、毎朝元気いっぱいに目覚め、自分が創造することに情熱を傾けられるなら、そのとき、ようやくあなたは、休眠モードを抜け出したと言えるだろう。そうなれば、あなたはそれまでとは違った物事の捉え方、信念、認識からなる新しい意識状態を形成し、環境によって思考と感情が呼び起こされなくなったため、同じことに同じように反応し続けなくなっているだろう。そして新しい選択をし、行動変容が起こり、結果として、新しい経験と新しい感情を生むだろう。そうして、あなたは新しい人格を築くに至り、その人格は、リウマチの痛みやパーキンソン病の運動障害や不妊や、手放したかった諸々の悪癖《あくへき》を誘発しないものだろう。

ここで一言《ひとこと》断っておくが、もちろんすべての疾病が意識に端を発しているというつもりはない。遺伝的疾患を持って生まれる赤ん坊はいるし、思考や感情、生き方や信念の力で発症したとは言えない症状もある。トラウマや事故は起きるし、環境による毒素が人体を壊すことだってある。そういうことが起きたとき、それは自分が〝引き寄せた〟のだろうという考え方を、私は主張していない。（ただし、私たちの体はストレスホルモンにより弱体化し、免疫系の機能が低下すれば、そういうリスクに弱くなるというのは事実だ。）私が主張しているのは、原因が何であれ、起きた状況を変える力が私たちには備わっているということだ。

エネルギー変容を起こす

思い込みを変え、プラシーボ効果を起こして、自分の人生や健康をよりよく変えたいなら、前述のカンボジアの女性たちの真逆のことをしなくてはならないことがお分かりいただけるだろう。明確でぶれない意志を持ち、それについての感情エネルギーを高揚させることで、過去の**外的**経験を凌駕するほどパワフルな**内的**経験を、意識と体に起こさなくてはならない。言い換えると、新たな信念を採用しようと決心するとき、その選択のエネルギーは、すでに脳内に備わっている自動運転プログラムと感情による体への条件づけのパターンをしのぐほどの力を、発揮する必要があるということだ。

それをすると、どんなことが起きるかを示したのが図7・3だ。ここでは、新しい経験で下した選択のエネルギーは、過去の経験のトラウマ・エネルギー（図7・2のケース）より**勝っている**。新たな経験の曲線の頂点のほうが、古い経験のそれより**高い**ことがそれを示している。その結果、新たな経験の効果が、過去の経験を表す神経回路プログラムと感情的条件づけを**上回っている**。

この過程を正しく行えば、脳内パターンを変更し、体に生物的変化を起こさせる。新たな経験が古いプログラムを再編し、その結果、過去の経験の証拠である神経回路を**消去**する。（大きな波が打ち寄せると、波打ち際にあった貝殻や海藻、前の波が残した泡や砂に描いた模様などが打ち消されていく様子を考えるとわかりやすい。）強い感情を想起させる経験は長期記憶を形成する。した

選択が経験となる

高揚した感情（エネルギー）を伴う選択は
新しい経験を生み出す。

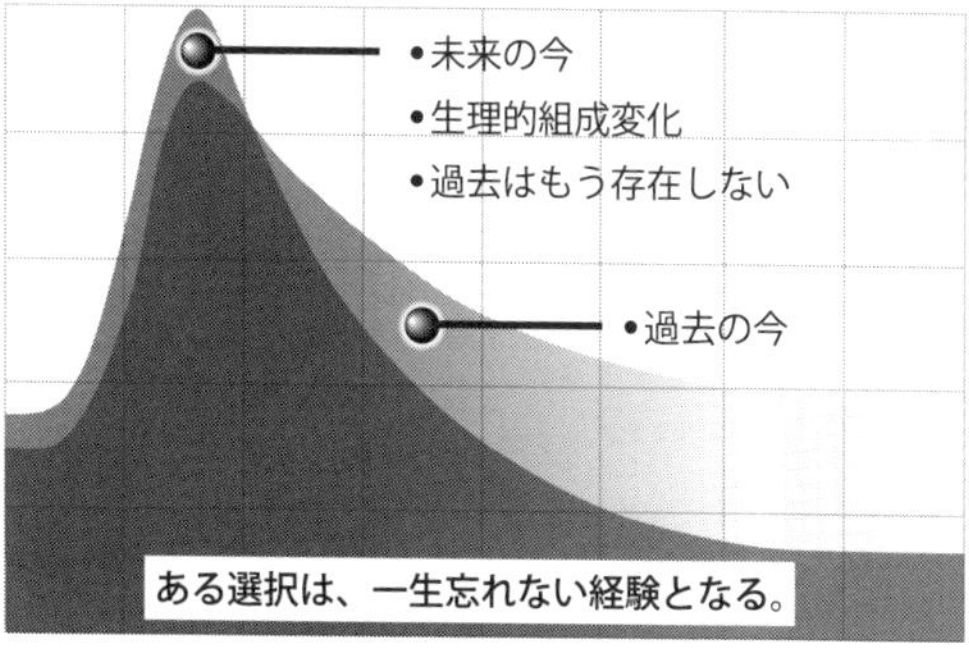

図 7.3

あなた自身や人生についての思い込みや認識を変えるには、脳内に刻印された自動プログラムや体が暗記した、依存症化した感情をしのぐほど強い意志を動員して決断しなくてはならない。そうでないと体を新しい意識に対応させることはできない。ある選択が、外界での過去の経験を上回るほど強烈なインパクトの内的体験を新たに生み出すとき、その経験は脳内回路を書き換え、体に送られる感情信号を変える。そのような経験は長期記憶を形成するため、忘れられない体験をすると、あなたは物理的に変化する。このとき生理的に過去の痕跡が消えている。そのとき、今という時間にある体は未来を生きていると言っていいだろう。

がって、この新しい内的経験は、過去の長期記憶を打ち消して新たな長期記憶として上書きされ、その選択は忘れられない経験となる。脳内にも体内にも、古い記憶の痕跡は残されず、新しい信号が新たな神経回路のプログラムをつくり、新たな遺伝子発現が体の組成を変化させる。

ここでもう一度、図7・3を見てみよう。新しい経験の曲線が下降し、始点よりさらに低い位置まで下がっている。（図7・2では、下降はしたが始点より高い位置で終わっている。）これが示すのは、過去の経験の痕跡が残っていないということだ。新しい意識状態に、古い経験の記憶は存在しない。

神経回路の再編に加え、この新しい信号は、過去に結びついた感情による体の条件づけも断ち切っていく。これが起きた瞬間から、体は完全に今を生き始める。過去の牢獄から解放されたのだ。その高揚したエネルギーを体が感じると、**新しい**感情――無敵感、勇敢さ、エネルギーがほとばしる感、慈愛、インスピレーションなど――が湧き起こる（感情とは「動くエネルギー」のことだ）。そして体の生理的変化、神経回路の改変、遺伝子発現の変化などを起こしているのはエネルギーであり、化学物質ではない。

火渡り修行者やガラスを食べる人、蛇使いも似たような過程を辿っている。彼らは、自らの意識と体が変性状態に入ることを明確に意図している。そしてその確固たる意志によりその状態に入ると、決断のエネルギーが脳と体の内的変化を起こし、一定期間にわたり外的環境の影響を受けなくなる。このとき、彼らのエネルギーはある意味で、生物的限界を越える心と体を守っていると言える。

これが起きるとき、高揚状態のエネルギーに反応するのは神経化学的組成だけではない。体内の細胞の外側にある受容体部位は、このエネルギーと波動に対して、物理的な神経ペプチドなどの（ＤＮＡにアクセスできる）伝達物質に比べて１００倍敏感になる。[12] 研究によって繰り返し明らかになっているのは、電磁スペクトルの目に見えない力が、一つひとつの細胞の生理的組成と遺伝子調節に影響を及ぼすということだ。[13] 細胞の受容体は入ってくるエネルギー信号の周波数によって開閉する。電磁スペクトルのエネルギーには、電子レンジ、ラジオ波、Ｘ線、超低周波、心地よい響きの音波、紫外線、赤外線などが含まれる。電磁エネルギーの特定の周波数は、ＤＮＡ、ＲＮＡ、そしてたんぱく質合成に影響を与えるだけでなく、たんぱく質の形状や機能を変え、遺伝子調節や発現をコントロールし、神経細胞の成長を刺激し、細胞分裂や細胞分化に影響を与え、特定の細胞が組織や臓器へと組織化するよう指示を与える。このようにエネルギーに促された細胞の活動は、すべて、生命活動の表れだ。

そして、もしそれが真実なら、何らかの理由があるに違いない。私たちのＤＮＡの98・5％が何の役にも立っていない（と考えられている）ことから、科学者が〝ガラクタＤＮＡ〟と呼んでいることをご記憶だろうか？ 母なる自然が、私たちの細胞の中にあるこれらの暗号化された情報を、解読するための何らかの信号を作る能力を与えることなくとどめておくということはないだろう。

結局のところ、自然界には無駄なものなどひとつもないのだから。

もしかしたら、あなたのエネルギーと意識が細胞の外側の受容体の扉を開き、膨大な潜在能力の〝部品リスト〟へのアクセスを可能にするとは考えられないだろうか？　もしそれが真実なら、あなたが本章で読んだように、自らのエネルギーを変えることで、あなたが持つ真の能力にアクセスし、体を本来の姿に戻せるのではないだろうか？　あなたがエネルギーを変えるとき、あなたは意識状態を変えている。脳内回路の再編と、新しい感情に紐づけられた化学物質が、遺伝子発現のトリガーとなり、その結果、文字通りあなたは**新しい人**になる。それまでのあなたは過去のものだ。その部分は古い神経回路や感情（化学物質）の中毒、そして古いあなたの意識状態をつくる遺伝子発現とともに消え去ったのだ。

第八章

You Are the

PLACEBO

making your mind matter

量子意識

現実というものは、文字通り、動く標的だ。私たちは現実を確実で明白なものとして考えることに慣れている。本章を読み進むうちにお分かりいただけると思うが、私たちが教わってきた現実の見方は、現実を反映していない。もしあなたが「意識を使って物質を変容させる」原理により自らのプラシーボとなる方法を習得したいなら、現実の本当の性質、意識と物質がどのようにかかわりあっているか、そして現実がどう変わりうるかを理解することはとりわけ重要だ。なぜなら、これらのシフトが、なぜ、どのように起きるかを知らなかったら、あなたの意志に沿った成果を引き出せないからだ。

量子の宇宙にダイブする前に、現実に関する考えがどこから来たのか、そしてそれが私たちをどこまで導いてきたかについて考えてみよう。ルネ・デカルトとアイザック・ニュートンのおかげで、これまで何世紀にもわたり宇宙の研究は**物質**と**精神**という二つの領域に分けられてきた。物質の研究（物質界）はサイエンスの領域と言われた。なぜなら客観的外界を統べる宇宙の法則のほとんどは計算可能で、したがって予測可能だからだ。しかし、精神の内面領域はあまりに複雑で予測不能なため、宗教の領域に委ねられてきた。長い間、物質と精神は別物として扱われ、二元論が誕生した。

ニュートン物理学（**古典物理学**とも呼ばれる）は、物質界のある時間空間の中で物体がどのように機能するか、どのように相互作用するかという力学を扱うものだ。ニュートンの法則のおかげで太陽の周りを惑星がどの軌道を通るか、木から落ちたリンゴが重力によりどれほど加速するか、そしてシアトルからニューヨークまで飛行機でどれくらいの時間がかかるかが測定できる。ニュートン物理学とは、予測可能な世界の物理学だ。その視点は、まるで宇宙を巨大な機械か時計のようにとらえているようだ。

しかし、古典物理学は、エネルギーの研究、時間空間を超越した非物質世界での活動、原子の振る舞い（物理的宇宙にある万物の構成要素）のことになると、限界が見えてくる。これらの領域を扱うのが量子力学だ。そして、極小の電子や光子（光の粒子）といった素粒子の世界は、惑星、リンゴ、飛行機といった私たちに馴染みのある物質界とは似ても似つかない振る舞いを見せる。

量子物理学が、原子核の構成などといった、原子に関する微細な特徴に注目し、よくよく観察していくと、原子はどんどん不明瞭になり、最終的に消滅してしまった。科学者によると、原子の99．999999999999％が空洞だということだ[1]。ただしそれは何もない空間ではない。そこにはエネルギーが詰まっている。より正確に言えば、その空間は目に見えない、相互につながった情報の場を形成する、無数のエネルギーの波動で満たされている。すべての原子の99.9999999999999%がエネルギーや情報であるなら、それはつまり、私たちが知っている宇宙にあるすべての物――私たちの目には固体に見えているとしても――は実質的にはほぼすべてがエネルギーや情報でできているということだ。これは科学的真理だ。

原子にもごく少量の物質が含まれているが、量子物理学者がそれを観察しようとしたところ、実に奇妙なことを発見した。量子の世界にある原子より小さい物質は、私たちが日常経験している物質とまったく違う動きをする。ニュートン物理学の法則に基づいて動く代わりに、それはカオスで予測不能で、時間と空間の枠を完全に逸脱していた。実際、原子以下のレベルでの物質は、一時的な現象なのだ。つまりある瞬間には存在しているが、次の瞬間には消えている。それは傾向、確率、あるいは可能性として存在している。量子の世界に、いつでも必ず存在するものはない。

量子の宇宙で科学者が発見した不思議な現象は他にもある。原子以下の素粒子を観察していると、観察するという行為が対象の振る舞いに影響を与え、また変化させることに気がついた。対象である粒子がいたりいなくなったりする（そしてそれを常に繰り返す）理由は、すべての粒子が実際に、目に見えないエネルギーの無限の量子場の中で、無限の可能性、あるいは確率として、同時に存在しているからだ。観察者がある地点にある電子に注目するときだけ、その地点に電子が出現する。観察者が見るのをやめれば、それはまた姿を消し、エネルギーに戻る。

この「観察者効果」により、物質は観察されるまで（私たちがそれに気づき、注目するまで）存在も顕現もできない。そしてその注目をやめると、それは姿を消し、もと居た場所に戻っていく。こうして物質は絶えず変化し、物質として顕現しては消滅してエネルギーとなる、という行ったり来たりを、実に1秒間に7、8回も繰り返している。そして観察者である人の意識は、物質の振舞いや顕現に密接にかかわっているため、意識の力で物質を変えることは量子の現実と言っていい。こんな見方もできる。量子の極小世界では、主観的意思が客観的現実に作用する。意識は物質化する。つまり、あなたの**思考を物質に変える**ことができる。

私たちの巨視的《マクロ》世界で目に見え、手で触れ、経験できるものすべてが原子以下の粒子でできているのだから、世界にあるすべての物質同様、私たちもまた、絶えず顕現と消失を繰り返していると言える。原子以下の素粒子が存在可能な無限の場所に同時に存在するのなら、ある意味で私たちもまた同様だと言える。これらの素粒子が、同時にあらゆる場所に存在する（波動、またはエネルギーの形で）状態から、観察者が注目し、見ようとした一つの場所に顕現する（粒子、または物質として）ように、私たちも潜在的には無限の数の潜在的現実を崩壊させて物理的存在を出現させられる。

言い換えると、あなたの人生に起きてほしいと願っている未来の特定の出来事を創造できるなら、その現実は、すでに量子場のどこかに可能性という形で存在している。それは、時間と空間の枠の外側で、あなたが観察するのを待っている。あなたの意識が（思考と感情によって）いつどこに電子が忽然と出現するかに影響を与えられるなら、理論上は、あなたが想像し得るすべての可能性の出現に影響を与えられるはずだ。

量子の観点から見れば、あなたが自分の過去の延長でない、ある特定の新しい未来を観察し、それが現実になると予測し、それを臨場感たっぷりに感じられるとき、その瞬間のあなたはその特定の未来の現実を生きている。同時に、あなたは自らの体に、今を生きながら未来にあると信じ込ませるよう条件づけている。すべての可能性は今という時間の中に存在している、とする量子モデルは、私たちが新しい未来を選択し、それを観察して現実化する可能性を開かせる。そして、宇宙全体が原子でできていて、その原子の99％以上がエネルギーまたは可能性でできているのなら、あなたも私もそこにある膨大な潜在的可能性を見落としていることになる。

しかし、これは同時に、この原理に従い〝自覚がないまま創造しているもの〟があることも意味する。量子の観察者として、あなたが自分の人生を、同じ意識状態で来る日も来る日も観察していたら、現実の量子モデルにより、あなたは無限の可能性を崩壊させて、毎日毎日同じ内容のワンパターンばかり創造していることになる。人生と呼ばれるそれらのパターンは、変わることがないため、変化を**もたらす**こともない。

したがって、私が解説してきたメンタル・リハーサルは、無意味な白昼夢でも希望的観測でもない。きわめて現実的な意味で、痛みや病気のない人生といった、望ましい現実を意図的に顕現させる方法だと言える。望むものに、より意識を集中させ、望まないものから意識を逸らせることにより、何でも欲しいものを顕現させ、同時に、望まないことについて、一切注意を向けなくなることにより、それらをフェードアウトさせていける。あなたが注目した先にエネルギーが集まってくる。あなたがある可能性に注意を払い、意識をまっすぐそこに向けたままとどめていると、あなたはその可能性にエネルギーを注入していることになる。その結果、あなたは注意や注目により、物質に負荷を与えている。プラシーボ効果はまやかしではない。これは量子の現実だ。

量子レベルでのエネルギー

自然界のすべての原子は多様な電磁エネルギーを放射している。たとえば、原子は目に見えないエネルギー場を多様な周波数帯で放射しているが、X線、ガンマー線、紫外線、赤外線、可視光線などがその例だ。目に見えないラジオ波が、98・6Hzや107・5Hzなどの特定の周波数に情報を記号化しているように、それぞれの周波数は、多様な情報を搭載している（図8・1参照）。たとえばX線は、赤外線とは周波数が異なるため、搭載する情報も大きく異なる。すべての周波数域には、それぞれ異なるエネルギー・パターンがあり、原子レベルで絶え間なく情報を発信している。

原子とは、振動するエネルギー場、あるいは絶え間なく回転する小さな渦だと捉えるといいだ

周波数・エネルギー・情報

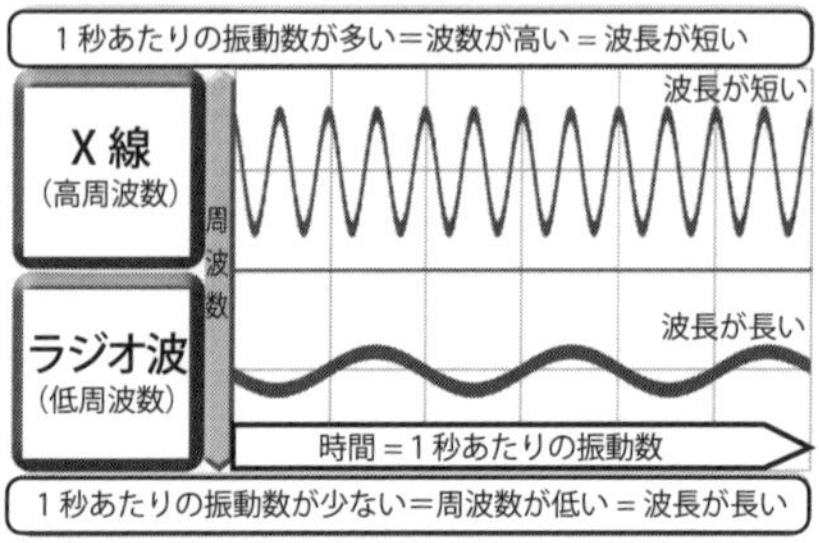

図 8.1

この図は、それぞれに異なる情報、性質を持った二種類の周波数を示している。X線はラジオ波とは異なる内在的特徴があり、動きも異なる。

ろう。その働きをよりよく理解するために、扇風機でイメージしてみよう。円形の扇風機のスイッチを入れると、風（空気の渦）を作り出すように、各原子は回転して、ちょうど扇風機が風を吹き出すようにエネルギー場を放射する。扇風機が回る速度を変えて風の強弱を調節できるように、原子もまた、多様な周波数で強弱さまざまな磁場をつくっている。原子の振動が早いほど、それが放射するエネルギーも周波数も大きい。原子の振動、または回転が遅いほど、生み出すエネルギーも小さい。

扇風機の羽の回転速度が遅いとき、吹き出す風（エネルギー）は弱く、物理的現実にある物質である羽は見えやすくなる。しかし逆に、回転速度が速いとき、より多くのエネルギーが生み出され、物質である羽は見えにくくなる。このとき、羽は非物質のように見える。扇風機の羽が潜在的に出現する（量子の研究者が観察しようとするときに粒子が視界に現れたり消えたりするように）かどうかは、観察者に委ねられている――どこでどのように注目するかによって変わる。原子も同様だ。これをもう少し掘り下げてみよう。

量子力学では、物質は固体の**粒子**と定義され、非物質の情報のエネルギー場は**波動**と定義される。原子の物理的特性、たとえば質量などについて研究するとき、原子は物理的なもののように見える。原子が振動する周波数が遅いほど、物理的現実に費やす時間が長くなり、固体物質として認識され、原子は粒子に見える。ほとんどがエネルギーでできているにもかかわらず、それが固体に見える理由は、すべての原子が私たちと同じ速度で振動していることによる。

しかし、原子はまたエネルギーや波動（光、波長、周波数を含む）として多くの特性を持っている。原子の振動が早いほど多くのエネルギーを生み出し、物理的現実に費やす時間は短くなる。顕現と消失のサイクルが早すぎて私たちの目では捉えることができない。そのスピードは私たちの振動よりずっと早いからだ。そのエネルギーを目で確認はできないが、エネルギーの周波数が物理的に存在している証拠を見ることはできる。たとえば、赤外線がものを温めるように、原子のエネルギー場は物理的特性を生み出すからだ。

図8・2Aと図8・2Bを比較してみよう。周波数が遅いと、物理世界に費やす時間が長くなり、結果として物質のように見えることがわかるだろう。

　したがって、物理的宇宙は、固体物質だけでできているように見えるかもしれないが、真実を言えば、それは物質とエネルギーを統合した情報の場（量子場）を共有している。物質とエネルギーは密接な関係にあるため、これらを別のものと考えることは不可能だ。なぜなら、すべての粒子は時空を超えた非物質の、目に見えない情報の場につながれているからだ。量子場は意識（思考）とエネルギー（周波数、つまり振動の速度）でできている。

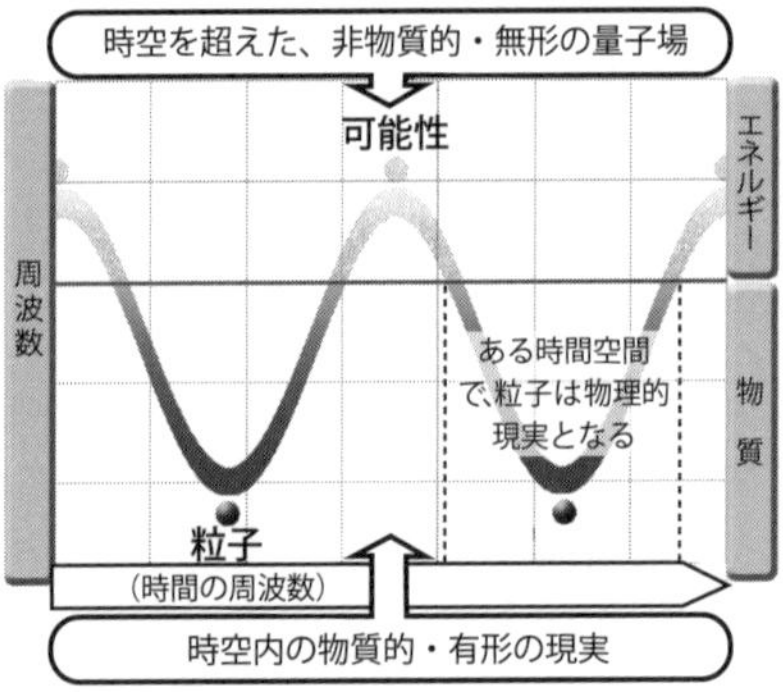

低い周波数、遅い振動、長い波長＝
物質的・有形の現実として存在する時間が長い

図 8.2 A

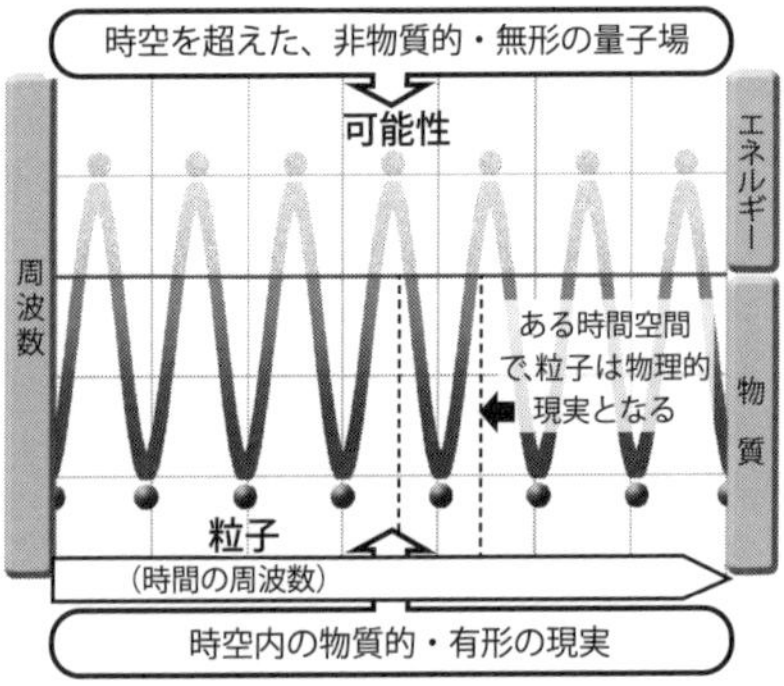

高い周波数、速い振動、短い波長＝
物質的・有形の現実として存在する時間が短い

図 8.2 B

エネルギーの振動が遅いとき、物理的現実に粒子が顕現する時間が長いため、固体物質のように見える。図 8.2A は、周波数が低く、波長が長い時、エネルギーが物質として顕現することを示している。図 8.2B は、物理的現実に顕現する時間が短いため、よりエネルギーに近く、物質から遠ざかっていることを示す。何故ならそのエネルギーの波長は短く、周波数が高く、振動が速いからだ。

どの原子にも独自のエネルギー場、つまり固有のエネルギーの特徴があるため、原子が集まって分子を形成するとき、原子同士が情報の場を合体させ、合成されたユニークなエネルギー・パターンをつくって放射し始める。もし宇宙にあるすべての物質が独自のエネルギーの特徴を持ち、放射しているのなら、私たちもまた、独自の特徴を搭載したエネルギーを放射しているだろう。あなたも私も常に（その時の意識状態に基づく）情報を電磁波に載せて放送している。

したがって、あなたが自分自身や自分の人生についての思い込みや認識を変え、自分のエネルギーを変えるとき、あなたは実際に、あなたの体を構成する原子や分子の周波数を上げ、あなたの体のエネルギー場を拡大させている（図8・3参照）。あなたは体を構成している原子の扇風機の回転速度を上げている。あなたがインスピレーション、みなぎる力、感謝、力強さといった創造的な感情を抱くとき、あなたは原子にもっと早く回転しろ、と指示を出している。そして、原子は高速扇風機のように回転し、体には強いエネルギー場が形成され、外に向かって送信される。そして、それがあなたの物質（である体）に影響を与える。

すると、あなたの体を構成する物質粒子が、高揚したエネルギーに反応し始める。このとき、あなたはよりエネルギー的特性を持ち、物質的特性は弱まっている。あなたは粒子より波動に近くなっている。あなたは意識を使って、より多くのエネルギーをつくり、結果として、物質は新しい周波数へとレベルアップする。すると、あなたの体は新しい意識に対応し始める。

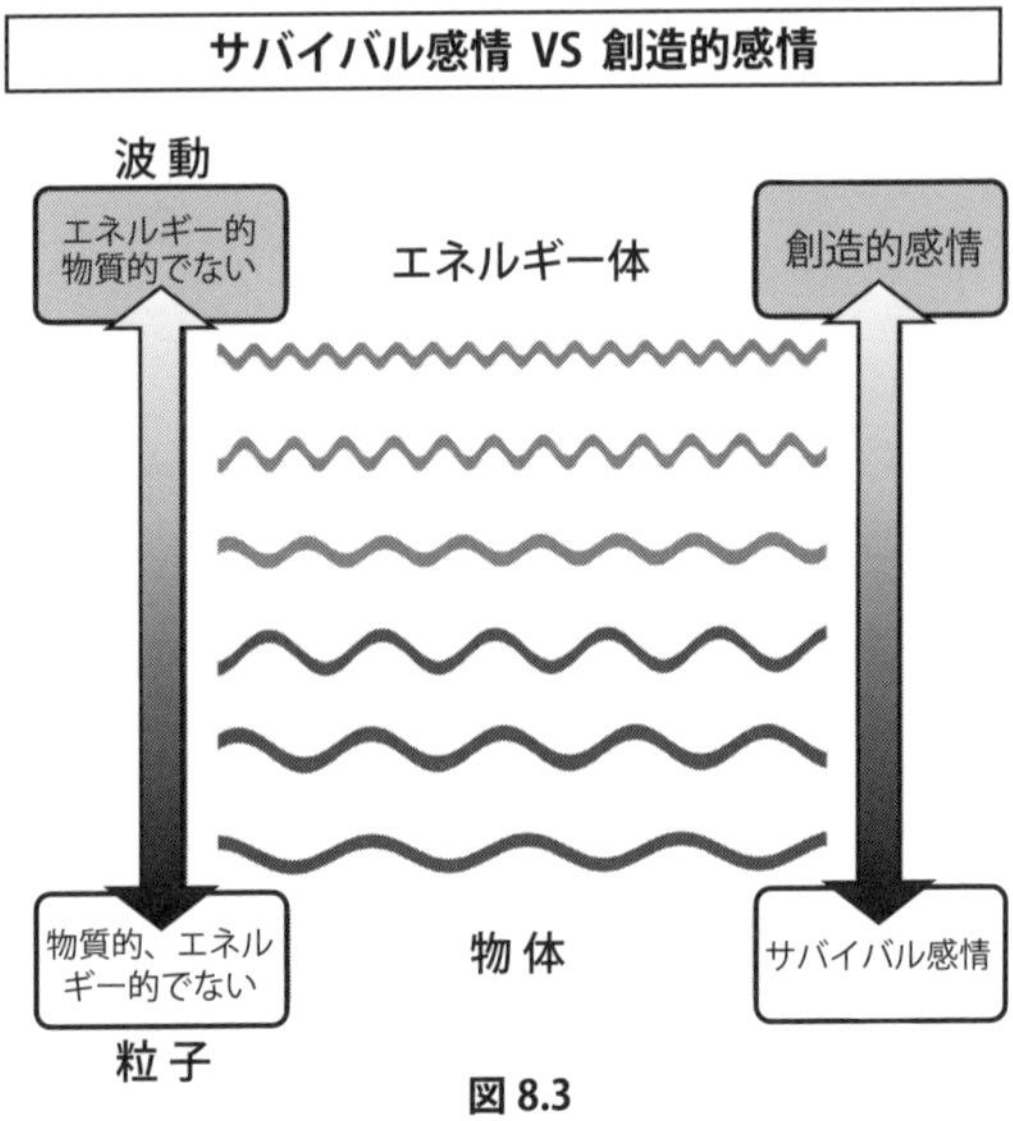

図 8.3

あなたが自分のエネルギーを変える時、あなたは体を物質から新しい意識へと引き上げている。この時あなたの体はそれ以前より高い周波数で振動している。あなたはよりエネルギー的（波動）で、物質的（粒子）でなくなっている。感情の高揚感が高いほど、また創造的意識が高いほど、体が記憶したプログラムの書き換えに使えるエネルギー量が多くなる。その結果、体は新しい意識に対応するようになる。

正しいエネルギー信号を受信する

それでは、物質はどのように新しい意識に対応してレベルアップするのだろうか？　宗教的トランス状態に入った牧師がストリキニーネを飲んでも体に異常が起きなかったことを思い出してほしい。普通の人なら毒にやられるところなのに、なぜ彼はその毒をスルーできたのだろう？　それは彼のエネルギーレベルにより、物質が受ける影響を超越したからだ。彼は強い意志で心を定めて臨み、その選択は強いエネルギーを生み、そのエネルギーが環境の法則、体への影響、線形の時間を超越させたのだ。その瞬間、彼はよりエネルギー的であり、より物質的でなくなっていた。その結果、新しいエネルギーは脳内回路を書き直し、体内の化学組成を変え、遺伝子発現を変えたのだ。その瞬間の彼は普段の馴染み深い環境、物理的肉体とのつながりを持つ人格ではなくなり、馴染み深い過去の記憶に基づく予測可能な未来を生きていなかった。彼の高揚した意識とエネルギーは、物質の〝上位原理〟だった。つまり物質の青写真を作る情報であり周波数だった。私たちが高揚した意識とエネルギーを発信するとき、それらの要素が物質に影響を与える。なぜなら物質とは、周波数と情報の波動が低下してできるものだからだ。

牧師の体の細胞の受容体部位がストリキニーネを受けつけないことは至極《しごく》可能なことだ。細胞の扉は毒に対して閉ざされていたため、その影響からは無縁でいられる。〝霊〟によって、つまりエネルギーによって動かされた結果、彼は体内の免疫を発動する細胞を上方修正し、毒を受け入れる細胞を下方修正したのだ。火渡り行者にも同様のことが起きていた。彼らが意識状態を変えると、細胞の受容体部位は熱の影響に対して扉を閉ざした。これは第一章でご紹介した、10代の少女たちが3，000ポンド（1，360キログラム）もあるトラクターを持ち上げて父親を助けた事例にも言えることだ。父親がトラクターの下敷きになり、ほとんど死にそうになっている様子を見たとき、娘たちの高揚したエネルギー状態が、普段ならこの体でトラクターを持ち上げるなどとても無理だと言うであろう受容体部位のスイッチを切り、重量のあるものを持ち上げる筋肉細胞の受容体スイッチを入れたため、実際に持ち上げたとき筋肉が反応し、父親救出に成功したのだ。これは物質（体）が物質（トラクター）を持ち上げたという話ではない。エネルギーが物質に作用した結果の出来事だ。

人の体は膨大な数の原子や分子からなり、それらの原子や分子が化学物質をつくることに異論を差しはさむ読者諸氏はいないことと思う。その化学物質は細胞となり、それが集まって組織となり、さらに合体して臓器をつくり、それらが系統化して体内で機能する。たとえば筋肉細胞はいくつかの化学物質（たんぱく質、イオン、サイトカイン、成長因子）からなり、それらは分子同士の多様な絡み合いから生まれ、分子は多様な原子同士の結合によってつくられる。さらに原子は目に見えない情報の場を共有することにより分子をつくる。

細胞をつくる化学物質も情報の場を共有している。この目に見えない情報の場が、時々刻々と働く細胞の数十万という機能を管理している。科学者たちは、物質の外に広がる情報の場というものが存在し、それが無数の細胞の機能を操っていることに気づき始めている。

この目に見えない意識の場が、体内のすべての細胞、組織、臓器、系等のすべての機能を調整し、指揮を執っているのだ。体内の細胞を構成する化学物質や分子は、どうやってこれほど正確に自分のすべきこと、他のどの細胞とどんなふうに連携すべきかといった情報を知り得るのだろうか？調和して働く原子や分子、化学物質などが放つエネルギーの総和であるエネルギー場が細胞を取り巻いていて、それらが物質を生み出し、物質はそのエネルギー場から情報を取り込んでいる。

たとえば、先ほどの筋肉細胞の例で言えば、筋肉細胞が複数集まると〝筋組織〟になる。たとえばそれが〝心筋〟と呼ばれる特定の筋組織だったとしよう。心筋はさらに組織化を進めて〝心臓〟という臓器を作る。細胞でできた組織は情報の場を共有し、そのおかげで心臓は規則正しく機能する。心臓は全身をつかさどる〝心臓血管系〟という系統の一部だ。心臓がその上部の系統と情報を共有することにより、物質は組織化され、全体として調和して機能するようになる。このようにしてつくられるエネルギー場は、物質を生み出すだけでなく、物質をコントロールしている。このエネルギー場が大きいほど、原子の振動速度が速い。（つまりミクロの扇風機の羽が高速回転しているということだ。）

生物学のニュートン・モデルは、化学反応が一つずつ順繰りに起きるというように、線形時間上で段階的に展開する。しかし、実際のところ、生物はそのように機能していない。今読んできたような、複雑に絡み合った情報経路の働きを理解しなければ、たとえば切り傷が治るといった簡単な過程ですら説明できなくなっている。細胞同士は線形の時間軸の外で、情報の相互コミュニケーションを共有している。宇宙と、そこにあるすべての生体系は、独立し、かつ絡み合ったエネルギー場の総体を共有し、その情報を時空の外で秒単位で共有している。

細胞同士のやり取りのほとんどが、光速を超えるスピードで行われていることが研究によって明らかになっている。[2] そして、物質界の速度の限界が光速であることから、細胞同士のコミュニケーションは量子場（光速より早い）で起きていることがわかる。原子や分子同士のやり取りは、物理世界を統合する相互コミュニケーションとなり、それは全体を覆うエネルギー場を統合する。量子の世界に、ニュートン世界のような線形で予測可能な特性は存在しない。一つひとつが全体に呼応し、すべてが協力関係にある。

量子モデルの現実によると、すべての病気は周波数の低下だと言っていいだろう。ストレスホルモンを例にとってみよう。あなたの神経系が闘争・逃走モードの支配下にあるとき、サバイバルを促す化学物質は、あなたがより物質的になり、よりエネルギー的でなくなるように仕向ける。現実を五感によって定義するため、あなたは物質主義者となる。緊急事態に対応するため、細胞を取り巻く生命エネルギーを過剰動員し、あなたの関心のすべては、環境、体、時間という外界に向けられる。このストレス反応を長時間キープしていると、体の周波数はどんどん遅くなっていく。その結果、あなたはますます粒子の特性を増やし、波動の特性を失っていく。言い換えると、原子、分子、化学物質が共有できる意識、エネルギー、情報が枯渇していくということだ。その結果、あなたは物質となり、物質に変化を起こそうと不毛なチャレンジをすることになる――あなたイコール体となって、必死に体を変えようとしてもうまくいかない。

体内のミクロの扇風機が全部低速回転になり、しかもそれぞれが勝手にちぐはぐな動きを始める。すると体内の原子や分子の間にインコヒーレンス（訳注：干渉し合わず、一貫性が失われること）が生まれ、結果としてコミュニケーションの信号が弱まり、正しく機能しない結果体が壊れ始める。あなたの体がより物質の特性に近づき、エネルギー特性から遠ざかるとき、あなたの体は熱力学第二法則、**エントロピーの法則**（宇宙に存在する物質は無秩序に向かい、壊れ始めること）のなすがままになる。

もし何百という扇風機が大きな部屋に置かれ、全部が一斉に同期した振動でオーケストラのハーモニーを奏で、協調しながら回ったらどんなことが起きるか考えてみてほしい。そのコヒーレントな（訳注：位相がそろって首尾一貫した）羽の音はリズミカルで整然と響くので、きっと管弦楽のように聞こえるだろう。体内で原子や分子、細胞が力強くコヒーレントなとき、その信号はちょうどそんなふうに美しい音楽を奏でている。

では逆に、一つひとつの扇風機に十分な電力（エネルギー）が行き渡らず、それぞれがゆっくりとバラバラに回り始めたら、どうなるだろうか？　部屋いっぱいにカチャカチャ、グラグラ、扇風機が止まったり動いたりする、耳障りな不協和音が鳴り響くだろう。体内で原子や分子、細胞が弱くインコヒーレントなとき、その信号はちょうどそんなふうに不協和音を奏でている。

強い意志のもと、ゆるぎない決意をして、自分のエネルギーを変えるとき、あなたは体内の原子構造の周波数を高め、強い意志を搭載したコヒーレントな電磁信号を発信している（図8・4に描かれているように）。このとき、あなたは体という物質に影響を与えている。エネルギー量を増やすことにより、あなたは原子の扇風機により多くの電力を供給している。周波数が高くなると、あなたの体の細胞は同調・組織化を始め、総体的により波動（エネルギー）に近づき、より粒子（物質）から遠ざかる。あるいは別の言い方をすれば、あなたの体の物質がより多くのエネルギー（そして情報）を持つということだ。コヒーレンスをリズムや秩序と考え、インコヒーレンスをリズム

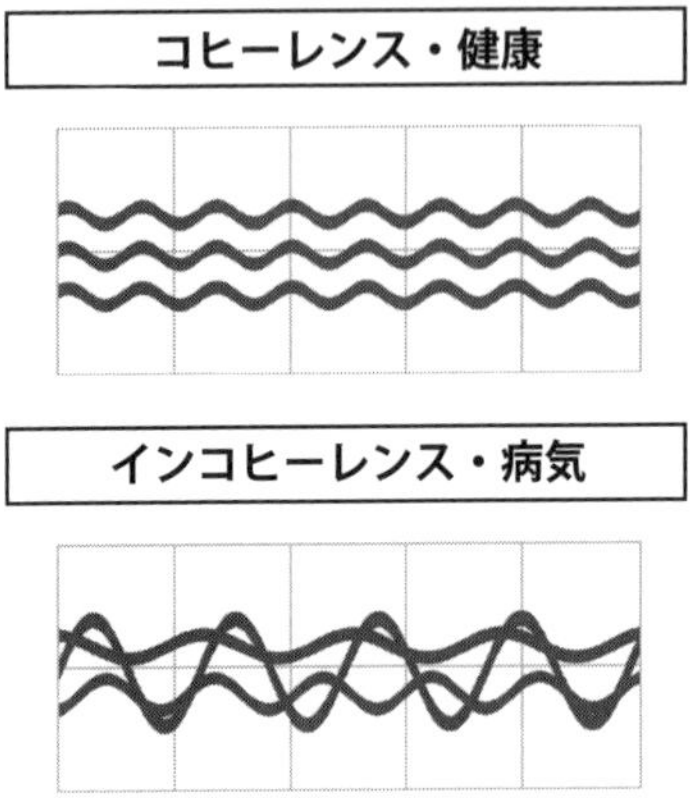

図 8.4

量子的見地から言えば、コヒーレントで高い周波数を健康と呼び、インコヒーレントで低い周波数を病気と呼ぶ。すべての病気は周波数の低下、そしてインコヒーレントな情報の発現を伴う。

の欠如、秩序や共時性の欠如と考えてほしい。

百人の下手なドラマーが一斉にリズムも秩序もなく、好き勝手にドラムを叩く様子を想像してほしい。それがインコヒーレンスだ。では、今度はアマチュアドラマーがたくさん集まっている中からプロのドラマーが五人登場し、それぞれが間隔を空けてアマチュアドラマーの中に入っていき、五人そろって規則的なリズムを刻み始めるとしよう。するとこの五人の規則正しいリズムに周りが同調し、百人全員が完璧なリズム、秩序、共時性を創出するだろう。

体が新しい意識に反応するとき、これとまったく同じことが起きる。首の後ろの毛が逆立つような感じがするのは、あなたがよりエネルギーを強く感じ、物質でなくなっているからだ。そのとき、あなたは体という物質の波動を、新しい意識に見合ったレベルへと上げている。あなたは低い周波数である病気の因子を、高い周波数に同調させている。同時に、あなたは体内の原子、分子、化学物質、細胞、組織、臓器、系統に流れるインコヒーレントな情報の場を、より組織立った情報の場に変えて、よりよく機能するように仕向けている。

それは、たとえるなら、ラジオ局のチューニングを合わせるとき、雑音だらけの周波数から突然雑音が消え、澄んだ音楽の音色が流れてくるような感じだ。あなたの脳と神経系も同様で、より高くコヒーレントな周波数に合わせることができる。そのチューニングがぴったり合ったとき、あなたはもうエントロピーのなすがままにはならない。あなたは**逆エントロピー**を経験し、体を取り巻くコヒーレントなエネルギー場が、あなたの体を物理的現実の一般的法則から免除してくれる。今や体内のすべての原子のミクロ扇風機は、コヒーレントな周波数で高速回転し、体内の分子や化学物質、細胞は新しい情報を受け取り、あなたのエネルギーは体にポジティブな変化を起こしている。図、8・5A、8・5B、8・5Cを見ると、コヒーレントで高周波数のエネルギーが、インコヒーレントで低周波数の物質を同調させ、物質を新しい意識に見合うように変化させていく過程がわかるだろう。

　あなたのエネルギーが組織立ってコヒーレントであればあるほど、それは物質を組織化された周波数に同調させる力を持つ。あなたのエネルギーの周波数が高いほど、体内の細胞が受け取る電磁

インコヒーレンス・病気

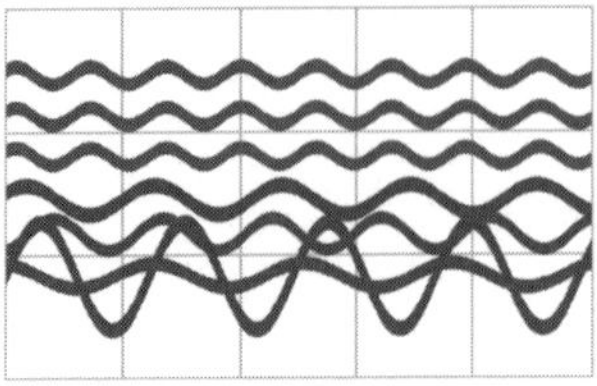

図 8.5 A

物質を新しい意識に同調させる

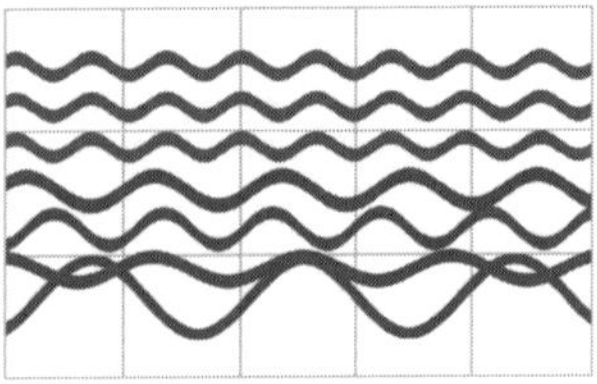

図 8.5 B

コヒーレンス・ヒーリング

図 8.5 C

コヒーレントで高いエネルギーが、インコヒーレントで低いエネルギーと交わると、物質はより組織化された状態へと同調する。

信号はより鮮明かつ深く伝わるようになる。(前章で書いたように、細胞は化学物質より電磁信号、つまりエネルギーに対して一〇〇倍敏感に反応する。そしてDNA発現を変えるのはその電磁信号だ。)

逆に、あなたのエネルギーがインコヒーレントで共時性が欠如しているほど、細胞は互いにコミュニケーションが取れなくなる。この後すぐに、コヒーレンスをつくる科学的な方法をお教えしよう。

量子の扉の向こう側

量子場とは、目に見えない情報の場であり、すべての物質が属する時間空間を超えた周波数域であり、意識とエネルギーで構成されている。その結果、宇宙にあるすべての物質はその中に統合され、量子場とつながっている。そして万物は原子でできている(原子は時空を超えてつながり合っている)ので、宇宙に存在するあなたも私も含め、万物がこの叡智の場につながっている。個人的・普遍的叡智の場とはどちらも私たちの中に、そして周りに存在し、万物に生命、情報、エネルギー、意識を提供している。

これをどう呼ぶかはあなたの自由だが、これが今この瞬間にも、あなたに生命を届けている普遍的叡智だ。それは、あなたの自律神経系の一部である、何十万に及ぶ〝音符〟が集まり、ハーモニーを奏でるオーケストラをまとめ、指揮している。この叡智が、あなたの心臓を毎日十万一千回もリズミカルに拍動させ、毎分2ガロン（約8リットル）以上の血液を送り出し、二十四時間に6万マイル（約9万7千キロメーター）の距離を循環している。今この文章を読み終える間にも、あなたの体は25兆個の細胞を作っている。そしてあなたの体を構成する細胞は、70兆個ごとに、毎秒10万～6兆種類に及ぶ機能を遂行している。あなたは一日に200万リットルの空気を取り込み、ひと息吸うたびに、その空気はほんの数秒のうちに体内のすべての細胞に行き渡る。

これらすべての活動をあなたは把握しているだろうか？　それとも、あなたの意識よりはるかに大いなる意識と、あなたの意思よりはるかに大いなる意思が、あなたの代わりにやってくれているのだろうか？　それこそが愛というものだ。実際、その大いなる叡智はあまりにもあなたを愛しているため、あなたに生命をもたらした。物質宇宙のあらゆる局面を活性化しているのも、この同じ普遍的意識だ。この目に見えない叡智の場は時間空間を超えたところに存在し、そこからありとあらゆる物質が発祥する。

それは遠い銀河系に超新星《スーパーノバ》を誕生させ、フランスのヴェルサイユ宮殿の庭でバラを咲かせる。それは惑星たちを太陽の周りを回る軌道に沿って巡らせ、カリフォルニアのマリブビーチの潮の満ち干をつかさどる。それはすべての場所と時間にあり、あなたの内側にも周辺にもあるため、その叡智とは個人的かつ普遍的なものだ。したがって、それは〝あなた〟という主観的な自由意思を持つ意識（個人意識）と、すべての生命を引き受ける客観的意識（普遍的意識）の両方を内包している。

目を閉じて、あなたの関心を、自分の体、人々、もの、さまざまな時間と場所で起きた多様な出来事といった外界のすべての事象から逸らせ、しばし時間の流れを忘れると、量子の観察者であるあなたは、見慣れた現実に向けられているエネルギーを、可能性の海である未知の量子場に振り向けている。注目した先にエネルギーが集中するため、既知の事柄に意識を向けているとき、あなたは見慣れた現実にエネルギーを注入していることになる。したがって、あなたが時間空間を超越した未知の可能性の場にエネルギーを投資し、体でもエゴでもない、純粋な意識体になったら、あなたは自らの元に新しい経験を引き寄せることになるだろう。瞑想状態に入ると、あなたの主観的自由意思的意識は、客観的普遍的意識と混ざり合い、可能性の種を蒔き始めるだろう。

自律的に機能する自律神経系は、これまで解説してきた、あなたの代わりにすべての機能を首尾よく果たしている内的叡智との接点だ。先ほどから書いている驚くべき身体機能を発動する芸当は、どう転んでも思考する脳である大脳新皮質にはできない。新皮質の下部にある脳の中心が、潜在意識下で陣頭指揮を執っている。この愛すべき叡智は、あなたが瞑想によりエゴを鎮め、利己主義から利他主義へ移行し、純粋な意識体となり、外界の体や線形時間とのつながりを断ち、**体**、**名前**、**物質**、**場所**、**時間**と無縁になるとアクセス可能になる。そのとき、あなたは無限の可能性の場に存在する、純粋意識体となっている。

あなたは未知の領域の中にいる。すべてのものは未知の領域から誕生する。あなたは量子場にいる。そしてあなたにも私にも、純粋な意識体となるために必要なすべての生物的ツールが備わっている。

第九章

You Are the PLACEBO
making your mind matter

3つの個人変容の物語

本章では、五感の世界を超越し、自らの意識のエネルギーを非物質の世界に同化させ、何度も何度もその可能性にアクセスした結果、物理的現実のレベルでそれらを顕現させた人々のストーリーをご紹介する。

ローリーの物語

19歳の時、ローリーは多発性線維性骨形成異常と呼ばれる珍しい退行性の骨の病気と診断された。この病気は進行の過程で、通常の骨の細胞がより安手の繊維組織に差し替えられていくため、骨格を支えるたんぱく質の土台があり得ないほど薄く不ぞろいに変質・劣化していくという病気だ。この症状を抱えたまま成長していくと、骨が腫れ、もろくなり骨折に至る。線維性骨異形成は骨格のどの部分でも発症するが、ローリーの場合は右大腿骨《だいたいこつ》、右股関節窩《こかんせつか》、右脛骨《けいこつ》（訳注：膝から足首までの骨）、そして右足の骨の一部で発症した。彼女の主治医は、不治の病だと断言した。線維性骨異形成は遺伝病で、多くの場合、症状が始まるのは思春期の頃だ。ローリーは大学時代、約一年にわたり足の痛みに悩まされ、足を引きずってキャンパスを歩いていた。その後の診断で、大腿骨骨折だとわかったが、これがこの病気の最初の兆候だった。足に何の負荷もかけていないのに骨折していたことに、ローリーはショックを受けた。左右の足の大きさが違うこと以外に、彼女の足にはそれまで何の問題もなかったからだ。彼女はランニングやダンス、テニスなどが好きで、活発な少女時代を送った。足を引きずるようになったとき、彼女はボディビルディングのコンテストに出るためのトレーニングを始めた矢先だった。

医師の診断が下り、ローリーの人生は一夜にして激変した。担当の整形外科医は、彼女の骨は非常にもろく折れやすいと警告した。そして外科手術をするまでは必ず松葉杖を使うようにと指示した。その術式は、まず骨移植を行い、次にラッセル・テイラー式大腿骨髄内に釘を打ち込むというものだ。これを聞かされたローリーと母親は、病院のカフェテリアで一時間泣き続けた。これは唐突に訪れた悪夢のようであり、ローリーは自分の人生はこれで終わったと思った。

ローリーには幾多の限界（現実の、そして想像し得る限界を含む）があるという認識が彼女の人生を支配し始めた。さらなる骨折を予防するため、彼女は医師の指示に忠実に従い、松葉杖を常用した。彼女はちょうど始まったばかりの、マンハッタンの大手メーカーのマーケティング・インターンの仕事をキャンセルし、空いた時間を病院のアポで埋めていった。ローリーの父親はできるだけたくさんの整形外科医の意見を聞くべきだと主張したため、それからの数週間にわたり母親は泣きながらローリーをあちこちの病院に車で送迎した。

ローリーは新しい医師と出会うたび、何か別の見立てを聞けないかと辛抱強く待ったが、聞かされたのはどれも同じ悪い話ばかりだった。数か月すると、彼女の病状について、整形外科医一〇人の見立てが集まった。彼女が訪ねた最後の一人だけは他と違う意見を言った。この医師は、他の全員が勧めた釘を打ち込む外科手術では絶対に改善しないと主張した。骨を補強するはずの釘は骨の最も弱い部分に打ち込まれるうえ、釘の両側にある、同様にもろい骨を追加骨折させる恐れもあるからだ。この医師はローリーに、手術はあきらめて松葉杖か車椅子を使い続けるよう勧めた。言い換えれば、この先一生、車椅子生活をするしかないという宣告だった。

この日からローリーは骨折を恐れ、ほとんどの時間をじっと動かずに過ごした。彼女は自分が無力でちっぽけで、壊れやすい存在だと感じ、不安と自己憐憫でいっぱいになった。一か月後大学に復帰はしたが、他の五人の女子学生とシェアしていたアパートメントにほとんどこもりきりだった。彼女は重度の、悪化し続ける臨床的鬱病を覆い隠す能力を開発し、熟練していった。

父親の恐怖

ローリーの父親は、彼女が物心ついたころから暴力的な人物だった。子供たちが成長したあとですら、まったく予想しないときに、突然父親のげんこつが飛んでくることを家族全員が警戒しなくてはならなかった。家族全員が常にピリピリと緊張し、父親が次にいつカッとなるかを、固唾《かたず》をのんで見守る生活だった。父親のこの性格は、彼女の病気と本質的なかかわりがあったが、当時のローリーは知る由《よし》もなかった。

新生児は一日のほとんどをデルタ波という脳波域で過ごし、それは最長で二歳頃まで続く。生後十二か月で次第にシータ波に移行し(2〜6歳まで)、その後、アルファ波域が加わり(6〜12歳)、成人すれば、ほとんどの時間をベータ波で過ごす。すでに読んだように、アルファとシータという脳波域は、非常に暗示にかかりやすい領域だ。幼児期の子供は、自分に起きたことを理解したり分析したりする能力が未開発なため、自分が経験したことは、そのまますべて無意識に刻印されていく。この高い被暗示性により、何らかの経験から感情が動くとき、子供はその原因に注目し、その原因である人やものとその感情を条件づけ、連想記憶を形成する。その原因が親であれば、その感情を保護者である親と連携させ、(状況を分析する能力が未開発のため)それが初期設定となる。幼少期の経験が無意識の意識状態をつくるのはこのためだ。

病気を発症した当時のローリーは知らなかったが、この父親と暮らしながら成長したという、強い感情に紐づけられた経験は、潜在記憶システムに刻印され、それは、彼女本来の生理状態のプログラムを変容させた（ちょうど第七章で読んだカンボジアの女性たちのように。図7・2参照）。父親の怒りに対する彼女の反応——弱く無力で壊れやすく、ストレスを感じ、毎日おびえて過ごす——は、自律神経系に刷り込まれ、体がこれらの感情を示す化学物質を暗記し、環境が彼女の遺伝病のスイッチをオンにする信号を送ったのだ。彼女は、自分の心の状態は過去のものと同じだと気づいたが、必要な解決の糸口はそれらの感情の中にはなかった。

ローリーが線維性骨異形成の診断を受けるとすぐ、母親は、ローリーが現代医療によって正式に「壊れやすい」と診断されたことを家族全員に宣言した。それは父親の暴力からローリーを守るためだった。父親は相変わらず感情を爆発させ、ローリーに言葉の暴力を浴びせ続けた（その後彼が亡くなるその日まで十三年間続いた）が、皮肉なことに、彼女の病気が父親の暴力に対する〝盾〟となったのだ。

病気が人格となる

ローリーが作り出したこの歪んだ防御策は、彼女にとってサバイバルの道具となった。発病の結果、彼女は特別待遇の恩恵を受けられるようになった（ほとんどの場合でそれは必要だった）。バスや地下鉄に乗った際、座席が空いていなくても譲ってもらえたり、イベントで列を作るときは友人が並び、彼女は近くのベンチで休んでいたり、混雑したレストランでもアポなしでテーブルを用意されたりするようになり、ローリーはこの病気が役に立つことに気がついた。こうして彼女は欲しいものを手に入れる際、この病気に依存するようになった。彼女が〝決して安全ではない〟と思ってきた世界で、生まれて初めてうまくやっていけるようになったのだ。自分の置かれた現実を利用して欲しいものを手に入れられるのは快感で、極めて好都合だったため、彼女は骨折予防で体をいたわるのに必要な分をはるかに超えるほどの恩恵を得るようになった。病気は間もなく彼女の人格と一体になった。

その後、ローリーは青年期後期の反抗期を迎えることとなり、今の日常を押しつけた医師、両親、そして自らの運命に反抗した。そして診断が下された次の学期には、完全に病気を否定するようになった。彼女は〝足の不自由なボディビルダー〟第一号になろうと決心し、かつてのようにスポーツに没頭した。憑りつかれたように打ち込み、顕在意識でポジティブ思考を奮い立たせ、足をひねることなく体重を支える独自の方法を編み出した。

痛みに耐えて体を鍛えれば少しは改善するだろうと彼女は思っていたが、実際のところその努力は裏目に出た。運動している間ずっと激痛に悩まされ、痛みはどんどん悪化していったからだ。多発性線維性骨形成異常の患者には時折起きることだが、ローリーもまた脊柱側弯症《せきちゅうそくわんしょう》を併発し、毎日背中の痛みに苛まれた。ローリーが20歳を過ぎた頃には背骨や他のあちこちで関節炎の症状が始まった。

大学卒業後、ローリーは新しい仕事と住居を得て、それらを往復するようになったものの、座ったままの生活が続き、社会生活から遠ざかっていった。恐れや不安、絶望感がずっと彼女の友だった。彼女は同年代のすべての人を羨み、友情も異性への関心も失った。彼女は若い女性というより年老いた両親のような生活をするようになった。

20代後半になると、ローリーはどこへ行くにも、かなり状態がいい時ですら杖が手放せなくなった。最終的に彼女は12か所の重篤な骨折に耐えることになったが、それでも足りないと追い打ちをかけるように、重い骨折につながる〝微小破壊〟も経験した。彼女の骨は非常にもろく、顕微鏡でしか見えないほど細かい裂け目がたくさんできていて、そこに大きなストレスがかかると骨折に至る。細かい裂け目が他の弱い骨とつながり、X線でも認識できるほどの骨折へと広がっていく。

30歳になった頃、彼女の背中の不調は72歳の父親よりひどくなり、気持ちの面でも実年齢よりずっと老け込んでいった。何日もベッドで寝て過ごし、仕事に数週間の穴をあけたため、退職を余儀なくされた。大学院に進む道も、合格したものの、学内に彼女が必要とするエレベーターが設置されていないという理由で保留になった。彼女はパーティーも美術館巡りも、買い物も旅行も、コンサートも、そしてその他の立つことや歩くことを含むすべての活動をあきらめざるを得なかった。彼女は、先に私が解説した〝思考と感情の悪循環《ループ》〟に陥っていた。心の内面で、自分は制限だらけで壊れやすいと考え、外面で、体は制限と壊れやすさを顕現させていた。自分を儚《はかな》く弱いと考えるほど、彼女はますます儚く弱くなっていった。度重なる骨折の経験は、自分は壊れやすいという考えをますます補強し、彼女の人格を再確認させ、その意識状態を後押しした。

　彼女は食生活を見直し、骨を補強する薬に加え、たくさんのビタミン剤やサプリメントを摂った。しかし何の効果も上がらず、彼女の骨折は続いた。階段を上ったり、歩道の段差を降りるだけで骨折した。悪夢は次から次へと続き、終わることがなかった。

　皮肉なことに、松葉杖をついたり足を引きずったりしていないとき、ローリーはまったくの健康体に見えた。ほとんどの人は、彼女の松葉杖をエキセントリックな小道具だと思い、彼女が本当に重病を病んでいると信じられなかったため、時として、彼女に必要な特別待遇をしてもらえないことが困難を生み、フラストレーションの元《もと》だった。自分は本当に深刻な病人なのだと人々に説明するたびに病人としてのアイデンティティが強化され、それは〝自分は身体障碍者である〟と証明しようとする意志に発展し、不自由な状態に関する彼女の〝思い込み〟が定着した。世間の人々はたいていの場合自分の弱点や痛いところをひた隠しにしようとするところ、ローリーはそれらを絶え間なく誇示するようになった。

　ローリーは、自分の環境をできるだけコントロールするために多くのエネルギーを消費した。自分が飲食するものに細心の注意を払い、飲食の前に必ずその量を測った。近所を歩くルートもすべて距離を測定した。スーパーマーケットから持ち帰ることのできる重量も測定した。その限界は10ポンド（約4・5キログラム）で、彼女の骨の状態がそれ以上悪化しない限り増やしてもいい体重の上限も10ポンドだった。

憔悴する毎日だったが、ローリーはそれ以外の方法を知らなかった。骨折しないように生活するうちに、彼女が物理的にできることの選択肢はどんどん狭くなっていった。生活の幅が狭くなると、それに合わせて意識の幅も狭くなった。ローリーの怖れは増大し、絶望感は悪化した。仕事を再開しようともしたが、通勤すらできなくなっていた。

かつてはランナー、ダンサーだった、ボディビルディングのコンテストにも出ようという同じ人物が、今や健康のためにできるのはヨガだけとなった。30代後半になると、ハタヨガですら困難となった。彼女は何年もの間、ただ椅子に座り、呼吸法をするというエクササイズしかできなかった。（40代前半になると、医師はようやくプールでの水泳を許可した。）

彼女はセラピスト、代替医療専門家、エネルギー・ヒーラー、サウンド・ヒーラー、ホメオパスなどの門を叩き、治療を試みたが、彼女はいつでも自分の〝外〟に解決法を求めていた。エネルギー・ヒーリングを受けた後で改善したと感じたことが何度かあり、そんな時はすぐに、病院の整形外科でX線を撮ってみたが、何ひとつ変化が起きていないことに落胆した。彼女は、**もうこれ以上よくなることはないのかもしれない**、と考えた。毎朝起きるたびに、打ちのめされた気分に圧倒され、世界にあるほとんどのものに縁がなくなったことを確信し、恐怖の感情と闘う新たな一日が始まった。

ローリー、可能性に気づく

あるとき、ローリーは〝What the Bleep Do You Know!?〟（訳注：著者が出演し、大人気を博した映画）を見て、人はまったく新しい人生を構築できるという概念のとりこになった。ローリーが私と出会ったのはその二〇〇九年のことだった。ニューヨーク郊外にあるリトリートセンターで開かれたワークショップの前夜、私が夕食を摂っているときに彼女は現れた。私は個人の変容をテーマとするワークショップについて話し、彼女は八月に予定されていた私の次のクラスにさっそく登録した。

ローリーが初めて参加したクラスでは、人は、自らの脳、思考、体、感情の状態、そして遺伝子発現を変えることは確実に可能だ、という講義を聞いた。ワークショップで私は体の物理的変化について解説したが、ローリーの病気や自分の体に対する思い込みは強く、それに伴う感情は過去にがっちりと癒着していた。そんなことがあるはずがないと考えていたことも手伝い、彼女は自分の体を癒やそうという意志をまったく持っていなかった。彼女が参加に際し、期待したのは〝気分が少しでも楽になればいい〟という程度のことだった。

ローリーは、意志の力で気持ちを変えられなかったものの、私が教えた手法を一生懸命実践してみた。この週末のコース終了直後にローリーが最初にやったのは、他の人々に自分の病名について話すのをやめたことだ。感情のコントロールは無理でも、声に出して話すことはコントロールできることに気がついたのだ。立食パーティーで椅子を用意してほしいときや、男性とデートをする時に一緒に歩けないと説明するときなどを除き、ローリーは自分の病状について考えるのをやめた。ローリーはどんな未来に向かっているか――上機嫌でいられること、大いなる存在との深い絆を築くこと、特技を生かした素晴らしい仕事を得ること、人生の伴侶を得て、友人や親せきと親密で健全な関係を手に入れることなど――に意識を集中させることを選択した。

ローリーは次に、いくつかの簡単な習慣を変えることに意識を集中させた。頭に浮かぶ考えや言葉に注意を払い、古い自虐的パターンを無数に繰り返していた習慣に舞い戻らないように、しょっちゅう自分に言い聞かせた。彼女は瞑想を続け、何度も私のコースに参加した。自分の行為を意味づけするために、クラスの講義メモを熱心に読み返し、クラスメイトたちと極力連絡を取り合うように努めた。そのうちに、一日のうちで数分程度、明らかに体が改善し、背筋が伸び、強くなっている時間帯ができるようになった。彼女は一日20回、古い自分に戻りそうになっていると感じたときは、すぐに声に出して「変われ！」と言った。抑えたつもりでいても、一日に一〇〇回くらい否定的な考えが浮かんではいたが、少しずつ新しい考えを脳内に想起し、紙に書き留め、心の底からそれを信じられるように頑張った。

ローリーは懸命に努力したが、新しい考えをリアルに**感じられる**ようになるまでに二年を要した。成果を待つこの時期に、フラストレーションを募らせる代わりに、ローリーは、否定的な感情がこの病気を**作り出す**のにかかった年月を考えれば、それを**消す**にも相当な時間を要するのは仕方のないことだと考えて諦めなかった。また、効果が上がり、新しい自分が顕現するまでには、生物学的・神経的・化学的・遺伝的に、古い自分が解体されなくてはならないと自分に言い聞かせた。

ローリーを取り巻く外的環境の状態は、改善する前に悪化した。彼女の家が洪水で流され、彼女が住んでいた建物に起きた不都合により、新たにいくつかの健康問題が生じた。当時ローリーが話してくれたことには、座って瞑想をして、理想の未来のメンタル・リハーサルをするたびに、まるで自分に嘘をついているように感じ、瞑想後に目を開けて現実に戻ると、まるで顔をぴしゃっと叩かれたように感じたそうだ。私は彼女に、五感によって現実を判断するのをやめ、変化の川を越え続けるよう励ました。

ローリーはその後も、何回もワークショップに参加し、ときには愚痴を言いながら、仲間には感謝し、ワークに臨んだ。彼女は近隣に住むワークショップ受講者を集めて瞑想会をしたが、ローリーの人生のどの局面を見ても、喜ぶべき要素は見当たらなかった。そこである日、彼女はこう考えた。**もうかまうもんか！ 一日のうち1時間くらい、痛みのない体、安全で静かな居場所、そして友人や家族や外界と、愛情あふれる満たされた関係を持つ時間、異次元の現実が瞼《まぶた》の裏にあっても罰は当たらないだろう！**

二〇一二年初頭に開催された私の上級ワークショップのひとつで、ローリーは初めて、深い瞑想を経験した。そこで彼女は、体の芯から文字通り揺さぶられた。まるで全身がかく乱され、そして解放されたような経験だった。体はぐらぐら、顔の表情はゆがみ、腕は持ち上がり、まるで椅子から浮かび上がらないように懸命に抑えているようだった。感情はと言えば、形容しがたい悦楽の感覚だった。彼女は泣き出し、笑い、何とも説明しがたい声が口から流れ出した。彼女がそれまで〝彼女という型〟に収めてきた恐怖や自己抑制が、とうとう緩んできた。彼女は人生で初めて神の存在を身近に感じ、〝これからはもう孤独ではない〟と直感した。

ローリーは私にこう言った。「神聖な何か、誰かがいるのを感じたんです。それは私の存在を知っていて、私の幸せを気にかけていました。以前はそんなこと信じていませんでしたが、その存在は、実際に私に注意を払っていると感じました。それに気づいたことは、私にとって圧倒されるほど大きな変化でした。」彼女が自分の体の動きや人生全般をうまくコントロールしようと懸命に込めてきたすべての力が、ついに緩んでほどけ、コントロールするために使われてきたエネルギーが解放されたのだ。

その次の瞬間、ローリーが杖なしで、足を引きずることなく歩き始めたことに私は気づいた。彼女は幸せで、笑顔がこぼれ、一人で笑い出した。イライラして、痛みに顔をしかめてばかりいた、あのローリーが。彼女は怖れを勇気に、フラストレーションを忍耐に、痛みを喜びに、弱さを強さに変えた。彼女は、内面も外面も、そっくり変化を遂げようとしていた。自己抑制的な感情の中毒状態から解放され、新しい未来に向かって踏み出すにつれ、体が過去を生きる時間が減っていった。

二〇一二年の春まだ浅い頃、ローリーは定期健診で、担当の整形外科医から、彼女が19歳の頃から悩まされてきた骨折部位（これまで100枚ほども撮ってきたX線画像のすべてに映っていた骨のひびの数々を含む）の三分の二が消えたと告げられた。なぜそうなったかについての説明をする代わりに、医師は、これからはジムで週三回各一〇分程度、サイクリング・マシンのエクササイズをしてはどうかと提案した。その言葉はローリーの耳には音楽のように心地よく、すぐに実行に移した。

成功と後退

変化の川を越えるためのローリーの努力の日々はようやく奏功し始めた。ついにローリーは、何らかの物理的進化が始まったという体からのフィードバックを受け取った。毎日ローリーが瞑想で、体、環境、時間を超越するとき、彼女は同時に、現在と過去の自分に結びついた人格、そして古い感情に飼い慣らされた体、そしていつも心に描いていた、過去の記憶に根差した予測可能な未来を超越した。分析思考を沈黙させ、被暗示性の高い脳波に変え、今という時間を見つけ、新しい感情で満たされた、潜在意識というオペレーティング・システムに踏み込むという、彼女の努力のすべてが、長い助走の果てに彼女を変容させていった。

ローリーは思考の力だけで、意識が体を癒やしていると、本気で信じ始めた。古い自分に結びついた古い骨折が癒やされていったのは、彼女が文字通り別人になったからだ。古い自分がしてきたような思考や行動をやめたため、古い人格に結びついた脳内回路が発火・結束しなくなった。古い感情を繰り返し想起することで、体を古い自分に条件づけることをしなくなった。古い自分の記憶を消去し、新しい自分の記憶をインストールした。言い換えると、意識を一新し、その意識に見合った感情を体に覚えさせることにより、脳内で新しい思考と行動をつかさどる脳内回路を発火・結束させせたということだ。

ローリーは毎日の瞑想で、自分の心の状態を変えるという行為だけで、新しい遺伝子に新しい信号を送ることができたのだ。それらの遺伝子は、不快な症状を起こす骨折に関連したたんぱく質を癒やす新しいたんぱく質を作った。ローリーがワークショップで学んだ知識から、線維性骨異形成を引き起こす遺伝子のスイッチを切り、正常な骨基質を生産する遺伝子のスイッチを入れるには、意識が正しい信号を骨細胞に送る必要があると学んだ。

ローリーは、以下のようなコメントを書いている。

「私の骨折はすべて、骨細胞が不健全なたんぱく質を作り続けてきたことによって顕現したものだと、もう何年もの間わかっていました。なぜなら、私は怖れや被害者意識、痛みといったサバイバル感情ばかりに囚われていたし、自分を弱いと思い込んでいたからです。その弱いという自己認識を体で体現できるほど、私の意志はパワフルだったということです。それらのネガティブ感情に無意識レベルですっかり馴染んでいたので、私は遺伝子に、このままの状態を維持するようプログラミングしていたのです。そして司令塔となった私の体は、ずっと過去の時間を生きていました。そこで私は考えました。骨がコラーゲン、つまりたんぱく質でできているのなら、そして、骨の細胞に健全なコラーゲンを作って欲しいなら、私は自律神経系に進入し、分析思考を突破して、無意識の領域に入り、体に新しい情報やプログラムを繰り返し覚えさせ、毎日新しい信号を受け取らせなくてはならないのだと。良い兆しが現れたとき、私は変化の川を半分渡ったと感じました。」

その後も、ローリーは瞑想を続け、私のワークショップに参加し続けた。体に感じる痛みは時々やってきたものの、その頻度、痛みの程度、持続時間は確実に減少していった。彼女は変えられるものはすべて変えるようにした。違う環境を求めてスポーツジムを変えた。コロンを振りかける順番を、体の左側から右側に変えた。腕を組むときは、意識できる限り、それまでの右腕を下にするやり方から、より自然な左腕を下にするやり方に変えた。自宅の部屋で座る椅子を変えた。ベッドに入る側を反対側に変えた（ベッドに入り、出る際にわざわざ遠回りすることになったにもかかわらず）。

彼女はこう話した。「ばかばかしいことだと思うかもしれませんが、私は体に、可能な限りたくさんの、新しい、今までとは違う信号を送ろうと思ったんです。ハンプトンズで大きな家に引っ越すのは現実的ではなかったので、そういう細かい変化で代用するしかありませんでした。」

常に忘れずにいるためのきっかけとして、そこら中にメモを貼り、望ましい未来につながる思考と感情を醸成した。彼女はマスキングテープに「感謝します!」「ワクワク!」「愛!」などと書いて、家じゅうのドアの裏に貼りつけた。車のダッシュボードには「思考は信じられないほどパワフルだ。何を考えるか、正しい選択をしよう!」と付箋に書いて貼った。自分を奮い立たせる言葉やアファメーションのことは以前から知っていたが、それらが持つ力を信じることができなかったのは、彼女自身の思い込みを変える方法を知らなかったからだ。

二〇一三年一月下旬、整形外科医の検診で、この二十八年間で初めて、骨折は一つも、ただの一つもないと告げられた。ローリーの骨は健全で、何の問題もなかった。そして、彼女は私への手紙にこう書いた。「このことが私にもたらした喜びは言葉にすることができません。今私は、自分がパワフルで高揚していると感じます。変化の川はもうすぐ渡り切れるでしょう。」

彼女の骨細胞は今や、新しい健康なたんぱく質を作るプログラムに従って稼働している。自律神経系は体内の物理的・化学的・感情的調和を取り戻した。大いなる叡智の力でヒーリングが進み、彼女はその力を信じ、身を委ねられるようになった。彼女の体は新しい意識に反応し続けている。

それから一か月後、ローリーはアリゾナに飛び、私の上級者向けワークショップに参加した。現地に到着して一時間後、主治医の秘書から血液検査と尿検査の結果について電話があり、それらの結果が示す限り、ローリーはまだ病気を少しも克服できていないということだった。そして主治医は数年ぶりに、ビスフォスフォネート（訳注：骨密度治療薬）の点滴治療を再開するよう勧めた。

ローリーの心は折れた。X線画像を見る限り、彼女はもう健康を取り戻したという印象を持っていたが、臨床検査の結果はそうではなかった。ものの数秒で、彼女は自分がどこにいるのかわからなくなり、その場に崩れ落ちた。彼女からその話を聞かされたとき、私はこう言った。「あなたの体はまだ過去を生きているんだよ。新しい意識に対応するにはもう少し時間が必要なんだ。」私は彼女にあと数か月瞑想を続け、再度尿検査をするよう提案した。

瞑想によって自らの健康を取り戻したワークショップ参加者たちに励まされ、ローリーは家に帰ってからも、真剣にワークを続けた。瞑想ではかつてないほど鮮やかに、臨場感たっぷりに、望む未来の自分を心に描いた。骨折のない骨のイメージを想像するのをやめ、もっと漠然と健康な自分――生命力にあふれ、輝き、しなやかで若々しく、エネルギッシュで、健康そのものの自分――を想像した。彼女はきちんと機能する、歩ける体を含む、欲しいものを全部手に入れた未来をイメージし、それに感情を載せてメンタル・リハーサルをした。彼女は自分自身にこう言い聞かせた。19歳から47歳までの古い自分は、もう過去の話だと。

新しい意識と体

それからの数か月、ローリーの気分は以前より幸福で喜びにあふれ、自由で健康だと感じられるようになっていった。自分の未来をより具体的にイメージできるようになっていった。以前のような痛みはほとんどなくなり、補助なしで歩くことができた。

二〇一三年五月には臨床再検査の予約があったが、彼女は一抹の不安を感じ、六月に延期した。そしてローリーは、自分が感じている再検査への抵抗感や怖れを、先輩のワークショップ仲間に話した。するとその仲間は、検査を受けに行くことにかかわるいいことに意識を集中させてはどうかと提案した。ローリーはこの時点で、たくさんのポジティブで、元気になるような要素を、たくさん見つけられるようになっていた。そして彼女は検査に行くことにかかわるいいことの長いリストを作った。病院内の清潔さ、病院スタッフが皆いつでも親切に接してくれること、通いやすく、すべてがスムーズに進むことなど――この意識の方向転換が、彼女に一番必要なことだった。

いよいよ再検査の日がやってきた。ローリーは車で病院に向かう途中、太陽にありがとうと言い、順調に流れる道路事情に感謝した。そしてよく走る自分の車、運転している自分の足、的確な運転ができる視力、すぐに見つかった駐車スペース、などなど、あらゆるものに感謝を捧げた。「私は病院に入り、名前を告げ、名前を呼ばれるまで待合室で目を閉じ、瞑想を続けました。それから、尿検査用のカップに用を足し、看護師に手渡し、病院を出ました。そしてただ歩けることに感謝しました。そして検査結果に対するこだわりを完全に手放しました。心の深いところで、結果はどうあれ、私は大丈夫だと確信しました。こうして、結果の予測を一切しなかったため、検査について一切忘れることができました。私は幸せで、実のところ、異常なほど感謝の気持ちに取りつかれていました。私は現実を分析するのをやめ、ただ信じることにしたのです。」

私は、かつて彼女にこんなことを言った。「ヒーリングがいつどんなふうに起きるかについて分析を始めた途端、それは古い自分に戻っていることを示しているんだ。なぜなら、新しいあなたはそんな不確実性を前提にしないからね。」この言葉を覚えていたローリーはこう続けた。「だから私は理由もなく、夢が叶った未来に感じるであろう感謝の気持ちを先取りして、今感じていたんです。物理的現実が私に感謝の気持ちや幸福感を起こさせるまで待つのをやめたんです。もうすでに、それが手に入ったかのように、私は純粋に感謝の気持ちでいっぱいで、自分の人生を愛していました。私の内面は、完全無欠で完璧だったので、自分が幸せになるために、外界の何かをきっかけにする必要はなかったんです。」

彼女は、自分の外界での活動を見渡しても、収入、家、パートナー、仕事、子供、そして、最近特に熱心に取り組んでいたボランティア活動ですら、成功や満足感、安定感と呼べるような成果をほとんどひとつも持っていなかった。しかし、心のよりどころとなる友人や家族への愛と絆があった。そして何より、新たに自分に対する愛が芽生えていた。彼女はそれまで、自分に対する興味はあったが、愛はなかったことに気がついた。それは、以前の狭い意識状態では理解できなかった違いだったと、後になって私に話してくれた。彼女は自分と自分の人生に満足していた。「この旅が始まって以来、初めて、検査結果がどうでもよく感じられたのです。私はあるがままの自分が好きでした。」

こんなふうに喜びに包まれた二週間が過ぎ、検査結果が届いた。主治医の助手はローリーにこう言った。「あなたの検査結果はまったく正常でした。数値は40でした。五か月前には68という異常値でしたが、正常値に下がっています。」

ローリーは変化の川を渡り切り、新しい人生の岸に立っていた。彼女の体には、もう過去の自分の痕跡は残っていなかった。彼女は解放され、新しく生まれたのだ。

ローリーは後日、こんなことを話してくれた。

「患者とか病気の人とかいう私のアイデンティティのほうが、それ以外の私を示すどのアイデンティティより強くなったな、とある時ふと思ったのです。私はずっと病人らしく振舞ってきましたが、心の奥底では違うとわかっていました。私は女性、ガールフレンド、娘、社員、あるいはただ単に幸福な、足りないもののない人ということより、患者でいることに、すべての関心とエネルギーを注いていたのです。古い自分やアイデンティティから関心を逸らせ、新しい自分になることへ関心を向け、エネルギーを再投資できるようになるまでは、別の誰かになるためのエネルギーがつくれないことが、今ならよくわかります。他の誰でもなく、今の自分になれたことに、心から感謝しています。」

ローリーは今、何の後悔も特段の怒りもなく、過ぎた日々への喪失感も持っていない。本人が言うように、「何かを品定めしたり、恨みを抱いたり、過去の自分が見捨てられたように感じるのが嫌だったんです。それらを選択することは、完全無欠な自分という感覚を否定しているからです。これまでの自分の状態は、実際は幸運なことでした。おかげで私は、自分の不自由さを克服でき、今の自分が大好きだからです。私は今とても平和で、生物として、細胞レベルから変わったのだと思います。私は、意識の力だけで体を癒やせるというメッセージの生きた証拠です。そして、信じられないかもしれませんが、これに一番驚いているのは私自身です。」

キャンダスの物語

キャンダスの恋人との関係は、まだ一年も経っていなかったが、うまくいっているとは言い難かった。出会って数か月で、二人は、会えば喧嘩ばかりするようになった。絶え間ない喧嘩、激しい罵り合い、拭えない不信感、そして、互いに相手を責め続けるという関係だ。二人とも嫉妬深く、常に不安だったため、二人のコミュニケーションは、控えめに言ってもフラストレーションの募るものだった。二人とも、満足のいく相手となる見込みがないという期待外れ感に苛《さいな》まれていた。ある日、キャンダスは、かつて経験したことがないほどの怒りに駆られて、激しい怒鳴り合いや癇癪《かんしゃく》の応酬の最中にいた。このような発作的興奮状態は、キャンダスを価値のない存在と感じさせ、被害者意識を強め、ますます不安にさせていた。キャンダスのこんな態度は、彼と出会ってから始まったことだった。以前の彼女は、怒りやフラストレーション、興奮とは無縁で、これまでの28年を振り返っても、癇癪を起こしたことなど一度もなかった。

こんなことを続けてもいいことは何もないと本能的には知っていながら、キャンダスはこの不健全な関係への感情的依存を断つことができなかった。このストレス感情に依存するようになるにつれ、それがキャンダスの新しいアイデンティティになった。彼女の個人的現実が、新しい人格を形成していったのだ。キャンダスを取り巻く外的環境が、彼女が何を感じ、考え、行動するかをコントロールしていた。彼女は自らの人生に囚われた被害者となった。

強烈なサバイバル感情の洪水状態で、キャンダスは依存症患者のように、激しい感情の高まりを求めるようになったが、自分がそのように考え、反応せざるを得ない状況が外界にあるものと思い込んでいた。彼女は、自分の感情をしのぐほど強く、別の思考を巡らすことができなかった。この感情に囚われ、その意識状態の犠牲者となり、同じ思考、同じ選択、同じ態度、同じ経験を、何度も繰り返していた。

キャンダスは、ボーイフレンドを含む外界のすべての状況を利用して、自分が思う自分像を繰り返し確認していた。その男性との関係によって想起される、あらゆる感情、怒り、フラストレーション、不安、無価値観、怖れ、被害者意識を、彼女は必要としていた。その関係は、理想とは程遠いにもかかわらず、状況を改善させると起きるであろう変化を何より恐れていた。実際のところ、彼女はそれらの感情と深く結びついていた。それは彼女のアイデンティティを裏づけるものであり、得体の知れない未知の世界に放り出されるよりは、常にそれらのよく馴染んだ有害な感情に浸っているほうがましだったのだ。キャンダスは次第に、それらの感情がイコール自分自身だと信じるようになり、自分が作り出した過去に基づく人格を暗記していた。

二人の関係が悪化してから三か月が過ぎた頃、キャンダスの体はストレスの興奮状態を受け止められなくなり、髪の毛がまとまって抜けるようになった。それから数週間後には、髪の毛の三分の一が抜け落ちてしまった。そしてひどい偏頭痛、慢性疲労、胃腸の不調、集中力の低下、不眠症、体重増加、慢性痛など、無数の不快な症状が現れ、彼女を静かに壊し始めた。

若いキャンダスは直感が鋭く、これらの不快な症状は、自分の感情問題の産物だと心の奥底では知っていた。二人の関係について**考える**とすぐに体が反応して、次のバトルに備えるべく臨戦態勢になってしまう。キャンダスは思考のみで、自律神経系とストレスホルモンの放出スイッチを入れていたのだ。彼女は自分のパートナーについて考えるとき、家族や友人にその状況について話すとき、それらの感情に結びついた心の状態を体に条件づけていた。それは究極の心と体の結びつきであり、ストレス反応のスイッチを切ることができなかったため、ついに遺伝子の下方修正が始まったのだ。つまり、彼女の思考が文字通り病気を創り出した。

この関係が始まって半年経った頃、キャンダスは最高潮に達したストレスの中で、体は極度の不調を抱えていた。この時点で、体の症状は自分への警告だとさすがにわかってはいたものの、すでにそれが通常モードとなっていたため、そのままの現実を生きることを無意識的に選択し続けた。体に有害なサバイバル感情の集中砲火を浴びせ、やってはいけない方法で発現させてはいけない遺伝子を発現させていた。自分が内面も外面も緩やかに死に向かっていると感じた。ここで自分の人生を取り戻さなくてはいけないと思ったものの、いったい何をどうすればいいのか皆目見当がつかなかった。この関係を終わらせる勇気が出なかったため、一年以上も踏みとどまり、絶えず怒りと恨みがましさの沼にはまった生活を続けた。キャンダスは自らの体がその代償を支払う様子をただ見守っていた。

報いを受けるキャンダス

二〇一〇年十一月、キャンダスはついに医療機関を訪れ、そこで医師に下された病名は橋本病だった。別名橋本甲状腺炎、リンパ球性甲状腺炎とも呼ばれ、免疫が甲状腺を破壊する自己免疫疾患だ。その特徴は、甲状腺の機能低下（甲状腺不活性）に、時折甲状腺機能亢進症（甲状腺過剰活性）を起こすというものだ。橋本病の特徴として、体重増加、鬱病、躁病、熱・冷感過敏症、麻痺、慢性疲労、パニック障害、異常心拍、高脂血症、低血糖、便秘、偏頭痛、筋力低下、関節硬化、生理痛、記憶障害、視覚障害、不妊、脱毛などを併発することがあり、その多くをキャンダスも経験していた。

内分泌学専門の医師との面談では、彼女の症状は遺伝によるもので、手の施しようがないという話だった。キャンダスは、これから一生橋本病とつきあい、抗体数値は変わらないため、甲状腺の薬を飲み続けなくてはならないということだった。あとでわかったことだが、家系にこの病気はなかった。しかし、キャンダスはもう後戻りできないところに立っていた。

具体的な病名がつけられたことで、はからずも、気づきのきっかけが訪れたのは幸運だった。彼女は明らかに目覚まし時計のアラームが必要だったし、これがそのアラームだった。体が壊れていったことから、自らの過去、そして自分の真実の姿について振り返ることになった。物理的、感情的、精神的にゆっくり壊されていく過程で、この自己免疫疾患の原因をつくった元凶は自分自身以外にいないということに彼女は気がついた。彼女の毎日は常に危機的状況のさなかにあった。体が持っているエネルギーのすべては外的環境を生き延びることに費やされ、内的環境に使えるエネルギーは残されていなかった。そして、内的環境を守るシステムはとうとう破綻してしまったのだ。

それから五か月後、変化、そして未知なる世界に対する、はらわたがちぎれるほどの恐怖に打ち勝ち、キャンダスはついにこの関係に終止符を打つ決心をした。それが不健全な関係で、自分のためにならないことは重々承知だった。彼女はこう自問した。「うまくいかない関係にとどまり、どんどん深い闇にはまっていくのと、自由と可能性を選択することのメリット、デメリットは何だろう？　これは、私が今と違う、新しい人生を生き始められるチャンスに違いない。」

キャンダスが直面した逆境は、彼女の個人的進化、内省と発展の端緒となった。崖っぷちに立ち、未知の世界に向かって飛び降りようとしていた。変化を求めて崖から飛び降りるという決断は、熱のこもった体験となった。かくして彼女は飛び込み、そこには無限の潜在的可能性があった。自分のためにならないことをするのをやめ、自分の体の生理的組成を再編するための旅を始めた。


これはキャンダスの人生の大きな分岐点となった。彼女は私の初期の著書二冊を読み、初級者向けワークショップにも一度参加していたので、医師の診断を鵜呑みにしてそれに付随する怖れや不安、悲しみ、無力感を湛《たた》えていると、それらの感情に見合った状況しか起きてこないということを知っていた。思考レベルでは前向きでいられても、体はまったくついてこなかったため、物理的改善は起きなかった。頭だけで体は以前のまま、というのは誤ったプラシーボであり、望ましくない心の状態だった。

そこで、キャンダスは病気を受け入れない決心をした。彼女は医師の診断を丁重に拒絶し、自分の心が病気をつくったのだから、健康な体をつくることもできると自分に言い聞かせた。医師が処方した、甲状腺の機能向上のための薬は飲んでいたが、医療機関が語る症状についての自分の思い込みを変える必要があると思っていた。キャンダスは、医師の意見を鵜呑みにしないよう留意し、自分は怖れや被害者意識、悲しみに囚われていないと自分に言い聞かせた。

実際彼女は、楽観的で熱心だった。その明るい気持ちが新しい思考を呼び、その考えは新しい可能性を想起させた。彼女は医師の診断、今後の展望、治療法を**受け入れ**なかった。そして一番可能性の高い近未来の自分の運命を**信じ**なかった。さらに、医師が示した病状と長期治療計画に**身を委ね**なかった。彼女は、自分の体をその未来の最悪のシナリオに**条件づけ**ることをせず、大多数の人々がするように、予測可能な**未来予測**をせず、同じ病気を持つ人全員がしているような**意味づけ**をしなかった。彼女は生きる姿勢を変えたため、心の状態も以前と違うものになった。

多忙を極めるキャンダス

自分の置かれた状況を否定はしたけれど、キャンダスにはするべきことがたくさんあった。病気に対する思い込みを変えるには、しっかりと脳内回路に刻印されている古いプログラムを解除し、体が暗記している感情中毒よりも強いエネルギーで新しい選択をして、新しい意識に反応できるようにしなくてはならないことを知っていた。それができて初めて、潜在意識にあるプログラムの書き換え（神経的・遺伝的な過去の消去）に必要なエネルギー変化が実現する。そして、実際その通りになっていった。

彼女はこの一連の私の話を過去にも聞いていて、それらの概念を頭では理解していたが、それを自分の人生にあてはめて考えたことはなかった。診断を受けた直後に参加した初めてのワークショップで、彼女はとても疲れていて、座席でずっと居眠りをしていた。彼女は葛藤しているのだと私は感じた。

その次に彼女がワークショップに現れたときは、一か月余りにわたり甲状腺の化学物質の乱れを調節するための投薬治療が進んでいた頃で、以前よりよく集中し、関心を持って臨んでいた。キャンダスは私がその週末に話したことに深い感銘を受けた。他の参加者たちが、外界の状況の犠牲者にならないことにより、非凡なヒーリングを起こせるのだという話を聞いて、自分も自らの体を使って科学実験をしてみようと決心した。

こうしてキャンダスの新しい旅が始まった。私のワークショップで後成的遺伝学や神経可塑性について学び、自らが受けた宣告から解放され、学んだ知識を行動に移すことにした。自分の未来に違う意味づけを行い、違う意志を醸成した。毎朝四時三十分に起床後、瞑想をして、新しい意識に見合った感情を体に覚えさせた。今という時間にとどまる訓練を行い、それまで長い間今という時間にいなかったことに気がついた。

キャンダスは幸福と健康を求め、再び自分の人生を取り戻そうと頑張った。それでも初めのうちは長時間座っていられず、悶々とする日々が続いた。彼女の体は、それまでの長い間、フラストレーション、怒り、焦り、被害者意識といった意識をとどめるよう訓練されてきたので、いきなり変化しろと言っても逆らうのは当然だ。あたかも野生動物を調教するかのように、繰り返し自らの体を今という時間に引き戻していた。その過程をするたび、彼女は体を新しい意識に条件づけ、感情中毒の鎖から少しずつ解放されていった。

毎日の瞑想で、キャンダスは体、環境、時間を超越する訓練を積んでいった。そして瞑想を終えるとき、古い自分が戻ってくることを拒絶した。古い自分は外界に反応する感情を示す化学物質に深く馴染み、怒りとフラストレーションを溜め込んでいて、彼女はもうそういう自分に戻りたくなかった。自分の瞑想に耳を傾け、新しい心の状態を再生し続け、自分の人生を愛せるように、理由がなくても人生に感謝できるようになるまでやめなかった。

キャンダスは私のワークショップで学んだことをすべて実践し、受講ノートを読み返し、私が出したすべてのCDを聞き、私が出版したすべての本を(一回以上)読んだ。心身のヒーリングという新しい経験をするための準備として、脳内に新しい情報の回路を作り続けた。古い脳内回路である怒り、フラストレーション、恨み、傲慢さ、不信感といった感情を示す脳内回路を発火・結束する回数は歴然と減っていき、愛、喜び、慈愛、親切といった新しい神経回路がさかんに使われ、強化されていった。その過程で古い思考や感情の記録は取り除かれ、新しいポジティブなものが芽吹いていくのを感じた。そして強い決意を持って努力すればするほど、変化が進んでいくのを感じた。

そして間もなく、彼女は、今自分が生きていることに信じられないほどのありがたさを感じ、調和があるところにはインコヒーレンスが存在し得ないことに気がついた。彼女はこう自分に言った。「私はもう古いキャンダスじゃない。もう金輪際《こんりんざい》古いキャンダスに戻らない。」そして何か月にもわたり、キャンダスは持ちこたえた。外界で起きたことにムカついたり、体調不良や不幸を感じたりなど、感情の波動が低くなった時は、速やかに気持ちを切り替えるよう心がけた。このように、心の状態をパッと切り替えて、古い感情に浸る時間を短縮したおかげで、全般的に気分の浮き沈みや不安定さがなくなり、古い人格が薄まっていった。

ときには具合が悪くてベッドから出たくないと思う日もあったが、それでも起きて、瞑想に励んだ。

ネガティブな感情をリセットするたび、彼女は自分の過去が作った生理的組成を取り除き、脳と体に新しい未来の絵を描いているんだと自分に言い聞かせた。そのうちに自分が取り組んでいる内面のワークが持つ大きな意味に気づくようになり、瞑想は、努力を要する時間から、至福の時間へと変わっていった。

毎日粘り強く取り組んだ甲斐あって、非常に早い段階で、大きな変化が起きたことにキャンダスは気がついた。体調がよくなり、外界を、怖れやフラストレーションというフィルターを通して見なくなり、代わりに、愛と感謝、慈愛という視点から見るようになったため、他人と交わす会話の内容にも変化が現れた。エネルギーレベルが上がり、思考は明晰になった。

怖れに基づく感情が体内から一掃されたおかげで、キャンダスは、日常にあったいろんな出来事に対して、かつての自分とは異なる反応をしていることに気がついた。それまでの、反射的にカッとなる感情を克服できたのは、〝かつて自分を動揺させていた人や状況自体に問題があったのではなく、当時の自分の気持ちが反映されていただけだった〟と気づいたからだ。彼女は自由を手に入れつつあった。

彼女の変容の過程には、それまでまったく意識することなく、無意識に巡らす思考や行動があることに気づくようになったことも含まれる。瞑想をしながら、それらの無意識的言動を、二度と見逃さないことを決心した。古い自分につながる考えや習慣には、もうどんな状況下であろうとも戻らないと固く決意した。彼女は黒板の文字を消すように古い自分をつくっている生物的・神経的・遺伝的組成を消し、そこに新しい自分を描くスペースをつくった。その結果体は囲い込んでいたエネルギーを放出し始めた。言い換えると、エネルギーとして体内に溜め込まれていた古い感情を解放することにより、粒子から波動へと変容を遂げたということだ。

新たに解放されたエネルギーを使って、キャンダスは新しい人生の景観を味わい始めた。彼女はこう自問した。「さあ私はどうしたい？　何を感じたい？　何を考えたい？」毎朝感謝の思いとともに目覚める習慣を何か月も続ける過程で、体に、望む未来がもう現実に起きていると思い込ませた。そして体は、新しい遺伝子に新しいやり方で発現させ、体は恒常性維持機能《ホメオスタシス》を回復していった。

怒りの感情の対極に、自己愛を見つけた。フラストレーションの対極には寛容さと感謝を、被害者意識の対極には喜びと豊かさを創造するつくり手を見出した。それらを生み出すのは真逆のベクトルを持つ同じ強いエネルギーで、キャンダスは、今やすべてのエネルギーを解放した。彼女は物質からエネルギーへ、サバイバルから創造へと変化した。

甘美な成功の味

病名を告げられてから七か月後、キャンダスは再びあの医師の元を訪れた。医師は患者の変容ぶりにびっくり仰天した。血液検査の結果は完全なる正常値だった。二〇一一年二月の時点で、甲状腺刺激ホルモン（ＴＳＨ）の数値は３・６１と高く、抗体数値は６３８で、極度に不均衡を示していた。ところが二〇一一年九月にはＴＳＨの数値は正常値の１・１５に下がり、抗体数値は４５０という健康体のものとなった。たった七か月で、投薬治療もせず、キャンダスは自分自身を元通りに回復させたのだ。

「こんなに画期的な回復を遂げるために、あなたはいったい何をしてきたのか？」と医師はキャンダスに詰問した。それはほとんどあり得ないほどの目覚ましい大逆転だった。キャンダスは医師に、「この症状をつくったのは自分だから、それを自分で**消す**ことも可能だろうという実験をしてみた」と説明した。以前のネガティブな心の状態が古い遺伝子に信号を送り続けるのをやめ、毎日の瞑想とポジティブな心の状態を保つことにより、後成的遺伝学に従い、新しい遺伝子に新しい信号を送り続けたのだと医師に言った。自分がどんな人になりたいかを常に考え、動物がサバイバルモードで外界に反応するように戦い、逃げ、攻撃し、あるいは大声を出したりする習慣を改めたのだと話した。彼女の環境は発症前と基本的にまったく変化していなかったが、自分に対する愛といたわりの気持ちを持つようになったことで、外界の評価ががらりと変化したのだ。

医師は驚嘆のまなざしでキャンダスを見て、こう言った。「私の患者がみんな君のようだったらいいのに。君の話はまったく信じられないほど素晴らしいよ。」

キャンダス自身、自分の回復がどのように起きたのかはわからないままだったが、知る必要もなかった。わかったのは、彼女が別人になったことだけだ。

このV字回復の後で、私はキャンダスと夕食をともにした。その時点で、彼女は数か月間瞑想を休んでいたが、症状が戻ることはなかった。彼女の健康は非の打ち所がなく、髪の毛は再び元通り生えてきたし、心身ともに絶好調だった。彼女は何度も何度も、今の自分の人生を愛していると話してくれた。

私は笑いながらこう返した。「君が人生を愛しているから、人生も君を愛してくれたんだね。君が自分の人生を愛さずにはいられないのは当然だよ。だって何か月もかけて毎日ちょっとずつ自分で作り上げたんだからさ。」

キャンダスは無限の可能性の量子場をただ信頼していて、そこには自分を超越した何かが存在し、自分を癒やしてくれたのだと話した。ただ彼女に必要だったのは自律神経系に分け入り、新しい人生の種を蒔き続けることだった。そして何が起きるかを知ることもなく、ただそれは起こった。それが起きたら、彼女はかつて感じたことがないほど清々しい自分へと変身していた。

キャンダスの人生は、以前橋本病と診断された当時のものとはまるで異なるものになった。彼女は今、自己啓発の仕方を指導する人材開発プログラムの共同経営の傍ら、別の仕事も持っている。彼女には愛情豊かな新しいパートナーや友人たちがいて、新しい仕事の機会もある。別人になったことで、まったく新しい個人的現実が現れたのだ。

心の状態は、その状態にふさわしい外的環境を引き寄せる磁石だ。キャンダスが自分自身に惚れ込んだとき、その心の状態が愛情豊かな関係を磁石のように引き寄せた。自分を価値ある存在と捉え、自分や自分の人生を大切に扱ったから、社会や人々に貢献し、人々から尊敬されるような機会が向こうからやってきた。まったく新しい人生が始まったため、古い人生はまるで前世のように遠い記憶になった。新しい体の生理的組成は、新たな喜びとインスピレーションの境地へと押し上げた。橋本病は古い生理的組成に属するもので、今の彼女とは物理的にも別人だった。

彼女は今度は喜びの依存症になったというわけではなく、ただ、不幸の依存症から離脱しただけだ。

彼女がワンランク上の幸福を味わうようになったとき、いつでも、さらに**その上の**幸福、喜び、愛が存在することに気がついた。どの経験にも、幸福や喜びや愛などの多様なバリエーションが存在するからだ。彼女は人生でのチャレンジを本気で求めるようになった。彼女が習得したこの変容方法でどこまで発展させ得るかを試してみたいからだ。

キャンダスにとっての究極の学びは、病気やチャレンジは、他の誰でもなく、自分自身に根差したものだということだった。古い心の状態でいた頃、彼女は恋人との関係の犠牲者であり、外的環境が悪いと信じて疑うことがなかった。つまり人生に起きるすべての事柄に対して**受け身**だった。このワークに親しみ、自分と自分の人生の全責任を引き受けるようになり、自分に起きたすべてのことの原因は外界とは何の関係もないと悟ったことは、彼女にとって大きな力づけとなっただけでなく、望外のプレゼントのひとつとなった。

ジョアンの物語

ジョアンは人生のほとんどで高速レーンを突っ走ってきた。59歳、五児の母であるだけでなく、誠実な妻で、やり手のビジネスウーマンで、起業家でもあった。家のことや家族間の問題、キャリアの育成、繁盛する仕事といった多様な分野の案件処理を曲芸師ばりの器用さでこなしてきた。彼女が目指していたのは、ただ正気を保つこと、健康、調和くらいのものだったが、人生はいつでも高密度、高速のせわしない日常以外に想像できなかった。いつもぎりぎりのところで勝負し、周りの誰からも活動的な切れ者だと思われていた。彼女はいつでも可能な限り自分で背負い込み、しかもすべてに最高水準のパフォーマンスをしてみせた。彼女のリーダーシップは光り、たくさんの人に尊敬され、ひっきりなしに助言を求められた。同僚たちは彼女をスーパーウーマンと呼び、実際そうだった──また、自分でもそう思い込んでいた。

そんな日常が唐突に終わりを迎えたのは二〇〇八年一月のことだった。自宅マンションのエレベーターから降りた途端、玄関から50フィート（約15メートル）のところで倒れ込んだ。その日彼女は体調が悪く、ウォークイン診療所（訳注：予約不要の医療機関）に行ってきたところだった。見る見るうちに、彼女の世界のすべてが変化し、人生にしがみついている自分に気がついた。

八か月に及ぶ検査の結果、医師が下した診断は、二次進行型多発性硬化症（SPMS）、末期の多発性硬化症（MS）だった。免疫系が中枢神経系を攻撃する病気で、人により症状はかなり幅広いものの、初期症状は手足の無感覚で、進行すると麻痺や失明に至る。症状は身体にとどまらず、認知や精神の問題にも発展する。

ジョアンの場合、症状がひどく曖昧なうえ、散発的で過去十四年に及んでいたため、多忙な毎日のせいだろうと考えれば簡単に片づくようなものだった。しかし、今や彼女の症状には具体的病名がつき、それはまるで特例救済措置のない死刑宣告のようだった。多発性硬化症は一生ものの病気だと強く断言する西洋医療界に、奈落の底に突き落とされた気分だった。

その数年前、ジョアンはカナダのカルガリーでやっていた家族経営の仕事をたたみ、一大決心をしてカナダ西海岸のバンクーバーに引っ越した。それは家族の長年の願いだった。その引っ越し以来トラブルが次から次へと起こり、家族の財政が傾いたため、不安定な状態を何とか立て直そうとジョアンは孤軍奮闘した。その過程で、ジョアンの自尊心、自信、そして健康も地に落ちた。過酷な環境を跳ね返す力がないとわかった途端、彼女の肉体・精神状態は悪化していった。ストレス要因が増えるにつれ、財政状態はますますひっぱくしていった。そして一家は、ごく基本的な衣食住にも困るまでに落ちてしまった。二〇〇七年初頭、いつも周りの人々にスーパーウーマンと称賛されていた彼女は、どん底を経験した。そして、その年の暮れ、一家はカルガリーに戻った。

多発性硬化症は、神経伝達をつかさどる脳と、脊髄の神経細胞を包む髄鞘《ずいしょう》と呼ばれる絶縁被覆が、神経線維もろとも劣化する病気だ。それにより、中枢神経系から体内の各組織への情報伝達が阻害される。ジョアンの場合は二次進行型のため、症状は徐々に進んでいき、最終的には神経系に致命的な障害が起こる。

はじめのうち、ジョアンはこの病気には絶対に屈しないと決心していた。しかし、すぐに身体・認知レベルで劣化が始まった。自力でできないことがどんどん増えていき、常に誰かの助けを借りなくてはならない日々が始まった。感覚や運動機能の衰えから、ジョアンは松葉杖、歩行器、車椅子に頼るようになった。そしてついに、どこへ行くにも障碍者用電動カートが手放せなくなった。人生が破綻し、体も破綻したことに、彼女は少なからずショックを受けていた。体は彼女が自らに課してきたことを見かねて、手を貸した。つまり、「もう十分だ」と言って、動くのをやめるきっかけを提供したのだ。ジョアンは無理を重ね過ぎた。若い頃、成功と呼べるものを手に入れてはいたが、心の底では、いつも自分はダメだと思っていた。彼女は自分を厳しく批判し、もっとできるはずだと自分を鼓舞し続ける癖があったため、自分に満足したためしがなかった。何をしても、いつでも何かしら足りないものがあった。

一番の問題は、自分はダメだという切迫した思いに追い立てられながら、走り続けたことだ。彼女はすべての関心を外界に向け、多様な場所や時間で起きる多様な人々や物質との経験に没頭した。自分の思考や感情という内面の世界から目を背けたいがために。

ジョアンの人生のほとんどは、他の誰かを助けるために使われていた。誰かに手を差し伸べて応援し、成功すれば祝福したが、ジョアン自身の人生がうまくいっていないことを誰にも見せなかった。自分の心の痛みをひた隠しにしてきた。ジョアンは、他人に差し出すばかりで受け取ることがまったくなかった。他人から受け取ることを自分に許さなかったからだ。自分の内面の変化を外に見せることをせず、自己否定の人生を送ってきた。外界の状況を好転させることで心の内面を変えようといくらやっても、失敗ばかりが続くというのは当然の成り行きだった。

とうとう倒れたとき、ジョアンはすでに心身ともに疲弊し尽くしていて、人生を立て直す戦いに使うエネルギーはほとんど残っていなかった。それまでの人生を（外界の状況にひっきりなしに対応する日々を）緊急事態モードで生きてきたことが、彼女の生命エネルギー（修復とヒーリングの場である心の内面のエネルギー）を奪ってしまっていた。彼女は自分のエネルギーを使い果たし、一文無しだった。

ジョアンの意識変化

ジョアンにとって疑問の余地がないほど明らかだったのは、ＭＲＩ画像診断に現れた脳と脊柱の症状は、昨日や今日、突然できたものではないということだった。彼女の体は中枢神経系という、体の核心部分から緩やかに侵食されてきた。自分の内面と向き合うことが恐ろしく、体調不良を何年も見て見ぬ振りをしてきた挙句、突きつけられた現実に彼女は愕然とした。有毒な化学物質は毎日毎日体内の細胞の扉をノックし続け、ついにこの病気を起こす遺伝子がノックに反応し、スイッチを入れたのだ。

寝たきりになったジョアンが最初に決めた目標は、症状の進行速度を遅くすることだった。彼女は私が最初に書いた本の読者で、脳は思考のみで想像したことと、外界で実際に起きていることの違いを識別できないことを知っていた。そして、メンタル・リハーサルによって、、脳も体も変化し得ると知っていた。彼女は、まず想像のみでヨガを始めたが、メンタルヨガを毎日、数週間やっていたら、立位ポーズを含む、いくつかのポーズが実際に取れるようになった。この成果は、彼女にやる気を与えた。

ジョアンは毎日、思考のみで脳と体に教え込んだ。第五章に書いたバーチャル・ピアノレッスンで、まったくピアノに触れなくても、実際に指の練習をしたときに使われる脳神経回路が作られたように、健康体で自由に体を動かし、歩いているかのように脳内回路をインストールした。ウエイトリフティングや上腕二頭筋の訓練を想像のみでやり、筋力アップを果たした実験をご記憶だろうか？それらの例同様、意識を変化させるだけで、体がすでに癒やされたという経験がジョアンにも創出できると考えた。

間もなくジョアンは短時間なら立っていられるようになり、補助があれば歩けるようになった。ジョアンの立つ様子は不安定で、どこへ行くにも電動カートのお世話になってはいたが、もう以前のように寝たきりで自分を憐れんでいることはなくなった。こうして、どん底からの復活が始まった。

心の雑音を鎮める目的で瞑想をしているうちに、ジョアンは自分が本当はどれほど悲しみ、怒っていたかに気がついた。閉ざされていた心の水門が開いたのだ。ジョアンはこれまで長い間、自分を弱く孤独な存在で、他者や社会に拒絶され、無価値な存在だと考えてきたことに思い至った。バランスが崩れ、根無し草で、どこにもよりどころがない自分は、中身が空っぽだと感じていた。これまで他人を喜ばせるばかりで、自分を否定してきたこと、罪悪感なしに自分を認められなかったことにも気がついた。これまで自分の周りで渦を巻くカオス的状況をコントロールすることばかりに執心してきたわりに、どれひとつ奏功していなかったことに気づいた。心の奥底ではずっと前からわかってはいたが、すべてはうまくいっていると自分に思い込ませて馬車馬のように働き、心の底で疼《うず》く危機感から目を背けてきた。

それは苦痛を伴うものではあったが、ジョアンは今、自分がどんなふうにしてこの病気を育ててきたかを振り返った。彼女は無意識下で横行してきた、今の個人的現実の元凶となっているすべての思考、行動、感情のすべてに注意を払うことに決めた。古い自分を創ってきた要素のすべてに光を当てれば、それらを改めて、新しい自分に変われると考えた。無意識の言動を意識の俎上《そじょう》に載せ、自分の心の状態に常に注意を払うほど、それまでまったく気づかれずに来た部分がコントロールできるようになっていった。

二〇一〇年初頭になると、ジョアンは多発性硬化症の病状の進行が本当に遅くなったと実感した。次なる目標は、完治だった。五月に神経科医に、次の治療目標は何かと訊ねられたとき、彼女が完治を目指すと伝えたところ、その医師はジョアンを患者リストから削除した。この一件以来、ジョアンは意気消沈するどころか、ますます強い意志を持つようになった。

回復は次の段階へ

バンクーバーで開催されたワークショップに参加したとき、ジョアンは自力歩行ができなかった。その週末、私は参加者たちに、強い意志をひとつ決め、それに見合ったポジティブ感情を体に覚えさせるよう指導した。その目的は、古いサバイバル感情に親しんできた体を、新しい意識に条件づけることだ。私は参加者たちに、心をオープンにして、未来を生きるとどんな気持ちになるかを体に覚えさせるよう言った。この過程は、ジョアンの毎日のメンタル・リハーサル訓練に欠けていた要素だった。会場内の20～25フィート（約8メートル）ほどの距離を杖だけで歩くという考えに、ジョアンはこの上なく興奮した。ジョアンはプラシーボ効果の方程式の第二要素、期待に感情を込めるというプロセスを獲得した。

完治という未来の出来事が、すでに今この場で起きていると、体に感情面から信じ込ませるという合わせ技により、ジョアンの回復は次の段階へと進んだ。無意識の居場所である体が、それを信じないことには実現しない。もしジョアンが、自分は健康体だという喜びと感謝を、それが実現する前に感じると、体は未来の予告を今この時点で体験する。感謝の特徴は、それがすでに現実となったという証だ。

私はジョアンに、思考に意識を集中させるよう指導した。彼女をそれほど深刻な病気にさせたのも、彼女の思考だからだ。私は、彼女の現実を創り出した人格を超越するように言った。それが新しい人格と、新しい個人的現実を想像するための準備として必要だった。ジョアンはこうして、自分の行為に意味と意志を載せる段階に入った。

そのワークショップの二か月後、ジョアンはシアトルで開催された上級者向けのワークショップに参加した。ここに来る前日、電動カートが故障したため、電動車椅子で現れた。そのため、初めは動くのに不安があったが、ワークショップではすぐに慣れた。前回のイベントでの好ましい体験という連想記憶と、今度のイベントで、もっと回復できるという期待が、新たなプロセスを後押しした。化学療法を受けている患者の29％が、治療を始める前から、予告的に吐き気を感じる（第一章参照）のなら、ワークショップに来れば症状がよくなるという予告的回復を経験する参加者がいても不思議はない。きっかけが何であれ、ジョアンは新たな可能性を見出し、再び未来への明るい展望に対する情熱を抱き始めた。

そのワークショップでの最後の瞑想で、ジョアンに魔法が起きた。ジョアンは内面でものすごい変化が起きたのを感じ、彼女は深い感動を覚えた。自律神経系に進入したら、それは新しい指令を受信し、古い指令と差し替えられ、体が自然に変化し始めた。体が急に軽くなり、喜びがはじけ、解放された。瞑想が終わり、椅子から立ち上がったジョアンは、瞑想を始める時に座った人物とはまったく別人――新しい心の状態の持ち主――になっていた。それから彼女は杖なしで、会場の前に向かって歩き出した。彼女は得意げに部屋を横切り、目を大きく見開いて子供のように笑い出した。何年も眠り続けていた足の感覚が戻り、運動機能が復活したのだ。

彼女はとうとう古い轍《わだち》を抜け出した。それは想像を絶する快感だった。驚いたことに、ジョアンは多発性硬化症や炎症を起こす遺伝子を下方修正し、回復や成長を促す遺伝子を上方修正するという快挙を、たった一度の瞑想でやってのけた。自分の体の状態を変えるのに、わずか一時間しかかからなかった。

多発性硬化症患者としてのアイデンティティを脱ぎ捨て、別人となったとき、多発性硬化症の進行は遅くなり、停止し、逆進を始めた。ジョアンは、自分や家族、医師、あるいは誰かのために何かをすることをやめた。真の旅とは、いつでも完璧であり、検証可能なヒーリングもまた同じだ、ということを初めて理解し、経験できた。彼女は、自分に正式な病名が診断されていたことを一時的に忘れ、そのアイデンティティと自分を切り離していた。その解放感と高揚感の強さにより、新しい遺伝子のスイッチが入った。ジョアンには、多発性硬化症患者というのは単なるラベル、母とか妻、上司といった肩書に過ぎないとわかっていた。彼女は過去を葬ることにより、そのラベルから脱却を果たした。

さらなる奇跡

その三日後、ジョアンが帰宅すると、まったく予想外の奇跡がまた起きた。イメージのヨガではなく、実際に体を使ってヨガをしているとき、片足立ちができるようになっていることに気がついた。恐る恐る反対の足でも片足立ちをしてみたら、何とできた！　何年ぶりかで足が曲げられるようになっていた。感覚がなかった足の指も動かせるようになった。

彼女は驚愕し、あまりのうれしさに涙が流れてきた。その瞬間、彼女は、不可能なことなど何もないと悟った。それは、外的な投薬や医療などの措置によってではなく、彼女の内面が変わったことによって起きた。ジョアンは自分でプラシーボになれたことを悟った。

それから間もなく、ジョアンは歩行訓練を開始した。二年経った今でも補助なしで歩いているし、生き生きと人生を楽しんでいる。体力が復活し、病に倒れた頃には、もう二度とできないだろうと思っていたことのほとんどができるようになった。そして一番大きかったのは、生きている喜びが無限に湧いてくるようになったことだ。今は、欠けているものなど何もないと感じている。受け取ることができるようになった彼女は、ヒーリングを受け取り続けている。

最近ジョアンは私にこんなことを言った。「私の人生はまるで魔法みたいよ。信じられない相乗効果が起こり、豊かで、予想外の贈り物があらゆる方向からやってくるんだから！　シャボン玉のように湧き上がり、キラキラ輝いていて、ゾクゾクする毎日は、新しい、軽くなった私をよく反映しているわ。それは新しい私、というより本当の私で、病気になるまでの長い人生で、ずっと抑えつけ、隠してきた私自身よ！」

今ジョアンは、毎日のほとんどを感謝の気持ちで過ごしている。今でも自分の中で無意識によぎる思考と感情を監視し続けている。つまり、彼女は毎日、自分が自分や周囲に何を言ったり考えたりしているかに注目し、心の状態のメンテナンスをしているということだ。瞑想を通じて自己観察をして、自分の行動をすべて把握している。もう以前のように、望ましくない思考が顕在意識のチェックをすり抜けて、望まない経験をすることはほとんどなくなった。

担当の神経科医は、ジョアンの選択を支援し、見違えるようになった彼女に驚嘆している。主治医は、血液検査などの結果を見ても、多発性硬化症のかけらもなくなったというジョアンの変化を目の当たりにして、意識の力の偉大さを認めざるを得なかった。

ローリー、キャンダス、そしてジョアンは、自分の外側の力を一切使うことなく劇的回復を果たした。彼女らは、薬や外科手術、治療過程などに一切頼らず、自分の意識だけで、健康状態を完全に変えて見せた。彼女らはプラシーボになった。

それでは、私のワークショップに参加した、似たような快挙を果たした他の人々の脳を科学的に捉えてみよう。このような画期的な変容が起きるとき、脳内では何が起きているのか探っていこう。

第一〇章

You Are the
PLACEBO
making your mind matter

情報から変容へ
あなたはプラシーボという証《あかし》

本書のテーマは、思考から物質を生み出すことだ。ここまで読んできた読者は、プラシーボが奏功するのは、偽の錠剤や注射、あるいは治療を施《ほどこ》したフリを含む、既知の治療法を患者が受け入れ、その治療効果を信じ、それがどのようにして効果を発揮するかを分析することなく身を委ねるからだということがお分かりのことと思う。患者が、自分の外的環境の特定の時間と場所にある既知の人（医師など）やモノ（投薬や治療計画）などに関わる自分の未来の経験を、自分の内的環境の変化と関連づけることにより、患者の状態を変化させる、と言い換えてもいいだろう。ある行為に対して一貫性のある結果を繰り返し経験すると、人は未来にも過去と同じ結果を予測する。この関連づけがインストールされれば、その過程は極めて高い効果を発揮する。**既知**の刺激が、自動的に**既知**の反応を起こす。

要するにこういうことだ。古典的プラシーボ効果とは、私たちの外界の何かを信じること——私たちが本来持っている力を、五感が定義した、現実である外界（物質界）に捧げるということだ。

しかし思考という**非物質界**での創造を通じて、未知の可能性を新しい現実にすることで、プラシーボ効果を起こせないだろうか？　それは量子モデルの堅実な使い方ではなかろうか？

前の章に書かれた三人のワークショップ参加者は、この偉業を成し遂げた。彼らは全員、他の何よりも**自分自身**を信じることを選択した。彼らは内面を変え、望む効果を起こす物質を一切摂取することなく、プラシーボを摂取した人と同じ心の状態をつくった。ワークショップに参加した人々が、続々と実績を上げているのはこのやり方だ。プラシーボのからくりが理解できれば、もう錠剤や注射、治療は不要で、同じ効果を享受できる。

ワークショップで収集した研究データや、世界中から寄せられる参加者の報告のおかげで、**私たちはみなプラシーボだ**と、今なら断言できる。私のイベント参加者たちは、既知の何かを信じるのではなく、**未知**の世界を信じることにより、未知を**既知**に変えられると証明してくれた。

考えてみてほしい。検証可能なヒーリング効果が、量子場で未知の潜在的現実として存在し、観察され、認識されて、実現されるのを待っている。それは〝物理的なモノが一切存在しないが、すべての物理的可能性を内包している〟と定義された無限情報の場に、可能性として生き続けている。したがって、ある病気からの自然寛解という未来の経験の可能性は、時間と空間を超越した場所に未知のものとして存在していて、私たちの知っている時間と空間で、個人的経験として顕現されるまでそこにとどまっている。五感を超越した未知のものが、人の五感で認識可能な経験となれば、あなたはもう進化の軌道に乗っている。

したがって、あなたが思考と感情の内面世界で繰り返しヒーリングを経験すれば、遅かれ早かれそのヒーリングは外的経験となって顕現するだろう。あなたがある考えを、外界で実際に経験しているかのようにリアルに巡《めぐ》らすと、脳と体がすぐに反応するのを感じられはしないだろうか？　つまり、未知の未来を明確な意志と、それに見合ったポジティブ感情とともにメンタル・リハーサルし、それを何度も繰り返すと、これまで読んできたように、神経可塑性があなたの脳を変え、後成的遺伝学があなたの体を変える。

あなたの脳が毎日新しい意識状態にとどまるよう指示し、体を条件づけると、あなたはプラシーボを毎日摂取しているかのように、あなたの心身に構造的・機能的変化が現れる。図10・1にこのプロセスが簡単に示してある。

信念（他の何にも増して自分の考えを信じること、と私は定義している）や思い込みを既知の何かに向ける代わりに、関心を未知の可能性に差し向け、本書で示している原理に基づいて、未知の現実を既知へと変えられないだろうか？　未知の未来を感情を込めて経験し続けると、非物質は物質へ、思考は現実へと移行しないだろうか？

ここまで読んでくれれば、もう中身のない錠剤、聖なる祭壇、古代のシンボル、シャーマン（先住民の、そして現代の医師という名のシャーマンを含む）、偽手術、あるいは聖地などに頼らなくてもヒーリングは起こると、お分かりいただけたことと思う。本章では、ワークショップ参加者がこれを実践したものを、科学的に立証していく。彼らは思考のみで生理的組成を変化させた。それは、そのように考えただけではなく、脳に刻印されている。

プラシーボになる

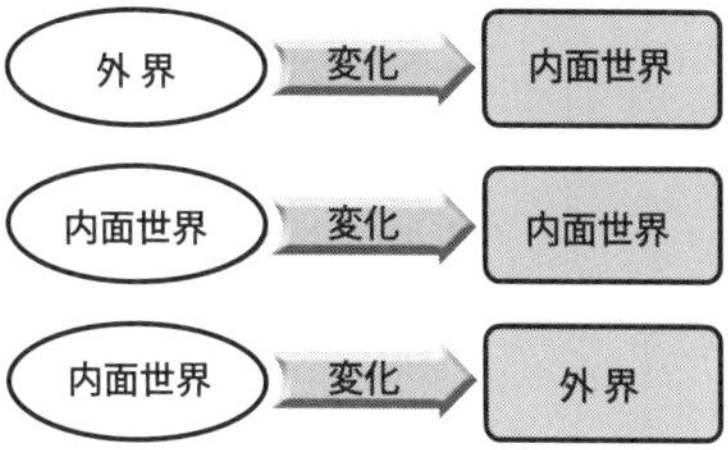

図 10.1

ほとんどの変化は、外界の何かが内面の何かを変えるという単純な過程から始まる。あなたが内面の旅を始め、思考と感情からなる内面を変化させると、それはよりよい心身の状態を作り出す。瞑想を通じてそれを繰り返すと、そのうちに後成的変化が外界（体の状態）に反映され、あなたは自らプラシーボとなる。

本章でご紹介する証拠の数々はすべて、瞑想がいかにパワフルかを読者諸氏が目の当たりにし、インスピレーションを得るためにある。どんなことができるかという証拠をご自身の目で確認して、あなたが彼らと同じ原理を活用して自己変容を果たし、人生のすべての分野で望むものを手に入れて欲しい、というのが私の願いである。たくさんの体験談に触れ、本書の第二部まで読み進んでいった頃には、心の内面の旅を早く始めたいという強い意志が備わっていることだろう。なぜなら証拠の数々を読み、あなたは、自分がこれからすることにさらに深い意味づけをしているからだ。深い意味づけは、よりよい結果を生む。

知識を経験に変える

このワークを指導する過程で、私はとても重要なことを学んだ。どんな人も、人知れず自分の比類ない能力を信じているものだということに、私はある時点で気づかされた。何かを真剣にやり始めるとき、その人が大企業のCEOでも小学校の用務員でも、三人の子持ちのシングルマザー、あるいは服役中の囚人でも、誰もが心の中で密かに自分を信じている。

私たちは皆、可能性を信じている。私たちは、自分が今直面する現実より、もっといい未来を思い描いている。だから、私が真剣によりよい未来を夢見る人々に対し、有意な科学情報を提供し、その情報の使い方を指南すれば、皆がその人なりの個人変容を起こせるだろうと考えた。つまるところ、サイエンスとは、神秘主義を現代の言葉に翻訳する手段だ。サイエンスは宗教も文化も伝統も貫いて進む。サイエンスは神秘のヴェールをはがし、多様な価値観のコミュニティを統一する共通言語となる。その様子を、私は世界中で実施したセミナーで何度も何度も目にしてきた。

私の上級ワークショップでは、参加者たち（個人、集団として）の身体的・エネルギー的変化を、協力チームとともに測定してきた。その際、私は本書でも一部解説している原理を、〝科学的変容モデル〟として指導してきた。参加者たちがスキルを習得し、熟達していくにつれ、モデル自体も進化している。私は、このモデルの可能性をよりよく理解していただくために、量子力学を極力引き合いに出している。その上に、最新の神経科学、神経内分泌学、後成的遺伝学、細胞生理学、脳波科学、エネルギー心理学、精神神経免疫学などの情報を合体させている。新しい知識を取り入れるたびに新たな可能性が開かれていく。

私の講義を聞いた人々は、それらの情報を咀嚼《そしゃく》し、彼らの瞑想や瞑想的活動に、より深い意味づけをしていく。しかし、それらの情報を頭で理解しただけでは不十分だ。それを何度も何度も反復しなくてはならない。新たに覚えた知識を説明できるようになれば、ますます進化系モデルが脳内に刻印され、神経インフラとしてインストールされる。そして学んだことを、さらに何度も繰り返し実践していくうちに、ソフトウェアプログラムが完成する。この新しい情報を正しく応用すれば、新しい経験を引き寄せる導火線として使えるだろう。

つまり、意識と体を同調させることができたら、新しい経験に見合った新しい感情を醸成することにより、新しい知識が得られるだろう。このとき、あなたは情報を**自分のもの**にしている。なぜなら、あなたの意識が知的に理解していることを、それに見合った感情を表す化学物質を通じて体に教え込んでいるからだ。この時点で、あなたはそれが真実だと信じ始めている。しかし私は、あなたがそれを覚えて一回試すだけでなく、ワークショップ参加者たちのように、何度も何度も経験を重ね、新しいスキルがやがて習慣となり、通常モードとして定着するところまでやり続けてほしいと願っている。

ある行為に一貫性が見つかったとき、私たちは新しい科学パラダイムの淵に立っている。科学の定義とは、〝何度やっても同じ結果を得られること〟だからだ。あなたや私が、思考のみの力で自らの内面を変えるという能力に熟達したら、そして、それを繰り返し観察・測定し、データ化できたら、私たちは、新しい科学の法則樹立の入り口に立っている。私たちは、世界に多数存在している現行の科学モデルに、現実の性質に関する新たな知識として加え、さらに多くの人々に力を与え、貢献できるだろう。これは私の長年の野望だった。

私はこれまで、内面のワークがどのように脳と体の生理的組成を変えるかについて、子細にわたりワークショップ参加者たちに講義してきた。彼らに自分の行為を明確に理解してもらうためだ。推測や独断、想像の余地がまったくないほど明確に理解できれば、私たちは量子の可能性に対して、より高い被暗示性を持つ。そして、努力した分だけ大きな進化が待っている。もちろん、その伸びしろは本人の能力次第だ。

私のワークショップの参加者たちは、三〜五日という実施期間中、自分たちの日常を離れ、過去から現在までの個人的現実によって自分を定義しない時間を過ごす。そこで、彼らは新しい心の状態に入る訓練を積む。新しい未来に属していない古い人格の上塗りをせず、まったく別人になったつもりになる（または新しい人格を再発明する）ことで、彼らはなりたい新しい人格になりきる。そして、それは第四章に登場した、実年齢より二十二歳若いフリをして過ごした老人たちのように、後成的遺伝子変化を起こす。

私はワークショップ参加者たちが、瞑想により、自分と自分のアイデンティティを超越し、体や名前、物質でなくなり、どの時間にも、どの場所にも存在しない、純粋な意識体になることを望んでいる。それが起きると、彼らは、環境が変わるより先に脳と体を変容させ、ワークショップ終了後に元の環境に戻っても、もう無意識の条件づけに従い外界に翻弄され続ける被害者ではなくなる。これが非日常的、奇跡的な現象が起きる領域だ。

私は参加者たちに正しい知識をもってもらい、その新しい情報を自分のものにする機会を提供し、最終的に、それぞれが何らかの個人変容を起こしてほしいと願っている。そこで始めたのが二〇一三年の新しいイベントだ。そのことについては、「はじめに」の項でも触れている。この新しいワークショップ（第一回は二〇一三年二月アリゾナ州ケアフリーで実施され、続いて同年七月コロラド州イングルウッドで、その後も引き続き各地で実施されている）では、会場で起きる変容をリアルタイムで測定することにした。

私の狙《ねら》いは、彼らの変容の様子が測定できれば、そのデータはさらなる情報となり、彼らが経験したばかりの変容について、より実際的指導ができるという点だ。そしてその情報をもとに、さらなる変容が起こり、それがまた測定されることで、知識と経験との間にあるギャップを埋めていけるだろう。私はこのワークショップに〝知識から変容へ〟というタイトルをつけた。

変容の測定

この新しい旅を始めた頃、才気あふれる優秀な神経科学者ジェフリー・ファニン博士との出会いがあった。彼は参加者の脳内活動の測定に無私の協力を惜しまない人物で、アリゾナ州グレンデールの認知強化センターの創始者・事務局長として、十五年以上にわたり、脳の最適性能の指導をはじめとする神経科学分野で、精力的に研究を続けている。彼は、頭部外傷、脳梗塞、慢性痛、注意力欠如障害（ADD）、注意欠陥多動性障害（ADHD）、不安障害、鬱病、外傷からの回復の他、スポーツのブレイン・マッピング、脳波同調によるリーダーシップ・スキルの向上、脳機能向上、精神と感情の制御向上、個人変容などを含む機能向上訓練を専門としている。

彼は長年にわたり、脳波図（EEG：脳神経細胞の電気的活動の測定）技術の最先端研究に携わり、人の脳波エネルギーがどの程度調和しているかを正確に測定し、それを彼は「**全脳状態**」と呼んでいる。彼の研究テーマは、無意識の思考パターンと、調和した脳機能と個人的成功の統合だ。

ファニン博士はまた、アリゾナ州立大学の研究チームの一員として、米国ウェストポイント軍事アカデミーが収集したデータを使って、神経科学とリーダーシップの研究を行っている。この研究結果をまとめ、アリゾナ州立大学で「リーダーシップの神経科学」というユニークなコースを共同で指導している。彼はまた、アリゾナ州フェニックス近郊のウォルデン大学の大学院教授として認知神経科学を指導している。


私はファニン博士率いるチーム全員を、二つの新しいワークショップに招聘《しょうへい》し、脳の特定の要素や性質の測定を行った。その内容は、脳波のコヒーレンスとインコヒーレンス（脳波が秩序立っていることといないこと）、振幅（脳波エネルギー）、相形成（脳の多様な部分が調和して協働していることとの度合い）、深い瞑想状態に入るまでにかかる相対的時間（脳波の状態が被暗示性の高いものに変化するまでの時間）、シータ／アルファ比（脳が相対的に機能している度合いや、脳の前と後ろ、右と左の各部分が連動している様子）、デルタ／シータ比（脳内の雑念や侵入思考をコントロール・調整する能力）、そして持久力（脳が長時間にわたり瞑想状態を安定して維持する能力）といった項目がある。

私たちはまた、脳波測定機器を装備した4〜6人分の脳スキャン・ステーションを会場内に設置し、ワークショップ参加前と後の参加者の脳波を測定し、参加者の脳波のパターーンの変化を観察した。

二つのイベントそれぞれで１００名以上の参加者の脳スキャンを行った。（本書の初版発行以後、脳スキャンの測定数は１０００を超えている。）また毎日三回行われる瞑想では、参加者の中からランダムに四名を選び、瞑想中の脳の変化をリアルタイムで測定した。二〇一三年に実施した二つのワークショップでは、トータルで４０２例の脳波図を記録した。これは頭の外側20か所から脳を測定する安全で苦痛のない測定法だ。これによって脳がある行為の最中にどう機能しているかという情報が得られる。

脳波図は次に量的脳波図（ＱＥＥＧ）に変換され、脳波図に現れた脳内活動の数的・統計的分析を行い、ブレインマップと呼ばれる画像として表現される。この画像は、脳波図に現れた活動が何もしていないときの脳の活動とどう違うかを、色のグラデーションで示すことができる。周波数の違いにより、異なる多様な色やパターンは、脳波が被験者の思考、感情といった心の状態にどう影響しているかを知る有用な手がかりとなる。

まずわかったのは、データ全般を見渡すと、脳波図を測定した参加者の91％が顕著に脳機能を向上させていた。大半の参加者の脳波は、変容瞑想の過程で、インコヒーレントな（秩序立っていない）状態からよりコヒーレントな状態に移行していた。さらに、両方のイベントで測定した量的脳波図のブレインマップの82％以上の被験者の脳活動は、健全な通常範囲内で機能していることが分かった。

脳が正しく機能しているとき、人は正しく機能するということを私は学んだ。あなたの脳がよりコヒーレントなら、あなたもよりコヒーレントになる。あなたの脳が過不足なく調和していれば、あなたもまた過不足なく調和している。毎日あなたの脳裏をよぎるネガティブ思考や侵入思考を制御できれば、あなた自身もネガティブでなくなり、よからぬことを考えない人になる。これがイベント参加者たちを観察していて分かったことだ。

瞑想状態に到達し、とどまっていられるようになるまでの米国平均所要時間は一分半ちょっとだ。[1] つまり、ほとんどの人にとって、脳波を変性意識状態に変えるのに、その程度しかかからないということだ。私のイベント参加者（最初の４０２例）が瞑想状態に入ってとどまるまでに要する時間は平均59秒だった。わずか一分もかかっていない。早い人は脳波を変え、心の状態を変えるのに4・5秒から9秒しかかからなかった。

断っておくが、これは早く到達する競争ではない（それは私たちの目的に反する）。しかし、このデータは二つの重要な点を示唆している。第一に、ベータ脳波の分析思考を突破して、被暗示性の高い無意識領域に入るのは、誰でも何度も訓練するうちに上達するスキルだということ。第二に、参加者たちは、私のチームが指導する、思考脳を超えて無意識のオペレーティング・システムに入る瞑想法を比較的簡単に実践しているということだ。

私たちの研究結果ではまた、参加者の脳全体が一体となって機能している一貫性のあるパターンが顕著に表れた。参加者が瞑想をすると、前頭葉でアルファ波からシータ波に移行するパターン（脳内の各部分同士がコミュニケーションをとる状態）がはっきりと現れた。これは、脳の左半球と右半球がより調和し、統一された状態で対話ができている状態を示す。私たちが繰り返し観察してきた、左右の前頭葉パターン比率は、どうやら強い感謝の気持ちを生み出すようで、リズミカルな波形として現れる。したがって、参加者たちがメンタル・リハーサルでこの高揚した感謝の状態に至ったとき、彼らの内的経験は極めてリアルで、本人はその出来事がすでに現実に起きていると信じていることをデータは示している。感謝の気持ちというのは、望んでいたことやものが手に入った時に感じるものだからだ。

瞑想に熟達した人々も、シータ波と低域アルファ波比率の増加を示す。これが示すのは、彼らはかなり長い間変性意識状態にとどまれるということだ。特に顕著だったのは、速度の遅い波動の調節度が向上したことだ。シータ波域にあった参加者たちの脳波は、脳の前と後ろの部分同士の連携が通常よりコヒーレントな（秩序立っている）状態だった。前頭葉の左半分はポジティブ感情が起きる場所だが、ここが繰り返し活性化していた。これは瞑想で幸福感に至る時と同様だ。

言い換えると、参加者たちが瞑想すると、彼らの脳波は速度の遅い、よりコヒーレントな脳波になる。これでわかるのは、彼らの知覚能力が敏感になり、同時に深いリラックス状態にあるということだ。ついでに言うなら、脳の前後、左右の統一が取れているということは、その持ち主がより幸福で満ち足りていることを示している。

ブレインストームが起きている

そして最後に、第一回のイベントで、ある参加者の瞑想中にブレインマッピングが計測される様子を見ていて、私はある重要なことに気がついた。彼女の脳スキャンを見ながら、私は彼女が懸命に努力している様子、そして彼女の脳が調和と深い瞑想状態のアルファ波やシータ波からどんどん遠ざかっていく様子が目に留まった。彼女がその時点で経験している感情に基づき、自分と自分の人生を分析・評価しているのだと私は気づいた。その証拠に、彼女の脳波は速度の速い、インコヒーレントな高域ベータ波状態（高度のストレス、不安、興奮、緊急事態、全体としてバランスを崩した状態を示す）だった。

私は、彼女が自分の脳を使って脳を変えようとしている様子、それがうまくいかない様子を観察した。私は、彼女が自分のエゴを使ってエゴを変えようとしているのだとわかったが、当然それもうまくいかない。あるプログラムを別のプログラムで変えようとしても、上書きがうまくいかないどころか、元のプログラムを強化することになる。彼女は顕在意識主導の状態のままで潜在意識を変えようとしていた。彼女はプログラムの書き換えが行われるオペレーティング・システムの外にいたのだ。瞑想後、私は彼女と少し話をしたが、彼女は瞑想がうまくできなかったと打ち明けた。そのとき私はひらめいた。どこをどう指導するべきかという次のプランを思いついた。

体を変えるには体から意識を遠ざけ、エゴを変えるにはエゴを超越し、プログラムを変えるにはプログラムの上に行き、無意識を変えるには、顕在意識から離れなくてはならない。未知の何かを創造するには、自らが未知のものにならなくてはならない。物質界で新しい経験をするには、自らが量子場という非物質界の新しい思考そのものにならなくてはならない。時間空間を変えるには、時間と空間を超越しなくてはならない。

彼女は純粋な意識体にならなくてはならなかった。彼女は自分の知っている環境（自分の家、仕事、配偶者、子供たち、抱えている問題など）につながるアイデンティティ、自分の体（顔、性別、年齢、体重、見た目など）、そして時間（予測可能な習慣で過去や未来に意識が向かい、今を生きていない時間）といった一切を超越しなくてはならなかった。新しい自分を創造するには、現在の彼女自身を超越しなくてはならなかった。今の自分より、もっといいものにとってかわるには、自分流を超越しなくてはならなかった。

私たちが物質的存在のままで、物質を変えようとしてもそれはうまくいかない。私たちが粒子のまま、粒子を変えようとしても何も起こらない。なぜなら、私たちは物質と同じ速さで振動しているため、物質に何ら影響を与えられないからだ。影響を与えられるのは、私たちの意識（意志という思考）とエネルギー（高揚した感情）だ。私たちが意識体となったとき、初めて脳、体、人生を変えることができ、新しい未来を創造できる。

すべてのものに形を与えるのは意識であり、異なる意識状態をつくるには脳と体を使うため、純粋な意識体となれる場所で、私たちは真の意味で自由になる。そこで、私は参加者たちが極力長い時間の瞑想をして、誰でもない、体でない、物質でない、どの場所にも時間にもいない存在になり、無限の可能性の場に心地よくとどまっていられるまで続けるように導くことにした。

私は参加者たちが、彼らの個人的（主観的）意識と、量子場にある大いなる（客観的）意識とが融合する時間を長く経験してほしかった。そこで、彼らは今という時間のスウィート・スポットを見つけ、エネルギーと関心を無の空間（と言ってもからっぽではなく、無限の可能性がある場所）に投資し、未知の感覚に違和感がなくなるまでとどまらなくてはならなかった。時空を超えたこのパワフルな場所（ここからすべての物質が生まれる）に本当にたどり着いて初めて、創造を始められるのだ。

使用した脳スキャンの概略

これからお見せする脳内変化の数々をよりよくご理解いただくために、私たちが使っている二種類の脳スキャン解析のタイプについて、ざっと解説しておこう。説明は簡単なほどいい！ **第一のタイプ**は、脳の各部分同士の活動の程度を測定するものだ。（カラーの挿入ページにある図10・2参照。本章の図はすべてこのカラーページにある。）左右のボックスのスキャンは相対的な二つのタイプのマッピングを示す。左は**超活性**（または過剰調節）の様子で、脳内の各部分同士を結ぶ赤い線で描かれている。離れた二つの地点にいる人々が電話線を通じて会話する様子を想像するとわかりやすい。赤い線が密集しているところは、脳内で過剰な活動が起きていることを示す。右は**低活性**（または調節欠如）で、脳内の異なる部分同士を結ぶ青い線は、相互の情報交換が最低レベルだということを示している。赤や青の線がない、またはほとんどない部分の脳波活動は、正常なやりとりを示す。

線の太さが示すのは標準偏差、つまり線で結ばれた脳内の二つの部分にどれほどの調節不全（または異常調節）があるかを示す。たとえば赤い線が細いとき、二つの部分を結ぶ活動の標準偏差は平均値より1・96高い。青い線が細い時、二つの部分を結ぶ活動の標準偏差は標準より1・96低い。中程度の太さの線が示すのは、標準偏差が平均値より2・58高い（赤線）、または低い（青線）ということ。太い線が示すのは、標準偏差が標準より3・09高い（赤線）、または低い（青線）ということ。

したがってスキャンの図で太い赤線がたくさんある場合、その線が結ぶ脳内の二つの地点は過剰活動をしているということを指す。太い青線がたくさんある場合、その線が結ぶ脳内の二つの地点ではほとんど対話がなく、したがって脳内のそれらの部分は不活性となっている。こんなふうに考えるといい――赤線が太いほど脳が処理する情報量が多く、青線が太いほど脳が処理する情報量が

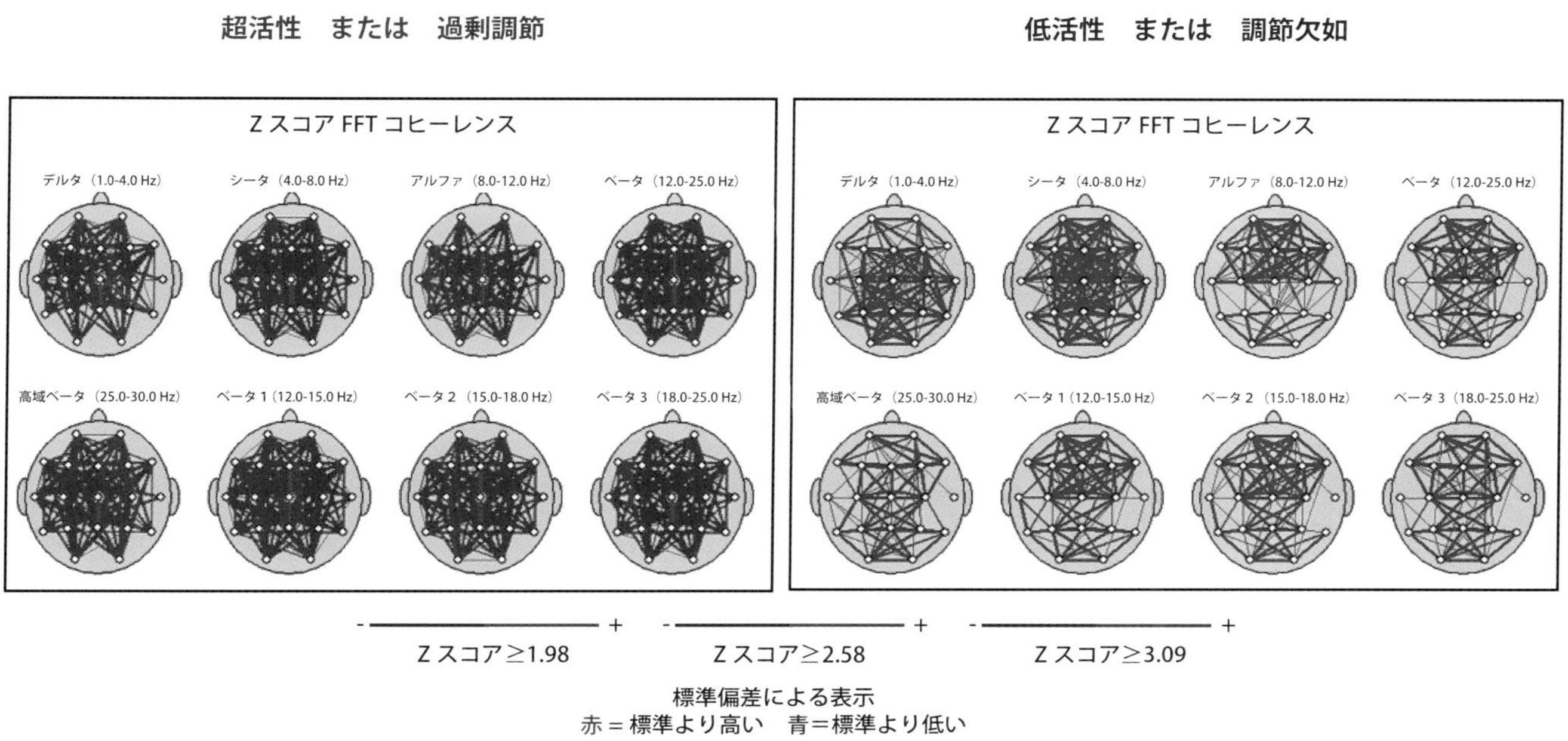

超活性　または　過剰調節
低活性　または　調節欠如
Z スコア FFT コヒーレンス
デルタ（1.0-4.0 Hz）
シータ（4.0-8.0 Hz）
アルファ（8.0-12.0 Hz）
ベータ（12.0-25.0 Hz）
高域ベータ（25.0-30.0 Hz）
ベータ 1（12.0-15.0 Hz）
ベータ 2（15.0-18.0 Hz）
ベータ 3（18.0-25.0 Hz）
Z スコア FFT コヒーレンス
デルタ（1.0-4.0 Hz）
シータ（4.0-8.0 Hz）
アルファ（8.0-12.0 Hz）
ベータ（12.0-25.0 Hz）
高域ベータ（25.0-30.0 Hz）
ベータ 1（12.0-15.0 Hz）
ベータ 2（15.0-18.0 Hz）
ベータ 3（18.0-25.0 Hz）
- +
Z スコア≧1.98
- +
Z スコア≧2.58
- +
Z スコア≧3.09
標準偏差による表示
赤＝標準より高い　青＝標準より低い

図 10.2

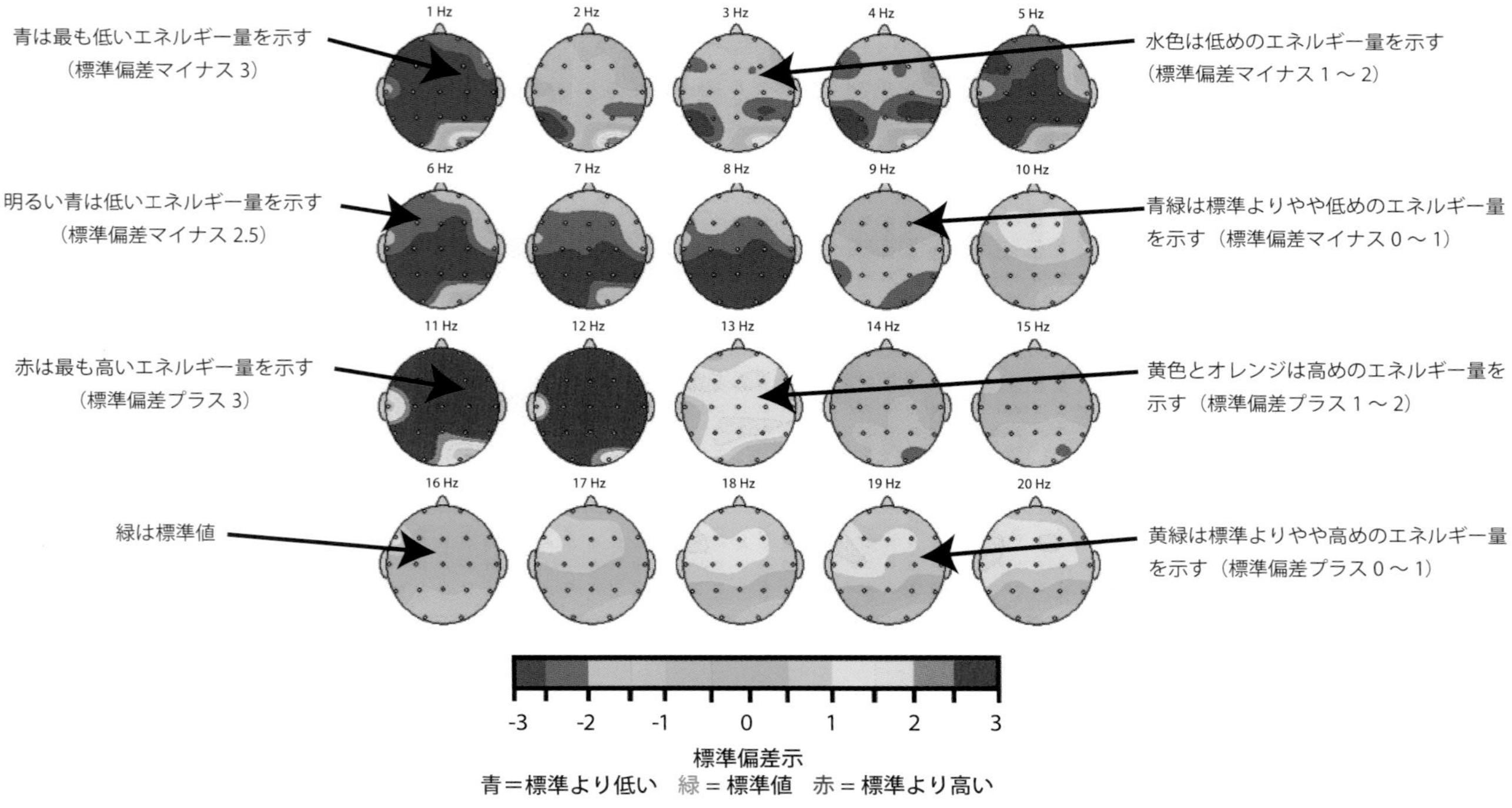
1 Hz
2 Hz
3 Hz
4 Hz
5 Hz
6 Hz
7 Hz
8 Hz
9 Hz
10 Hz
11 Hz
12 Hz
13 Hz
14 Hz
15 Hz
16 Hz
17 Hz
18 Hz
19 Hz
20 Hz
青は最も低いエネルギー量を示す（標準偏差マイナス 3）
明るい青は低いエネルギー量を示す（標準偏差マイナス 2.5）
赤は最も高いエネルギー量を示す（標準偏差プラス 3）
緑は標準値
水色は低めのエネルギー量を示す（標準偏差マイナス 1 ～ 2）
青緑は標準よりやや低めのエネルギー量を示す（標準偏差マイナス 0 ～ 1）
黄色とオレンジは高めのエネルギー量を示す（標準偏差プラス 1 ～ 2）
黄緑は標準よりやや高めのエネルギー量を示す（標準偏差プラス 0 ～ 1）
-3 -2 -1 0 1 2 3
標準偏差示
青＝標準より低い　緑＝標準値　赤＝標準より高い

図 10.3

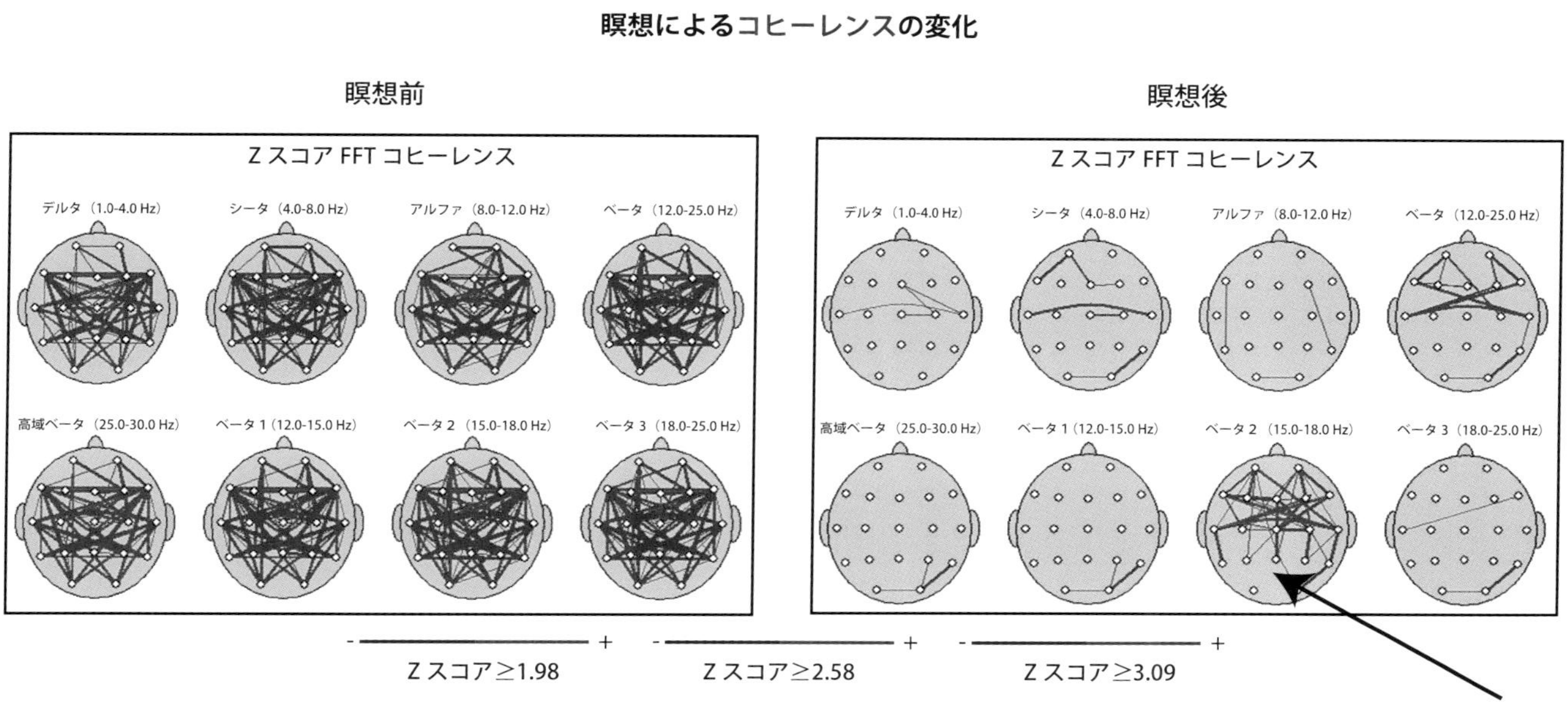
瞑想によるコヒーレンスの変化
瞑想前
Z スコア FFT コヒーレンス
デルタ（1.0-4.0 Hz）
シータ（4.0-8.0 Hz）
アルファ（8.0-12.0 Hz）
ベータ（12.0-25.0 Hz）
高域ベータ（25.0-30.0 Hz）
ベータ 1（12.0-15.0 Hz）
ベータ 2（15.0-18.0 Hz）
ベータ 3（18.0-25.0 Hz）
瞑想後
Z スコア FFT コヒーレンス
デルタ（1.0-4.0 Hz）
シータ（4.0-8.0 Hz）
アルファ（8.0-12.0 Hz）
ベータ（12.0-25.0 Hz）
高域ベータ（25.0-30.0 Hz）
ベータ 1（12.0-15.0 Hz）
ベータ 2（15.0-18.0 Hz）
ベータ 3（18.0-25.0 Hz）
- +
Z スコア≧1.98
- +
Z スコア≧2.58
- +
Z スコア≧3.09

図 10.4

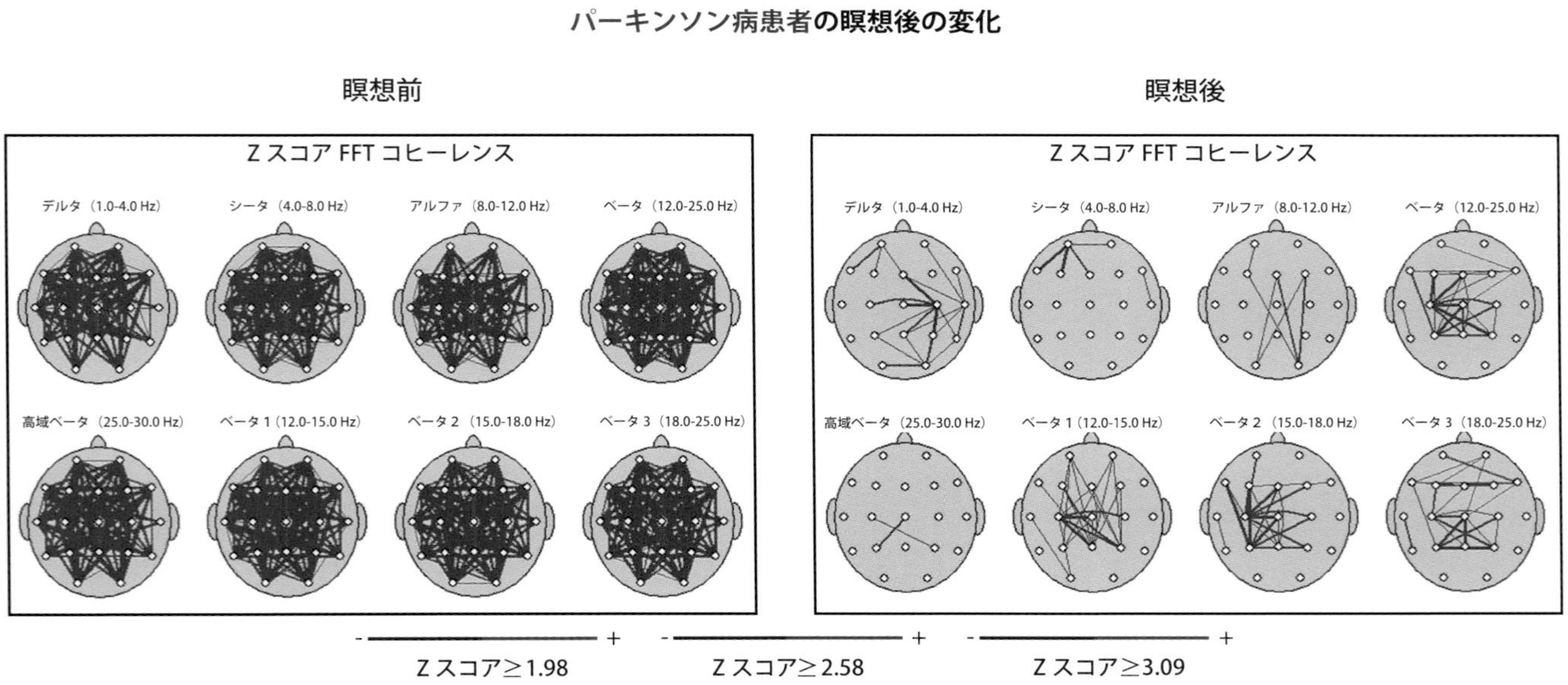
パーキンソン病患者の瞑想後の変化
瞑想前
瞑想後
Z スコア FFT コヒーレンス
デルタ（1.0-4.0 Hz）
シータ（4.0-8.0 Hz）
アルファ（8.0-12.0 Hz）
ベータ（12.0-25.0 Hz）
高域ベータ（25.0-30.0 Hz）
ベータ 1（12.0-15.0 Hz）
ベータ 2（15.0-18.0 Hz）
ベータ 3（18.0-25.0 Hz）
Z スコア FFT コヒーレンス
デルタ（1.0-4.0 Hz）
シータ（4.0-8.0 Hz）
アルファ（8.0-12.0 Hz）
ベータ（12.0-25.0 Hz）
高域ベータ（25.0-30.0 Hz）
ベータ 1（12.0-15.0 Hz）
ベータ 2（15.0-18.0 Hz）
ベータ 3（18.0-25.0 Hz）
- +
Z スコア≧1.98
- +
Z スコア≧2.58
- +
Z スコア≧3.09

図 10.5

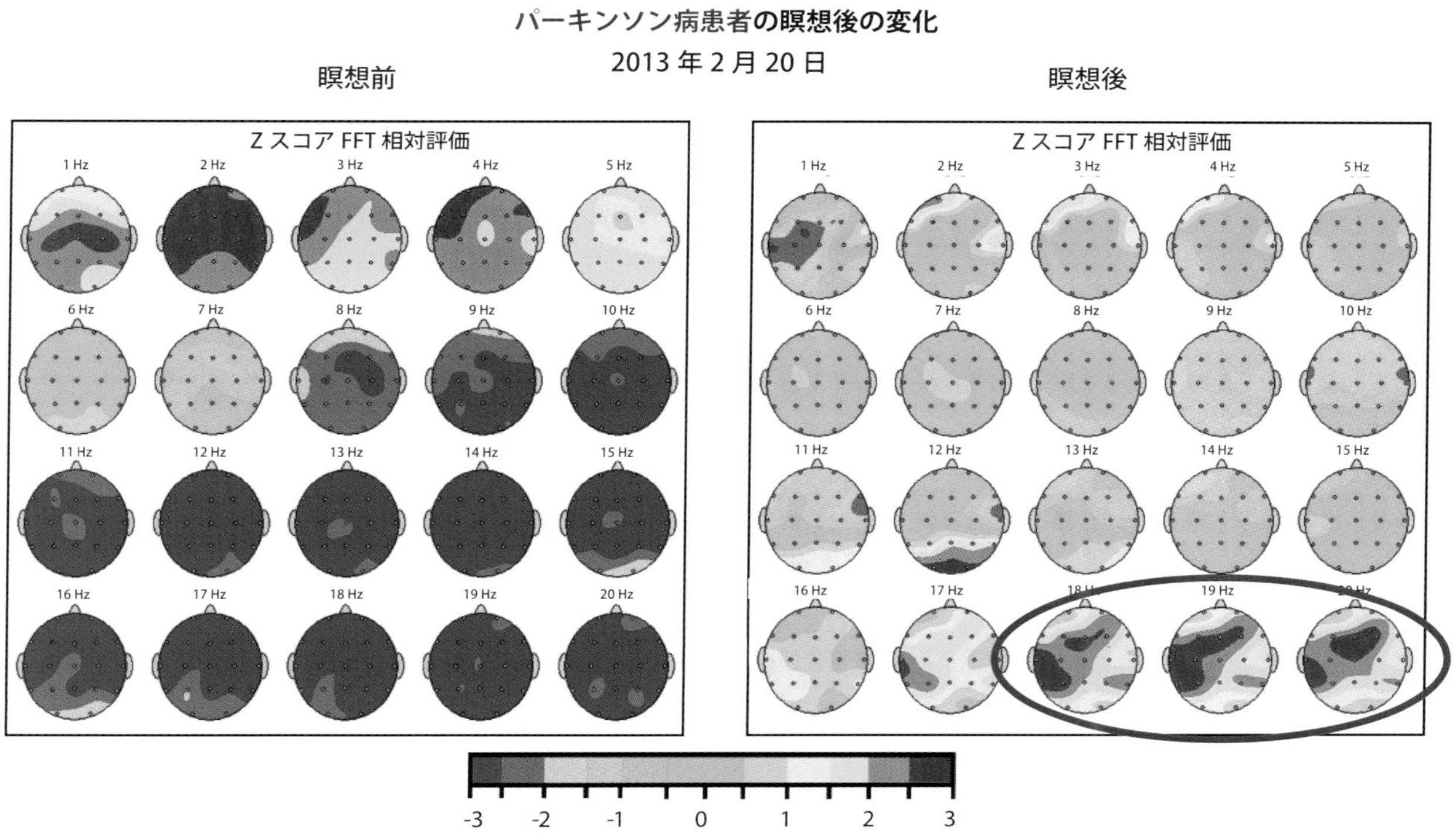

パーキンソン病患者の瞑想後の変化
2013 年 2 月 20 日
瞑想前
瞑想後
Z スコア FFT 相対評価
1 Hz
2 Hz
3 Hz
4 Hz
5 Hz
6 Hz
7 Hz
8 Hz
9 Hz
10 Hz
11 Hz
12 Hz
13 Hz
14 Hz
15 Hz
16 Hz
17 Hz
18 Hz
19 Hz
20 Hz
Z スコア FFT 相対評価
1 Hz
2 Hz
3 Hz
4 Hz
5 Hz
6 Hz
7 Hz
8 Hz
9 Hz
10 Hz
11 Hz
12 Hz
13 Hz
14 Hz
15 Hz
16 Hz
17 Hz
19 Hz
-3
-2
-1
0
1
2
3

図 10.6 A

2013 年 5 月 9 日

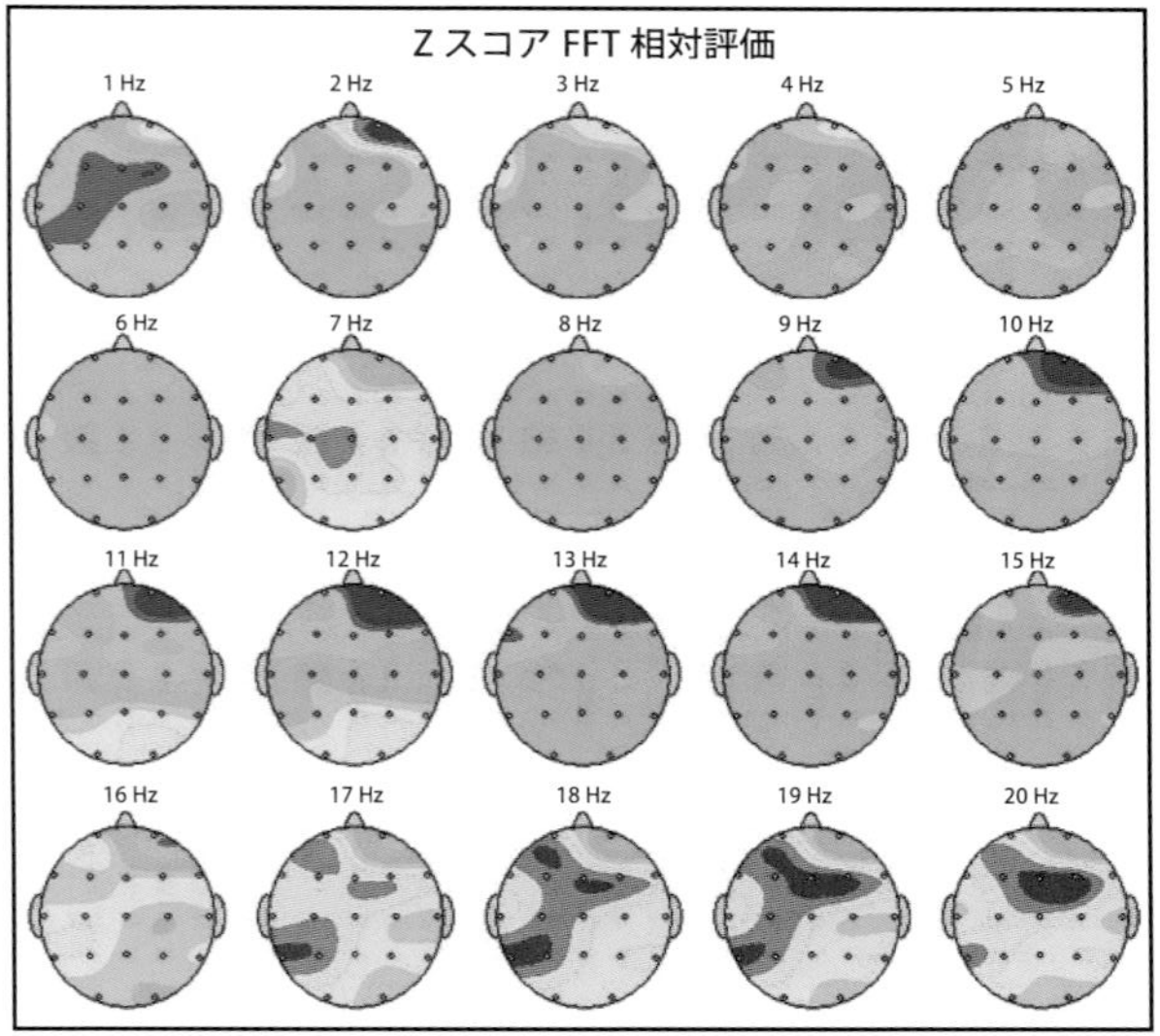

2013 年 6 月 3 日

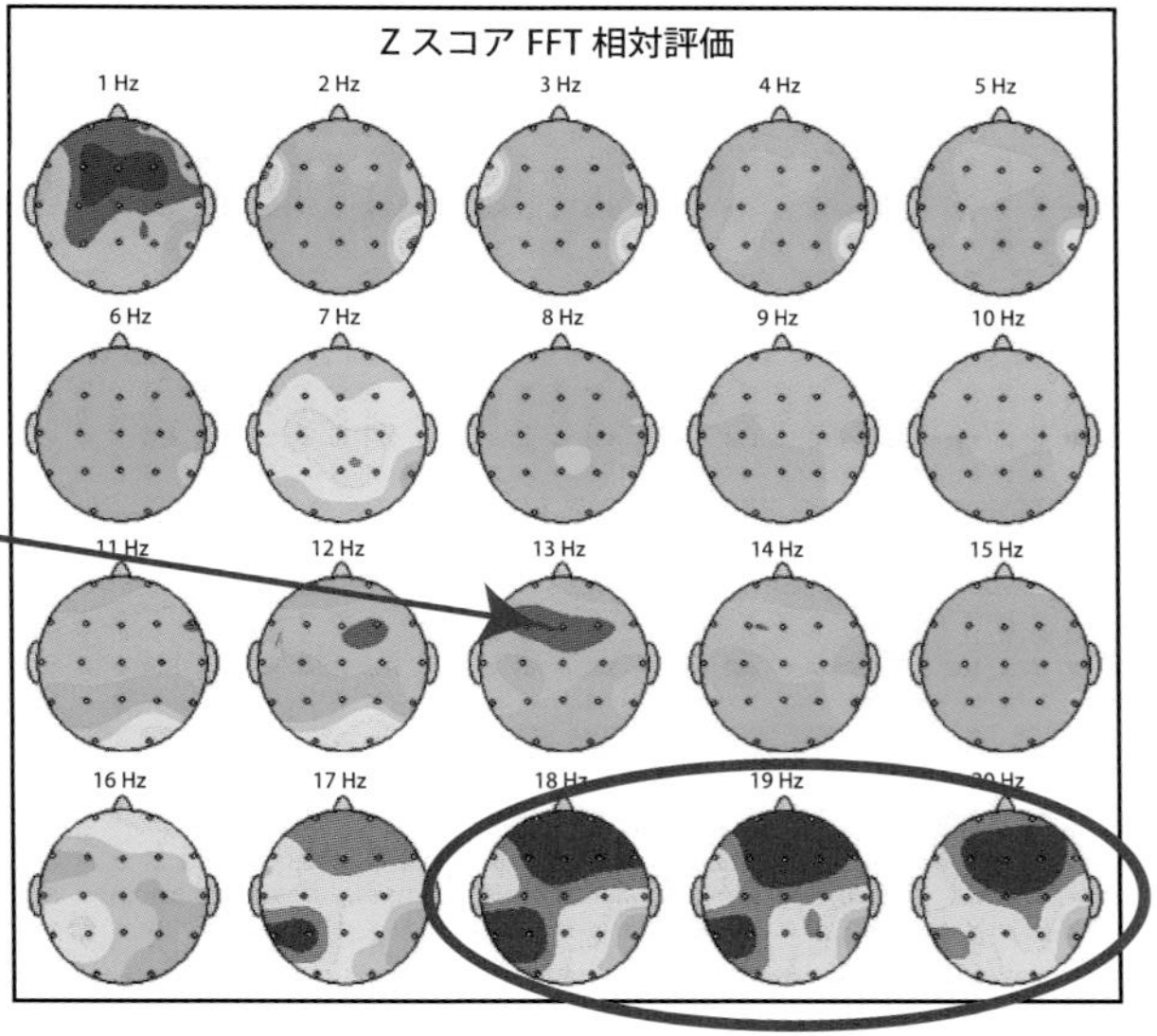

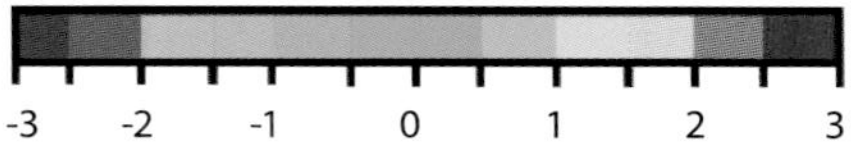

図 10.6 B

図 10.6 C

2013 年 6 月 27 日

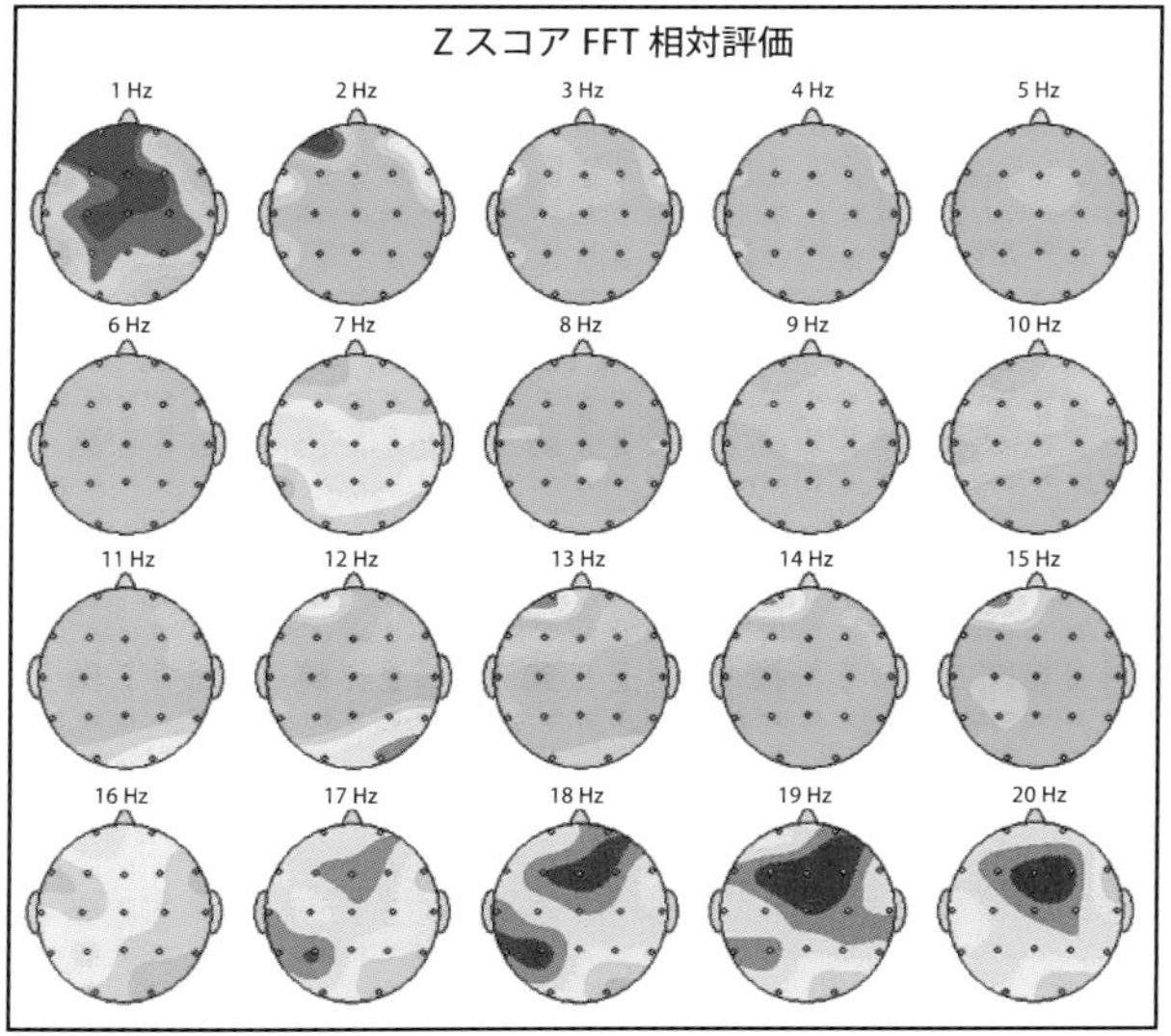

2013 年 7 月 13 日

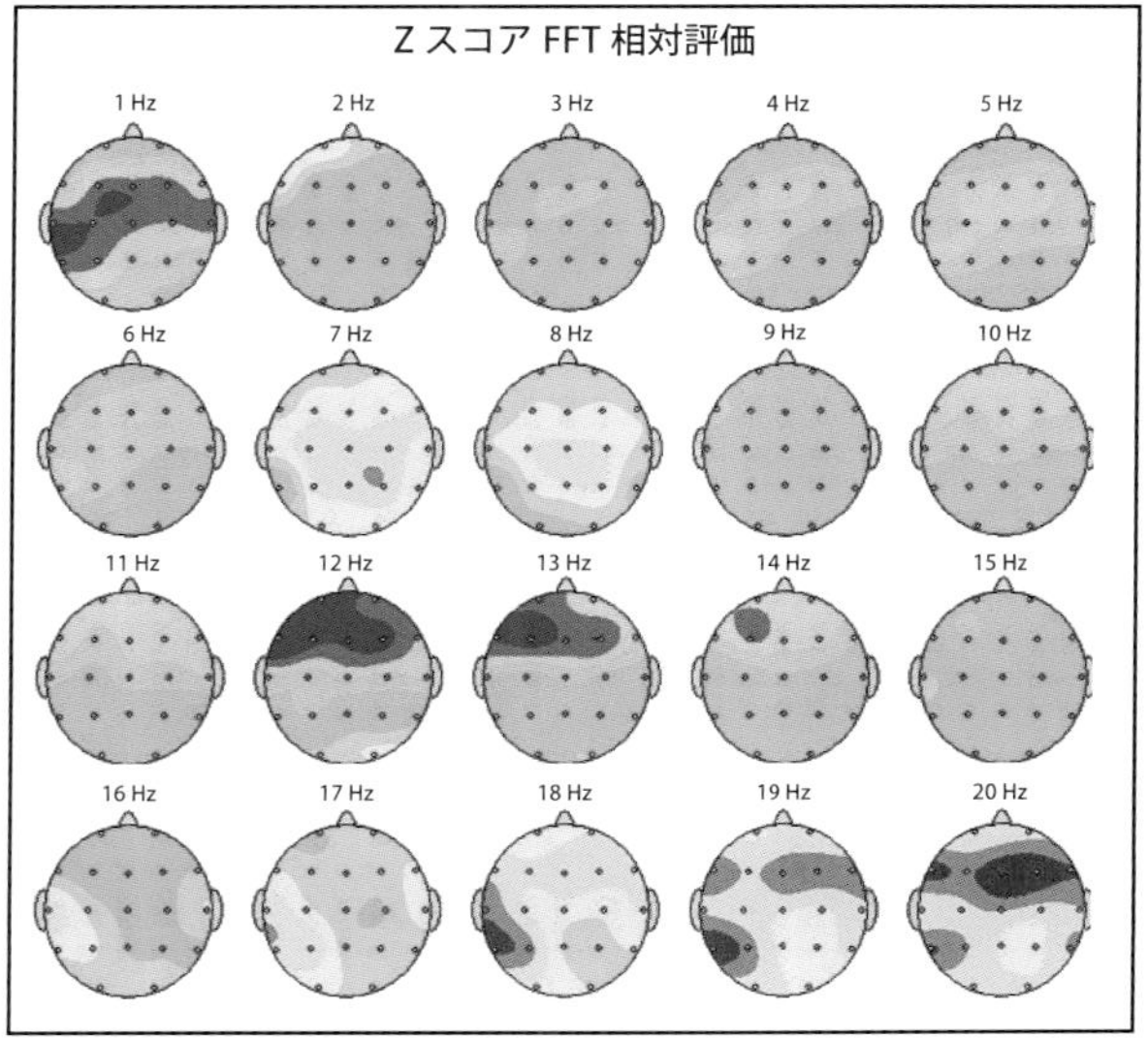

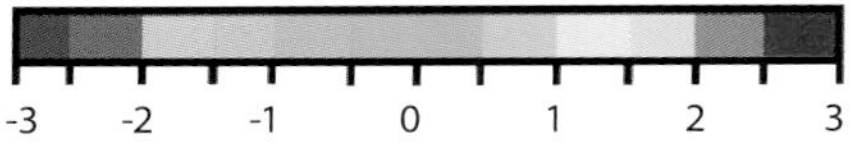

図 10.6 D

図 10.6 E

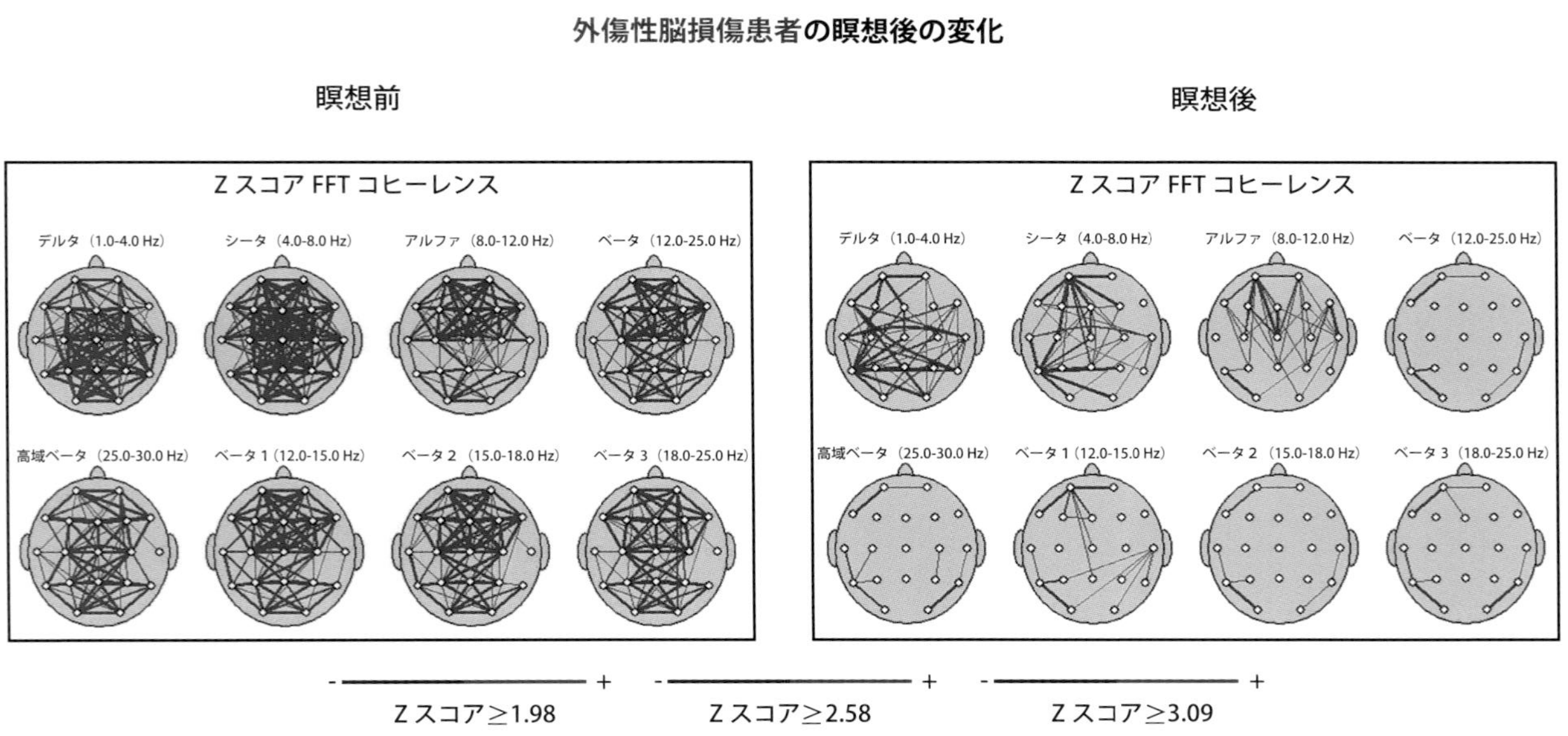
外傷性脳損傷患者の瞑想後の変化
瞑想前
瞑想後
Z スコア FFT コヒーレンス
デルタ（1.0-4.0 Hz）
シータ（4.0-8.0 Hz）
アルファ（8.0-12.0 Hz）
ベータ（12.0-25.0 Hz）
高域ベータ（25.0-30.0 Hz）
ベータ 1（12.0-15.0 Hz）
ベータ 2（15.0-18.0 Hz）
ベータ 3（18.0-25.0 Hz）
Z スコア FFT コヒーレンス
デルタ（1.0-4.0 Hz）
シータ（4.0-8.0 Hz）
アルファ（8.0-12.0 Hz）
ベータ（12.0-25.0 Hz）
高域ベータ（25.0-30.0 Hz）
ベータ 1（12.0-15.0 Hz）
ベータ 2（15.0-18.0 Hz）
ベータ 3（18.0-25.0 Hz）
Z スコア≧1.98
Z スコア≧2.58
Z スコア≧3.09

図 10.7

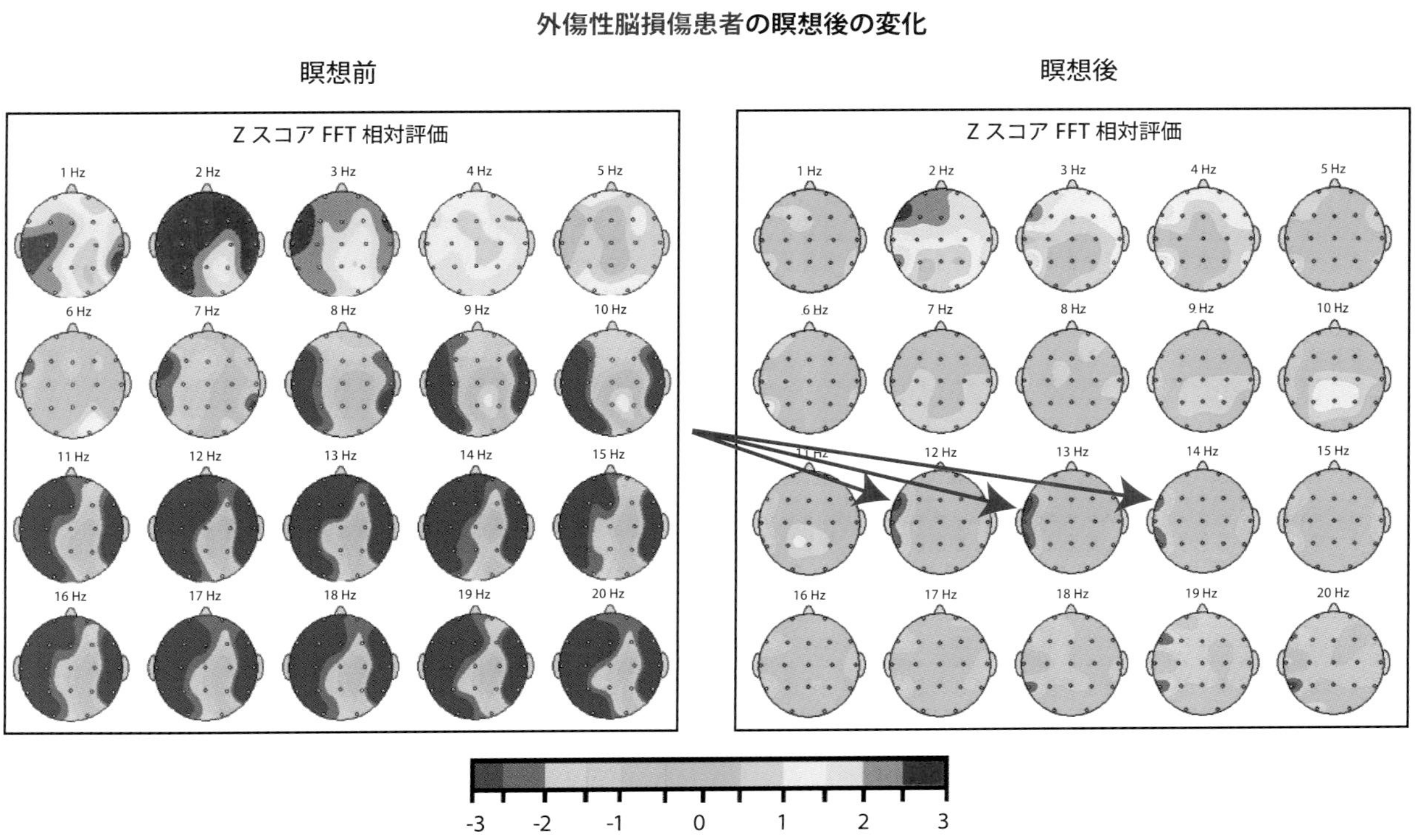
外傷性脳損傷患者の瞑想後の変化
瞑想前
瞑想後
Z スコア FFT 相対評価
Z スコア FFT 相対評価
1 Hz
2 Hz
3 Hz
4 Hz
5 Hz
6 Hz
7 Hz
8 Hz
9 Hz
10 Hz
11 Hz
12 Hz
13 Hz
14 Hz
15 Hz
16 Hz
17 Hz
18 Hz
19 Hz
20 Hz
-3
-2
-1
0
1
2
3

図 10.8

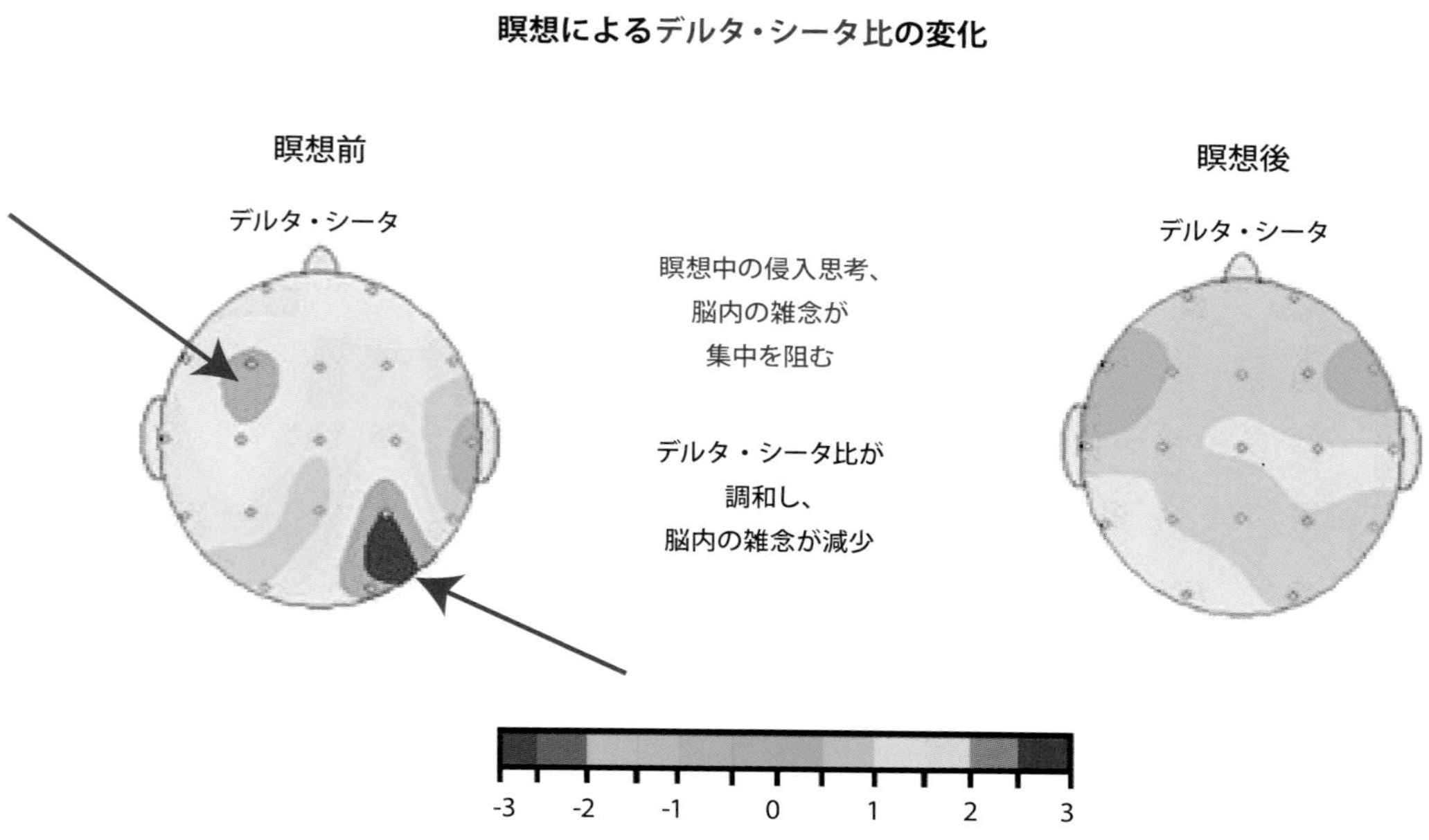
瞑想によるデルタ・シータ比の変化
瞑想前
デルタ・シータ
瞑想中の侵入思考、
脳内の雑念が
集中を阻む
デルタ・シータ比が
調和し、
脳内の雑念が減少
瞑想後
デルタ・シータ
-3
-2
-1
0
1
2
3

図 10.9

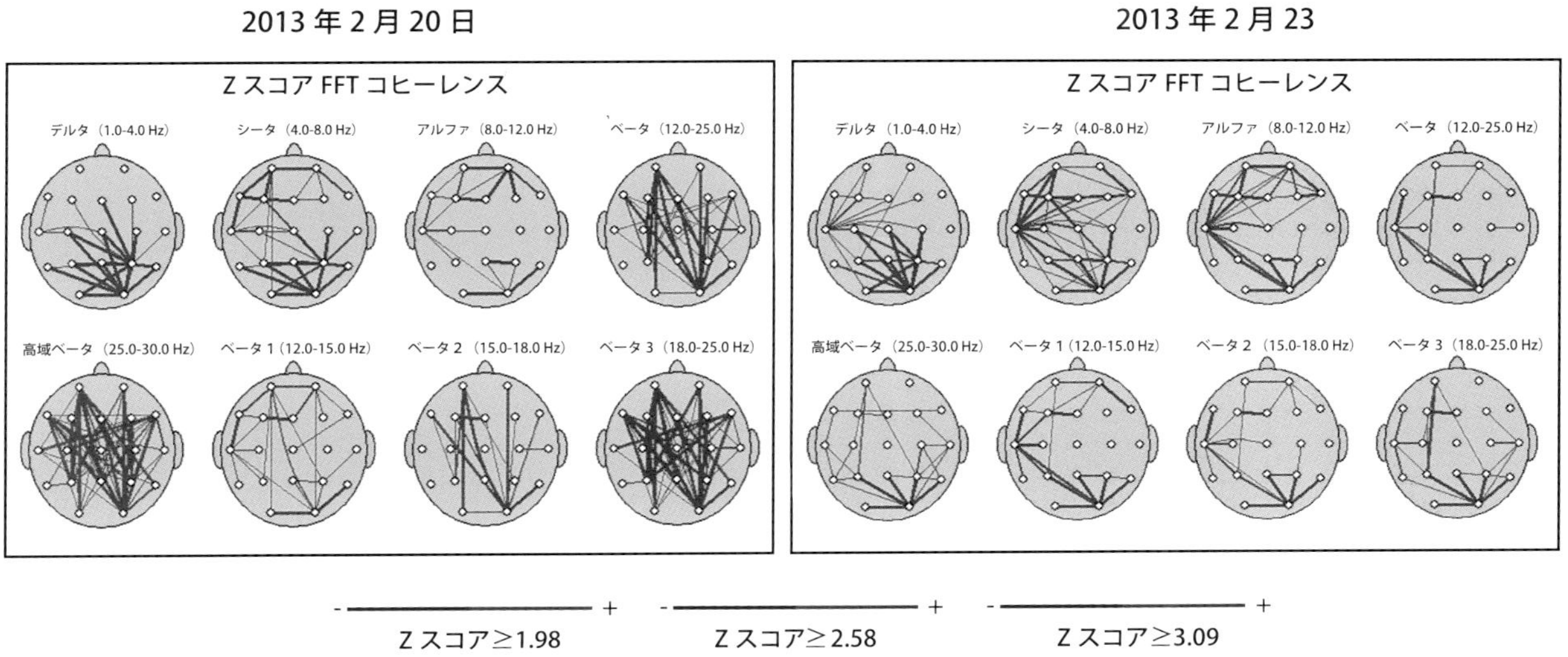
2013 年 2 月 20 日
Z スコア FFT コヒーレンス
デルタ（1.0-4.0 Hz）
シータ（4.0-8.0 Hz）
アルファ（8.0-12.0 Hz）
ベータ（12.0-25.0 Hz）
高域ベータ（25.0-30.0 Hz）
ベータ 1（12.0-15.0 Hz）
ベータ 2（15.0-18.0 Hz）
ベータ 3（18.0-25.0 Hz）
2013 年 2 月 23
Z スコア FFT コヒーレンス
デルタ（1.0-4.0 Hz）
シータ（4.0-8.0 Hz）
アルファ（8.0-12.0 Hz）
ベータ（12.0-25.0 Hz）
高域ベータ（25.0-30.0 Hz）
ベータ 1（12.0-15.0 Hz）
ベータ 2（15.0-18.0 Hz）
ベータ 3（18.0-25.0 Hz）
- +
Z スコア≧1.98
- +
Z スコア≧2.58
- +
Z スコア≧3.09

図 10.10

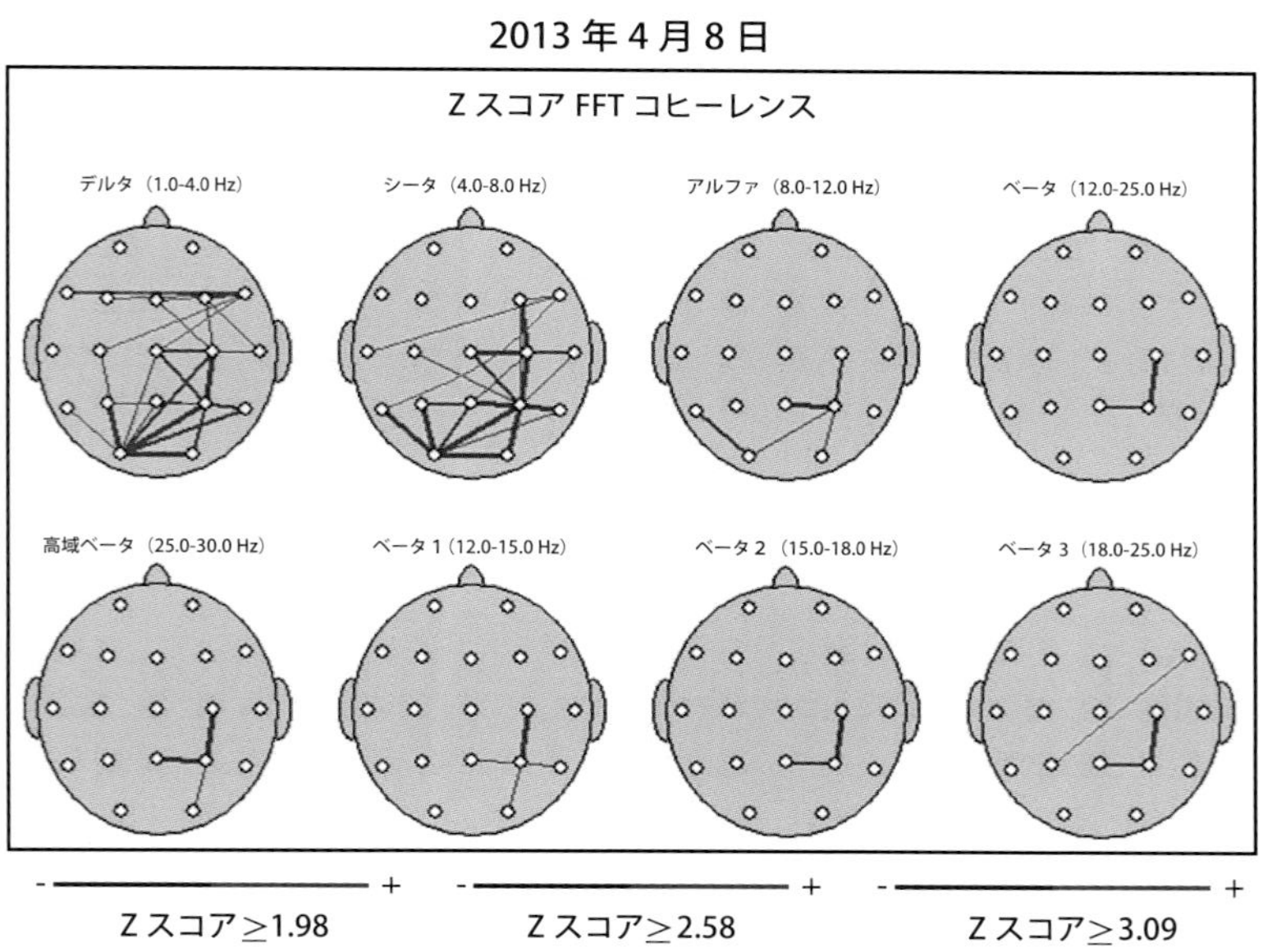
2013年4月8日
Zスコア FFT コヒーレンス
デルタ（1.0-4.0 Hz）
シータ（4.0-8.0 Hz）
アルファ（8.0-12.0 Hz）
ベータ（12.0-25.0 Hz）
高域ベータ（25.0-30.0 Hz）
ベータ1（12.0-15.0 Hz）
ベータ2（15.0-18.0 Hz）
ベータ3（18.0-25.0 Hz）
- +
Zスコア≧1.98
- +
Zスコア≧2.58
- +
Zスコア≧3.09

図 10.11

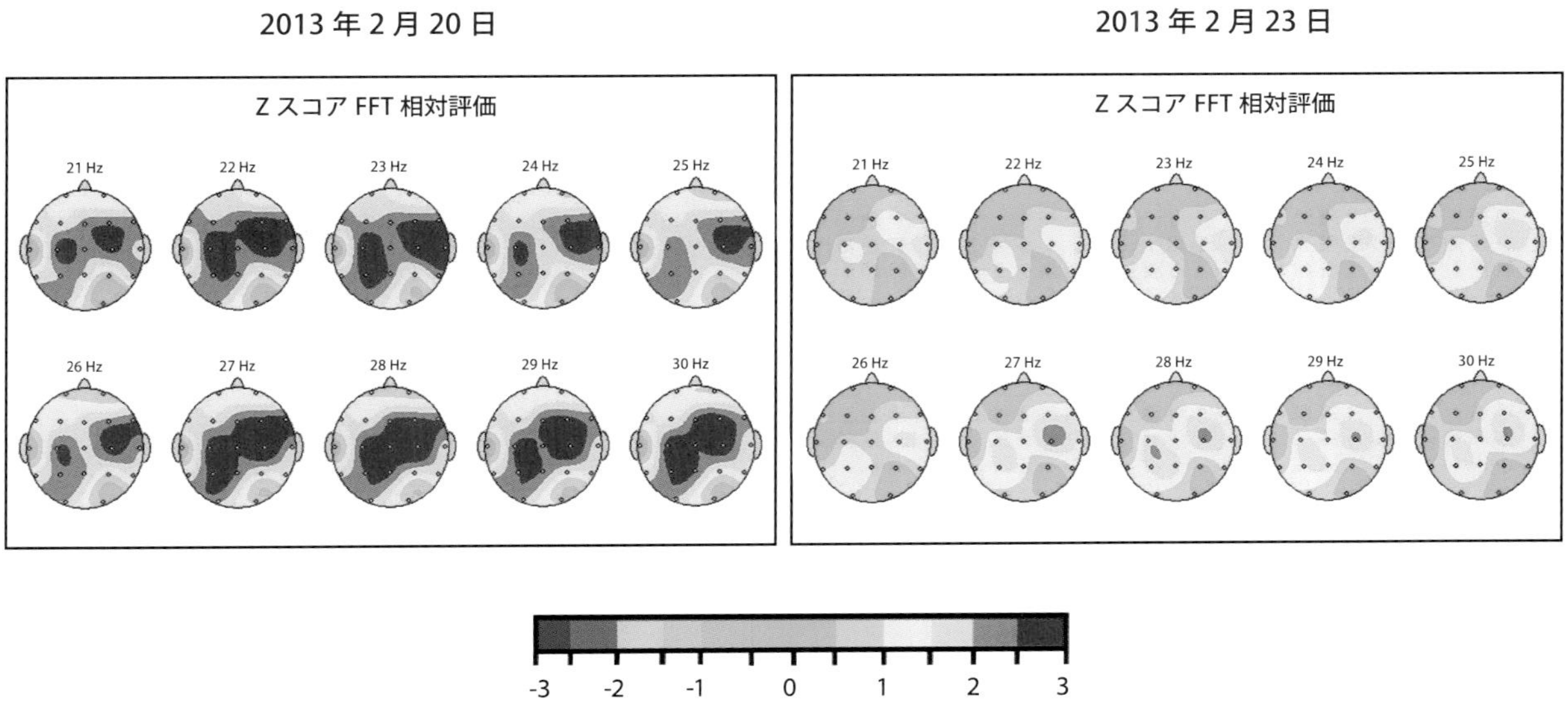
2013 年 2 月 20 日
Z スコア FFT 相対評価
21 Hz
22 Hz
23 Hz
24 Hz
25 Hz
26 Hz
27 Hz
28 Hz
29 Hz
30 Hz
2013 年 2 月 23 日
Z スコア FFT 相対評価
21 Hz
22 Hz
23 Hz
24 Hz
25 Hz
26 Hz
27 Hz
28 Hz
29 Hz
30 Hz
-3
-2
-1
0
1
2
3

図 10.12

2013 年 4 月 8 日

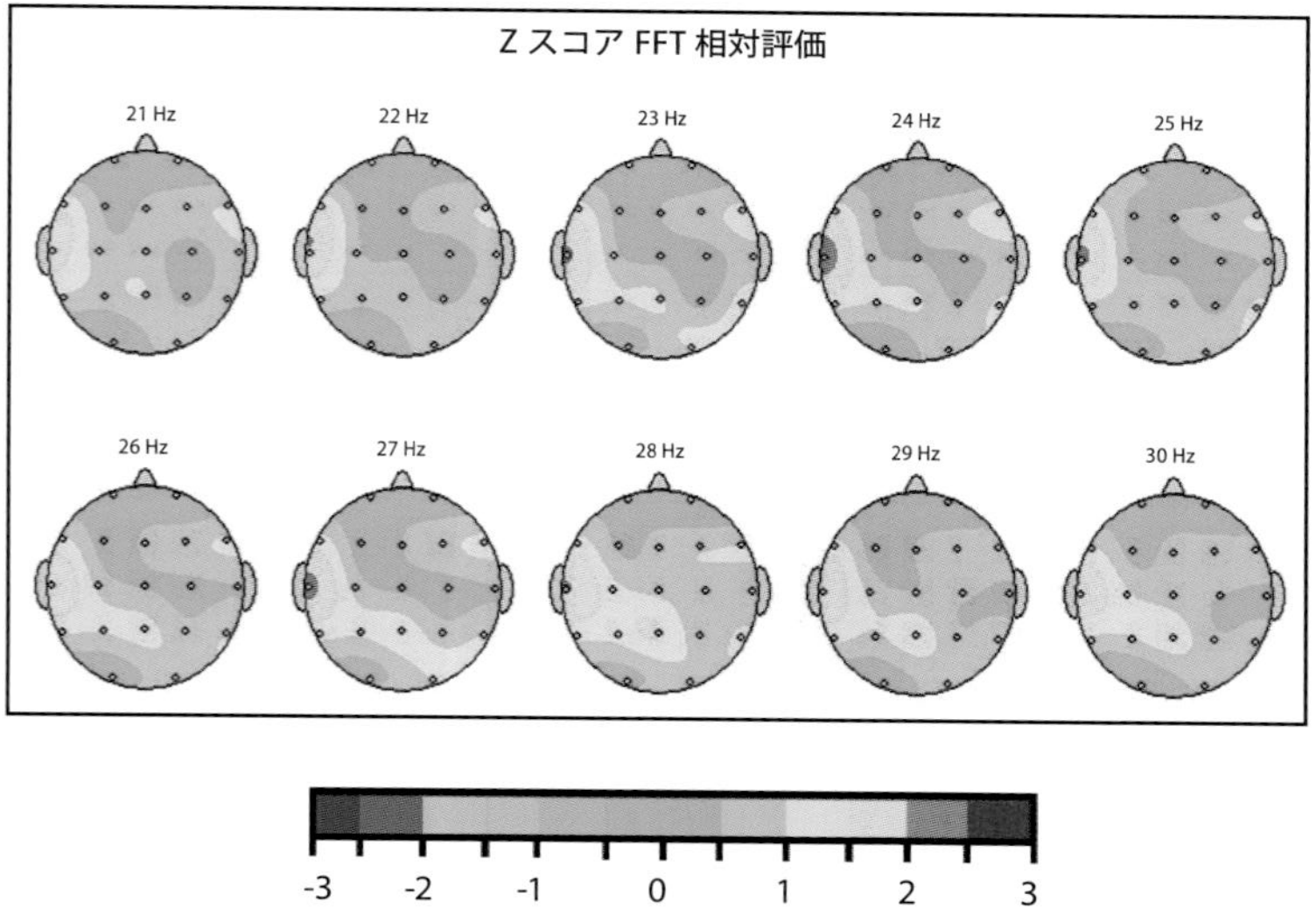

図 10.13

正常な脳波図スキャン

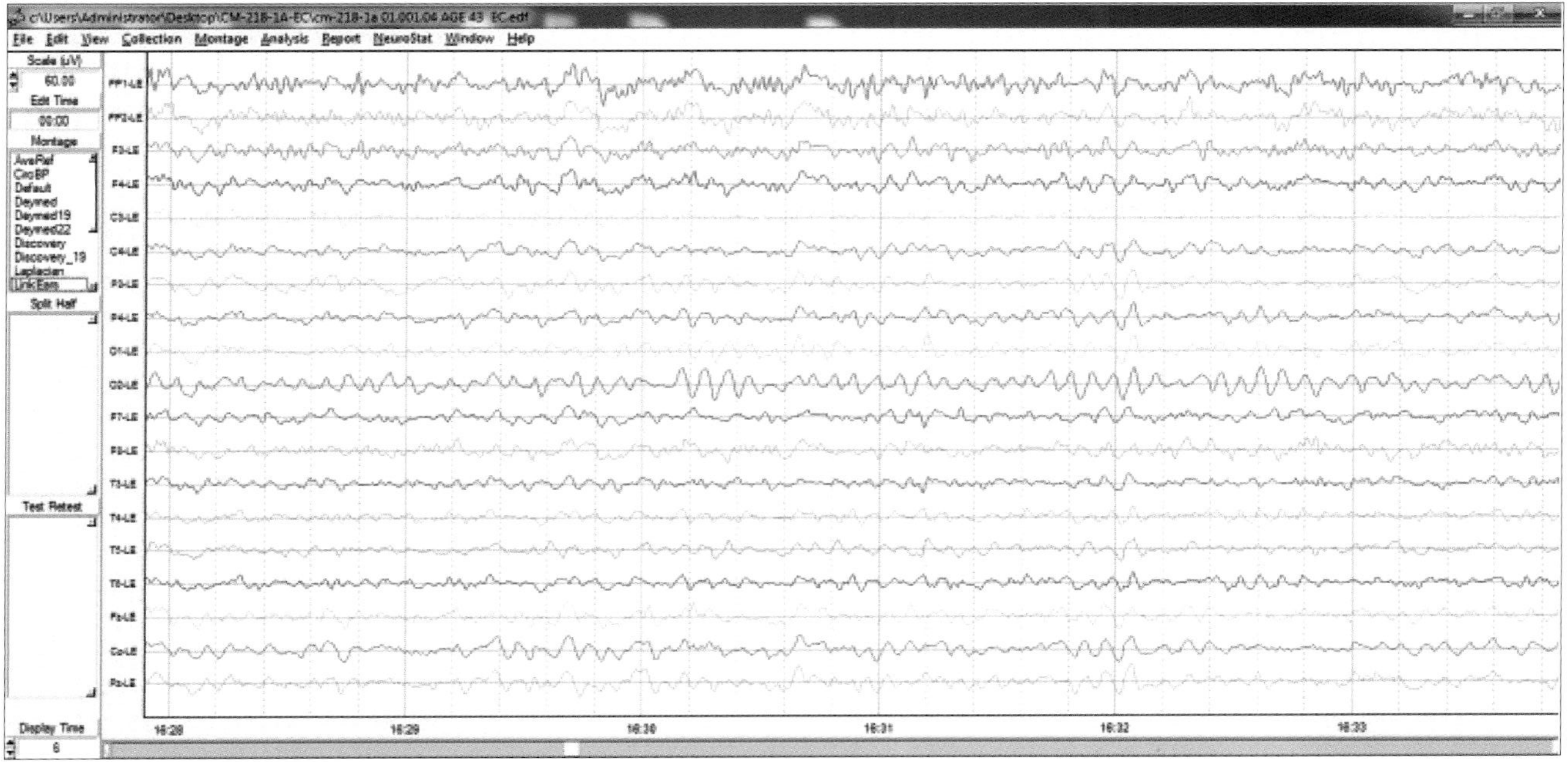

図 10.14

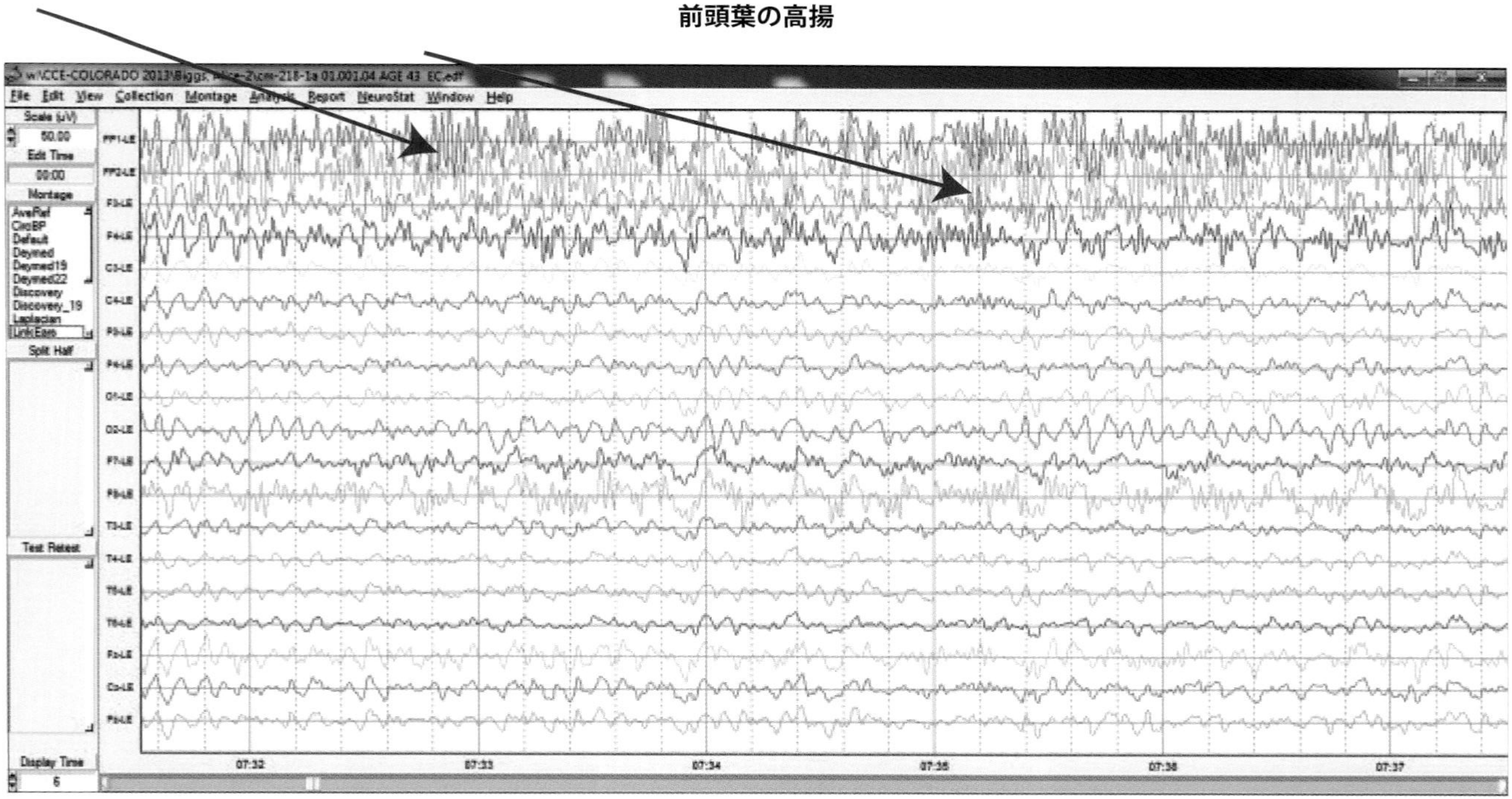
前頭葉の高揚
File Edit View Collection Montage Analysis Report NeuroStat Window Help
Scale (uV)
50.00
Edit Time
00:00
Montage
AveRef
CircBP
Default
Deymed
Deymed19
Deymed22
Discovery
Discovery_19
Laplacian
LinkEars
Split Half
Test Retest
Display Time
6
FP1-LE
FP2-LE
F3-LE
F4-LE
C3-LE
C4-LE
P3-LE
P4-LE
O1-LE
O2-LE
F7-LE
F8-LE
T3-LE
T4-LE
T5-LE
T6-LE
Fz-LE
Cz-LE
Pz-LE
07:32
07:33
07:34
07:35
07:36
07:37

図 10.15 A

前頭葉の高揚

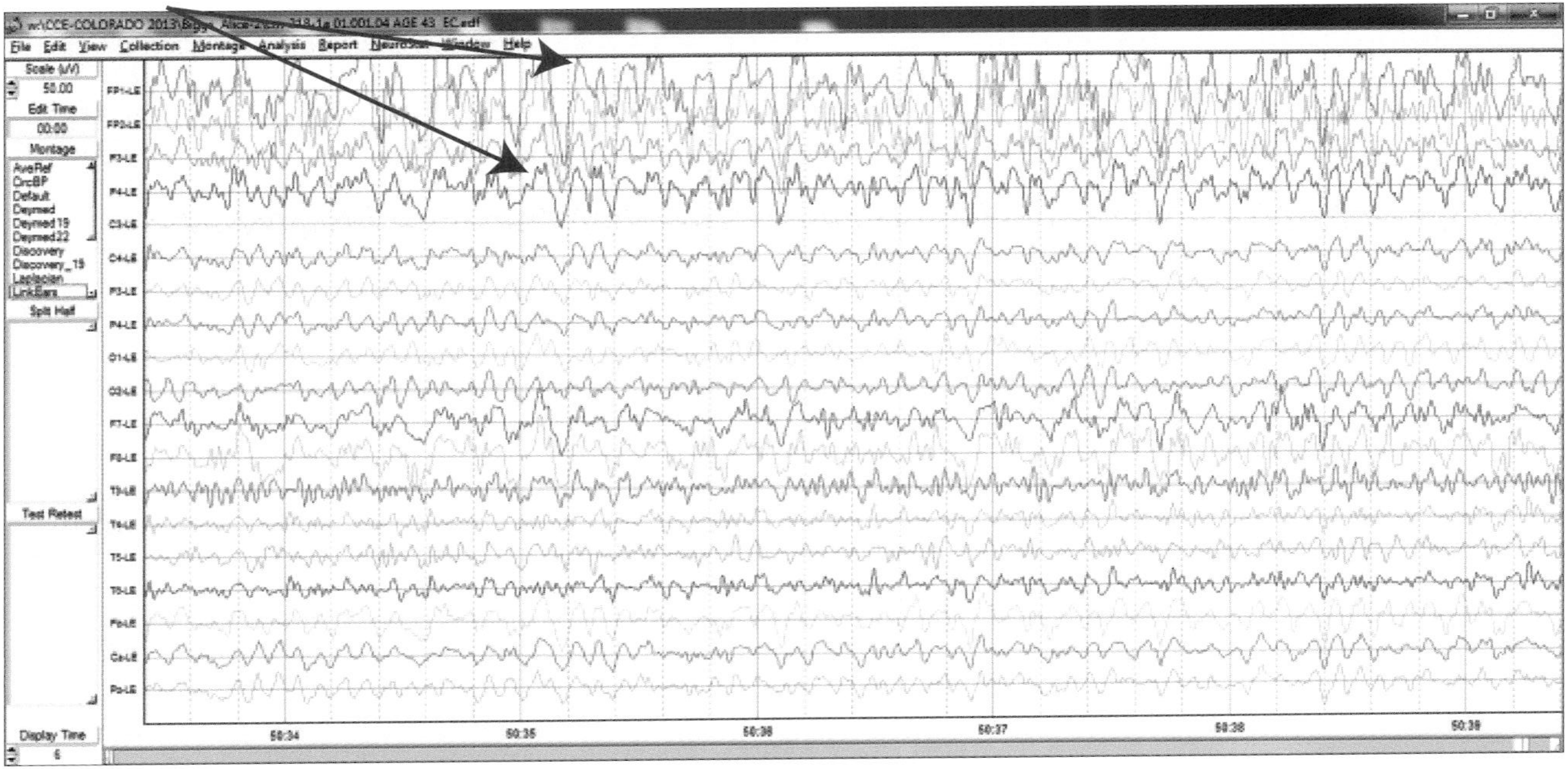

図 10.15 B

前頭葉の高揚

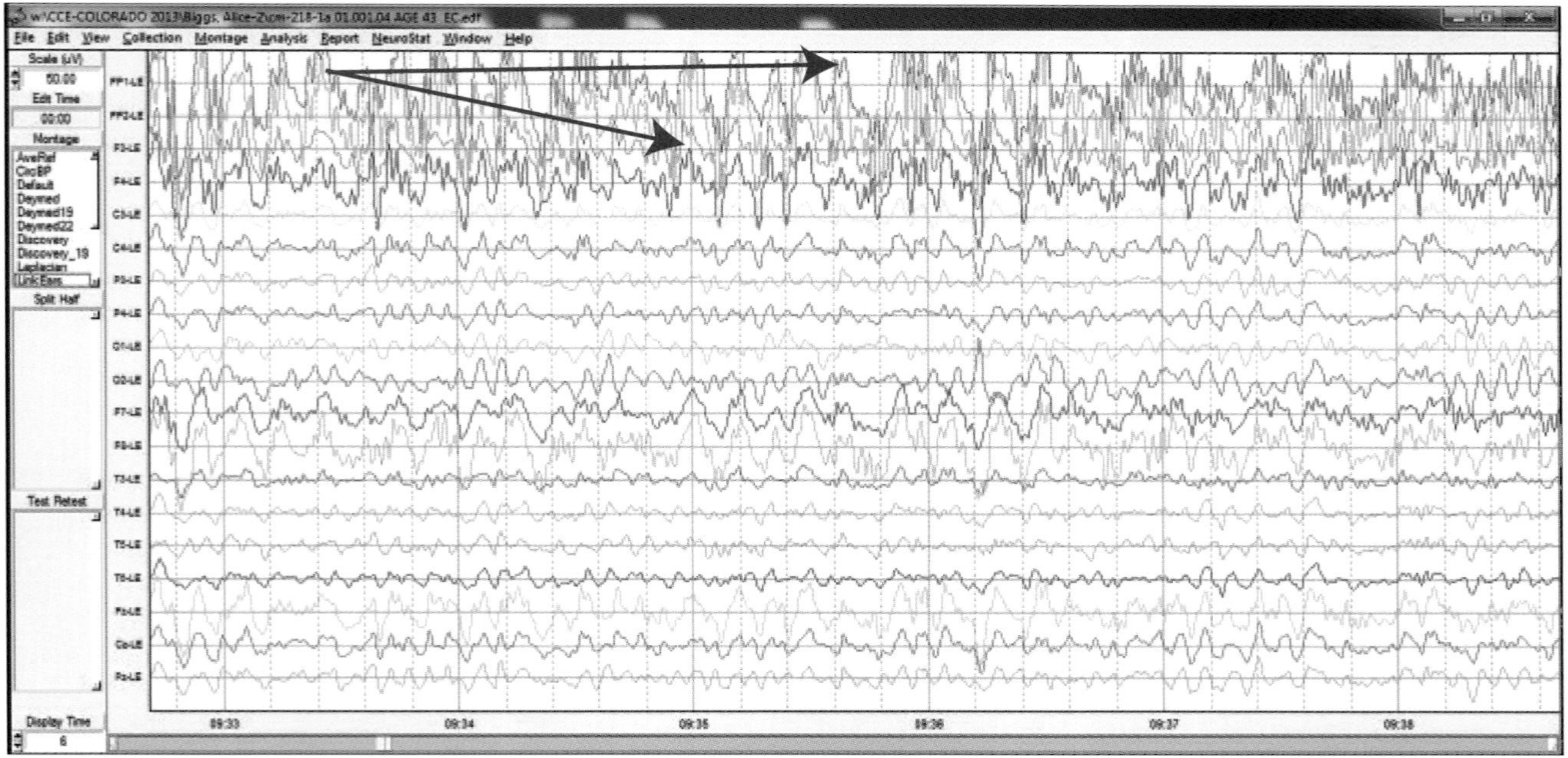

図 10.15 C

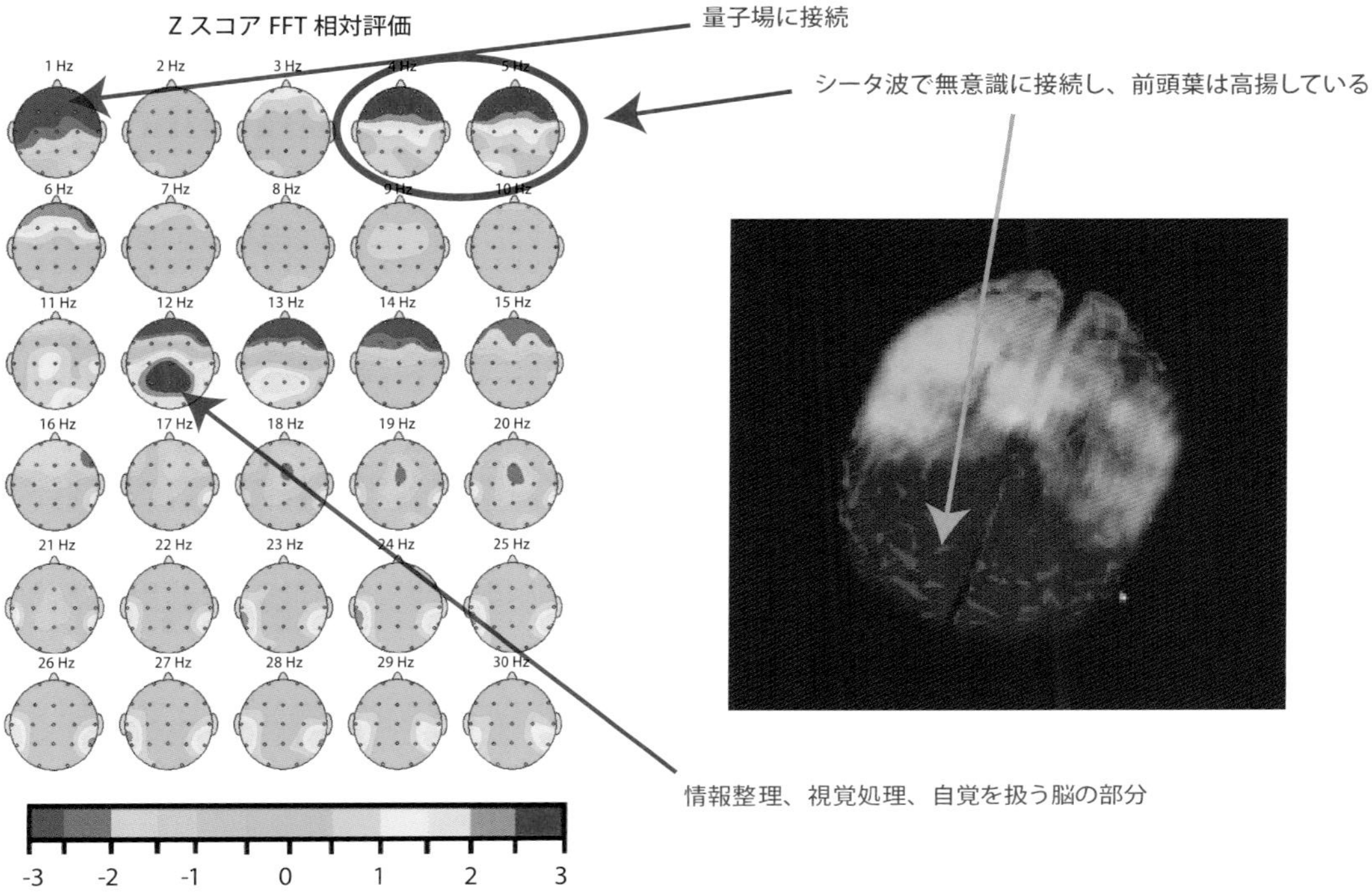
Z スコア FFT 相対評価
1 Hz
2 Hz
3 Hz
4 Hz
5 Hz
6 Hz
7 Hz
8 Hz
9 Hz
10 Hz
11 Hz
12 Hz
13 Hz
14 Hz
15 Hz
16 Hz
17 Hz
18 Hz
19 Hz
20 Hz
21 Hz
22 Hz
23 Hz
24 Hz
25 Hz
26 Hz
27 Hz
28 Hz
29 Hz
30 Hz
-3
-2
-1
0
1
2
3
量子場に接続
シータ波で無意識に接続し、前頭葉は高揚している
情報整理、視覚処理、自覚を扱う脳の部分

図 10.16

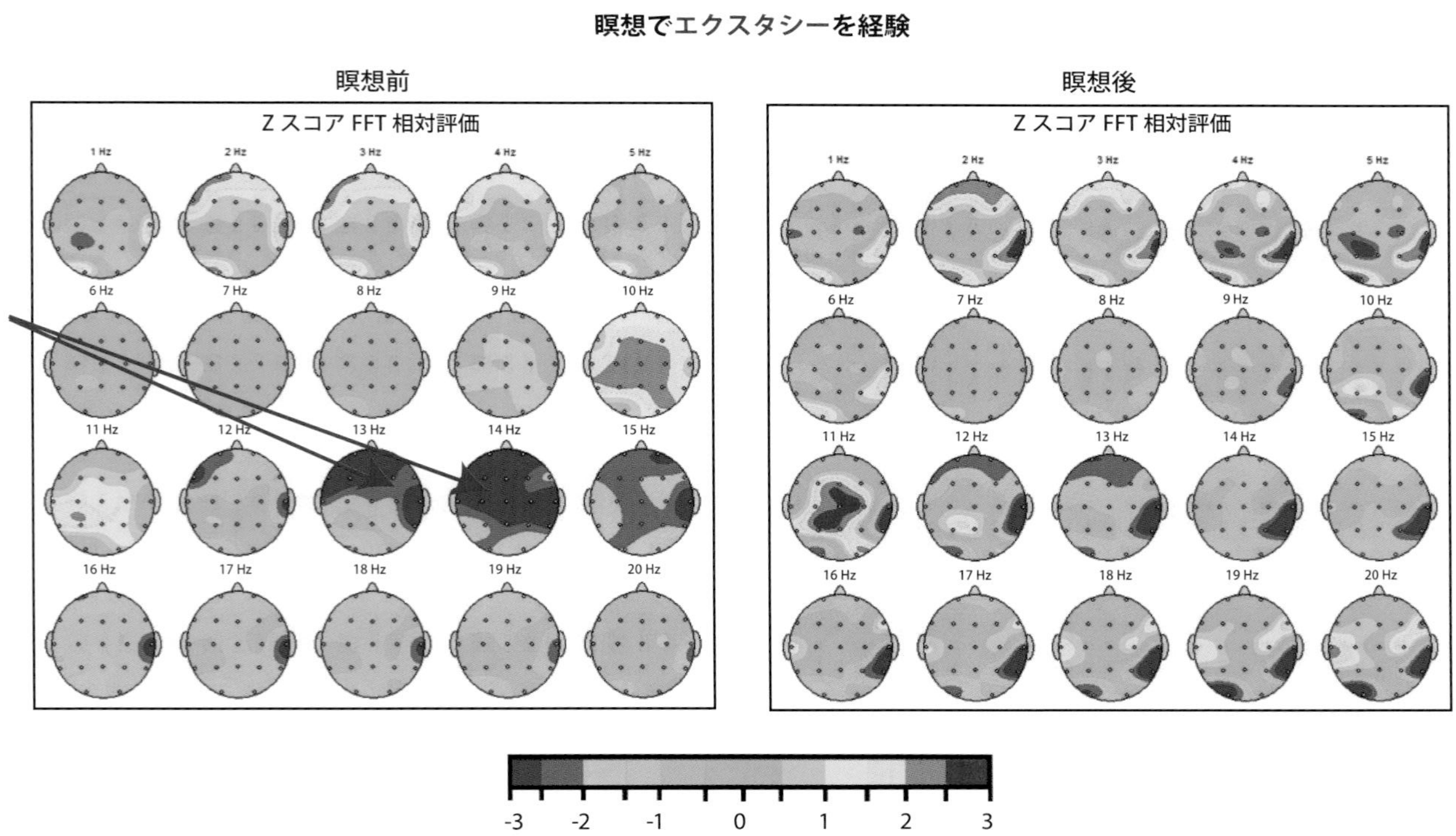
瞑想でエクスタシーを経験
瞑想前
Z スコア FFT 相対評価
1 Hz
2 Hz
3 Hz
4 Hz
5 Hz
6 Hz
7 Hz
8 Hz
9 Hz
10 Hz
11 Hz
12 Hz
13 Hz
14 Hz
15 Hz
16 Hz
17 Hz
18 Hz
19 Hz
20 Hz
瞑想後
Z スコア FFT 相対評価
1 Hz
2 Hz
3 Hz
4 Hz
5 Hz
6 Hz
7 Hz
8 Hz
9 Hz
10 Hz
11 Hz
12 Hz
13 Hz
14 Hz
15 Hz
16 Hz
17 Hz
18 Hz
19 Hz
20 Hz
-3
-2
-1
0
1
2
3

図 10.17

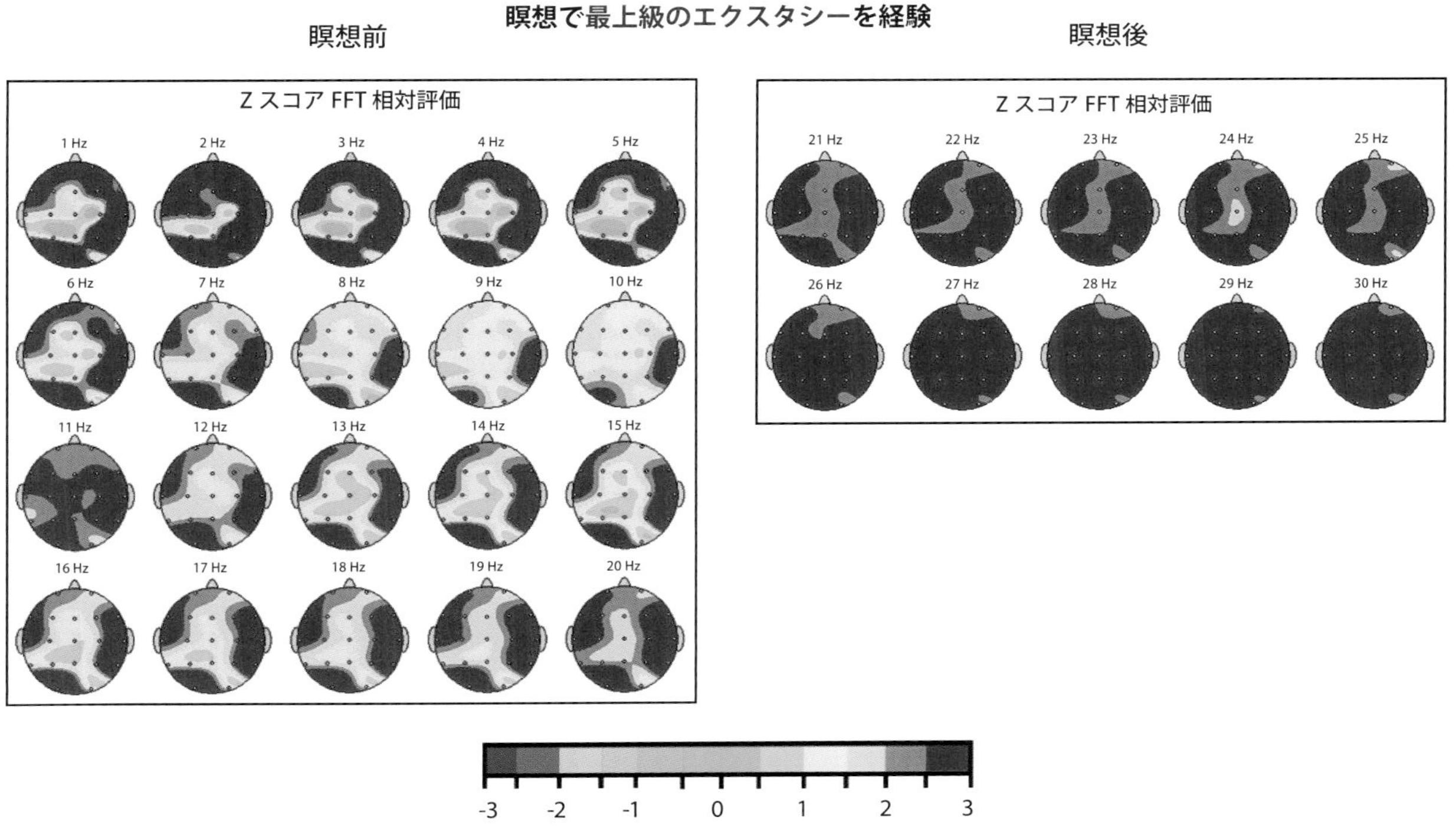
瞑想で最上級のエクスタシーを経験
瞑想前
Z スコア FFT 相対評価
1 Hz
2 Hz
3 Hz
4 Hz
5 Hz
6 Hz
7 Hz
8 Hz
9 Hz
10 Hz
11 Hz
12 Hz
13 Hz
14 Hz
15 Hz
16 Hz
17 Hz
18 Hz
19 Hz
20 Hz
瞑想後
Z スコア FFT 相対評価
21 Hz
22 Hz
23 Hz
24 Hz
25 Hz
26 Hz
27 Hz
28 Hz
29 Hz
30 Hz
-3
-2
-1
0
1
2
3

図 10.18

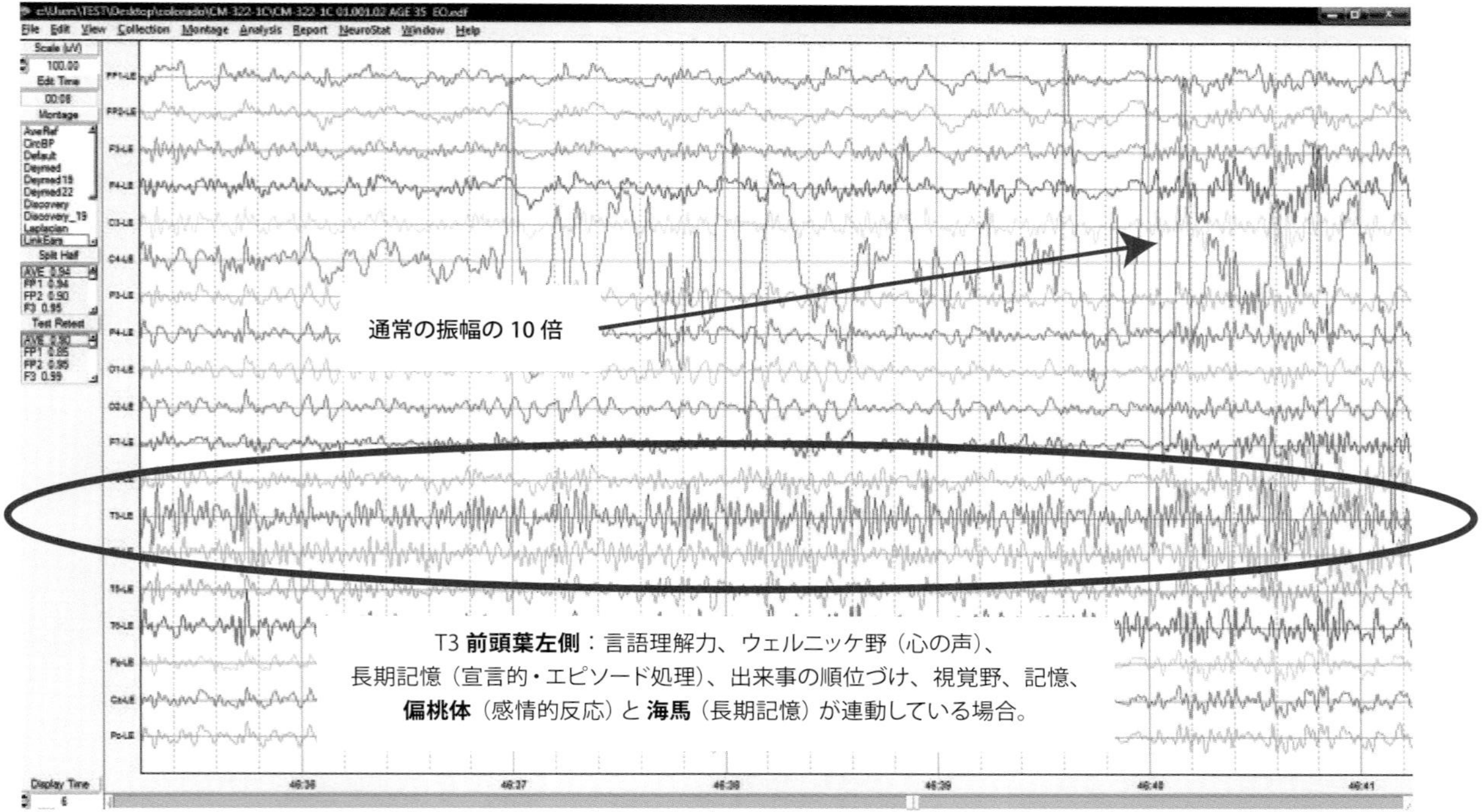
File Edit View Collection Montage Analysis Report NeuroStat Window Help
通常の振幅の 10 倍
T3 前頭葉左側：言語理解力、ウェルニッケ野（心の声）、
長期記憶（宣言的・エピソード処理）、出来事の順位づけ、視覚野、記憶、
偏桃体（感情的反応）と 海馬（長期記憶）が連動している場合。

図 10.19

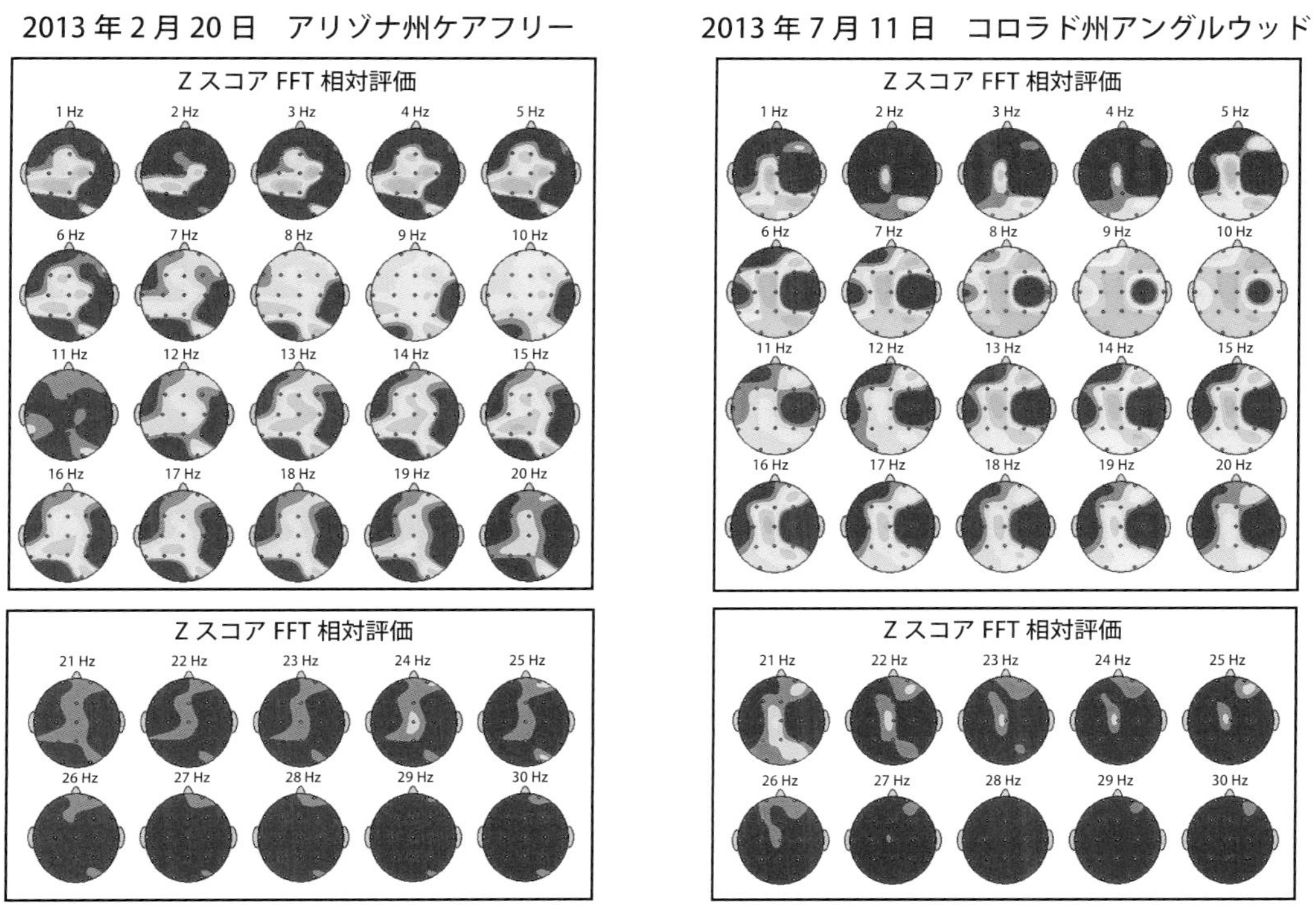
2013 年 2 月 20 日　アリゾナ州ケアフリー
Z スコア FFT 相対評価
1 Hz
2 Hz
3 Hz
4 Hz
5 Hz
6 Hz
7 Hz
8 Hz
9 Hz
10 Hz
11 Hz
12 Hz
13 Hz
14 Hz
15 Hz
16 Hz
17 Hz
18 Hz
19 Hz
20 Hz
Z スコア FFT 相対評価
21 Hz
22 Hz
23 Hz
24 Hz
25 Hz
26 Hz
27 Hz
28 Hz
29 Hz
30 Hz
2013 年 7 月 11 日　コロラド州アングルウッド
Z スコア FFT 相対評価
1 Hz
2 Hz
3 Hz
4 Hz
5 Hz
6 Hz
7 Hz
8 Hz
9 Hz
10 Hz
11 Hz
12 Hz
13 Hz
14 Hz
15 Hz
16 Hz
17 Hz
18 Hz
19 Hz
20 Hz
Z スコア FFT 相対評価
21 Hz
22 Hz
23 Hz
24 Hz
25 Hz
26 Hz
27 Hz
28 Hz
29 Hz
30 Hz

図 10.20

正常な脳波活動

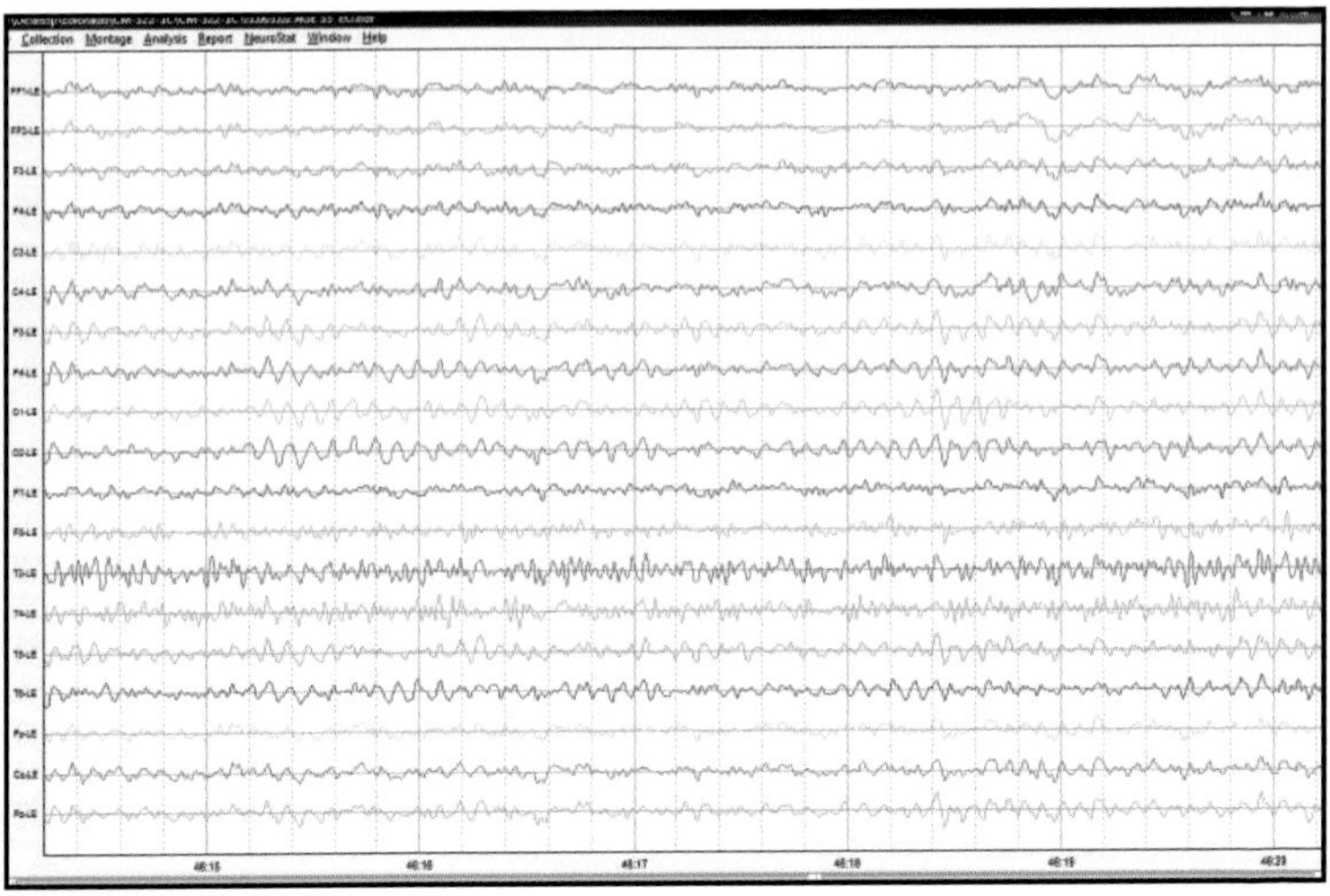

クンダリーニ・エクスタシー体験

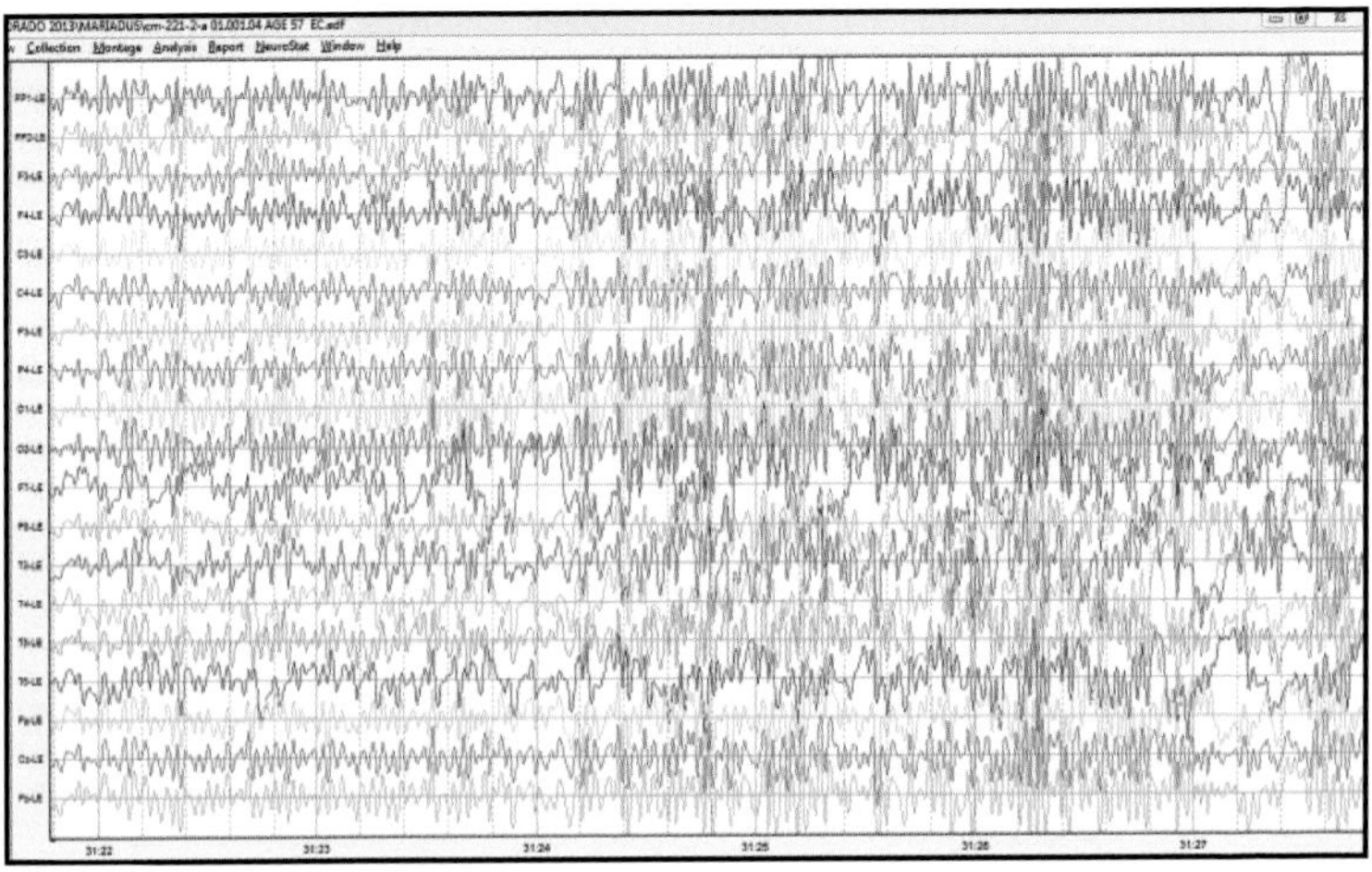

図 10.21

少ない。

私たちが使っている脳スキャンの**第二のタイプ**は、量的脳波図（ＱＥＥＧ）解析に基づくもので、Ｚスコアレポートと呼んでいる。Ｚスコアとは、ある地点の活動が平均より高いか低いかを示すだけでなく、平均からどれほど離れているかを示す統計的測定法だ。このレポートで示される数値は標準偏差マイナス3からプラス3までの範囲だ。暗い青が示す部分は標準偏差3以上標準より低く、明るい青の部分は標準偏差2・5〜1以上標準より低い。青緑の部分はだいたい標準偏差0〜1標準より低く、緑は標準値、ベースラインを示す。明るい緑は0〜1標準より高く、黄色と明るいオレンジはだいたい1〜2標準より高く、暗いオレンジは2〜2・5標準より高く、赤は3以上標準より高い。（図10・3参照）

使用されるＺスコアレポートは**相対的な力**と呼ばれ、それぞれ周波数が異なる脳内のエネルギー量の情報を表す。すでに書いたとおり、緑は標準値を示すので、スキャンに緑の部分が多いとき、その脳が標準的な活動に準拠していることを指す。円（人の頭を上から見下ろした様子）内の各色は、ある人物の脳がそれぞれどの周波数域で活動しているかを示している。スキャン図の左上の円は最も低い周波数（デルタ波）を示し、これ以外の各円はより高い周波数域で、徐々に高くなって最終的に右下の円が示す最も高い周波数へと至る。脳波の周波数を一秒で区切ったものをヘルツ（Ｈｚ）と呼ぶ。円を左から右へ、上から下へと移動するにつれ、毎秒1〜4周期（デルタ波）↓毎秒

4〜8周期（シータ波）→毎秒8〜13周期（アルファ波）から毎秒13〜30周期（低、中、高域ベータ波）と変化している。ベータ波の活動は、12〜15Hz、15〜18Hz、18〜25Hz、25〜30Hzと、異なる周波数帯に分割されている。

したがって、脳内のそれぞれの色はそれぞれの脳波域で何が起きているかを示している。たとえば脳の大半が青い部分（毎秒一周期のデルタ波状態）で埋め尽くされているとき、脳はデルタ波域にありほとんど活動していないことを示す。前頭葉が真っ赤（毎秒14Hzのアルファ波状態）だったら、脳内のその部分で高揚したアルファ域の活動が行われていることを示す。

スキャンが測定された時に被験者が何をしているかによって、測定値の解釈が異なることにも留意したい。たとえば、スキャン図が青（毎秒1Hzのデルタ波）を示していたら、その周波数帯の脳のエネルギーの標準偏差は標準値より3低い。医療の立場から見ると、これは異常に低い値とみなされる。しかし、この測定値が瞑想中に作られたものなら、この1Hzのデルタ波での活動は、集合意識のエネルギー場と強いつながりを持ち始めていると解釈できる。別の言い方をすると、新皮質の活動が極力抑えられ、自律神経系へのアクセスが容易になっている状態だ。ほどなくしてご紹介する例を見ればすべてはっきりするだろう。今の時点では図10・3を眺め、本項で解説したことを確認するだけでいい。

コヒーレンスVSインコヒーレンス

では図10・4に進もう。左の画像（瞑想前）が示すのは、脳内で雑念がたくさん飛び交っている様子だ。脳は高度の興奮（高域ベータ波）状態で機能していて、非常にインコヒーレントだ。太い赤線は、この脳の標準偏差が標準値より3高いことを示している。（赤線が太いほど周波数が速くバランスを崩している。）赤い線を見れば、脳全体で過剰のインコヒーレントな活動が起きていることがわかる。脳の前方の青は前頭葉の低活性状態（標準偏差は標準値より2～3低い）がわかる。つまり前頭葉は活動休止、またはスイッチがオフになり、脳の他の部分の活動を抑制しない状態にある。

これは注意力に問題のある脳だ。脳に情報が詰まり過ぎていて、脳内のおしゃべりを誰もコントロールできないという状態だ。たとえるなら衛星テレビが50チャンネルあり、音量を最大にしたまま一秒ごとにチャンネルを変えているような状態だ。関心の対象が短時間にくるくる変わり、新しい思考プロセスが次々に出てくるため脳は緊張し、興奮し、過労で調節過剰に陥っている。これを脳のインコヒーレントなパターンと呼び、脳内の各部分がそれぞれにばらばらに活動している状態だ。

では右のボックスの画像（瞑想後）を見てみよう。神経科学者でなくとも、左右のボックス内の画像の違いは明らかにわかることだろう。右の一連の画像にはほとんど赤や青の線がなく、過剰活性も低活性もない、標準的な脳の活動を示している。脳内の雑念は静まり、脳はより一体となった活動をしている。この人の脳は調和していて、これをコヒーレントなパターンと呼ぶことができる。（矢印で示した赤や青の活動は、感覚的運動、恐らく体の痙攣、瞬き、あるいはレム睡眠時の目の動き――軽い睡眠状態でよく起きる――が起きていると思われる。）参加者の一人に起きたこの変化は、たった二回目の瞑想で起きている。

ではワークショップ参加者のケーススタディを掘り下げていこう。各ケースのはじめに背景の概要を説明したので、この人物が瞑想を始める前にどんな心の状態にあったかがわかるだろう。それからスキャンの分析結果、そして最後にこの人物がたどり着いた新しい意識状態について解説している。

プラシーボも薬も使わずパーキンソン病から回復した

ミシェルの古い人格

ミシェルは60代女性。左腕、左手、左足に震えが来るという症状が起きるようになり、二〇一一年にパーキンソン病と診断された。二〇一二年十一月、彼女はアリゾナ州フェニックスのバロー神経研究所の患者となった。彼女の主治医が言うには、パーキンソン病を発症してすでに一〇～一五年経っているため、もう一生治らないとのことだった。彼女が考えたのは、加齢とともに進行する身体機能の低下とうまくつきあうことだった。彼女はアジレクト（ラサギリン・メシラート）の服用を開始した。この薬はパーキンソン病治療薬として、受容体レベルでドーパミンの取り込みを阻害することにより、身体の消耗を遅らせる効能を持つ。しかしこの薬はほとんど効果がなかった。

二〇一二年十一月にミシェルは私のイベントに参加した。その翌月は目覚ましかった。毎日の日課として、瞑想が彼女に心の安らぎと喜びをもたらし、症状が目に見えて改善してきた。ミシェルはこのまま行けばパーキンソン病を克服する助けになると確信した。

二〇一三年二月初旬まで、彼女は充実した瞑想セッションを続けていた。しかし中旬に、ミシェルの母親がフロリダ州サラソタの病院の集中治療室に入院したため、ミシェルは様子を見にフロリダに飛んだ。その後同月に開催されたワークショップに参加するため、ミシェルはアリゾナに戻ったが、その日に母親はホスピスに入った。そのワークショップで撮った最初の脳スキャンは、ミシェルの乗った飛行機がフェニックス空港に着陸したわずか一時間半後だったため、彼女は心身ともに疲れ果てていた。スキャン画像には、彼女が経験していたストレスが見て取れる。

ワークショップの終盤になると、彼女はより穏やかでポジティブな心の状態を取り戻し、パーキンソン病の症状も軽減された。ワークショップを終えると、ミシェルは再びフロリダに飛んで母の看病にあたった。ミシェルと母親は長い間不仲だったにもかかわらず、ワークショップで取り組んだ努力の甲斐あって、彼女は、母親とのこれまでのわだかまりにまったく囚われず、やさしく献身的なサポートができた。

この母親の闘病、そしてその後訪れた死に加え、テキサスに住むミシェルの姉妹が脳梗塞で倒れたため、ミシェルは家族の危機にあたるため、フロリダとテキサスの間を何度も往復しなくてはならなかった。彼女の日常のルーティーンは大いに乱され、その年の六月には瞑想の習慣が途絶えた。

家族のために果たすべき責任があまりにも多く、彼女はただするべきことに日々追われ続けた。瞑想をやめたという行為は、プラシーボの服用をやめたようなものだ。症状が戻ったことに気づいたミシェルは再び瞑想をはじめ、すぐに効果が現れた。

ミシェルのスキャン画像

アリゾナ州のミシェルの家がファニン博士のクリニックに近かったおかげで、彼女の脳内変化を五か月以上にわたり六回測定することができた。その進化の過程について解説していこう。

図10・5の「瞑想前」の画像を見てほしい。これがあの二〇一三年二月、母親の看病で疲労困憊したまま飛行機で到着した直後の画像だ。脳内全域にわたる太い赤い線は標準偏差が標準値より3高いことを示している。脳内では過剰活動、過剰調節が起きていることがわかる。これはパーキンソン病によくあることだ。神経伝達物質(特にドーパミン)が適正に放出されないことから、神経ネットワークがランダムに発火し、脳内の各部分同士の情報交換が不規則になる。その結果起きるのが痙攣性、または過活動ニューロン発射(神経細胞発火)の一種で、脳と体に悪影響を及ぼし、運動機能障害となる。

では次に「瞑想後」の画像を見てほしい。これはミシェルが瞑想を通じて意識状態を変化させた四日後の画像だ。ここには過剰活動やインコヒーレンス、過剰調節はほとんど見られず、正常な脳に極めて近いと言える。このワークショップ最終日には震えや痙攣といった運動障害がなくなっていたが、この画像がそれを証明している。

　では図10・6Aの左のボックス、「瞑想前」の量的脳波図の解析を見てみよう。上から二段目の真ん中の円から順に右に進み、三、四段目の最後まで（青で塗りつぶされたような円）を見ると、そこにはアルファ波やベータ波機能が皆無だということがわかる。青いということは、頭が冷え切って不活発な様子を表す。パーキンソン病患者の場合ではふつう、認知機能低下、学習障害、動作緩慢といった症状が起こる。この状態でミシェルは新しい情報を理解し、取り込むことが困難であることがわかる。アルファ波がまったくない状態では脳内でイメージを形成・維持できない。超低域ベータ波パターンが示すのは、意識レベルをキープすることも困難だということがわかる。彼女の脳内のすべてのエネルギーは、過剰なインコヒーレンス対応に使われるため、電球の明るさが50ワットから10ワットに下がるような感覚だ。脳内エネルギー量が非常に限定されている。このとき、彼女の体を制御するためのエネルギーはほとんど残されていない。

　右のボックス、「瞑想後」の画像を見ると、かなり改善されて調和の取れた脳の様子がわかる。ほとんどの画像にある緑色の部分は、調和した正常な脳活動を示している。アルファ波が認められるため、彼女はよりスムーズに内面に入っていけるし、ストレスによりよく対応でき、自律神経系に作用するべくオペレーティング・システムに進入することも可能だ。ベータ波活動も正常値の緑に変わったことから彼女の注意力が増し、意識的になっていることがわかる。脳に調和が戻れば運動機能の問題は減少する。

最下段の赤線で囲んだ画像の赤い部分は高域ベータ波で、不安を表している。これはミシェルが思考レベルで変えようと取り組んでいる課題だ。偶然にも、過去にパーキンソン病の症状が悪化した原因も同じ不安感だった。心の不安を解消すれば、症状も収まっていく。今やミシェルにとって震えが起きることとは、人生でバランスを崩しているというサインとなった。内面の状態の調節がうまくいくと、外界の現実もそれに対応して変化した。

三か月後、ミシェルは再びファニン博士の病院で脳波測定を行った。二〇一三年五月九日の測定記録（図10・6B）は、本人の「体調がよくなっている」という報告通り、脳の様子も改善していた。彼女は多様なストレスを抱えていたが、そんな日常の中でも改善が見られた。毎日（プラシーボを服用するつもりで）瞑想したおかげで、ミシェルは繰り返し環境による条件づけに影響されない脳と体をつくる努力をした。最下段のスキャンを見ると、彼女の脳は標準偏差一単位分、前回測定時より下がっていることがわかる。彼女の不安との取り組みが奏功していることは明らかで、結果として症状も落ち着いていた。不安が減ることはそのまま震えの症状の頻度が減ることを示していた。

彼女は望ましい心の状態を長期間キープし、それを暗記したため、その変化は脳の活動にも表れた。

二〇一三年六月三日のスキャン画像（図10・6C）を見ると、始めた当初よりはいいものの、ちょっとした後退が見て取れる。この頃に母親の死と姉妹の脳梗塞が起こっていて、瞑想（プラシーボの服用）を中断しているため、脳はいくらか前の状態に戻っている。三段目中央、赤い矢印で示した13Ｈｚの青い部分は、感覚運動野の低活性を表し、この状態では震えをうまく制御できない。この脳波パターンでは、体を制御するエネルギーが不足している。最下段の赤線で囲った部分では高域ベータ波に戻っている様子がわかる。これは彼女の不安が戻っていることを示す。

二〇一三年六月二十七日（図10・6D）に測定したスキャン画像では、六月初めから瞑想の習慣を再開したことを反映し、かなりの改善がみられる。不安を感じることが減った様子が、最下段の赤い部分（17〜20Ｈｚ）からうかがわれる。さて、これとその次の図10・6Eのスキャン画像（二〇一三年七月十三日、ワークショップ後に測定された）とを比較してみよう。赤い部分はさらに減り、二月に最初に取ったスキャンにあった濃い青の部分（低活性）はほぼ消滅している。ミシェルは引き続き改善していて、その変化はゆるぎないものになった。

ミシェルの新しい人格

今日のミシェルに、パーキンソン病の特徴である運動機能障害が起きることは滅多にない。強いストレスや過労によってごく軽い痙攣が起きることもあるが、ミシェルは大体において正常で機敏に動くことができる。毎日の瞑想を怠らず、調和のとれたハッピーな気分でいるとき、彼女の脳はよく機能し、彼女の**毎日**もまたよく機能する。継続的に測定したスキャン画像と本人の報告の両方から、ミシェルは体調を維持できているだけでなく、日々向上させ続けている。彼女は毎日欠かさず、自らがプラシーボになる必要があると確信し、瞑想を続けている。

思考のみで外傷性脳損傷と脊髄損傷を改善

ジョンの古い人格

二〇〇六年十一月、ジョンは客として乗っていた車がコントロールを失ってスピンし、横転する事故により、第七頸椎と第一胸椎を損傷する重傷を負った。事故の衝撃により、彼は重度の頭部外傷も負った。医師団はすぐに明確な診断を下し、一生治る見込みのない四肢麻痺という見立てだった。二度と再び歩くことはできず、手足にもかなりの不自由が残るだろうと。彼の頸椎は100%脱臼し、その結果として胸椎の損傷も引き起こしていた。しかし、医師団は彼の手術をしてみて初めて、彼の怪我が実際どの程度のものかを理解した。二日後、神経科医はジョンの妻に、彼の頸椎はどういうわけか無傷だったが、彼が受けた損傷は、脊髄が完全に断裂した場合と同様の結果をもたらす類のものだと説明した。つまり、すべての脊髄損傷がそうであるように、〝根競べ〟

ということだ。

来る日も来る日も集中治療室で過ごし、やがてリハビリセンターに送られて過ごす毎日という過酷な現実の中で、従来的な考えに囚われずにいることは容易ではない。ジョンと家族が回復の可能性について医師に訊ねると、医師団は「怪我の重篤《じゅうとく》さと、その時点までまったく機能回復が見られないことを考慮すると、そろそろ厳しい現実を受け止める時が来たのではないか」と告げた。つまりジョンはこの先死ぬまで身体障碍者として生きるしかないという現実を突きつけられた。医師たちは繰り返しその現実を示し、〝前に進む〟ためにはそれを受け入れる道しかないと言い続けた。しかし根拠はないものの、ジョンも妻もそれを受け入れることができなかった。

二〇〇九年、私がジョンとその家族に会ったとき、ジョンは車椅子で、神経可塑性を理解している素晴らしい理学療法士も一緒だった。この面々は私がこれまで出会った中で最もエネルギー豊富で楽観的な人々だった。こうして私たちはともに情熱を燃やして新たな旅を始めたのだった。

ジョンのスキャン

図10・7の「瞑想前」というスキャン画像を見てほしい。最初の画像ではかなりの低活性が見て取れる。標準偏差が標準値より3以上も低い。太い青線が優位の状態で、彼のコヒーレンスレベルは、パーキンソン病のミシェルのケース（太い赤線優位）の真逆と言える。このスキャンを見る限

り、脳内の各部分の相互連携能力が減退している様子がわかる。彼の脳はいわゆるアイドリング状態でエネルギー量が少ないため、何か起きても一定時間集中して対応することができない。

彼はこの時集中力が低く、強い言語障害があり、注意散漫だった。頭部外傷の影響から、彼の脳は超がつくほどの不覚醒状態で、非常にインコヒーレントだった。

では次に四日間瞑想をした後に測定したスキャン画像を見てみよう。一段目左端の1Hzデルタの円では、いくらか活動が増えたことを示す赤がある。この場合は、両半球ともデルタ波でコヒーレンスレベルが上がっているため、いいサインだ。ここでジョンは、二重脳処理《デュアルブレインプロセシング》能力の調和を見せ始めている。彼の外傷による脳障害はデルタ波とシータ波で最も顕著なため、デルタ波域での過剰活動は、彼の脳が目覚め始めていることの証と言える。それ以外の脳の部分はアルファ波とベータ波で、もっとバランスが取れていて認知機能も高い。つまり彼が意識と体をよりよくコントロールできる状態になっていることを示す。

図10・8を見てみよう。左ボックスは四日間のトレーニングをする前のジョンの脳の様子だ。二段目の真ん中あたりから始まり最下段の終わりまで続く青い部分は、ジョンの脳にアルファ波やベータ波が存在しないことを示す。左右の半球全体の、アルファ・ベータ波が活動する領域を覆っている青い部分は彼がぼうっとした、かなり抑制のかかった状態だということがわかる。ジョンの心はそこにない。

四日間の瞑想のあと(右ボックス)、彼の脳の90%が正常に戻っている様子が、全体的に緑色になったことからうかがわれる。なかなかいい！ 赤い矢印のように、彼の左半球にはまだ低活性域が残っていて、話し言葉や自分の気持ちを伝えるのに障害があることを示しているが、それでも最初のスキャン画像に比べると格段に改善している。その後もジョンは瞑想を続け、脳はエネルギー量、調和の度合い、コヒーレンスレベルを着々と向上させていった。ジョンは、事故以前の、しばらくお蔵入りしていた神経回路にも再びアクセスするようになった。彼の脳は目覚め、動き方を思い出した。そして今はもっとよく活動するためのエネルギーも備わった。

ジョンの新しい人格

二〇一三年二月のワークショップの最終日、ジョンはついに立ち上がった。彼は腸と膀胱を完全にコントロールできるようになった。現在に至るも、彼は健常者と同じような姿勢で立っている。運動機能は全体的に連携が取れるようになった。痙攣性の震えの症状の頻度、強度、持続期間は劇的に短くなった。アイダホ州ドリッグスの神経再活性のためのシナプス・センター理事長である、偉大なセラピスト、B・ジル・ラニオンのおかげで、ジョンは定期的にジムで全身のワークアウトを続けている。このセラピストは私の活動の研究者でもあり、ジョンに最適の機能回復プログラムを果敢に提示するスキルと情熱を持っている。そのひとつである、援助なしの直立スクワット・エクササイズでは10度から45度傾斜までできるようになった。

現在ジョンは、立ち姿勢から椅子に座るまでの体のコントロールをほぼ完全にできるようになった。彼はまた、橇《そり》に胴体と足を入れて乗り込み、体重で摩擦のかかった橇を押すと言った動きをする理学療法エクササイズもできる。うつ伏せで寝た状態から、まったく自分の力だけで四つん這いになり、そのまま前進できるまでになった。

初めてのワークショップ参加から数か月後、ジョンの認知機能があり得ないほど改善された様子を見て、医師団は顎が外れるほど驚いた。彼の回復は、脊髄損傷患者の症例を専門に扱ってきた彼らの経験に照らすと、まったくの想定外だった。それはまるでジョンがようやく目を覚まし、自らの脳と体にアクセスする術を手に入れたようで、それをスキャン画像が如実に示していた。

ジョンの体全体の身体感覚や連携の取れた運動機能は着々と回復を続け、何の援助もなくテーブルに着き、上半身をしゃんとキープできるまでになった。より繊細な筋肉のコントロールもできるようになり、ペンを持って自分の名前を署名したり、スマホでメールを書いて送信したり、ハンドルを握って運転したり、健常者用の歯ブラシで歯磨きをしたりもできるようになった。自分に自信がつき、心の内面に喜びを感じられるまでに認知機能も回復した。ユーモアのセンスが磨かれ、かつてないほどいろんなことに気づく人格を手に入れた。

二〇一三年夏、ジョンは急流下りのツアーに参加し、誰の援助もなしにゴムボートの中で一日六時間過ごし、テントの中で眠る生活をした。六泊七日の間、彼は下界を離れ、アイダホ州の大自然の中で過ごした。ジョンは私と会うと決まってこんなことを言う。「ジョー先生、もう何が起きてるのかまったくついていけませんよ。」

そして私も決まってこんなふうに答える。「何が起きてるのかわかった時点で君は終わりだよ、ジョン。未知の世界なんだからわからなくて当然さ。未知上等だよ。」

ジョンのケースを終える前にひとつ言っておきたいことがある。脊髄損傷が古典的治療法では治らないことは誰でも知っている。ジョンに関する限り、**物質**が**物質**を治したのではないことは明らかだ。つまり、化学物質や分子が彼の損傷した脊髄を癒やしたのではないということだ。量子の観点から言えば、彼は高揚したエネルギーのコヒーレントな周波数を持つ意識体となり、物質である体をコンスタントにその意識に同調させ続けなくてはならなかった。物質である粒子を変換させるために彼は明確な意志とともに、物質より速い速度で振動する高揚エネルギーの波動にならなくてはならなかった。したがって、彼の遺伝子プログラミングを書き換え、損傷した脊髄を癒やしたのは、物質の上位原理である**エネルギー**だ。

分析思考の克服と喜びの発見

キャシーの古い人格

キャシーは大企業のCEOで弁護士で、熱心な母であり、妻だ。彼女は高度な論理性と分析能力を鍛えられてきた。彼女は毎日脳を駆使して結果予測を行い、自らの経験に照らして起こり得るすべての事態に対処できるよう準備を整えてきた。私の活動を知るようになるまで、彼女は瞑想というものをしたことがなかった。当初、彼女は自分がどれほど自分の日常のすべてを分析してきたかに気がついた。彼女には毎日するべきことの長いリストがあり、彼女の脳は休む暇がなかった、と自ら振り返った。あとで彼女は、以前の自分は、今という時間をまったく生きてこなかったと告白した。

キャシーのスキャン

図10・9の「瞑想前」の画像を見てほしい。デルタ・シータ比の測定値は、彼女が侵入思考や脱線思考をうまくコントロールし、処理するための集中力を維持できることを示している。右後頭部を指す矢印のところにある大きい赤い部分は、彼女が意識でものを見ていることを示している。もう一つの矢印が指す左側の小さいオレンジの部分は、彼女が見ている対象について自問自答していることを示す。脳内に展開する画像・映像と脳内のおしゃべりは、永遠に終わらない無限ループに囚われている。

ワークショップの最後に測定した「瞑想後」のスキャンでは、キャシーの脳が、瞑想前より調和がとれ、全体として機能し、より正常になっていることが明らかだ。彼女の脳は、情報をより効率よく統合・処理するようになったため、脳内の雑談がなくなった。彼女の脳はコヒーレンスの状態になっている。脳の状態の変化がもたらしたのは、以前より大きな喜び、明晰さ、そして愛の実感だ。

図10・10のコヒーレンス測定値に注目してほしい。ワークショップ開始時点で、キャシーの脳は極度に興奮し、分析思考が強い、緊急事態モードを示す、高域ベータ波の領域にあった。アルファ・ベータ波域の太い赤線は、標準偏差が標準値より3高いことを示している。彼女の脳は過剰活性状態で、調和が乱れ、非常にインコヒーレントだ。この時彼女は不安感をうまくコントロールできていない。

次に、二月のワークショップ最終日に測定された「瞑想後」のスキャン図を見てみよう。高域ベータ波が減り、コヒーレンスレベルが向上し、より正常でバランスの取れた脳だと、見ただけでそろそろお分かりのことだろう。

彼女はフェニックス在住で、ファニン博士のクリニックに近いという利点があったことに加え、キャシーにはまだやるべきことがあったため、ワークショップ終了後に、私たちはある実験を手配した。ファニン博士はキャシーに、全般的に緑色の、健全で調和のとれた正常な量的脳波図のスキャン画像を見せ、キャシーが意識を集中させるべきなのはこの状態だと伝えた。これより二十九日間、彼女が瞑想で毎日新しい意識状態をつくるとき、その画像に示された目標を選択するよう提案した。

そうすることで、プラシーボにもっと強い意味づけができるため、キャシーは実現に向けて強い意志を持つことができた。

そしてそれは奏功した。二〇一三年四月八日、六週間後に測定された図10・11をみると、赤で示される不安が消え、さらに正常になっている様子がわかるだろう。図10・12の左右のボックスを比較してみよう。二〇一三年二月二〇日のスキャン図（左）では脳波が21〜30Hzという高い周波数帯（赤）にあるが、イベント最終日の二月二十三日（右）では、全体的に緑の正常値に移行し、ずっと正常になっていることがわかるだろう。赤い部分は非常に高い不安（高域ベータ）と強い過剰分析傾向を示している。彼女の脳波は21〜30Hzという高い周波数で、過剰活性状態にあり、脳はオーバーワーク状態を表している。四月初旬になると（図10・13）、キャシーの脳は調和がとれ、コヒーレントで、以前よりずっと全体性が増していることが緑色の領域からうかがわれる。キャシーの現在の脳は以前とはまったく異なり、キャシー本人もまったく別人のようだと実感している。

キャシーの新しい人格

キャシーは、キャリア、日常生活、人間関係などの面で無数のポジティブな変化が起きたと話してくれた。彼女は瞑想を日課としていて、時間が取れないと感じる日にも、必ず瞑想のための時間を**捻出**するようにしている。自分の意識と脳のバランスを崩す原因をつくった生き方は、外界の環境からの時間と条件づけによるものだったと、今では認識している。キャシーが抱く疑問に対する答えは以前よりずっとたやすく、何の苦もなく降りてくるようになった。彼女は心の声を以前よりよく聞くようになり、以前のような非常警戒態勢に陥りそうになると、すぐに気づくようになったと言う。

古い思考サイクルのループにはまることはほぼなくなり、他人に寛大で、忍耐強い人格に変わったと感じている。キャシーは内面も外面も、以前よりハッピーな人になった。

エネルギーを変えて類線維腫を治す

ボニーの古い人格

二〇一〇年、ボニーは重い生理痛と大量生理出血をするようになった。彼女はエストロゲン過剰と診断され、生物学的同一ホルモン治療を始めるよう勧められた。しかし40歳の彼女にとって、それはやり過ぎだと思った。

ボニーの母親も同じ年齢で同じ症状を発症していた。母親はホルモン錠剤を服用し、最終的に膀胱癌で亡くなった。ホルモン治療と膀胱癌には何の相関関係もないかもしれないが、ボニーが想起したのは、自分も母と同じ運命をたどるのではないかということだった。母のように死にたくなかった。

彼女の膣出血は長く続くようになり（二週間続くこともあった）、貧血を起こし、気力が低下し、体重は約20ポンド（約9キログラム）増加した。彼女は毎月の生理が来るたびに、平均2リットルの血液を失った。骨盤超音波診断では類線維腫が見つかった。数えきれないほどの血液検査を受けた結果、ボニーは閉経周辺期にあり、恐らく卵巣嚢胞があるだろうということだった。ボニーにホルモン治療を勧めた専門医は、線維腫は簡単になくならないため、この先一生大量出血が続くだろうという見込みを宣告した。

二〇一三年七月、コロラド州アングルウッドで実施されたワークショップで、私はランダムにボニーを選び、ブレインマッピングを行った。私が彼女を指さし、脳スキャンの対象者に選んだことを告げたとき、彼女はとても恥ずかしがった。ワークショップ初日の前夜から生理が始まったため、彼女は大量出血が漏れないように、いつも大きなおむつをしなくてはならなかった。その後、いくつかの瞑想の後、床に寝て行う瞑想をしたが、ボニーは出血により服や床を汚さないか、気が気ではなかった。

ボニーの生理痛は耐え難いものだったため、普通に座ることができなかった。それでも、彼女はどうしても心の平和を得たいと願い、毎日毎日瞑想テクニックを学んでいった。ブレインマッピングの対象に選ばれた最初の瞑想で、ボニーは、本人曰く、神秘的としか言いようのない経験をした。ハートがオープンになって、大きくなった。頭が後ろに倒れ、呼吸が変化した。光の洪水が体内に流れ込んできて、たとえようのない平和がやってきた。声も聞いた。『あなたは愛されている。祝福されている。忘れられてなんかいない。』ボニーは瞑想中に泣き出し、とる脳スキャンは彼女が喜びに浸っていたことを示した。

ボニーのスキャン

図10・14のボニーの脳波図スキャンを見てみよう。彼女の経験の一部始終をリアルタイムでキャッチできたのは幸運だった。最初の画像は通常の脳活動を示している。すべてが調和し、穏やかな様子だ。

水平に流れる各線（それぞれが毎秒周期で上下する脳波）は、脳内の様々な地点の脳波を表す。垂直の線は一秒ごとの区切りを示している。上から四本の波線は脳の最前部で、その下に続く波線はそれぞれ脳内の異なる部分を示し、最下部の数本は後頭部の脳波となっている。脳波図の帯状記録紙の分析では、脳内の多様な地点の脳波がベータ、アルファ、シータ、デルタ各波域のどこにあるかがわかる。さらに、コヒーレンスレベル(脳波同士がシンクロしている度合い)、振幅(エネルギー量)、そしてどの程度脳波が同期しているかなどもわかる。

図10・15A～Cのボニーの3つのスキャン（瞑想中の異なる時点での脳の様子）を見ると、彼女の前頭葉の部分のコヒーレントで高揚したエネルギーと振幅が見て取れる。つまり、脳はかなりの情報量と感情を処理しているということだ。彼女は意識拡張状態にあり、ところどころで絶頂感を味わっている。ほとんどの活動はシータ域で起きている。つまりこのとき彼女は無意識の領域にいるということだ。顕在意識が無意識に融合している。このとき彼女の内的体験は極めてリアルに経験されている。

そこで起きていることに完全に集中しているため、実際に経験しているかのような臨場感が生まれる。感情指数は、彼女の脳が処理するエネルギー量（振幅）で表される。矢印が指している、垂直部分が長い波線を見てほしい。これは非常にコヒーレントなエネルギーで、ボニーの意識は極限にまで冴えている。

では、図10・16を見てほしい。これはリアルタイムで測定した量的脳波図スキャン画像で、最上段左端の円、1Hzのデルタ波を矢印が指している。これはボニーが量子場にアクセスしていることを示す（青い部分）。それを裏づけるように、前頭葉がシータ波で高揚している様子（赤い部分）がわかる。赤丸で囲んだ、前頭葉の活動がわかる部分、そしてオレンジの矢印が示す部分（上から見た前頭葉部分）を見てほしい。この画像は、瞑想中に刻々と変わるボニーの脳内の映像のスナップショットだ。前頭葉の機能のひとつに、思考をリアルにするというものがあるため、シータ波域で彼女が目を閉じたまま経験していることは、非常にリアルに感じられる。ボニーの内的体験は、非常に鮮やかな明晰夢だと言っていいだろう。12Hzアルファ波域(脳の中央・後部にある赤い領域)を指す矢印を見てみよう。ここでボニーは、内的体験を理解しようとしていて、心の目で見えた情報を処理していることを示す。それ以外の脳画像は健全で調和がとれている(緑色部分)。

ボニーの新しい人格

この日ボニーが経験したことは、彼女の人生を完全に変えることになった。内的体験にかかわるエネルギー量は、彼女が外界で経験したどれよりもインパクトが強かったため、生理的に過去の記憶が消去された。瞑想で経験した至高体験のエネルギーは、脳内に刻印されていた回路や古い感情によって、体が覚えた条件づけに取って代わることになり、彼女の体は、新しい脳内回路、新しい意識に即応したのだ。ボニーは心の状態を変化させた。24時間もかからず、彼女の出血は完全に止まった。

生理痛も消え、彼女は本能的に「治った」と確信した。ワークショップから数か月経った後も、ボニーはまったく正常な生理周期を経験している。ワークショップ以来、生理痛も不正出血も一切なくなった。

エクスタシーの経験

ジュヌビエーブの古い人格

ジュヌビエーブはオランダ在住の45歳、アーティストであり音楽家でもある。職業柄、頻繁に旅をしている。二月のワークショップで、私はファニン博士とジュヌビエーブの瞑想中の脳スキャンを眺めていた。彼女の内面の旅の最中に、顕著なエネルギー変化が起きていることに、私たちは気がついた。同じタイミングで画像の変化に気づいた私たちは顔を見合せた。「何かが起こるぞ！」と。

数秒後に彼女を見ると、喜びの表情に涙を流していた。ジュヌビエーブはエクスタシーを感じていた。無上の快楽を経験し、体がそれに反応していた。これは私たちにとって初めて見るものだった。

ジュヌビエーブのスキャン

図10・17の左ボックス、「瞑想前」を見ると、ジュヌビエーブが瞑想を始める前の比較的正常な脳の様子がわかる。全体を覆う緑の部分は、健康で調和の取れた女性らしい脳の姿を表している。

矢印が指しているアルファ13～14Hzの青い部分は、彼女が瞑想を始める前に、感覚運動がいくぶん低下した状態を示している。その日、彼女はヨーロッパから到着したばかりだったため、時差ボケの状態を表していると思われる。瞑想中の脳を見ると、全体的によりよく調和しているのがわかる。その次に起きたのがぶっちぎりの驚嘆データだ。彼女の瞑想の終わり頃に現れた絶頂体験で、彼女の脳内にはかなりのエネルギー量が充満していることがスキャンからわかった。

では図10・18を見てほしい。すべての脳波域にわたり高エネルギー量を示すこの手の赤の活動は、ジュヌビエーブが完全に変性意識状態にあることを示している。彼女が瞑想をしていることを知らずにこのスキャン画像を見た人は、彼女が極限状態の不安か精神病を患っていると考えるだろう。しかし、本人が至高体験だったと振り返るように、この赤は、すべて脳内の多量のエネルギーだと解釈できる。彼女の脳の標準偏差は標準値より3高い。これは司令塔となっていた体に、感情の形でストックされていたエネルギーが解放されて、脳内に放たれたことを示している。

図10・19の脳波図は、その解釈の裏づけとなる。矢印が示している紫の波線を見ると、脳内のこの部分は、通常の10倍のエネルギー量を処理していることがわかる。赤線で囲んだ部分を見ると、その経験は、ジュヌビエーブの長期記憶に基づく深遠な情動体験だ、ということがわかる。同時に彼女がその時点で起きていることを言葉で理解しようとしている様子が見て取れる。おそらく、心の中で彼女は「何てことなの？　すごいわ。素晴らしい気分だわ。これはいったい何なの？」など

と独り言を言っているのだろう。彼女の内的体験は外的体験と同じ臨場感で、彼女が意図して起こしているものではない。ただ起こるに任せているだけだ。彼女は視覚だけでみているのではなく、深淵なる瞬間を３Ｄ体験している。

興味深いことに、私たちは六月にコロラドで実施されたイベントで、再びジュヌビエーブのスキャンを行ったところ、その時も、同じエネルギーの変化を示した。これら二つのイベントで彼女にマイクを渡すと、彼女はハートが大きく開かれて人生がとてもいとおしく感じられたこと、そして自分より大きな存在とのつながりを感じたことを話してくれた。彼女は神の恵みを受け、この上なく幸せで、その時間にずっととどまりたかった、と。図10・20をみると、彼女が二月と七月にまったく同じような経験をしたことがわかる。数か月後、彼女はまだこの経験をし続けている。彼女は完全なる個人変容を遂げた。

ジュヌビエーブの新しい人格

七月のワークショップの数週間後、私はジュヌビエーブと話す機会があった。彼女はその年の初め頃の彼女自身と別人になったと話してくれた。意識が深まり、今という時間を生きるようになり、以前よりずっとクリエイティブになったと。あらゆるものに対する深い愛を感じ、何よりも大きな変化は、彼女の波動が上がり、何かが欲しいとか足りないとかいう感覚がなくなったことだという。

彼女は完全無欠になった。

意識が体の外に出るという悦楽

マリアの古い人格

マリアは正常な脳を持つ、機能的な女性だ。ある日の最初の四十五分間の瞑想エクササイズで、彼女の脳波が数秒で劇的に変化した。

マリアのスキャン

図10・21で、マリアの平常モードの脳とエクスタシーを経験している時とを比較してほしい。私はマリアの脳のエネルギー量が増し、どんどん高揚していく様子を眺めていたが、それはあたかも脳がオーガズムを経験しているかのように見えた。彼女のスキャン画像は、極限状態のクンダリーニ経験（クンダリーニとは体内に蓄積され、眠っていたエネルギーが目覚めると、脳内で意識とエネルギーが拡張する現象）をしている超活性状態の脳だった。マリアのスキャンを見ると、脳

内のすべての地点でエネルギーの高揚を経験していることがわかる。クンダリーニ・エネルギーが覚醒すると、骨盤底部から脳天にまで上昇し、非常に深淵なる神秘体験を生み出す。ワークショップでは、たくさんの参加者がこの脳内オーガズムを経験している。マリアのスキャンでは、脳内の全地点でエネルギー高揚が見られ、その脳波の振幅は通常の3～4倍に及んでいる。彼女の脳は非常にコヒーレントで、高度にシンクロしている。スキャン図を見ると、ちょうどオーガズムのように、エクスタシー体験が波状に訪れていることがわかる。このどれをとっても、彼女が意図的に作っているものはない。それは彼女に降りてきた経験だ。脳全体が内的経験に集中し、その結果として、彼女に深淵なるエネルギーが満たされたのだ。

マリアの新しい人格

今日に至るも、マリアは同様の神秘体験を続けている。それが起きるたび、彼女は前よりもっとリラックスし、より多くのことに気づくようになり、より完全無欠な自分を感じると言う。彼女は、次はどんな未知の体験がやってくるか、楽しみにしている。

さあ次はあなたの番！

これまでご紹介してきたいくつかの事例（他にも多数記録されている）は、プラシーボ効果を**教える**ことが本当に可能だという証左となるだろう。ここまで読んできたあなたは、どんなことが可能かという情報、経験談、そして証拠の数々を見てきたのだから、次は実際にやる方法の解説を読み、あなた自身の個人変容を経験してほしい。次の二章では、あなた自身が瞑想を始める手順をステップごとに示している。ここまで学んできた知識をすべて実践し、あなたの努力がどんな成果を生み出すのか、その果実を経験していただくことが私の願いだ。あなたが変化の川を渡るツールを手に入れたら、私はあなたが渡ってくるのを向こう岸で待つことにしよう。

第二部 〈変容〉

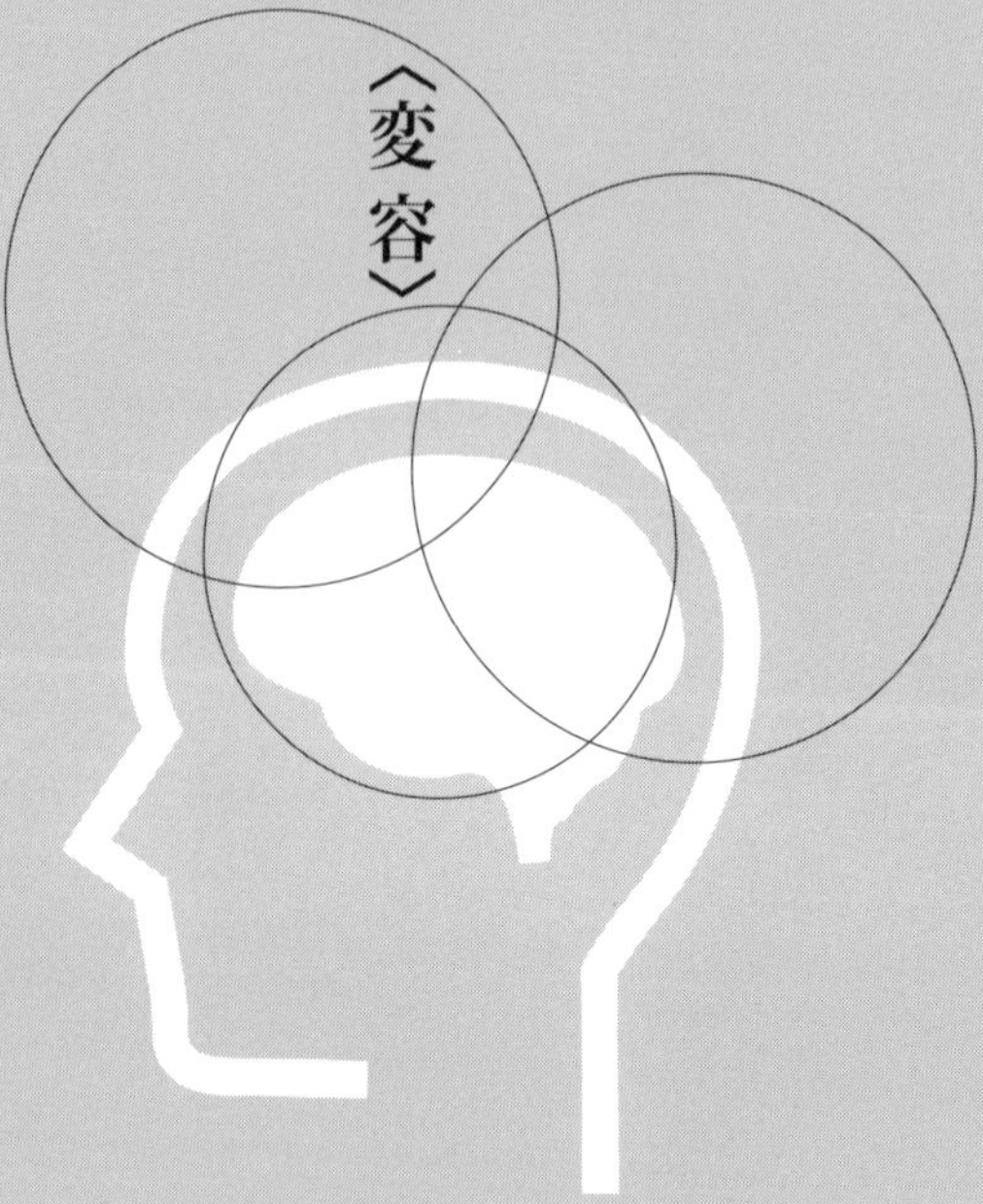

第十一章

You Are the
PLACEBO
making your mind matter

瞑想の準備

第一部に書かれたすべての情報を読み、理解できたら、あなたは変容を始める準備が整っている。本章で私は、瞑想を始めるのに必要なことについて解説し、次章で、実際の瞑想に誘導する際に準備ができているようにしておきたい。本書に登場して、自分についての何かを変容させた人々全員が、まずはじめにしたのは、内面と向き合い、自分の心の状態を変えることだった。これから始まるあなたの瞑想習慣を、毎日プラシーボを服用するようなものだと考えてほしい。ただし、あなたの心身の状態を変えるために、錠剤を使う代わりに、自分の内面に入るという行為によって行う。やっているうちに、あなたの瞑想という行為は、瞑想という名の信念に変わっていくだろう。

瞑想にいい時間帯

瞑想に最も好都合な時間帯が一日に二回ある。夜眠る直前と、朝起きた直後だ。人は眠るとき、全体的な脳波の状態が自然に覚醒時のベータ波から、よりゆっくりしたアルファ波に移行し、目を閉じると、さらに遅いシータ波に変わり、まどろみ始めると、深い睡眠時のデルタ波状態に変化する。そして朝目覚めると、同じことを逆に進んでいく――デルタ波からシータ波、そしてアルファ波、ベータ波へと変わり、完全に覚醒した状態になる。

したがって、あなたが寝る態勢になったとき、または眠りから覚める時が、最もアルファ波やシータ波に入りやすい。瞑想で作る変性意識は、夜はあなたの意識がこれから向かう領域であり、また朝はあなたの意識が通ってきたばかりの領域だからだ。これら二つの時間帯に、無意識の扉が開いていると考えていいだろう。私の場合は朝の瞑想が好きだが、どちらを選んでも構わない。あなたにとって無理なく日課に入れられるほうに決め、長く続けてほしい。毎日できたら、それはいい習慣となり、やがて毎日の楽しみな時間となることだろう。

瞑想にいい場所

瞑想をする場所を選ぶにあたり、最も留意する必要があるのは、邪魔が入らないことだ。あなたは瞑想によって外界、物質界とつながるプラグを抜くのだから、一人になれて、人やペットが入って来ない静かな場所、あなたの毎日の聖なる瞑想ステーションとして確保できる場所を選んでほしい。

ベッドや布団の中での瞑想を私はお勧めしない。そこは睡眠を想起させるからだ（同じ理由で、仰臥位での瞑想もお勧めしない）。瞑想をする椅子を決めるか、一時間程度床に座れるスポットを見つけよう。快適な室温で、冷たい隙間風などが入らない場所を確保しよう。

ＢＧＭがあるほうが落ち着くなら、静かでリラックスできる、変性意識に誘導するようなボーカルのない楽曲か、歌詞のない詠唱を選択するのがいい。（実際のところ、完全に静かな場所でない場合、ＢＧＭは外界の雑音を目立たなくしてくれるだろう。）あなたの過去の出来事を連想させる音楽や、聞き入ってしまう要素を含む音楽は厳禁だ。室内の場合、瞑想の前にはパソコンや携帯電話のスイッチを切っておこう。調理中の食べ物の匂いやコーヒーの香りも消しておこう。五感のスイッチを切るために、アイマスクや耳栓をするのもいいだろう。準備のキーポイントは、あなたを外界に戻そうとする刺激を最大限シャットアウトすることにある。

体を心地よい状態にする

ゆったりと体を絞めつけない服を着て、腕時計やアクセサリーを外しておこう。眼鏡も必要ない。瞑想を始める前に水を少し飲み、瞑想中に飲みたくなったら飲めるように近くに置いておこう。瞑想前にトイレを済ませ、瞑想中に気が散る要因になりそうなものは、すべてあらかじめ処理しておこう。

椅子に座って行う人も床で胡坐《あぐら》の人も、背筋はピンと伸ばして姿勢を整えよう。体はリラックスさせる一方で意識は集中力を高めていくので、眠ってしまうほどリラックスしない状態が望ましい。とは言え、瞑想を始めて頭が前にこくんと落ちてきたら、それは脳波が遅くなってきた証拠なので、あまり気にしなくていい。何度かやっていくうちに、体が覚えてきて、眠らずに変性意識へと移行できるようになるだろう。

瞑想を始める時は、目を閉じ、三、四回深呼吸をしよう。その間にあなたの脳波はベータ波からアルファ波に落ちていく。ゆったり穏やかでありながら集中できるこの状態は、前頭葉を活性化し、すでに読んできたように、それは外界の時間と場所を処理する脳内回路を沈黙させてくれる。その先のシータ波への移行は、初めはなかなかうまくいかないかもしれないが、練習するうちに、もっと先に行けるようになる。シータ波の状態とは、体は眠っているが意識は覚醒している状態で、あなたはここで、自律神経系のプログラムを簡単に書き換えられる。

瞑想時間

一般的な瞑想時間は四十五分から一時間だが、できれば、瞑想を始める前に、心を鎮める時間を十分に取るといい。ある時間までに瞑想を終えなくてはならない場合は、その時刻の一〇分前にアラームをセットしておき、瞑想をぷっつりと終えて現実に戻らなくて済むようにしておこう。瞑想で五感の現実から離脱するのと同様に、あなたは時間の感覚からも離脱している、ということを忘れないでほしい。もし瞑想中に時間が気にかかるようなら、それは瞑想の趣旨にまったくそぐわないことになる。時間の心配をすることなく瞑想をするには、普段より早く起きる、あるいは寝る時間を遅くするといい。

意志の扱いをマスターする

瞑想の練習を始める際に、極めて頻繁に現れるハードルについて警告しておきたい。あなたが自分に関する何かを新しく変えようとするとき、司令塔となっている体が抵抗し、脳に司令塔をやらせようとする点だ。すると、次に起きるのは、脳内に始まるネガティブなささやきのオンパレードだ。「明日からやればいいじゃん。あなたはお母さんに似すぎ。いったいどうしちゃったの？変わるなんてムリに決まってる。なんかしっくりこないぞ……」これは、体があなたのいる運転席を奪って、再び司令塔の座を奪還しようとしていることの現れだ。あなたはこれまで、我知らず落ち着きのない、イライラした、不幸せな、被害者意識丸出しの、あるいは悲観的といった条件づけを体に植えつけてきたかもしれない。もしそうなら体はそのようにあり続けたいと主張する。

それらのネガティブなささやきにあなたが耳を傾け、その通りだと思った瞬間、あなたの意識は元の自動運転プログラムに舞い戻っている。そして、あなたは同じことを考え、同じ行動を選択し、同じような気持ちをとどめたままで何かを変えようと願うことになる。もしあなたが自己抑制的な感情を変化の指標にするとしたら、あなたは自分にはできないと自らに言い続けているようなものだ。逆に体をそれらの感情から解放してやると、あなたはゆったりと、今という時間に滑り込めるだろう（これについては後程詳しく）。そして体内に囚われていたエネルギーを解放し、あなたは粒子から波動へと移行し、新しい運命を創出できるようになる。その場所にたどり着き、体を新しい意識に馴染ませるには、体の主張を抑え、主人が誰かをきちんと教えてやる必要がある。

我が家には農場があり、馬を十八頭飼育している。瞑想で意志の扱いをマスターし、集中力を維持するという行為は、しばらく乗っていなかったお気に入りの（去勢されていない）牡馬を乗りこなすことに似ている。鞍《くら》に座ると、馬は私のことなどまったく関知していない。彼は敷地の反対側にいる雌馬の匂いを嗅ぎ、彼の意識はそこに飛んでいる。彼の考えを言葉にすると、こんな感じだ。「この八か月間、いったいどこに行ってたんだよ？　あんたが留守の間ちょっと悪いことを覚えてね。あっちに女の子たちがいるんだよ。俺はあんたがやりたいことなんかに興味はない。だからあんたを振るい落とすよ。俺は自分のやりたいことをやる。ここの主人は俺様なんだ。」馬はイラつき、怒り、自分の思い通りにしようとする。そして私を舞台のそでに追い込んでいく。しかし私は、彼を注意深く観察し、彼が雌馬のほうに行こうとすると、ぎゅっと手綱を引く。

馬が私の指示を無視しようとしたら、私はゆっくりと、ゆるぎなく手綱を引っ張り続け、そして待つ。するとそのうちに馬は立ち止まり、大きく鼻を鳴らす。私は馬の体を優しくなで、「そう、それでいい」と語りかける。進みたい方向に二、三歩行くと、馬はほんの少し頭を雌馬のほうに向ける。そこで私は馬を立ち止まらせ、そして待つ。馬は再び大きく鼻をブルル、と鳴らす。私が主人だと馬が認めたら、また前進を始める。馬が完全に服従するまで、この過程を何度でも繰り返す。

あなたが瞑想をするとき、体に対してとるべきアプローチは、このようなやさしく、かつ断固とした調教だ。あなたの体は、意識体であるあなたがこれから調教するべき動物だと考えるといい。関心の対象がどこかに彷徨い出したことを見つけたら、すぐさま私が馬にしたようにして、あなたは体に新しい意識を覚えさせる。あなたはこうしてあなた自身とあなたの過去の扱いをマスターしていく。

たとえば、朝あなたが目覚めてすぐに、今日電話するべき人が数人、片づけるべき用事がいくつか、返信するべきメールがざっと35ほど、そしてその返事に対応すべきことがいくつか……というふうに、その日にするべきことをまず心にリストアップしているのなら、あなたの体はすでに未来を生きている。そこで瞑想をすると、あなたの意識はごく自然にそちらの方向に行きたがる。

それを容認すれば、脳と体はその予測可能な未来にいる。あなたが昨日と同じ過去の経験に基づく結果を予測しているからだ。

したがって、あなたの思考がふらふらとそっちの方向に動き出すのを見つけたら、すぐに手綱を引き、体を鎮め、今という時間に引き戻そう。私が馬を調教したのと同じように。その次の瞬間に、「だけどあれはやっとかないと。これを忘れているよ。昨日やり残した仕事があるじゃないか」などなど、頭にそんなことがよぎったら、思考を再び今という時間に引き戻す。それでも思考がおしゃべりを始め、それに引っ張られてフラストレーションやイラつき、不安といった感情が浮かんできたら、それらの馴染み深い感情が何であれ、どれも過去の一部に過ぎないことを思い出してほしい。それが起きたらただそれを認め、「ああ私の体（古い司令塔）が過去に行きたがっているな。オーケイ。じっくりと、今という時間に戻ってリラックスしよう」と考えればいい。

思考が気を散らすのと同様、体も同じようにあなたの気を逸らそうとするかもしれない。たとえば気分が悪くなってくる、どこかに痛みを起こす、背中がかゆくてたまらなくなる、などなど。もしそれが起きたら、体が運転席に座りたがっているだけだと考えよう。体の扱いをマスターすると、あなたは体より偉い存在となる。あなたが瞑想のたびに湧き起こる多様な感情を少しずつコントロールしていくと、瞑想を終えて日常生活を送っているときにも、より今という時間にとどまり、より多くのことに気づくようになっていく（自動運転モードの時間が減っていく）だろう。

遅かれ早かれ、ちょうど私の馬が、雌馬やら何やらのことに気を散らさなくなり、逆らうのをやめて私の指示に従うように、あなたの体もまた、瞑想中にふと浮かんだことに囚われることなく、しぶしぶあなたの意識に従うようになるだろう。そして馬と騎乗者が一体となるとき、意識と体が協働するとき、その快感は何にも代えがたい。あなたは新しい心の状態にあり、それは信じられないほどパワフルだ。

変性意識に移行する

次の章で、私があなたを誘導する瞑想は、仏教徒が半眼《オープンフォーカス》と呼ぶテクニックから始まる。私たちが目指す変性意識状態に入るにあたり、非常に役立つ方法だ。私たちが日常的にサバイバルモードにあり、ストレスホルモン漬けになっているとき、私たちはごく自然に狭い視野に陥っている。私たちは関心のすべてを外界にある物や人、問題に振り向け（意識の矛先は波動やエネルギーではなく粒子や物質に向いている）、五感によって現実を定義している。そのタイプの関心の向け方を〝物質フォーカス〟と呼ぶ[1]。

関心のすべてを外界に向けている状態では、内面世界より外界のほうがよりリアルに感じられる。この時の脳波は主として高域ベータ波となり、人の脳波パターンの中で最も不安定で衝動的、反応性が高いと言われる。高度な警戒モードにあるとき、人は創造、夢想、問題解決、新規学習、あるいはヒーリングなどができる状態にない。当然ながらそれは瞑想にふさわしい状態ではない。脳内の電気的活動が増え、闘争・逃走本能のおかげで心拍・呼吸数が自然に増加する。そのとき、体には成長や健康維持に使うエネルギーがほとんど残っていない。敵を迎え撃ち、体を守り、その日を生き延びることで手いっぱいだからだ。

そのような、あまり望ましくない状態で、私たちの脳は分割化されていく。つまり脳内の各部分が連動することなく、それぞれ独自の行動を取るようになり、なかには互いに反対の動きをして、アクセルとブレーキを同時に踏んでいるような状態をつくるケースもある。敵対する者同士が同じ家に収まっている状態だ。

脳内で部分同士が相互に対話しないだけでなく、脳とそれ以外の体との間のコミュニケーションも効率が悪くなり、無秩序になっていく。脳と中枢神経系は体内のすべての部分を統合し調整している——心臓の拍動を維持し、肺で呼吸し、食物を消化し、不要物をろ過し、新陳代謝を進め、免疫系を調節し、ホルモンバランスを整え、その他、無数の機能を遂行している。これらすべての機能が阻害されるため、私たちはバランスを崩すことになる。脳は無秩序で統合されていない信号を、脊髄から全身に送り出す。その結果、体内のどこにも明確なメッセージが届かない。インコヒーレントなメッセージばかりだ。

免疫系はこんなふうに考えるだろう。「そんな指示ではどんな白血球をつくればいいかわからないよ。」消化器系はこう言うだろう。「胃と小腸のどっちに先に消化液を送ったらいいかわからないよ。指示がごっちゃになっているじゃないか。」心臓血管系はこう嘆くだろう。「やってくる信号が不規則きわまりないので、心臓を規則的に打つべきか、不規則にするべきか迷ってしまうよ。すぐそこにライオンがほんとにまた来ているのか疑わしいね。」

この不調和状態は恒常性維持機能を狂わせ、均衡を乱す。そうなると、乱れた系が不整脈や高血圧（心臓血管系）、消化不良や胃酸逆流（消化器系）、そして圧倒的に多い風邪、アレルギー、癌、関節リウマチその他（免疫系）といった病気を引き起こすのは時間の問題だ。

脳波がごちゃごちゃになり、妨害電波だらけになっている様子を、前章で解説したようにインコヒーレンス状態と呼ぶ。脳波や脳から、それ以外のところに送られる信号にはリズムも秩序もない。耳障りな騒音のようなものだ。

これに対し、半眼テクニックでは、薄く目を閉じ、外界のすべての物質や人生を彩るすべてのものから関心を逸らし、私たちの周りの虚空に対してぼんやりと広く目を向ける（粒子ではなくエネルギーを見る）。これがなぜうまくいくかと言うと、空間を**感じ**ているとき、物質に注意を向けていないだけでなく**考え**てもいない。脳波パターンはよりリラックスして、創造的なアルファ波に変化する（そして最終的にシータ波になる）。この状態では、内面世界のほうが外界よりリアルに感じられるようになる。つまり起きてほしい変化がずっと起こしやすい態勢になっている。

半眼テクニックを正しく使うことで、脳はより組織化され、シンクロするようになり、脳内の各部分が秩序立って連動し始めることが研究から明らかになっている。シンクロし合うもの同士は連携する。このコヒーレンスレベルで、脳は、全神経系を通じて全身にコヒーレントな信号を送ることができる。するとすべてがリズミカルに、全体としての調和を保ち、働くようになる。このとき、脳と体は耳障りな雑音の代わりに美しいシンフォニーを奏でている。その結果、私たちはより完全無欠で、統合され、調和していると感じる。このような脳の変化を、私と私のチームは、ワークショップの脳スキャンでほとんどの参加者に起きることを確認している。だからこのテクニックが有効だと断言できる。

今という時間のスウィートスポット

あなたを半眼テクニックで誘導してきたので、次は、今という時間を見つけるエクササイズに移るとしよう。今という時間にとどまることで、それまでアクセスできなかった、量子レベルの可能性にアクセス可能となる。量子場では、無限大の可能性の中に、超微細な粒子が同時に存在していると解説したことをご記憶だろうか？　それが真実であるために、量子場では時間軸が一つであってはならない。そこには**無数の**タイムラインが同時に存在し、すべての可能性がうずたかく積み上げられていなくてはならない。実際、量子場と呼ばれる無限の情報の場の中には、極小の微生物から宇宙一進化した巨大なものまでの、過去・現在・未来のすべての経験が収められている。量子場には時間がないと書いたが、真実を言えば、**すべての**時間が同時に存在している。量子場には、私たちが一般に時間だと思っている**線形**の時間がない。

量子モデルの現実では、今という時間の中にすべての可能性が存在するという。しかし、もしあなたが毎朝起きてから、いつもと同じ一連のことをやり続けていれば（同じ選択が同じ行動を呼び、結果同じ経験をし、同じ感情に至る）、あなたにはそれ以外の可能性が開かれないし、新しいことは何ひとつ起こらない。

図11・1をみてほしい。真ん中の円は、ある特定の時間軸の〝今〟の時点のあなたを表している。この地点より左側はあなたの過去で、右側はあなたの未来だ。たとえば、あなたが毎朝同じ時間に起きて歯を磨き、犬の世話をして、朝のお茶かコーヒーを飲み、同じ朝食を食べ、いつも通りに着替えをして、いつもの道を通って会社に行くという決まりきった生活をしているとしよう。これら一連の行動は時間軸上の直近の未来の点で表現されている。

そして、たとえばこんな日常をかれこれ一〇年続けているとしよう。その場合、あなたの体は、習慣によりプログラミングされていて、過去に基づく未来を生きることをあらかじめ知っている。あなたの時間軸上の一つひとつの出来事を感情面で予測すると、体（無意識の本拠地）はいつもと同じ予測可能な現実を生きていると思い込む。そして同じ感情は、同じ遺伝子に同じやり方で信号を送り、あなたは過去とまったく同じ未来にいる。実際、あなたの過去の時間軸をそのまま未来にコピペしても何ら不都合はない。このシナリオに関する限り、あなたの過去イコールあなたの未来だ。

この場合のあなたは、ピアノの同じフレーズを何度も何度も空で弾き続け、実際に弾いてきたの

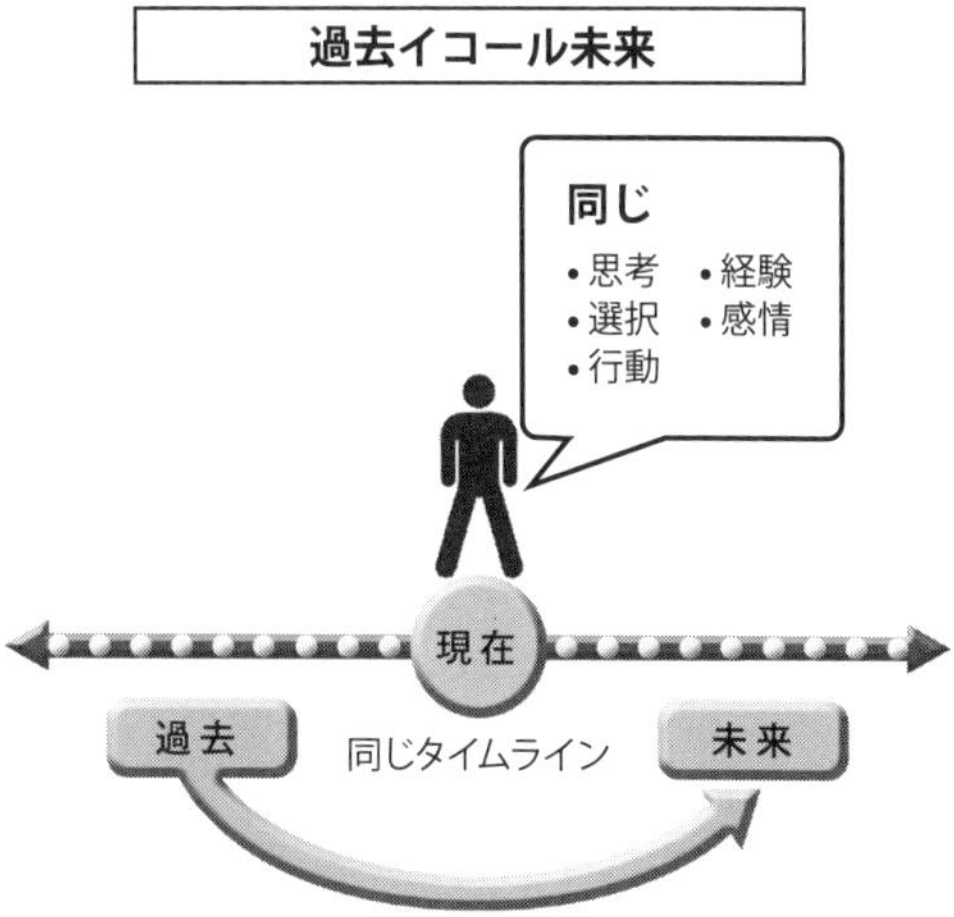

図 11.1

タイムライン上の各点は過去の数日、数週間、数か月、あるいは数年来の同じ思考、選択、行動、経験、そして感情を表している。結果として過去イコール未来となる。習慣とは、反復することによって生まれた自動的思考、行動、感情の一連の繰り返しなので、体が意識に成り代わり司令塔となり、ほとんどの場合、体は過去につくられた意識状態に基づく予測可能な同じ未来を生きる自動操縦モードにプログラムされている。そして過去につながる感情を記憶すると、その感情が同じ思考を呼び起こし、体は文字通り過去を生きることになる。私たちはほとんどの場合、今という時間を生きていない。

と同じ神経回路を脳内に作ったあの人々と同じだ。思考のみの力で、指使い練習が実際に起きたかのように体の組成を変えた彼ら同様、あなたも、昨日の一連の出来事という予測可能な、毎日同じ日常のシナリオのメンタル・リハーサルをすることにより、脳と体に過去と同じ未来の条件づけをしている。体は生理的に、未来の一日をすでに経験している。

こういう状態だと、今という時間が見つかる日は永遠にやって来ない。脳も体も、過去に基づいた既知の未来の現実をすでに生きているからだ。あなたの時間軸上の、選択、習慣、行動、経験などを示す点を見てみよう。それらが作り出す同じ感情は、あなたの毎日の気分となる。この状態のあなたの日常に、未知、通常ではありえないこと、奇跡といった出来事が起きる余地はない。あなたの日常は、すでにびっしり予定が詰まっているからだ。未知の何かが起きると、決まったルーティーンを乱すので、はっきり言って都合が悪い。過去に基づいた未来を無意識に予測し続けている人の人生に、そんな得体の知れないものが飛び込んできたら動揺してしまうだろう！

あなたが瞑想を始めるにあたり、あなたの時間軸上に乗っているたくさんのやるべきことの一つに瞑想を加えることになったなら、瞑想もあなたの「一日にするべきことのリスト」の一つに成り下がってしまう危険があると警告しておきたい。瞑想をそういう活動の一つとして捉えているなら、今という時間は見つけられないだろう。あなたが望む成果（ヒーリング、恒久的変化など）を引き出したいなら、完全に今という時間にとどまり、リストにある、次にするべきことについて考えたりしないことだ。

なぜなら、関心を向けた先にエネルギーが集まるからだ。ほんの少しでも、あなたが関心を外界のもの、人、場所、出来事に振り向けたら、あなたはその現実を補強していることになる。そしてあなたは時間に憑りつかれている。既知の過去や過去に基づいた未来（したがってこれも過去）のことばかり考えることで、あなたはエネルギーを今という時間（すべての可能性がここにある）から吸い上げている。既知のものに意識を集中させるとき、量子の観察者であるあなたが得られるのは、あなたが見ている対象以外にない。あなたは量子場にある無限の可能性のエネルギーを崩壊させて、あなたの人生と呼ばれるようになった、毎日お馴染みの物質的パターンを再生産している。


量子場であなたを待っている無限の可能性にアクセスするには、既知の世界（あなたの体、顔、性別、人種、職業、今日何をするかといったことすべて）を全部忘れなくてはならない。そしてしばしの間、未知の世界（あなたには体も名前もなく、物質でなくなり、どの時間や場所にも存在しないものになる）にとどまらなくてはならない。脳回路の再編をするには、すべての可能性が存在する無限の場所に、意識あるいは関心の主体としてとどまる、純粋な意識体にならなくてはならない。

そして体があなたの注意を引こうとしたら、先程書いてきたように、あなたは体の主人として、体が渋々従うようになるまで、繰り返し、意識を今という時間に引き戻していくと、図11・1の時間軸の予測可能な未来につながる線は消えていく。体が予測可能な運命へと進むことをやめたからだ。あなたは既知の未来へと続く道筋を断ち切り、そこに流れるエネルギー回路の電源プラグを抜いたのだ。

同様に、もしあなたの体が、記憶された過去の出来事につながる感情によって条件づけられ、その化学物質の中毒になっていて、繰り返し過去の時間に戻っている場合、その怒りやイラつきといった感情を感じるたびに、体を今という時間に繰り返し引き戻す訓練をするうちに、体が渋々従うようになれば、図11・1の時間軸の過去に向かう線は消えていくだろう。そこに流れるエネルギー回路の電源プラグも抜いたことになる。あなたが知り尽くした過去と未来の時間軸が消えるとき、予測可能な遺伝子の運命もまた消えていく。

このとき、あなたの中には、未来を決定づけるような過去が存在せず、過去に基づいた予測可能な未来ももう存在しない。あなたは完全に現在、今という時間にいて、そこからすべての可能性や潜在的可能性にアクセスできる。既知の時間軸につながる電源プラグを抜いた状態で、未知の世界に意識を集中させる時間が長いほど、あなたは体内に蓄積されていたエネルギーを開放し、新しい何かを創造するための原動力として使えるようになる。図11・2では、あなたの脳と体が、完全に今という麗しい時間の中に留まっているとき、過去も未来も消えてなくなっている様子を示している。既知の予測可能な現実が存在しないため、あなたは無限の可能性が宿る未知の領域に立っている。

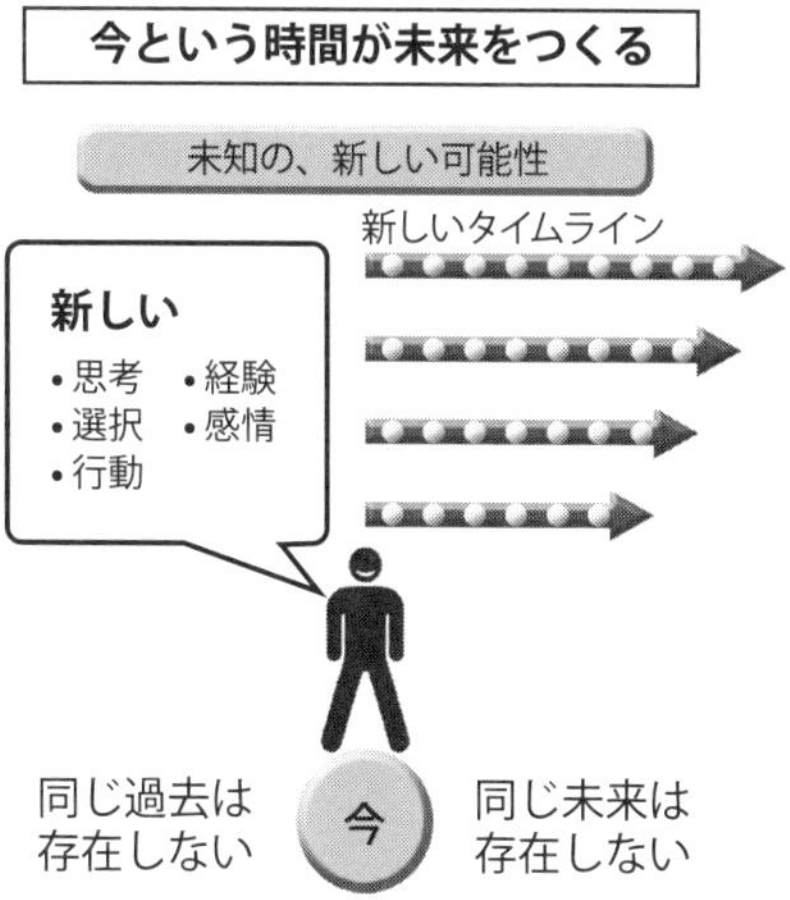

図 11.2

今という時間のスウィートスポットを見つけ、古い自分の人格を忘れると、量子場に存在している未知の可能性にアクセスできる。なぜなら、あなたは過去と同じ体、意識、アイデンティティ、環境、そして同じ予測可能なタイムラインとつながっていないからだ。その瞬間、馴染み深い過去や未来は文字通り消失していて、あなたは思考の力のみで純粋な意識体となっている。その瞬間にとどまることで、あなたは体を変え、あなたの環境にある何かを変え、新しいタイムラインを創出できる。

次章で解説する瞑想では、あなたがこのパワフルな未知の領域にとどまっている時間が用意されている――今という時間の中に広がる、漆黒の無限の可能性の場に、あなたのエネルギーを投入する機会だ。物理的にはまったく何もないところだが、そこは、ただの空っぽの暗闇ではないことを覚えておいてほしい。そこは、エネルギーと可能性が炸裂している量子の場だ。

私の上級ワークショップで、純粋な意識体になる方法（既知の現実から思考を切り離すテクニック）を覚えた参加者たちの脳を測定してきたが、私たち測定チームは、彼らが自らの脳、体、そして人生を変える能力を格段に進化させていく様子を多数目の当たりにしてきた。プラシーボの定義が思考だけによって脳と体を変えることなら、あなたが目指すべきは……思考そのものになることだ。

心の目で見る

瞑想で未知の領域に意識を集中させると起きる、私のお気に入りの例をご紹介しよう。少し前のこと、私はオーストラリアのシドニーでワークショップをやっていた。私は瞑想の誘導で、参加者に、体でなくなり、名前もなくなり、物質でなくなり、どの場所にも時間にも存在しない、純粋な意識体になって、未知の世界にとどまる（あなたも次章で実践する）ように指導していた。

参加者たちが瞑想する様子を眺めていたとき、三列目でみんなと同じように目を閉じて瞑想をしていたソフィアという女性が目に留まった。次の瞬間､彼女のエネルギーが変化したのが見えた。

何故かわからないが、私は彼女に向かって手を振らなくてはという衝動に駆られ、そうした。ソフィアはずっと目を閉じたまま、私に手を振り返してきた！　私は部屋の隅にいた二人のスタッフトレーナーを呼び寄せた。彼らが私の元に来たとき、私がソフィアを指さすと、ソフィアは再び手を振った。もちろんずっと目を閉じたままで。

「いったい何でしょう？」トレーナーがささやいた。

「彼女は心の目で見ているんだ」と私は答えた。すでに言ったとおり、未知に意識を向ければ、未知がもたらされる。シドニーでのイベントから一週間後、メルボルンでさらに上級の人々を対象としたワークショップがあり、ソフィアはそのイベントにも参加した。

「ジョー先生、あなたが見えたわ。トレーナーの二人もね」とソフィアは話しかけてきた。そして瞑想中に会場内で起きていた、目を閉じたまま見えたことについてあれこれ話してくれたが、その内容は寸分違わず事実と同じだった。このワークショップ終了後、ソフィアは、私が実施している企業向けワークショップのトレーナーの職に応募することにした。私は彼女の心の目の能力と、企業で働いた経験を考慮して採用した。その数か月後、彼女はトレーナー研修を受けるために現れた。

一日の研修が終わると、私はいつも、新規参加者たちに目を閉じてもらい、三〇分かけてその日にしたことを脳内の長期記憶に刻むためのおさらいをする。私がそれをしている最中、ソフィアは目を閉じていたが、突然目を開けて首を振り、また目を閉じたかと思うと、目を開けて後ろを振り返り、驚きの表情で前に向きなおり、私を見た。その動作を何度か繰り返している彼女に対し、私は静かに瞑想を続けるように言い、終了後に話をした。

彼女が言うには、瞑想中に目を閉じたまま正面にあるものすべてが見えただけでなく、３６０度の視界が開かれた。自分の前、後ろ、そしてぐるりと全方位の景色が同時に見えたということだった。眼球でものを見る習慣が染みついていたため、ソフィアは閉じた目で、すでに見えたことを肉眼で確認していたのだった。

ちょうどファニン博士が研修に参加していて、アリゾナで初めて開催予定の上級ワークショップで、脳のどの機能を測定するかを決めるため、試験的にトレーナーの脳スキャンをしていたところだった。ソフィアの脳を測定する番が来たとき、私はファニン博士に彼女のことについて何も言わなかった。そしてソフィアの頭に脳波図測定装置が装着された。そして音楽が流れるイヤフォンをつけて瞑想に入るように指示した。彼女は私たちに背を向けて座り、私たちは7フィート(約2メートル）ほど離れたところでモニター画面を見た。すると突然コンピュータ・スクリーンに映し出されたソフィアの後頭部（視覚野があるところ）が光り始めた。

「ほら見て！」とファニン博士がささやいた。「この子は何かを視覚化しているよ！」

「違うんだ」と私は静かに首を振った。「この子は視覚化しているんじゃない。」

「どういう意味？」と博士が訊ねた。

「ほんとに見ているんだよ」と私は答えた。

「なんだって？」と博士は混乱しながら訊いた。

私はソフィアに向かって手を振った。ソフィアは私たちに背を向けて座ったまま、手を頭の上に上げ、後ろに向けて手を振り返してきた。すごいことだった。その証拠はスキャンで確認できた。ソフィアは肉眼ではない目で見ていた。彼女の視覚野は、実際に何かを見ているかのように情報を処理していたが、その視覚情報は肉眼からではなく脳が受信していたのだ。

お分かりの通り、未知に注目すれば、未知がやってくる。そろそろ自分でも確かめてみたくなったかな?

第十二章

You Are the
PLACEBO
making your mind matter

思い込みや認識を変える瞑想

本章では、あなた自身やあなたの人生についての思い込みや認識を変えるための誘導瞑想をご紹介したい。二種類の瞑想音源を流しながら行うことをお勧めする。ひとつは約一時間かけて二個の思い込みや認識を変える瞑想と、もうひとつはちょっと短い四十五分で、一個の思い込みや認識を変える瞑想だ。どちらもＣＤとＭＰ３ファイルが選べ、私のサイト（www.drjoedispenza.com）から購入できる。一時間バージョンはYou Are the Placebo Book Meditation: Changing Two Beliefs and Perceptionsというタイトルで、四十五分バージョンはYou Are the Placebo Book Meditation: Changing One Belief and Perceptionだ。または、どちらかのバージョンの台本を自分で録音して行うといい。（どちらの台本も付録についている。）

思い込みや認識は潜在意識に刻まれた心の状態だ、ということを思い出してほしい。発端は（ある経験によって生じたひとつの）思考と感情で、あなたがそれを何度も反復して考え、感じ続けたために習慣化、自動化され、あなたの物事の捉え方として定着したものだ。いくつかの似たような物事の捉え方が集まると、思い込みへと発展し、同じ系統の思い込みが集まると認識となる。長い間繰り返され、定着すると、それはあなたの潜在意識に世界観として鎮座するようになる。それはあなたの人間関係、生活態度など、すべての面で影響を及ぼす。

したがって、あなたが思い込みや認識を変えたいなら、まずあなたの心の状態を変える必要がある。心の状態を変えるとは、あなたのエネルギーを変えるということだ。物質に影響を与えるには、あなた自身が物質（粒子）からエネルギー（波動）寄りの存在に移行する必要があるからだ。それには明確な意志と高揚した感情が不可欠だ。この二つが材料となる。

これまで読んできた通り、この過程には、ある程度の熱量のエネルギーを込めて決心する行為が必要で、新しい信念にかかわる思考は経験となり、それが強い感情を呼び起こす。その感情が湧き起こった時に、あなたに抜本的変化が起きる。こうしてあなたは体の生理的組成を変え、自らプラシーボとなり、意識を物質化できる。思考によって生理的変化が起きることを、私たちは皆、多かれ少なかれ経験している。第七章で書いた、クメール・ルージュ政権時代、恐ろしい光景を目の当たりにしたカンボジア人女性たちが、視覚障害を起こした話をご記憶だろうか？　これはもちろん極端な例だが、同じ原理を使ってポジティブな変化を起こすことができる。

この原理が機能するためには、新しい経験が過去の経験を圧倒するほど強くなくてはならない。

つまり、瞑想中の内的体験が、あなたが変えたい思い込みの根拠となっている外的体験を上回る振幅、より大きいエネルギー量を持たなくてはならない。あなたの体は新しい意識に対応しなくてはならない。したがって、心にワクワクする感情を醸成し、鳥肌が立つほど高揚しなくてはならない。

気分が軽くなり、インスピレーションを感じ、無敵に思えるほど力強さを感じなくてはならない。つまり、あなたが無限の何かを創造するには、**あなた自身**が無限の存在にならなくてはならない。

これから瞑想を通じて、あなたの思い込みや認識を二つ変える機会を提供したい。始める前に、変えたいものを二つ決めておこう。第七章にリストアップした、多くの人に共通する否定的思い込みから二つ選んでもいいし、自分の中にあるものから決めてもいい。リストには「私はいつもツイてない、生きていくのは困難だ、人はみんな冷たい、成功するには大きな努力が必要だ、私は変われない」などがある。

どれにするか決めたら紙とペンを用意して、紙の真ん中に縦線を引き、左側にその二つを書き留めよう。

それからしばらく考える。あなた自身やあなたの人生に関するそれらの思い込みや認識を手放したいなら、代わりにどんな信念や認識を持ちたいだろうか？　そして、その新しい信念や認識を持っていると、どんな気持ちになるだろうか？　縦線の右側に、取り入れたい信念や認識を二つ書き込む。
この瞑想は三つのパートに分かれている。

パート1〈誘導〉

前章で解説した半眼テクニックを使って脳波の状態をコヒーレントなアルファ波やシータ波に変え、被暗示性を高めていく。自分の健康状態を変え、自らプラシーボになる唯一の方法は、自らの被暗示性を高めることなので、ここは非常に重要だ。

パート2〈今という時間にとどまる〉

今という時間を見つけ、すべての可能性が存在している非物質の量子場にしばらくとどまる。

パート3〈書き換え〉

ここであなたの思い込みや認識を変える。実際にあなたが瞑想できるように、各パートの初めに解説を加え、誘導瞑想のシナリオがその後に続いている。

瞑想に熟練している人は、一回目から全部通して行って構わない。瞑想に慣れていない人は、パート1だけ一週間ほど毎日練習するといい。そして次の週には、パート1と2を毎日練習し、第三週に3パート通してやってみよう。いずれにしても、あなたの日常に変化が現れるまで毎日瞑想を続けよう。

もしあなたが『あなたという習慣を断つ』に書かれた瞑想法を実践している場合、本書の瞑想はまったく異なるものだということを指摘しておきたい。(共通点は最初に誘導があることくらいだ。)一日にできる瞑想はひとつだという人は、新しい瞑想を数か月間行い、その成果を享受することをお勧めしたい。その後でどちらの瞑想を毎日行うか決めてもいいし、両方を好きなように行ってもいい。

誘導
コヒーレントで遅い脳波状態を半眼でつくる

半眼の瞑想に入るとき、あなたは粒子から波動へ、(外界の人、場所、ものに向けられた)狭い焦点から、(物理的な対象物でない)虚空を眺めるぼやけた焦点へと移行する。原子の99・9%がエネルギーでできていて、私たちはいつでも粒子に焦点を定めているのなら、たまには波動に焦点を向けてもいいだろう。なぜなら、私たちの意識と私たちのエネルギーとは本質的に一体だからだ。エネルギーに注目すると、それがエネルギーを増幅させる。

このテクニックを行うと、脳は自然に再調整を始める。これを正しく行うことで、必然的に分析思考（自分のアイデンティティをベースにした高域ベータ波域のハイテンションの思考活動）を手放さなくてはならないからだ。そのアイデンティティとは、顕在意識が定義する自分自身のことで、外界とつながり、感情中毒や習慣、そして時間と結びついている。これらの要素を超越した途端、あなたは純粋な意識体以外の何物でもなくなり、すでに読んできたように、脳の各部分同士の連携がよくなり、脳波は秩序立った動きを見せ、ワークショップ参加者たちのように、全身にコヒーレントな信号を送り始める。

瞑想中は意識をそこにとどめておこう。何かを解明しようと考えたり、視覚化しようとせず、ただ感覚スイッチをオンにして感じること。そして、自分の左足の足首の位置、鼻の位置、そして胸骨と心臓の間のスペースを感知できれば、あなたは自分の関心、意識、注目をそれらの場所に置いている。それらの場所の画像（鼻や心臓のイメージ）を脳内で想起するかもしれないが、無理に想起する必要はない。ただその場所とその周辺にある空間に意識を向けるだけでいい。

瞑想のパート1には約一〇~十五分かける。

瞑想パート1

〈誘導の台本〉

まずはじめに……あなたの……目と目の、間の……空間に……意識を……向けられますか?

次に……あなたの……目と目の、間の……空間にある……エネルギーを……感じてみましょう。

それから……あなたの……こめかみの、辺りの……空間に……意識を……向けられますか?

次に……あなたの……左右の……こめかみの、間にある……空間の、大きさを……感じてみましょう。

それでは次に……あなたの……鼻の、穴が……作る、空間に……意識を……向けられますか？

それから……あなたの……鼻の、中の、空間が……占める、大きさを……感じて、みましょう。

そして……あなたの、舌から……喉の、奥までの……空間の……大きさを……意識、できますか？

次に……あなたの……喉の、奥が……空間に、占める……大きさを……感じて、みましょう。

次は……あなたの……両耳の、辺りの……空間にある……エネルギーを……感じられますか？

そして……あなたの、両耳の……外側に広がる……空間に、ある……エネルギーを……感じられますか？

次に……あなたの……あごの下の……空間に……意識を……向けられますか？

それから……あなたの……首の、周りの……空間の……大きさを……感じられますか？

そして……　あなたの……　胸の……　前に、　広がる……　空間を……　感じてみましょう。

次に……　あなたの……　胸の、　辺りの……　空間にある……　エネルギーを……　感じられますか？

それから……　あなたの……　肩の……　外側に、　広がる……　空間の……　大きさを……　意識、　できますか？

そして……　あなたの……　肩の……　外側に、　広がる……　空間に、　ある……　エネルギーを……　感じてみましょう。

次に……　あなたの……　背中の……　後ろに、　ある……　空間を……　意識、　できますか？

それから……　あなたの……　背骨の……　外側に、　ある……　空間の……　エネルギーを……　感じられますか？

では次に……　あなたの……　両腿の、　間にある……　空間を……　意識できますか？

そして……　あなたの……　両ひざの……　間にある……　空間の……　エネルギーを……　感じられますか？

それから……　あなたの……　足の辺りが、　占める……　空間の……　大きさを……　感じられますか？

そして……　あなたの……　足の、　外側に、　広がる……　空間にある……　エネルギーを……　感じられますか？

さらに……　あなたの……　体全体を、　取り巻く……　空間を……　意識、　できますか？

そして……　あなたの……　体の、　外側に、　広がる……　空間にある……　エネルギーを……　感じられますか？

次に……　あなたの、　体から……　部屋の、　壁までの、　間に広がる……　空間を……　意識、　してみましょう。

では……　あなたのいる……　部屋、　全体が……　占める、　空間の、　大きさを……　意識、　できますか？

そして…… それら、すべての、空間が…… さらに、広い、空間の、中で…… 占める、空間を……感じられますか？

可能性そのものになる
今という時間を見つけ、量子場の無限空間に留まる

瞑想の次の段階では、すべての可能性が存在する、優雅な今という時間のスウィートスポットを見つける。そのためには、あなたのアイデンティティをすべて忘れ、あなたの意識を、自らの体、環境、時間から遮断しなくてはならない。未知の領域に長く留まっていればいるほど、より多くの未知を引き出せるからだ。古い神経回路が発火せず、結束するのをやめれば、古いあなたを構成している神経回路を抑制することになる。すでに書いたとおり、それらの神経回路は、自動運転化されたプログラムのソフトウェアなので、それらの回線を首尾よく断線できれば、プログラムのスイッチをオフにできるだろう。そのとき、あなたの感情は同じ遺伝子に同じ方法で信号を送るのをやめている。そしてあなたの体がより調和のとれた状態に移行するにつれ、あなたはすべての可能性が収まる、今という時間のスウィートスポットに滑り込んでいくだろう。

もし意識が彷徨《さまよ》い出して、知っている人のこと、抱えている問題のこと、最近起きたこと、これ

から起きること、体のこと、体重のこと、体の痛み、空腹感、あるいはあとどれくらい瞑想を続けようか、などが心に浮かんだら、それらが浮かんだことを認識し、そのまま量子場の無限の闇に意識を戻していく。そして改めて無の世界に身を委ねてみる。

瞑想のこの第二の部分には一〇〜十五分かける。

瞑想パート2

〈台本〉

さて……あなたでは……なくなる……時が来ました。……あなたは……体でなく、……名前もない。……物質でもない。……どこにも、存在しない。……どの時間にも、いない。……あなたは……純粋な……意識体です。……あなたは……無限の、可能性の、宝庫の……量子場に、いて、……あなたの……すべての、エネルギーを……この、未知の、領域に……委ねます。……未知の、領域に……長く、留まるほど……新しい、未来を……たくさん……引き出せます。

無限に、広がる……闇の中で……思考だけの、存在となり、……その関心の、矛先を……無限の、闇に……体のない、存在に……時間を、超越した、時間に……集中、させましょう。
量子場の……観察者である……あなたが……もし……物質界の……現実に、いる……人々や……もの……場所……自分の……体や、……顔、……名前、……気持ち、……時間、……過去、……これまでと、同じ、未来、……などに、……意識が、……逸れた、ときは、……ただ、あなたが、古い……現実を、……観察、していると、……気づき、……元の……無限の……可能性の……闇の、中に、……もどり……すべてを、委ねましょう。そして……ふたたび、……体でなく、……名前もない、……物質でもない、……どこにも、存在しない、……どの時間にも、いない、純粋な……意識体に、……なって、いきます。物質が、……一切、存在しない、無限の、……闇に、……無限の……可能性が……宿る、量子場に……溶け出して……行きましょう。可能性の、海に、……永遠に、……漂う、……意識体でいると、たくさんの、……未知の……未来が、……可能性が、……チャンスが、……もたらされます。……今という、……時間に……とどまり、ましょう。

（一〇〜十五分この状態に留まること。）

自分や自分の人生についての思い込みや認識を変える

この最後の瞑想では、あなたが変えたいと思っている、あなたの人生についての思い込みや認識の一つ目について扱う。私はあなたに、その思い込みや認識を今後も維持したいか訊ねる。その答えがノーなら、変えたい思い込みや認識のもとになっている脳内プログラムや体に埋め込まれた感情の中毒よりもパワフルなエネルギーで、強い決意を持つよう導かれる。そうすれば体は新しい脳、新しい意識に対応するようになる。

次に、私はあなたに「あなた自身や人生についてどんな信念や認識を持ちたいですか？ それはどんな感情を呼び起こしますか？」と訊ねる。するとあなたは、新しい心の状態を作る。そのためには、明確な意志と高揚した感情を合体させることにより、あなたのエネルギーを変え、物質を新しい意識へと引き上げなくてはならない。あなたが瞑想を終えるとき、あなたのエネルギーは、瞑想を始めた時と違っていなくてはならない。それができたら、あなたは生理的組成変化を起こしたことになる。

この時点で、過去はもう存在していない。新しい意識の体感が古い経験に上書きされているからだ。だから決断することが忘れられない体験となり、長期記憶として貯蔵される。あなたは未知の可能性を既知の領域に引き込み、それにより、あなたは〝過去─現在〟から脱出し、〝未来─現在〟（未来の出来事が脳内ですでに経験済となる）に入る。未来の出来事は、いつどこでどのように起きるかを解明するのはあなたの仕事ではないことを覚えておいてほしい。あなたの仕事は、未来の心の状態を作り、あなたが創造した未来を見ることだ。

この後、変えたいテーマを二つ持っている場合は、二つ目の思い込みや認識を変えるよう誘導される。そのプロセスは一つ目とまったく同じだ。

瞑想のこの部分は二〇～三〇分続く。

瞑想パート3

〈台本〉

あなたが…… 変えたいと、思っている、…… あなた自身や、…… あなたの…… 人生に関する……

思い込み、…… または…… 認識は…… なんですか？

それを……これからも……思い続け、……その認識を……持ち続けたいですか？

そうでないなら、……決心を、……してください。……あなたの……古い……脳内プログラムや、……体の中にある……感情の……中毒よりも……ずっと強い……パワフルな……エネルギーで、……強い……決意を……してください。あなたの……体が……新しい……意識に……合わせて……変化していくように……してください。

そして……その選択は……二度と……忘れられない……経験と……なり……その……経験は……強く……高揚した……感情を……呼び起こし、……古い……プログラムを……打ち消して……あなたの……生体の……組成を……変化、させます。これまでの……自動運転モードから……覚醒し、……自らの……エネルギーの……力で……体を……変化……させましょう。

過去を……手放し……可能性へと……変化させる……時が……来ました。

無限の……可能性の……量子場に……委ね、……あなたに……ふさわしい……方法で……過去を……溶かして……行きましょう。……過去を……手放しましょう。

それでは、……あなた自身や、……あなたの……人生に関して……信じたい、……または……認識したいことは……なんですか？……そして……それは……どんな……感情を……生み出しますか？

さあ、いよいよ……新しい……意識の……状態に……移行する……時が……来ました。あなたの……体を……新しい……意識に……馴染ませましょう。明確な……意志と……高揚した……感情を……合体させて、……エネルギーの……質を変えましょう。……物質である、……体が……新しい……意識に……合わせて……進化するように。

そして、……あなたの……選択が……過去の……経験を……上回るほど……強い……エネルギーを、持つように、……そして……あなたの……意識の……エネルギーが……あなたの……体を……変化させるように、……そして……新しい……意識の、状態に……移行しましょう。これが……新しい……あなたの……アイデンティティと……なります。

この意志が、パワフルな……内的体験を……生み出し……それは……高揚した……感情エネルギーを……呼び起こし、その経験と……感情は……あなたが……決して忘れられない……記憶となり、……古い記憶と……置き換えられ、……あなたの……脳と……体には、……新しい……

記憶が……刻み込まれます。……エネルギーを……高めていきましょう。インスピレーションを……全身に感じましょう。……あなたの……その選択が……あなたの記憶から……消されることが……決してないように。

さて、……その新しい……信念を……持つと……どんな……気分に……なるか、……体に……その未来を……味わって……もらいましょう。……そして……新しい……意識に……合わせて……体の……組成を……調整して……もらいましょう。

この……新しい……意識の……状態で……毎日を……過ごすと……どうなるでしょう?これからの……あなたは……どんな……選択をし、……どんな……行動をとり、……どんな……経験を……するでしょうか?……未来の……人生を……どんなふうに……感じ、……愛するでしょうか?……量子場にある、……無限の……可能性の……波動を……崩壊させて、……未来の……経験が……生まれるに任せましょう。

あなたの……体に……未来の……心の……状態でいる時の……感情の……ありようを……教え込みましょう。……さあ……心を……開いて、……可能性が……現実になると……信じましょう。……気持ちを高め、……今という時間に……恋をしましょう。……その未来を……いま、経験しましょう。

そして、……あなたが……この……可能性の……領域で、……考え、……経験する……未来を……大いなる……宇宙意識に……預けましょう。……それが……リアルに……感じられたら、……それは、近い将来……現実に……なるでしょう。……可能性の……波動は、……現実の……粒子へ。……非物質の世界から……物質界へ。……思考は……エネルギーとなり……物質へと……変化します。

それでは……新しい……信念を……意識の場に……委ねましょう。……あなたの……意識は、……その信念が……どのような……現実を……引き出すかを……知っています。……可能性の……領域に……種を……蒔きましょう。

さて、あなたが……変えたいと、思っている、……あなた自身や、……あなたの……人生に関する……もうひとつの……思い込み、……または……認識は……なんですか？……そして……それを……これからも……思い続け、……その認識を……持ち続けたいですか？

そうでないなら、……決心を、……してください。……あなたの……体が……新しい……意識に……対応できるほど……パワフルな……エネルギーで、……強い……決意を……してください。

そして……その選択は……二度と……忘れられない……経験と……なり……これまでの……自動運転モードから……覚醒し、……自らの……エネルギーを……変化させて、……物質の体を……エネルギー体へと……引き上げましょう。……そうです！……エネルギーが……満ちてくるのを……感じましょう。……自らの……エネルギーによって……変化するのを感じましょう。

その選択の……エネルギーによって、……脳内の……無意識プログラムを……書き換えましょう。……そして……体が記憶する……感情と……遺伝子発現を……変えましょう。……その選択が……過去を打ち消すほど……パワフルになり……あなたの……エネルギーで……体の組成が……変化するように……しましょう。……インスピレーションを……全身に……感じましょう。

それでは……その信念を……大いなる……叡智に……委ねましょう。……無限の……可能性の……量子場に……委ね、……過去を……溶かして……行きましょう。……過去を……エネルギーに……戻しましょう。

それでは、……あなた自身や、……あなたの……人生に関して……信じたい、……または……認識したいことは……なんですか？……そして……それは……どんな……感情を……生み出しますか？

さあ、いよいよ……新しい……意識の……状態に……移行する……時が……来ました。あなたの……体を……新しい……意識に……馴染ませましょう。……その選択の……エネルギーによって、……脳内の……神経回路と、……体内の……遺伝子を……書き換えましょう。……そして……体を……新しい……未来に向かって……開放しましょう。……あなたの……古い体や……環境……時間より……ずっとパワフルな……新しい……エネルギーを……感じましょう。……あなたは……体や……環境……時間を……コントロールする……思考する……意識体です。……物質をつくる……エネルギー体です。

さて、……その新しい……信念を……持つと……どんな……気分に……なるか、……エネルギーの……レベルが上がると……どんなふうに……感じるか、……自らの……偉大さに……感動すると……どうなるか……勇気があり……敵で……人生を……心から……愛し……何物にも……縛られることなく……願いが……すべて……叶ったかのように……生きると……どんなことが……起きるのか。さあ、……あなたの……体に……その未来を……味わって……もらいましょう。……そして……新しい……遺伝子に……新しい……方法で……信号を……送りましょう。……あなたの……エネルギー次第で……物質の……ありようが……変わります。……エネルギーを……変えて……体を……変えましょう。……さあ……意識から……物質を……つくりましょう。

この……新しい……意識の……状態で……毎日を……過ごすと……どうなるでしょう？

この信念を……心にとどめると……どんな……選択を……するでしょう？……どんな……行動を……するでしょう？……この意識の……状態で……どんな……経験を……観察できるでしょう？……癒されて、……自由になり……自分自身と……自分の明るい未来を……信じられると……どんな……感じが……するでしょう？……その未来へと……解き放たれましょう。

あなた自身の……エネルギーで……その未来を……祝福しましょう。……それにより……あなたは……新しい……運命と……結びついています。……あなたが……意識を……向ける先に……エネルギーが……集まって……来るからです。……未来に……意識を……振り向けましょう。……過去ではなく……未来の……あなたを……生き始めましょう。あなたの……内的体験に……体が……反応するように……心を……開いて……いきましょう。……未知の……領域で……リアルに……経験したこと、……それに……感動したことは、……やがて……物質化して……3次元で……顕現します。

すべてを……大いなる……叡智に委ね……あなたにとって……完璧な……形で……変化が……

起きるに…… 任せましょう。

それでは…… あなたの…… 左手を…… 胸に…… 置きましょう。…… そして…… あなたの…… 体が…… エネルギーで…… 満たされ、…… 新しい…… 意識に…… 合わせて…… 変化するように…… あなたの…… 体を…… 祝福しましょう。…… 二度と…… 過去に…… 戻らないように…… あなたの…… 未来を…… 祝福しましょう。…… 過去が…… 叡智となるように…… 過去を…… 祝福しましょう。…… 逆境を…… バネにして…… あなたが…… 強く、やさしく、なれるように……、そして…… あらゆるものには…… 見えない意味が…… 隠されていると…… 悟れるように…… 逆境を…… 祝福しましょう。…… あなたが…… 夢から…… 覚醒するように、…… あなたの…… 魂を…… 祝福しましょう。…… そして…… あなたの…… 内なる神が…… あなたの中で…… あなたを通して…… あなたの周りで…… あなたを動かし、…… あなたの…… 本分を…… 発揮できるように…… 働いていることを…… 祝福しましょう。

それでは…… 最後に…… あなたの…… 無意識が宿る…… 体が…… いまここで…… 新しい…… 未来を…… 経験し始めるように、…… あなたの…… 未来が…… 実現する前に…… 未来に…… 感謝しましょう。…… 感謝とは…… 何かが…… 起きた後で…… 湧き起こるものです。…… 感謝とは…… 受け取るという行為の…… 最終の…… 形です。

この感覚を……心と……体に……刻みつけましょう。……あなたの……新しい……意識状態を……新しい……体に、……新しい……環境に、……そして……まったく新しい……時間軸に……馴染ませましょう。……準備が……できたら……ゆっくりと……目を開けましょう。

おわりに

You Are the PLACEBO
making your mind matter

超自然になる

本書で扱ってきたワークのことを、信仰療法の一種だと批判する人々もいる。実際のところ、現時点ではそんなふうに揶揄《やゆ》されてもかまわないと思っている。ある考えを他の何より大切にするという意味では信仰と何ら違いはないからだ。信仰というのは、外界の事情や環境要因と無関係にある考えを受け入れ、その祈りがすでに実現したかと思えるほど強く、その考えに身を委ねることではないか。それはプラシーボの法則にそっくりだ。古来より私たちはプラシーボだったのだ。

大事なのは、毎日欠かさず夢が叶うように祈る時間を持つことではなく、瞑想を終えた瞬間から、夢が**すでに**叶ったものとして生きることにある。それを毎日実現できたなら、私たちは本当の意味で未知の領域を生き、予測不能なことを予測するという心の状態にある。その状態にあるとき、神秘の世界があなたの扉を叩く。

プラシーボ効果とは、思考のみで体が癒やされることを指す。ただし、思考というのは感情が伴う前段階のものだ。その思考に感情を込めると、そこにリアリティが宿り始める――つまり、それが現実となる。感情を伴わない思考には経験の要素がない。つまりそれは未知の領域で見つけてもらう（既知となる）のを待っている状態のため、それはまだ潜在的可能性にすぎない。人はある考えを生み出し、それを経験し、そこから知恵を得る。この過程で人類は進化してきた。

鏡を見ると、そこにはあなたが映し出される。あなたが見ているのは物理的存在としてのあなただ。では本当のあなた、精神や魂としてのあなたは、どのように自身を映し出すのだろうか？　あなたの意識や精神、真の姿は、あなたの人生に映し出される。

私たちが修行者や聖者になるために、ヒマラヤの霊峰の頂上でイニシエーションを施す古代の霊的儀式など存在しない。私たちが覚醒するために必要なイニシエーションは、私たちの**人生**そのものだ。私たちは人生を、意識の拡大を通じて困難を克服し、自分をバージョンアップしていくための機会として捉えるべきだろう。それが（人生の犠牲者ではなく）実用主義者の考えだ。

新しいパラダイムを生きるために、それまで慣れ親しんだやり方を捨てるのは、初めのうちはぎこちなく感じることだろう。ぶっちゃけ、楽ではないし、快適でもない。なぜかって？　変化した後の自分には馴染みがないからだ。私は天才をこう定義する。「不快な状態にとどまり、不快でいることを厭わない人」と。

歴史上、時代遅れの信念体系に全身全霊で逆らい、快適な環境から飛び出して、異端者や愚者とののしられ、あとになって天才だ、聖者だ、巨星だと崇められるようになった偉大な人物がどれほどいただろうか？　彼らはみな進化して超自然的存在となっている。

では、私たちはどうすれば超自然になれるだろうか？　超自然を目指す前に取り組むべきなのは、〝不自然〟を始めることだ。不自然を実践する例としては、みんなが危機的に欠落や貧困を感じているときにあえて**差し出す**こと。みんなが怒り、互いに非難し合っている時に**愛する**こと。みんなが恐怖に囚われているときに**勇気と平和を体現すること**。みんなが敵意をみなぎらせ、攻撃的になっているときに**やさしさを示す**こと。世界中の人々が終わりなき競争心に駆られて一番になろうと他人を踏みつけ、外界をコントロールしようとあくせくしているときに**可能性に身を委ね**、逆境に直面しても**お見通しの笑顔をたたえ**、病気と診断されても、自分は**完全無欠だという感覚を自らの中に育む**ことだ。

そういう状況に置かれた時に、この手の選択をすることは非常に不自然に感じるが、それを何度も繰り返し行うことができると、私たちもあの偉人たちのように、一般人の範疇《はんちゅう》を超越し、超自然になれるだろう。一番大事なのは、**あなた自身**が超自然になることを通じて、**周りの人々**に、彼らもまた超自然になれるという期待を授けることだ。誰かが行動を起こすのを見るとき、脳内のミラーニューロンが発火する。ミラーニューロンの働きは、誰かの行動を見ているだけで、自分も同じ行動をしているかのように反応することだ。たとえば、プロのサルサ・ダンサーが躍る様子を見ると、見る前よりダンスがうまくなる。セリーナ・ウィリアムスがテニスコートでボールを打つ姿を見た後の方が、見る前よりテニスがうまくなる。愛と慈悲の心でコミュニティ活動をする人を見ていると、あなたも彼と同じような生き方をするようになる。思考のプロセスを変えることで自らの病気を完治させた人を見ると、同じ経験ができる確率がぐんと上がる。

本書を読み終わったとき、信念とはつまるところ、自分自身を信じること、そして無限の可能性の場があると信じることだ、と気づいてほしいと私は願っている。そして主観的意識としての自分への信頼と客観的意識を合体させると、あなたは能動（意志を持つ）と受動（身を委ねる）のバランスが取れるだろう。ただしこれは非常に微妙なことだ。能動が過剰になると（これを〝努力する〟という）、あなた自身が障壁となり、多くの場合、目指すビジョンに到達できない。受動が過剰になると、怠惰になり、無関心になり、インスピレーション不足に陥る。しかし明確な意志と、できることへのたゆまぬ信頼を合体させると、あなたは未知の領域に分け入り、超自然の現象が起こり始める。この状態にあるときのあなたが、最良のあなただと私は考える。

能動と受動の二つの境地が合体するとき、享受できる豊かさの〝井戸〟はぐっと深くなる。自分の可能性の限界を超え、自分で作った限界の枠を超える経験を通じて、完全無欠感や充足感、自己愛が自らの内面から湧き上がるとき、尋常でないことが起こり始める。今という時間に留まり、あるがままの自分を楽しみながら、未来の自分の夢を心にとどめることが、夢の顕現へのパワフルなレシピとなる。
あるがままの自分に欠けているものが何ひとつないため、夢が叶うかどうかなどどうでもよくなったとき、驚くようなことが目の前に出現する。完全無欠だという感覚は、創造するための完璧な条件だと私は経験から学んだ。私は世界中の人々が真のヒーリングを経験した様子を何度となく見てきた。彼らは、自分があまりに完全無欠で、もう何も欠落したものがないと感じ、欲しいものもなく、もう何の努力も必要ないと感じていた。彼らがそれに身を委ねていると、彼らにとって驚くことに、彼らより大きな存在が動き出す。そのあまりのシンプルさに、彼らは思わず笑い出す。

本書、そして私の研究は始まりであり、これで完結するものではないと願っている。まだまだ分からないことが多い点について、私は真っ先に手を挙げて認めたい。しかし、私の最大の幸福は、読者諸氏の個人的成長に何らかの形で貢献できることにある。私はこれまで、変容を果たした人の表情をたくさん見てきた。言えることは、文化、人種、性別にかかわりなく、自らを縛るものから解放されたとき、私たちは皆同じ顔をしているということだ。

私が大好きな生物学の原理に、**創発**と呼ばれるものがある。魚の群れが突然一斉に向きを変え、同じ方向に泳ぎ出すのを見たことがあるだろうか？　数百羽の鳥の群れが、まるで一つの生命体のように一体となって空を飛んでいる姿を見たことはあるだろうか？　そのような現象を見ると、人はたいてい、そこには行く先を示すリーダーが一人いて、メンバー全員がそれに従っていると考える。数百、あるいは数千という数の個体が、一糸乱れず全員で同じ行動を取るという動きには、一見トップダウンの命令系統があるように見える。しかし実際はそうではない。

このレベルの統一行動の背景にあるのは、ボトムアップの現象だということが分かっている。集団にリーダーはなく、全員が自主的に行動している。個体の一つひとつが同じ一つの集合意識の一員で、同時に同じ行動を取っている。それはさながら、時空を超越した情報の場で、全員がつながっているかのようだ。ひとつのコミュニティがひとつの意識体となって行動している。小さい個体が集まってひとつの有機体が作られている。数には力がある。

世界を変え、民衆を覚醒させようという情熱が強すぎると、その人は十中八九暗殺されるということを私たちは無意識にプログラミングされ、条件づけられている。普遍的メッセージを携え、歴史の方向を変えた偉大なリーダーたちは、人生の最後にそれを思い知らされてきた。キング牧師、マハトマ・ガンディー、ジョン・レノン、ジャンヌ・ダルク、ウィリアム・ウォレス、ナザレのイエス、アブラハム・リンカーンなど、人類の未来を見通すリーダーは、掲げた崇高な真実と引き換えに殉死しなくてはならないという不文律が存在する。しかし、私たちはそろそろ、真実のために命を捧げるのではなく、生きることのほうが大事だと言える時代を迎えているのではないだろうか。

数百、数千、あるいは数百万の人々が可能性を信じ、新しい意識を心に抱き、同じ意志を持って協調行動を取り、愛・やさしさ・慈愛といった崇高な宇宙法則に基づいて生きたら、新しい集合意識が創発され、真のワンネスを体験できるだろう。そうなれば、お払い箱のリーダーたちがごまんといるだろう。

もしあなたが、毎日、最良のあなたのありようを体現し、ストレスホルモンに支配された自己中心的心理状態を克服して生活することにコミットしたら――そして私も同じことをしたら――私たちは、ともに自らを変化させることにより、世界を変えている。そしてもし、私たちが十分な人数で、同時に、より完全な人間性を発揮したら、私たちが住むコミュニティは世界の中で際立っていくにつれ、怖れや競争、欠落、敵意、強欲、策略に基づいた現実認識は最終的に消えていくだろう。古い思考システムは、やがて新しいものにとってかわられるだろう。私が懸念するのは、私たちが住む世界で本来は中立であるはずの科学研究が、多くの場合、利潤追求や個人的利益と混ざり合い、世に知らされる情報が本当に正しいのかどうか、疑問視せざるを得ないことだ。そうなると、真実を確かめるという作業は、私たち自身に委ねられることになる。

地球上に住んでいる何十億という人々が、あの魚の群れのように一体となって行動することを想像してみてほしい。誰もが無限の可能性の場につながり、明るく前向きな考えを心に抱き、その思考によりインスピレーション豊かな選択をし、他者を尊重する行動をとり、啓発的な経験をしたらどうなるだろうか？　エネルギーではなく物質に近く、可能性から遠く隔たった、今の私たちが日常的に接しているサバイバルモードの生き方など不要になるだろう。私たちはきっと、物質というよりエネルギーに近く、私たち個人を超越した大いなる存在とつながって、他人を思いやり、温かい気持ちをとどめ、発展的な毎日を過ごすようになるだろう。

もしそれができたなら、今とはまったく違う世界が発現することだろう。そこで私たちは開かれた心で、新しい人類の理想を掲げて暮らすようになるだろう。私が瞑想をするとき、閉じた目の前に広がるのは、そんな世界だ。

――ジョー・ディスペンザ 博士

付録

You Are the
PLACEBO
making your mind matter

思い込みと認識を変える瞑想台本

瞑想するにあたり、私のウェブサイトで販売している、私が誘導する瞑想CD・MP3（英語版）を購入する代わりに、ご自身で録音した誘導によって瞑想を行いたいという場合、以下にご紹介する二つの台本のうちどちらかを使うといいだろう。最初の台本は一時間の瞑想で、思い込み、または認識を二つ変えるためのもの、二つ目は四十五分間の瞑想で、思い込み、または認識を一つ変えるために作られている。

ご自身で録音する場合、……の部分には一、二秒の間を空けること。文章の終わりから次の文章の始めまでの間には最低五秒空けること。読んでいくとわかるとおり、各瞑想のパート2の後で、空白の時間を空けて録音するよう記している。その時間に未知の領域にとどまり、続くパート3で思い込みや認識を一つ、または二つ変えるという段取りだ。

瞑想CD・MP3（英語版）https://drjoedispenza.com/collections/meditations（日本語版は準備中）

瞑想一時間バージョン

（二つの思い込み、認識を変える）

まずはじめに……あなたの……目と目の、間の……空間に……意識を……向けられますか？

次に……あなたの……目と目の、間の……空間にある……エネルギーを……感じてみましょう。

それから……あなたの……こめかみの、辺りの……空間に……意識を……向けられますか？

次に……あなたの……左右の……こめかみの、間にある……空間の、大きさを……感じてみましょう。

それでは次に……あなたの……鼻の、穴が……作る、空間に……意識を……向けられますか？

それから……あなたの……鼻の、中の、空間が……占める、大きさを……感じて、みましょう。

そして……あなたの、舌から……喉の、奥までの……空間の……大きさを……意識、できますか？

次に……あなたの……喉の、奥が……空間に、占める……大きさを……感じて、みましょう。

次は……あなたの……両耳の、辺りの……空間にある……エネルギーを……感じられますか？

そして……あなたの、両耳の……外側に広がる……空間に、ある……エネルギーを……感じられますか？

次に……あなたの……あごの下の……空間に……意識を……向けられますか？

それから……あなたの……首の、周りの……空間の……大きさを……感じられますか？

そして……あなたの……胸の……前に、広がる……空間を……感じてみましょう。

次に……あなたの……胸の、辺りの……空間にある……エネルギーを……感じられますか？

それから……　あなたの……　肩の……　外側に、　広がる……　空間の……　大きさを……　意識、　できますか？

そして……　あなたの……　肩の……　外側に、　広がる……　空間に、　ある……　エネルギーを……　感じてみましょう。

次に……　あなたの……　背中の……　後ろに、　ある……　空間を……　意識、　できますか？

それから……　あなたの……　背骨の……　外側に、　ある……　空間の……　エネルギーを……　感じられますか？

では次に……　あなたの……　両腿の、　間にある……　空間を……　意識できますか？

そして……　あなたの……　両膝の……　間にある……　空間の……　エネルギーを……　感じられますか？

それから……　あなたの……　足の辺りが、　占める……　空間の……　大きさを……　感じられますか？

そして…… あなたの…… 足の、外側に、広がる…… 空間にある…… エネルギーを…… 感じられますか?

さらに…… あなたの…… 体全体を、取り巻く…… 空間を…… 意識、できますか?

そして…… あなたの…… 体の、外側に、広がる…… 空間にある…… エネルギーを…… 感じられますか?

次に…… あなたの、体から…… 部屋の、壁までの、間に広がる…… 空間を…… 意識、してみましょう。

では…… あなたのいる…… 部屋、全体が…… 占める、空間の、大きさを…… 意識、できますか?

そして…… それら、すべての、空間が…… さらに、広い、空間の、中で…… 占める、空間を…… 感じられますか?

さて…… あなたでは…… なくなる…… 時が来ました。…… あなたは…… 体でなく、…… 名前もない。……物質でもない。……どこにも、存在しない。……どの時間にも、いない。……あなたは……純粋な……意識体です。……あなたは……無限の、可能性の、宝庫の……量子場に、いて、……あなたの……すべての、エネルギーを……この、未知の、領域に……委ねます。……未知の、領域に……長く、留まるほど……新しい、未来を……たくさん……引き出せます。無限に、広がる……闇の中で……思考だけの、存在となり、……その関心の、矛先を……無限の、闇に……体のない、存在に……時間を、超越した、時間に……集中、させましょう。

量子場の……観察者である……あなたが……もし……物質界の……現実に、いる……人々や……もの……場所……自分の……体や、……顔、……名前、……気持ち、……時間、……過去、……これまでと、同じ、未来、……などに、……意識が、……逸れた、ときは、……ただ、あなたが、古い……現実を、……観察、していると、……気づき、……元の……無限の……可能性の……闇の、中に、……もどり……すべてを、委ねましょう。そして……ふたたび、……体でなく、……名前もない。……物質でもない。……どこにも、存在しない。……どの時間にも、いない、純粋な……意識体に、……なって、いきます。物質が、……一切、存在しない、無限の、……闇に、……無限の……可能性が……宿る、量子場に……溶け出して……行きましょう。可能性の、海に、……永遠に、……漂う、……意識体でいると、たくさんの、……未知の……未来が、……可能性が、……チャンスが、……もたらされます。……今という、……時間に……とどまり、ましょう。

(瞑想に使える時間によって、ここで五～二〇分空ける。)

あなたが……変えたいと、思っている、……あなた自身や、……あなたの……人生に関する……思い込み、……または……認識は……なんですか？

それを……これからも……思い続け、……その認識を……持ち続けたいですか？

そうでないなら、……決心を、……してください。……あなたの……古い……脳内プログラムや、……体が……暗記している……感情の……化学物質の……中毒よりも……ずっと強い……パワフルな……エネルギーで、……強い……決意を……してください。あなたの……体が……新しい……意識に……合わせて……変化していくように……してください。

そして……その選択は……二度と……忘れられない……経験と……なり……その……経験は……強く……高揚した……感情を……呼び起こし、……古い……プログラムを……打ち消して……あなたの……生体の……組成を……変化、させます。これまでの……自動運転モードから……覚醒し、……自らの……エネルギーの……力で……体を……変化……させましょう。

過去を……手放し……可能性へと……変化させる……時が……来ました。
無限の……可能性の……量子場に……委ね、……あなたに……ふさわしい……方法で……過去を……溶かして……行きましょう。……過去を……手放しましょう。

それでは、……あなた自身や、……あなたの……人生に関して……信じたい、……または……認識したいことは……なんですか？……そして……それは……どんな……感情を……生み出しますか？

さあ、いよいよ……新しい……意識の……状態に……移行する……時が……来ました。
あなたの……体を……新しい……意識に……馴染ませましょう。明確な……意志と……高揚した……感情を……合体させて、……エネルギーの……質を変えましょう。……物質である、……体が……新しい……意識に……合わせて……進化するように。

そして、……あなたの……選択が……過去の……経験を……上回るほど……強い……エネルギーを、持つように、……そして……あなたの……意識の……エネルギーが……あなたの……体を……変化させるように、……そして……新しい……意識の、状態に……移行しましょう。これが……新しい……あなたの……アイデンティティと……なります。この意志が、パワフルな……

内的体験を……生み出し、……それは……高揚した……感情エネルギーを……呼び起こし、その経験と……感情は……あなたが……決して忘れられない……記憶となり、……古い記憶と……置き換えられ、……あなたの……脳と……体には、……新しい……記憶が……刻み込まれます。……エネルギーを……高めていきましょう。インスピレーションを……全身に感じましょう。……あなたの……その選択が……あなたの記憶から……消されることが……決してないように。

さて、……その新しい……信念を……持つと……どんな……気分に……なるか、……体に……その未来を……味わって……もらいましょう。……そして……新しい……意識に……合わせて……体の……組成を……調整して……もらいましょう。

この……新しい……意識の……状態で……毎日を……過ごすと……どうなるでしょう？
これからの……あなたは……どんな……選択をし、……どんな……行動をとり、……どんな……経験を……するでしょうか？……未来の……人生を……どんなふうに……感じ、……愛するでしょうか？……量子場にある、……無限の……可能性の……波動を……崩壊させて、……未来の……経験が……生まれるに任せましょう。

あなたの……体に……未来の……心の……状態でいる時の……感情の……ありようを……教え

込みましょう。……さあ……心を……開いて、……可能性が……現実になると……信じましょう。……気持ちを高め、……今という時間に……恋をしましょう。……その未来を……いま、経験しましょう。

そして、……あなたが……この……可能性の……領域で、……考え、……経験する……未来を……大いなる……宇宙意識に……預けましょう。……それが……リアルに……感じられたら、……それは、近い将来……現実に……なるでしょう。……可能性の……波動は、……現実の……粒子へ。……非物質の世界から……物質界へ。……思考は……エネルギーとなり……物質へと……変化します。

それでは……新しい……信念を……意識の場に……委ねましょう。……あなたの……意識は、……その信念が……どのような……現実を……引き出すかを……知っています。……可能性の……領域に……種を……蒔きましょう。

さて、あなたが……変えたいと、思っている、……あなた自身や、……あなたの……人生に関する……もうひとつの……思い込み、……または……認識は……なんですか？……そして……それを……これからも……思い続け、……その認識を……持ち続けたいですか？

そうでないなら、……決心を、……してください。……あなたの……体が……新しい……意識に……対応できるほど……パワフルな……エネルギーで、……強い……決意を……してください。

そして……その選択は……二度と……忘れられない……経験と……なり……これまでの……自動運転モードから……覚醒し、……自らの……エネルギーを……変化させて、……物質の体を……エネルギー体へと……引き上げましょう。……そうです！……エネルギーが……満ちてくるのを……感じましょう。……自らの……エネルギーによって……変化するのを感じましょう。

その選択の……エネルギーによって、……脳内の……無意識プログラムを……書き換えましょう。……そして……体が記憶する……感情と……遺伝子発現を……変えましょう。……その選択が……過去を打ち消すほど……パワフルになり……あなたの……エネルギーで……体の組成が……変化するように……しましょう。……インスピレーションを……全身に……感じましょう。

それでは……その信念を……大いなる……叡智に……委ねましょう。……無限の……可能性の……量子場に……委ね、……過去を……溶かして……行きましょう。……過去を……エネルギーに……戻しましょう。

それでは、……あなた自身や、……あなたの……人生に関して……信じたい、……または……

認識したいことは……なんですか？……そして……それは……どんな……感情を……生み出しますか？

さあ、いよいよ……新しい……意識の……状態に……移行する……時が……来ました。あなたの……体を……新しい……意識に……馴染ませましょう。……その選択の……エネルギーによって、……脳内の……神経回路と、……体内の……遺伝子を……書き換えましょう。……そして……体を……新しい……未来に向かって……開放しましょう。……あなたの……古い体や……環境……時間より……ずっとパワフルな……新しい……エネルギーを……感じましょう。……あなたは……体や……環境……時間を……コントロールする……思考する……意識体です。……物質をつくる……エネルギー体です。

さて、……その新しい……信念を……持つと……どんな……気分に……なるか、……エネルギーの……レベルが上がると……どんなふうに……感じるか、……自らの……偉大さに……感動すると……どうなるか……勇気があり……無敵で……人生を……心から……愛し……何物にも……縛られることなく……願いが……すべて……叶ったかのように……生きると……どんなことが……起きるのか。さあ、……あなたの……体に……その未来を……味わって……もらいましょう。……そして……新しい……遺伝子に……新しい……方法で……信号を……送りましょう。

……あなたの……エネルギー次第で……物質の……ありようが……変わります。……エネルギーを……変えて……体を……変えましょう。……さあ……意識から……物質を……つくりましょう。

この……新しい……意識の……状態で……毎日を……過ごすと……どうなるでしょう？

この信念を……心にとどめると……どんな……選択を……するでしょう？……どんな……行動を……するでしょう？……この意識の……状態で……どんな……経験を……観察できるでしょう？……癒されて、……自由になり……自分自身と……自分の明るい未来を……信じられると……どんな……感じが……するでしょう？……その未来へと……解き放たれましょう。

あなた自身の……エネルギーで……その未来を……祝福しましょう。……それにより……あなたは……新しい……運命と……結びついています。……あなたが……意識を……向ける先に……エネルギーが……集まって……来るからです。……未来に……意識を……振り向けましょう。……過去ではなく……未来の……あなたを……生き始めましょう。あなたの……内的体験に……体が……反応するように……心を……開いて……いきましょう。……未知の……領域で……リアルに……経験したこと、……それに……感動したことは、……やがて……物質化して……三次元で……顕現します。

すべてを……大いなる……叡智に委ね……あなたにとって……完璧な……形で……変化が……起きるに……任せましょう。

それでは……あなたの……左手を……胸に……置きましょう。……そして……あなたの……体が……エネルギーで……満たされ、……新しい……意識に……合わせて……変化するように……あなたの……体を……祝福しましょう。……二度と……過去に……戻らないように……あなたの……未来を……祝福しましょう。……過去が……叡智となるように……過去を……祝福しましょう。……逆境を……バネにして……あなたが……強く、やさしく、なれるように……、そして……あらゆるものには……見えない意味が……隠されていると……悟れるように……逆境を……祝福しましょう。……あなたが……夢から……覚醒するように、……あなたの……魂を……祝福しましょう。……そして……あなたの……内なる神が……あなたの中で……あなたを通して……あなたの周りで……あなたを動かし、……あなたの……本分を……発揮できるように……働いていることを……祝福しましょう。

それでは……最後に……あなたの……無意識が宿る……体が……いまここで……新しい……未来を……経験し始めるように、……あなたの……未来が……実現する前に……未来に……感謝しましょう。……感謝とは……何かが……起きた後で……湧き起こるものです。……感謝とは……

受け取るという行為の……最終の……形です。

この感覚を……心と……体に……刻みつけましょう。……あなたの……新しい……意識状態を……新しい……体に、……新しい……環境に、……そして……まったく新しい……時間軸に……馴染ませましょう。……準備が……できたら……ゆっくりと……目を開けましょう。

瞑想四十五分バージョン

（一つの思い込み、認識を変える）

まずはじめに……あなたの……目と目の、間の……空間に……意識を……向けられますか？

次に……あなたの……目と目の、間の……空間にある……エネルギーを……感じてみましょう。

それから……あなたの……こめかみの、辺りの……空間に……意識を……向けられますか？

次に……あなたの……左右の……こめかみの、間にある……空間の、大きさを……感じてみましょう。

それでは次に……あなたの……鼻の、穴が……作る、空間に……意識を……向けられますか？

それから……あなたの……鼻の、中の、空間が……占める、大きさを……感じて、みましょう。

そして……あなたの、舌から……喉の、奥までの……空間の……大きさを……意識、できますか？

次に……あなたの……喉の、奥が……空間に、占める……大きさを……感じて、みましょう。

次は……あなたの……両耳の、辺りの……空間にある……エネルギーを……感じられますか？

そして……あなたの、両耳の……外側に広がる……空間に、ある……エネルギーを……感じられますか？

次に……あなたの……あごの下の……空間に……意識を……向けられますか？

それから……あなたの……首の、周りの……空間の……大きさを……感じられますか？

そして……あなたの……胸の……前に、広がる……空間を……感じてみましょう。

次に…… あなたの…… 胸の、辺りの…… 空間にある…… エネルギーを…… 感じられますか？

それから…… あなたの…… 肩の…… 外側に、広がる…… 空間の…… 大きさを…… 意識、できますか？

そして…… あなたの…… 肩の…… 外側に、広がる…… 空間に、ある…… エネルギーをく感じてみましょう。

次に…… あなたの…… 背中の…… 後ろに、ある…… 空間を…… 意識、できますか？

それから…… あなたの…… 背骨の…… 外側に、ある…… 空間の…… エネルギーを…… 感じられますか？

では次に…… あなたの…… 両腿の、間にある…… 空間を…… 意識できますか？

そして…… あなたの…… 両膝の…… 間にある…… 空間の…… エネルギーを…… 感じられますか？

それから…… あなたの…… 足の辺りが、占める…… 空間の…… 大きさを…… 感じられますか?

そして…… あなたの…… 足の、外側に、広がる…… 空間にある…… エネルギーを…… 感じられますか?

さらに…… あなたの…… 体全体を、取り巻く…… 空間を…… 意識、できますか?

そして…… あなたの…… 体の、外側に、広がる…… 空間にある…… エネルギーを…… 感じられますか?

次に…… あなたの、体から…… 部屋の、壁までの、間に広がる…… 空間を…… 意識、してみましょう。

では…… あなたのいる…… 部屋、全体が…… 占める、空間の、大きさを…… 意識、できますか?

そして…… それら、すべての、空間が…… さらに、広い、空間の、中で…… 占める、空間を…… 感じられますか?

さて…… あなたでは…… なくなる…… 時が来ました。…… あなたは…… 体でなく、…… 名前もない。…… 物質でもない。…… どこにも、存在しない。…… どの時間にも、いない。…… あなたは…… 純粋な…… 意識体です。…… あなたは…… 無限の、可能性の、宝庫の…… 量子場に、いて、…… あなたの…… すべての、エネルギーを…… この、未知の、領域に…… 委ねます。…… 未知の、領域に…… 長く、留まるほど…… 未知のものを…… たくさん…… 引き出せます。無限に、広がる…… 闇の中で…… 思考だけの、存在となり、…… その関心の、矛先を…… 無限の、闇に…… 体のない、存在に…… 時間を、超越した、時間に…… 集中、させましょう。長く、留まるほど…… 新しい…… 未来を…… たくさん…… 引き出せます。

意識を…… 粒子から…… 波動へ…… 形あるものから…… 形のないものへ…… 物質から…… 非物質へ…… 時間空間から…… 時間も空間もない世界へ…… 五感の世界から…… 五感を超えた世界へ…… 既知の世界から…… 未知の世界へ…… 意識を…… 移動させましょう。そして…… 量子場の…… 観察者である…… あなたが…… もし…… 物質界の…… 現実に、いる…… 人々や…… もの…… 場所…… 自分の…… 体や、…… 顔、…… 名前、…… 気持ち、…… 時間、…… 過去、…… これまでと、同じ、未来、…… などに、…… 意識が、…… 逸れた、ときは、…… ただ、あなたが、古い…… 現実を、…… 観察、していると、…… 気づき、…… 元の…… 無限の…… 可能性の…… 闇の、中に、…… もどり…… すべてを、委ねましょう。そして…… ふたたび、…… 体でなく、…… 名前もない。……物質でもない。……どこにも、存在しない。……どの時間にも、いない、純粋な……意識体に、……なって、いきます。物質が、……一切、存在しない、無限の、……闇に、……無限の……可能性が……宿る、量子場に……溶け出して……行きましょう。可能性の、海に、……漂う、……意識体としてとどまるほど、たくさんの、……可能性が、……チャンスが、……もたらされます。……今という、……時間に……とどまり、ましょう。

（瞑想に使える時間によって、ここで五〜一〇分空ける。）

あなたが……変えたいと、思っている、……あなた自身や、……あなたの……人生に関する……思い込み、……または……認識は……なんですか？

それを……これからも……思い続け、……その認識を……持ち続けたいですか？

そうでないなら、……決心を、……してください。……あなたの……古い……脳内プログラムや、……体が……暗記している……感情の……化学物質の……中毒よりも……ずっと強い……パワフルな……エネルギーで、……強い……決意を……してください。あなたの……体が……新しい……意識に……合わせて……変化していくように……してください。そして……その選択は……

二度と…… 忘れられない…… 経験と…… なり…… その…… 経験は…… 強く…… 高揚した…… 感情を…… 呼び起こし、…… 古い…… プログラムを…… 打ち消して…… あなたの…… 生体の…… 組成を…… 変化、させます。

これまでの…… 自動運転モードから…… 覚醒し、…… 自らの…… エネルギーの…… 力で…… 体を…… 変化…… させましょう。…… 過去を…… 手放し…… 可能性へと…… 変化させる…… 時が…… 来ました。インスピレーションそのものとなり、…… エネルギーそのものになりましょう。自らのエネルギーに…… 動かされ、…… 古い思い込みや認識を…… 大いなる叡智に…… 委ねましょう。…… ただ、手放し…… 可能性の場に送り、…… それは…… エネルギーへと帰ります。

それでは、…… あなた自身や、…… あなたの…… 人生に関して…… 信じたい、…… または…… 認識したいことは…… なんですか？…… そして…… それは…… どんな…… 感情を…… 生み出しますか？

さあ、いよいよ…… 新しい…… 意識の…… 状態に…… 移行する…… 時が…… 来ました。

あなたの…… 体を…… 新しい…… 意識に…… 馴染ませましょう。そして、…… あなたの…… 選択がもつ…… エネルギーによって…… 脳内回路を書き換え、…… 体の遺伝子を書き換え、…… 体を…… 過去から解放し、…… 新しい…… 未来に…… 向かわせましょう。明確な…… 意志と…… 高揚した…… 感情を…… 合体させて、 …… エネルギーの…… 質を変えましょう。…… 物質である、…… 体が…… 新しい…… 意識に…… 合わせて…… 進化するように。そして、…… あなたの…… 選択が…… 過去の…… 経験を…… 上回るほど…… 強い…… エネルギーを、持つように、…… そして…… あなたの…… 意識の…… エネルギーが…… あなたの…… 体を…… 変化させるように、…… そして…… 新しい…… 意識の、状態に…… 移行しましょう。その選択は…… あなたの過去の…… 経験よりも…… ずっと強くなり、 …… あなたの新しい意識と…… エネルギーにより…… 体が…… 変化するように。 …… そして新しい意識状態へと、移行し、 …… この瞬間があなたのアイデンティティとなるように。そしてこの内面の…… プロセス、この経験によって湧き起こる強い感情エネルギーを、…… 決して…… 忘れることが…… ないように。

さて、 …… その新しい…… 信念を…… 持つと…… どんな…… 気分に…… なるか、 …… エネルギーの…… レベルが上がると…… どんなふうに…… 感じるか、 …… 自らの…… 偉大さに…… 感動すると…… どうなるか…… 勇気があり…… 無敵で…… 人生を…… 心から…… 愛し…… 何物にも…… 縛られることなく…… 願いが…… すべて…… 叶ったかのように…… 生きると…… どんなことが…… 起きるのか。さあ、 …… あなたの…… 体に…… その未来を…… 味わって…… もらいましょう。…… そして…… 新しい…… 遺伝子に…… 新しい…… やり方で…… 信号を…… 送りましょう。…… あなたの…… エネルギーが…… 物質の…… 状態を…… 変えるのです。…… エネルギーを……

変える時……体も……変わります。……さあ……意識から……物質を……つくりましょう。……この……新しい……意識の……状態で……毎日を……過ごすと……どうなるでしょう？　この信念を……心にとどめると……どんな……選択を……するでしょう？……どんな……行動を……するでしょう？……この意識の……状態で……どんな……経験を……観察できるでしょう？……癒やされて、……自由になり……自分自身と……自分の明るい未来を……信じられると……自らのエネルギーに……突き動かされると……どんな……感じが……するでしょう？

さあ、心の中で、……リアルに感じられる、未来を……慈しみましょう。……あなたが創った……未来に……恋をしましょう。新しい心の状態を……キープし、新しいあなたを……あなたの未来を……育てましょう。……あなたが……意識を……向ける先に……エネルギーが……集まって……来ます。……未来に……意識を……振り向けましょう。……過去ではなく……未来の……あなたを……生き始めましょう。あなたの……内的体験に……体が……反応するように……心を……開いて……いきましょう。……未知の……領域で……リアルに……経験したこと、……それに……感動したことは、……やがて……未来のどこかで……顕現します。思考から……エネルギーとなり、……物質となります。すべてを……大いなる……叡智に委ね……あなたにとって……完璧な……形で……変化が……起きるに……任せましょう。

それでは……あなたの……左手を……胸に……置きましょう。……そして……あなたの……体が……エネルギーで……満たされ、……新しい……意識に……合わせて……変化するように……あなたの……体を……祝福しましょう。……あなたの……命を……祝福しましょう。……あなたの人生が、……あなたの……意識の現れとなるように……それが……世界に……映し出されるように。そして……あなたの……未来を……祝福しましょう。未来が……二度と……過去にならないように。そして……過去が……叡智となるように……過去を……祝福しましょう。……逆境を……バネにして……あなたが……強く、やさしく、なれるように……、そして……あらゆるものには……見えない意味が……隠されていると……悟れるように……逆境を……祝福しましょう。……あなたが……夢から……覚醒するように、あなたを……導いてくれるように……あなたの……魂を……祝福しましょう。……そして……あなたの……内なる神、大いなる存在が……あなたの中で……あなたを通して……あなたの周りで……あなたを動かし、……あなたの……本分を……発揮できるように……働いていることを……祝福しましょう。そして、大いなる存在の意識が……あなたの意識となり、その品格が、……あなたの品格となり、……その意志は……あなたの意志となり……その生命に注がれる愛が、……あなたが生命に注ぐ愛となるように……そして……その存在があなたに……進むべき道を指し示す……信号を送り……その存在が……あなたの中に実在すると……わかるように。

そして今、……思考が……信号を送り……感情が……それに答えるなら……いまここで……あなたの……未来が……実現する前に……未来に……感謝しましょう。……感謝とは……何かが……起きた後で……湧き起こるものです。……感謝の気持ちを……長く心にとどめているほど……新しい……未来が豊かに……流れ込んできます。感謝とは……受け取るという行為の……最終の……形です。

さあ……あなたの……新しい……意識状態を……新しい……体に、……新しい……環境に、……そして……まったく新しい……時間軸に……馴染ませましょう。……準備が……できたら……ゆっくりと……目を開けましょう。

謝辞

二冊目の本を書き終えたとき、もうこれで執筆は最後にするつもりだった。非常に繁盛している総合ヘルスクリニックの経営や、ほぼ毎週の出張といった仕事の過密スケジュール、それ以前の家族との時間、スタッフミーティング、さらに寝食の合間に時間を捻出し、原稿を書いて、リサーチもすることにかかる苦労を考えると、そこには部屋の窓の外に広がる美しい景色をぼんやり眺めて、次の言葉を探すひと時の余裕すら残っていなかった。

非物質の概念を物質界の現実の中で表現することが、どれほど忍耐力、決断力、集中力、持続力、エネルギー、時間、創造力を必要とするか、そして何より周囲の人々の協力が不可欠だということを私は学んだ。この作品が世に出ることができたのは、ひとえに私の職業上の関係者、スタッフ、友人、家族の無条件の愛と励まし、支援と協力の賜物だと言える。私は彼らに永遠に感謝し続けたい。

出版社ヘイハウスのチームには、私を再度信じてくれたことに感謝したい。あの素晴らしい家族の一員になれて大変光栄だ。リード・トレイシー、ステイシー・スミス、シャノン・リッテル、アレックス・フリーモン、クリスティ・サリナス、その他の人々にありがとうと伝えたい。あなた方一人ひとりに何らかの貢献ができたことを願っている。

　そして時折天使が降りてきて、私たちを祝福してくれる。その天使たちは謙虚で無私でパワフルで、非常に献身的だ。本書の執筆中に私は真の天使に遭遇するという僥倖《ぎょうこう》を得た。友人となった親愛なる編集者、ケイティ・クーンツは、秀逸さ、魔法、恩寵、謙虚さの体現だ。ケイティ、このプロジェクトであなたと一緒に仕事ができた私は幸運だった。精力的で賢く誠実な、そして献身的な仕事をしてくれたことに心から感謝したい。

　私の原稿に協力してくれたサリー・カーは、私の突然の要請にすぐに時間をつくって対応してくれた。あなたの寛大さに感謝したい。

　私のエグゼクティブ・アシスタント兼マネージャーのポーラ・マイヤーは、真のリーダーとなり、私の理性の声となってくれた。私と目標を共有し、コミットしてくれてありがとう。あなたの進化、そして輝きには目をみはるばかりだ。

　私のクリニックのオフィスマネージャーであり個人的アシスタント、デイナ・レイチェル。スタッフ全員に気を配り、彼らが気持ちよく働いてくれるよう配慮してくれたことに心から感謝している。あなたのハートフルな聡明さ、知恵、勇気は私を含む多くのメンバーに喜びを与えてくれる。引き続きよろしくお願いしたい。

トリナ・グリーンベリー、私はあなたほど仕事ができるプロフェッショナルで正直で高貴な人に出会ったことがない。私とともに歩んでくれることに感謝したい。あなたは本当にすごい人だ。

私の義姉妹、カティナ・ディスペンザはいろんな局面で創造力を発揮してくれた。私の仕事に興味を持ち、協力してくれたことは私にとって幸運だった。世界に向けて発信された私のメッセージの随所にあなたの工夫が光っている。あなたは輝く星だ。

ラデル・ホフダ、アダム・ボイス、ケイティ・ホーニング、エレーナ・クローソン、トビー・パーキンス、ブルース・アームストロング、エイミー・シェファー、キャシー・ルンド、ケレン・レター、マーク・ビンゲル博士、マーヴィン・クニキヨ博士。あなた方は全員私の人生に素晴らしい貢献をしてくれた。一人ひとりに心からありがとうを言いたい。

私の親友、そして兄弟ジョン・ディスペンザの創造力にはいつも感心している。カバーデザインや図版を作ってくれたこと、そして何より私を生涯にわたり愛し、導いてくれることに感謝したい。

ジェフリー・ファニン博士は、脳内の変化測定に筆舌に尽くしがたい協力をしてくれた量子神経科学者だ。私たちが歴史に足跡を残せたのはあなたのおかげだ。あなたの惜しみない献身に敬意を表したい。

ドーソン・チャーチ博士は、私と同じくらい科学と神秘主義に情熱を傾ける天才、そして高貴な友人だ。本書に美しい文章の序文を書いてくれて光栄に思っている。これからもともに歩んでいきたい。

ベス・ウルフソンは、私のトレーナーたちのマネージャーで、企業のリーダーだ。私と一緒に変容のビジネスモデルを構築してくれたこと、そしてこのメッセージを信じ、大きな情熱を傾けてくれてありがとう。世界中にいる私の事業のトレーナーたちは、変容の生きた模範となり、多くの人々を導くことに誠実に取り組んでくれた。あなた方のコミットメントには脱帽だ。

ジョン・コリンズワースとジョナサン・スウォルツはビジネスに対する私の理解を深め、専門性あふれるコンサルテーション、アドバイス、カウンセリングをしていただいた。

私の子供たち、ジェイス、ジャナ、シェン。君たちは立派な若者に成長してくれた。変わった父でいることを許してくれてありがとう。

そして愛するロバータ・ブリッティンガム。あなたは私のプラシーボだ。

ENDNOTES
注釈

第1章

1. C. K. Meador, "Hex Death: Voodoo Magic or Persuasion?" Southern Medical Journal, vol. 85, no. 3: pp. 244–247 (1992).

2. R. R. Reeves, M. E. Ladner, R. H. Hart, et al., "Nocebo Effects with Antidepressant Clinical Drug Trial Placebos," General Hospital Psychiatry, vol. 29, no. 3: pp. 275–277 (2007); C. K. Meador, True Medical Detective Stories (North Charleston, SC: CreateSpace, 2012).

3. A. F. Leuchter, I. A. Cook, E. A. Witte, et al., "Changes in Brain Function of Depressed Subjects During Treatment with Placebo," American Journal of Psychiatry, vol. 159, no. 1: pp. 122–129 (2002).

4. B. Klopfer, "Psychological Variables in Human Cancer," Journal of Protective Techniques, vol. 21, no. 4: pp. 331–340 (1957).

5. J. B. Moseley, Jr., N. P. Wray, D. Kuykendall, et al., "Arthroscopic Treatment of Osteoarthritis of the Knee: A Prospective, Randomized, Placebo-Controlled Trial. Results of a Pilot Study," American Journal of Sports Medicine, vol. 24, no. 1: pp. 28–34 (1996).

6. Discovery Health Channel, Discovery Networks Europe, Discovery Channel University, et al., Placebo: Mind Over Medicine? directed by J. Harrison, aired 2002 (Princeton, NJ: Films for the Humanities & Sciences, 2004), DVD.

7. J. B. Moseley, Jr., K. O'Malley, N. J. Petersen, et al., "A Controlled Trial of Arthroscopic Surgery for Osteoarthritis of the Knee," New England Journal of Medicine, vol. 347, no. 2: pp. 81–88 (2002); also note, the following independent study showed similar results: A. Kirkley, T. B. Birmingham, R. B. Litchfield, et al., "A Randomized Trial of Arthroscopic Surgery for Osteoarthritis of the Knee," New England Journal of Medicine, vol. 359, no. 11: pp. 1097–1107 (2008).

8. L. A. Cobb, G. I. Thomas, D. H. Dillard, et al., "An Evaluation of Internal-Mammary-Artery Ligation by a Double-Blind Technic," New England Journal of Medicine, vol. 260, no. 22: pp. 1115–1118 (1959);
E. G. Diamond, C. F. Kittle, and J. E. Crockett, "Comparison of Internal Mammary Artery Ligation and Sham Operation for Angina Pectoris," American Journal of Cardiology, vol. 5, no. 4: pp. 483–486 (1960).

9. T. Maruta, R. C. Colligan, M. Malinchoc, et al., "Optimism-Pessimism Assessed in the 1960s and Self-Reported Health Status 30 Years Later," Mayo Clinic Proceedings, vol. 77, no. 8: pp. 748–753 (2002).

10. T. Maruta, R. C. Colligan, M. Malinchoc, et al., "Optimists vs. Pessimists: Survival Rate Among Medical Patients over a 30-Year Period," Mayo Clinic Proceedings, vol. 75, no. 2: pp. 140–143 (2000).

11. B. R. Levy, M. D. Slade, S. R. Kunkel, et al., "Longevity Increased by Positive Self-Perceptions of Aging," Journal of Personality and Social Psychology, vol. 83, no. 2: pp. 261–270 (2002).

12. I. C. Siegler, P. T. Costa, B. H. Brummett, et al., "Patterns of Change in Hostility from College to Midlife in the UNC Alumni Heart Study Predict High-Risk Status," Psychosomatic Medicine, vol. 65, no. 5: pp. 738–745 (2003).

13. J. C. Barefoot, W. G. Dahlstrom, and R. B. Williams, Jr., "Hostility, CHD Incidence, and Total Mortality: A 25-Year Follow-Up Study of 255 Physicians," Psychosomatic Medicine, vol. 45, no. 1: 59–63 (1983).

14. D. M. Becker, L. R. Yanek, T. F. Moy, et al., "General Well-Being Is Strongly Protective Against Future Coronary Heart Disease Events in an Apparently Healthy High-Risk Population," Abstract #103966, presented at American Heart Association Scientific Sessions, Anaheim, CA, (November 12, 2001).

15. National Cancer Institute, "Anticipatory Nausea and Vomiting (Emesis)" (2013), www.cancer.gov/cancertopics/pdq/supportivecare/nausea/HealthProfessional/page4#Reference4.2.

16. J. T. Hickok, J. A. Roscoe, and G. R. Morrow, "The Role of Patients' Expectations in the Development of Anticipatory Nausea Related to Chemotherapy for Cancer," Journal of Pain and Symptom Management, vol. 22, no. 4: pp. 843–850 (2001).

17. R. de la Fuente-Fernández, T. J. Ruth, V. Sossi, et al., "Expectation and Dopamine Release: Mechanism of the Placebo Effect in Parkinson's Disease," Science, vol. 293, no. 5532: pp. 1164–1166 (2001).

18. C. R. Hall, "The Law, the Lord, and the Snake Handlers: Why a Knox County Congregation Defies the State, the Devil, and Death," Louisville Courier Journal (August 21, 1988); also see http://www.wku.edu/agriculture/thelaw.pdf.

19. K. Dolak, "Teen Daughters Lift 3,000-Pound Tractor Off Dad," ABC News (April 10, 2013), http://abcnews.go.com/blogs/headlines/2013/04/teen-daughters-lift-3000-pound-tractor-off-dad.

20. See note 1.

第2章

1. H. K. Beecher, "The Powerful Placebo," Journal of the American Medical Association, vol. 159, no. 17: pp. 1602–1606 (1955).

2. W. B. Cannon, "Voodoo Death," American Anthropologist, vol. 44, no. 2: pp. 169–181 (1942).

3. The term placebo was first used in the part of Psalm 116 that opens the Catholic vespers for the dead. During the Middle Ages, the deceased's family often hired mourners to sing these verses, and because their fake grieving was sometimes over the top, the word placebo came to mean "flatterer" or "toady." In the early 19th century, doctors began giving inert tonics, pills, and other treatments to pacify patients whom they couldn't help or who sought medical attention for imagined ills; these doctors borrowed the term placebo and gave it its current meaning.

4. Y. Ikemi and S. Nakagawa, "A Psychosomatic Study of Contagious Dermatitis," Kyoshu Journal of Medical Science, vol. 13: pp. 335–350 (1962).

5. T. Luparello, H. A. Lyons, E. R. Bleecker, et al., "Influences of Suggestion on Airway Reactivity in Asthmatic Subjects," Psychosomatic Medicine, vol. 30, no. 6: pp. 819–829 (1968).

6. J. D. Levine, N. C. Gordon, and H. L. Fields, "The Mechanism of Placebo Analgesia," Lancet, vol. 2, no. 8091: pp. 654–657 (1978); J. D. Levine, N. C. Gordon, R. T. Jones, et al., "The Narcotic Antagonist Naloxone Enhances Clinical Pain," Nature, vol. 272, no. 5656: pp. 826–827 (1978).

7. R. Ader and N. Cohen, "Behaviorally Conditioned Immunosuppression," Psychosomatic Medicine, vol. 37, no. 4: pp. 333–340 (1975).

8. H. Benson, The Relaxation Response (New York: Morrow, 1975).

9. N. V. Peale, The Power of Positive Thinking (New York: Prentice-Hall, 1952).

10. N. Cousins, "Anatomy of an Illness (as Perceived by the Patient)," New England Journal of Medicine, vol. 295, no. 26: pp. 1458–1463 (1976).

11. N. Cousins, Anatomy of an Illness as Perceived by the Patient: Reflections on Healing and Regeneration (New York: W. W. Norton and Company, 1979).

12. T. Hayashi, S. Tsujii, T. Iburi, et al., "Laughter Up-Regulates the Genes Related to NK Cell Activity in Diabetes," Biomedical Research (Tokyo, Japan), vol. 28, no. 6: pp. 281–285 (2007).

13. N. Cousins, Anatomy of an Illness as Perceived by the Patient: Reflections on Healing and Regeneration (New York: Norton, 1979), p. 56.

14. B. S. Siegel, Love, Medicine, and Miracles: Lessons Learned About Self-Healing from a Surgeon's Experience with Exceptional Patients (New York: Harper and Row, 1986).

15. I. Kirsch and G. Sapirstein, "Listening to Prozac but Hearing Placebo: A Meta-analysis of Antidepressant Medication," Prevention and Treatment, vol. 1, no. 2: article 00002a (1998).

16. I. Kirsch, B. J. Deacon, T. B. Huedo-Medina, et al., "Initial Severity and Antidepressant Benefits: A Meta-analysis of Data Submitted to the Food and Drug Administration," PLOS Medicine, vol. 5, no. 2: p. e45 (2008).

17. B. T. Walsh, S. N. Seidman, R. Sysko, et al., "Placebo Response in Studies of Major Depression: Variable, Substantial, and Growing," Journal of the American Medical Association, vol. 287, no. 14: pp. 1840–1847 (2002).

18. R. de la Fuente-Fernández, T. J. Ruth, V. Sossi, et al., "Expectation and Dopamine Release: Mechanism of the Placebo Effect in Parkinson's Disease," Science, vol. 293, no. 5532: pp. 1164–1166 (2001).

19. F. Benedetti, L. Colloca, E. Torre, et al., "Placebo-Responsive Parkinson Patients Show Decreased Activity in Single Neurons of the Subthalamic Nucleus," Nature Neuroscience, vol. 7, no. 6: 587–588 (2004).

20. F. Benedetti, A. Pollo, L. Lopiano, et al., "Conscious Expectation and Unconscious Conditioning in Analgesic, Motor, and Hormonal Placebo/Nocebo Responses," Journal of Neuroscience, vol. 23, no. 10: pp. 4315–4323 (2003).

21. F. Benedetti, H. S. Mayberg, T. D. Wager, et al., "Neurobiological Mechanisms of the Placebo Effect," Journal of Neuroscience, vol. 25, no. 45: pp. 10390–10402 (2005).

22. F. Benedetti, M. Amanzio, S. Baldi, et al., "Inducing Placebo Respiratory Depressant Responses in Humans via Opioid Receptors," European Journal of Neuroscience, vol. 11, no. 2: pp. 625–631 (1999).

23. T. J. Kaptchuk, E. Friedlander, J. M. Kelley, et al., "Placebos Without Deception: A Randomized Controlled Trial in Irritable Bowel Syndrome," PLOS ONE, vol. 5, no. 12: p. e15591 (2010).

24. A. J. Crum and E. J. Langer, "Mind-Set Matters: Exercise and the Placebo Effect," Psychological Science, vol. 18, no. 2: pp. 165–171 (2007).

25. R. Desharnais, J. Jobin, C. Côté, et al., "Aerobic Exercise and the Placebo Effect: A Controlled Study," Psychosomatic Medicine, vol. 55, no. 2: pp. 149–154 (1993).

26. B. Blackwell, S. S. Bloomfield, and C. R. Buncher, "Demonstration to Medical Students of Placebo Responses and Non-drug Factors," Lancet, vol. 299, no. 7763: pp. 1279–1282 (1972).

27. I. Dar-Nimrod and S. J. Heine, "Exposure to Scientific Theories Affects Women's Math Performance," Science, vol. 314, no. 5798: p. 435 (2006).

28. C. Jencks and M. Phillips, eds., The Black-White Test Score Gap (Washington, D.C.: Brookings Institution Press, 1998).

29. C. M. Steele and J. Aronson, "Stereotype Threat and the Intellectual Test Performance of African Americans," Journal of Personality and Social Psychology, vol. 69, no. 5: pp. 797–811 (1995).

30. A. L. Geers, S. G. Helfer, K. Kosbab, et al., "Reconsidering the Role of Personality in Placebo Effects: Dispositional Optimism, Situational Expectations, and the Placebo Response," Journal of Psychosomatic Research, vol. 58, no. 2: pp. 121–127 (2005); A. L. Geers, K. Kosbab, S. G. Helfer, et al., "Further Evidence for Individual Differences in Placebo Responding: An Interactionist Perspective," Journal of Psychosomatic Research, vol. 62, no. 5: pp. 563–570 (2007).

31. D. R. Hamilton, How Your Mind Can Heal Your Body (Carlsbad, CA: Hay House, 2010), p. 19.

32. D. Goleman, B. H. Lipton, C. Pert, et al., Measuring the Immeasurable: The Scientific Case for Spirituality (Boulder, CO: Sounds True, 2008), p. 196; B. H. Lipton and S. Bhaerman, Spontaneous Evolution: Our Positive Future (and a Way to There from Here) (Carlsbad, CA: Hay House, 2009), p. 25.

第3章

1. A. Vickers, People v. the State of Illusion, directed by S. Cervine (Phoenix, AZ: Exalt Films, 2012), film; see also Laboratory of Neuro Imaging, University of California, Los Angeles, http://www.loni.ucla.edu/About_Loni/education/brain_trivia.shtml.

2. L. R. Squire and E. R. Kandel, Memory: From Mind to Molecules (New York: Scientific American Library, 1999); see also D. Church, The Genie in Your Genes: Epigenetic Medicine and the New Biology of Intention (Santa Rosa, CA: Elite Books, 2007), p. 94.

3. Also known as Hebb's Rule or Hebb's Law; see D. O. Hebb, The Organization of Behavior: A Neuropsychological Theory (New York: John Wiley & Sons, 1949).

4. K. Aydin, A. Ucar, K. K. Oguz, et al., "Increased Gray Matter Density in the Parietal Cortex of Mathematicians: A Voxel-Based Morphometry Study," American Journal of Neuroradiology, vol. 28, no. 10: pp. 1859–1864 (2007).

5. V. Sluming, T. Barrick, M. Howard, et al., "Voxel-Based Morphometry Reveals Increased Gray Matter Density in Broca's Area in Male Symphony Orchestra Musicians," NeuroImage, vol. 17, no. 3: pp. 1613–1622 (2002).

6. M. R. Rosenzweig and E. L. Bennett, "Psychobiology of Plasticity: Effects of Training and Experience on Brain and Behavior," Behavioural Brain Research, vol. 78, no. 1: pp. 57–65 (1996); E. L. Bennett, M. C. Diamond, D. Krech, et al., "Chemical and Anatomical Plasticity Brain," Science, vol. 146, no. 3644: pp. 610–619 (1964).

第4章

1. E. J. Langer, Mindfulness (Reading, MA: Addison-Wesley, 1989); E. J. Langer, Counter Clockwise: Mindful Health and the Power of Possibility (New York: Ballantine Books, 2009).

2. C. Feinberg, "The Mindfulness Chronicles: On the 'Psychology of Possibility,'" Harvard Magazine (September–October 2010), http://harvardmagazine.com/2010/09/the-mindfulness-chronicles.

3. J. Medina, The Genetic Inferno: Inside the Seven Deadly Sins (Cambridge, U.K.: Cambridge University Press, 2000), p. 4.

4. F. Crick, "Central Dogma of Molecular Biology," Nature, vol. 227, no. 5258: pp. 561–563 (1970).

5. M. Ho, "Death of the Central Dogma," Institute of Science in Society press release (March 9, 2004), http://www.i-sis.org.uk/DCD.php.

6. S. C. Segerstrom and G. E. Miller, "Psychological Stress and the Human Immune System: A Meta-analytic Study of 30 Years of Inquiry," Psychological Bulletin, vol. 130, no. 4: pp. 601–630 (2004); M. S. Kopp and J. Réthelyi, "Where Psychology Meets Physiology: Chronic Stress and Premature Mortality—The Central-Eastern European Health Paradox," Brain Research Bulletin, vol. 62, no. 5: pp. 351–367 (2004); B. S. McEwen and T. Seeman, "Protective and Damaging Effects of Mediators of Stress. Elaborating and Testing the Concepts of Allostasis and Allostatic Load," Annals of the New York Academy of Sciences, vol. 896: pp. 30–47 (1999).

7. J. L. Oschman, "Trauma Energetics," Journal of Bodywork and Movement Therapies, vol. 10, no. 1: pp. 21–34 (2006).

8. K. Richardson, The Making of Intelligence (New York: Columbia University Press, 2000), referenced by E. L. Rossi, The Psychobiology of Gene Expression: Neuroscience and Neurogenesis in Hypnosis and the Healing Arts (New York: W. W. Norton and Company, 2002), p. 50.

9. E. L. Rossi, The Psychobiology of Gene Expression: Neuroscience and Neurogenesis in Hypnosis and the Healing Arts (New York: W. W. Norton and Company, 2002), p. 9.

10. D. Church, The Genie in Your Genes: Epigenetic Medicine and the New Biology of Intention (Santa Rosa, CA: Elite Books, 2007), p. 32.

11. See http://www.epigenome.org.

12. J. Cloud, "Why Your DNA Isn't Your Destiny," Time Magazine (January 6, 2010), http://content.time.com/time/magazine/article/0,9171,1952313,00.html#ixzz2eN2VCb1W.

13. M. F. Fraga, E. Ballestar, M. F. Paz, et al., "Epigenetic Differences Arise During the Lifetime of Monozygotic Twins," Proceedings of the National Academy of Sciences USA, vol. 102, no. 30: pp. 10604–10609 (2005).

14. D. Ornish, M. J. Magbanua, G. Weidner, et al., "Changes in Prostate Gene Expression in Men Undergoing an Intensive Nutrition and Lifestyle Intervention," Proceedings of the National Academy of Sciences, vol. 105, no. 24: pp. 8369–8374 (2008).

15. L. Stein, "Can Lifestyle Changes Bring out the Best in Genes," Scientific American (June 17, 2008), http://www.scientificamerican.com/article
.cfm?id=can-lifestyle-changes-bring-out-the-best-in-genes.

16. T. Rönn, P. Volkov, C. Davegårdh, et al., "A Six Months Exercise Intervention Influences the Genome-Wide DNA Methylation Pattern in Human Adipose Tissue," PLOS Genetics, vol. 9, no. 6: p. e1003572 (2013).

17. D. Chow, "Why Your DNA May Not Be Your Destiny," LiveScience (June 4, 2013), http://www.livescience.com/37135-dna-epigenetics-disease-research.html; see also note 12 above.

18. M. D. Anway, A. S. Cupp, M. Uzumcu, et al., "Epigenetic Transgenerational Actions of Endocrine Disruptors and Male Fertility," Science, vol. 308, no. 5727: pp. 1466–1469 (2005).

19. S. Roy, S. Khanna, P. E. Yeh, et al., "Wound Site Neutrophil Transcriptome in Response to Psychological Stress in Young Men," Gene Expression, vol. 12, no. 4–6: pp. 273–287 (2005).

20. M. Uddin, A. E. Aiello, D. E. Wildman, et al., "Epigenetic and Immune Function Profiles Associated with Posttraumatic Stress Disorder," Proceedings of the National Academy of Sciences, vol. 107, no. 20: pp. 9470–9475 (2010).

21. S. W. Cole, B. D. Naliboff, M. E. Kemeny, et al., "Impaired Response to HAART in HIV-Infected Individuals with High Autonomic Nervous System Activity," Proceedings of the National Academy of Sciences, vol. 98, no. 22: pp. 12695–12700 (2001).

22. J. Kiecolt-Glaser, T. J. Loving, J. R. Stowell, et al., "Hostile Marital Interactions, Proinflammatory Cytokine Production, and Wound Healing," Archives of General Psychiatry, vol. 62, no. 12: pp. 1377–1384 (2005).

23. J. A. Dusek, H. H. Otu, A. L. Wohlhueter, et al., "Genomic Counter-Stress Changes Induced by the Relaxation Response," PLOS ONE, vol. 3, no. 7: p. e2576 (2008).

24. M. K. Bhasin, J. A. Dusek, B. H. Chang, et al., "Relaxation Response Induces Temporal Transcriptome Changes in Energy Metabolism, Insulin Secretion, and Inflammatory Pathways," PLOS ONE, vol. 8, no. 5:
p. e62817 (2013).

第5章

1. S. Schmemann, "End Games End in a Huff," New York Times (October 20, 1996), http://www.nytimes.com/1996/10/20/weekinreview/end-games-end-in-a-huff.html.

2. J. Corbett, "Aaron Rodgers Is a Superstar QB out to Join Super Bowl Club," USA Today (January 20, 2011), http://usatoday30.usatoday.com/sports/football/nfl/packers/2011-01-19-aaron-rodgers-cover_N.htm.

3. J. Nicklaus, Golf My Way, with K. Bowden (New York: Simon & Schuster, 2005), p. 79.

4. H. H. Ehrsson, S. Geyer, and E. Naito, "Imagery of Voluntary Movement of Fingers, Toes, and Tongue Activates Corresponding Body-Part-Specific Motor Representations," Journal of Neurophysiology, vol. 90, no. 5: pp. 3304–3316 (2003).

5. A. Pascual-Leone, D. Nguyet, L. G. Cohen, et al., "Modulation of Muscle Responses Evoked by Transcranial Magnetic Stimulation During the Acquisition of New Fine Motor Skills," Journal of Neurophysiology, vol. 74, no. 3: pp. 1037–1045 (1995).

6. V. K. Ranganathan, V. Siemionow, J. Z. Liu, et al., "From Mental Power to Muscle Power: Gaining Strength by Using the Mind," Neuropsychologia, vol. 42, no. 7: pp. 944–956 (2004); G. Yue and K. J. Cole, "Strength Increases from the Motor Program: Comparison of Training with Maximal Voluntary and Imagined Muscle Contractions," Journal of Neurophysiology, vol. 67, no. 5: pp. 1114–1123 (1992).

7. P. Cohen, "Mental Gymnastics Increase Bicep Strength," New Scientist, vol. 172, no. 2318: p. 17 (2001), http://www.newscientist.com/article/dn1591-mental-gymnastics-increase-bicep-strength.html#.Ui03PLzk_Vk.

8. A. Guillot, F. Lebon, D. Rouffet, et al., "Muscular Responses During Motor Imagery as a Function of Muscle Contraction Types," International Journal of Psychophysiology, vol. 66, no. 1: pp. 18–27 (2007).

9. I. Robertson, Mind Sculpture: Unlocking Your Brain's Untapped Potential (New York: Bantam Books, 2000); S. Begley, "God and the Brain: How We're Wired for Spirituality," Newsweek (May 7, 2001), pp. 51–57;
A. Newburg, E. D'Aquili, and V. Rause, Why God Won't Go Away: Brain Science and the Biology of Belief (New York: Ballantine Books, 2001).

10. Rossi, The Psychobiology of Gene Expression.

11. Yue and Cole, "Strength Increases from the Motor Program"; N. Doidge, The Brain That Changes Itself (New York: Viking Penguin, 2007).

12. K. M. Dillon, B. Minchoff, and K. H. Baker, "Positive Emotional States and Enhancement of the Immune System," International Journal of Psychiatry in Medicine, vol. 15, no. 1: pp. 13–18 (1985–1986); S. Perera, E. Sabin, P. Nelson, et al., "Increases in Salivary Lysozyme and IgA Concentrations and Secretory Rates Independent of Salivary Flow Rates Following Viewing of Humorous Videotape," International Journal of Behavioral Medicine, vol. 5, no. 2: pp. 118–128 (1998).

13. B. E. Kok, K. A. Coffey, M. A. Cohn, et al., "How Positive Emotions Build Physical Health: Perceived Positive Social Connections Account for the Upward Spiral Between Positive Emotions and Vagal Tone," Psychological Science, vol. 24, no. 7: pp. 1123–1132 (2013).

14. T. Yamamuro, K. Senzaki, S. Iwamoto, et al., "Neurogenesis in the Dentate Gyrus of the Rat Hippocampus Enhanced by Tickling Stimulation with Positive Emotion," Neuroscience Research, vol. 68, no. 4: pp. 285–289 (2010).

15. T. Baumgartner, M. Heinrichs, A. Vonlanthen, et al., "Oxytocin Shapes the Neural Circuitry of Trust and Trust Adaptation in Humans," Neuron, vol. 58, no. 4: pp. 639–650 (2008).

16. M. G. Cattaneo, G. Lucci, and L. M. Vicentini, "Oxytocin Stimulates in Vitro Angiogenesis via a Pyk-2/Src-Dependent Mechanism," Experimental Cell Research, vol. 315, no. 18: pp. 3210–3219 (2009).

17. A. Szeto, D. A. Nation, A. J. Mendez, et al., "Oxytocin Attenuates NADPH-Dependent Superoxide Activity and IL-6 Secretion in Macrophages and Vascular Cells," American Journal of Physiology: Endocrinology and Metabolism, vol. 295, no. 6: pp. E1495–501 (2008).

18. H. J. Monstein, N. Grahn, M. Truedsson, et al., "Oxytocin and Oxytocin-Receptor mRNA Expression in the Human Gastrointestinal Tract: A Polymerase Chain Reaction Study," Regulatory Peptides, vol. 119, no. (1–2): pp. 39–44 (2004).

19. J. Borg, O. Melander, L. Johansson, et al., "Gastroparesis Is Associated with Oxytocin Deficiency, Oesophageal Dysmotility with HyperCCKemia, and Autonomic Neuropathy with Hypergastrinemia," BMC Gastroenterology, vol. 9: p. 17 (2009).

第6章

1. Discovery Channel, "Brainwashed," season 2, episode 4 of Curiosity series, aired October 28, 2012.

2. BBC Channel 4, "Derren Brown—The Assassin," season 1, episode 1 of Derren Brown: The Experiments, aired October 21, 2011.

第7章

1. A. Mardiyati, "Kuda Lumping: A Spirited, Glass-Eating Javanese Game of Horse," Jakarta Globe (March 16, 2010), http://www.thejakartaglobe.com/archive/kuda-lumping-a-spirited-glass-eating-javanese-game-of-horse.

2. Two studies, in particular, demonstrate this well. In the first, subjects wore special goggles made so that if they looked to the left, everything appeared blue and if they looked to the right, everything appeared yellow. After a certain period of time, they no longer saw the blue and yellow tints; the world appeared the way it always had before, because they were seeing it not through their eyes but through their brains, which filled in reality based on their memories; see I. Kohler, The Formation and Transformation of the Perceptual World (New York: International Universities Press, 1964). In the other study, when depressives were

shown two different pictures—one of a celebratory feast and one of a funeral—in rapid-fire fashion, they remembered the funeral scene more often than chance would allow, indicating that we tend to perceive the environment in a way that reinforces how we feel; see A. T. Beck, Cognitive Therapy and The Emotional Disorders (New York: International Universities Press, 1976).

3. D. P. Phillips, T. E. Ruth, and L. M. Wagner, "Psychology and Survival," Lancet, vol. 342, no. 8880: pp. 1142–1145 (1993).

4. P. D. Rozée and G. van Boemel, "The Psychological Effects of War Trauma and Abuse on Older Cambodian Refugee Women," Women and Therapy, vol. 8, no. 4: pp. 23–50 (1989); G. B. van Boemel and P. D. Rozée, "Treatment for Psychosomatic Blindness Among Cambodian Refugee Women," Women and Therapy, vol. 13, no. 3: pp. 239–266 (1992).

5. L. Siegel, "Cambodians' Vision Loss Linked to War Trauma," Los Angeles Times (October 15, 1989), http://articles.latimes.com/1989-10-15/news/mn-232_1_vision-loss.

6. A. Kondo, "Blinding Horrors: Cambodian Women's Vision Loss Linked to Sights of Slaughter," Los Angeles Times (June 4, 1989), http://articles.latimes.com/1989-06-04/news/hl-2445_1_pol-pot-khmer-rouge-blindness.

7. P. Cooke, "They Cried until They Could Not See," New York Times Magazine, vol. 140: pp. 24–25, 45–48 (June 23, 1991).

8. R. de la Fuente-Fernández, T. J. Ruth, V. Sossi, et al., "Expectation and Dopamine Release: Mechanism of the Placebo Effect in Parkinson's Disease," Science, vol. 293, no. 5532: pp. 1164–1166 (2001).

9. S. Siegel and B. M. C. Ramos, "Applying Laboratory Research: Drug Anticipation and the Treatment of Drug Addiction," Experimental and Clinical Psychopharmacology, vol. 10, no. 3: pp. 162–183 (2002).

10. S. L. Assefi and M. Garry, "Absolut Memory Distortions: Alcohol Placebos Influence the Misinformation Effect," Psychological Science, vol. 14, no. 1: pp. 77–80 (2003).

11. R. S. Ulrich, "View Through a Window May Influence Recovery from Surgery," Science, vol. 224, no. 4647: pp. 420–421 (1984).

12. C. W. F. McClare, "Resonance in Bioenergetics," Annals of the New York Academy of Sciences, vol. 227: 74–97 (1974).

13. B. H. Lipton, The Biology of Belief: Unleashing the Power of Consciousness, Matter & Miracles (Carlsbad, CA: Hay House, 2008), p. 111; A. R. Liboff, "Toward an Electromagnetic Paradigm for Biology and Medicine," Journal of Alternative and Complementary Medicine, vol. 10, no. 1: pp. 41–47 (2004); R. Goodman and M. Blank, "Insights into Electromagnetic Interaction Mechanisms," Journal of Cellular Physiology, vol. 192, no. 1: pp. 16–22 (2002); L. B. Sivitz, "Cells Proliferate in Magnetic Fields," Science News, vol. 158, no. 13: pp. 196–197 (2000); M. Jin, M. Blank, and R. Goodman, "ERK1/2 Phosphorylation, Induced by Electromagnetic Fields, Diminishes During Neoplastic Transformation," Journal of Cellular Biochemistry, vol. 78, no. 3: pp. 371–379 (2000); C. F. Blackman, S. G. Benane, and D. E. House, "Evidence for Direct Effect of Magnetic Fields on Neurite Outgrowth," FASEB Journal, vol. 7, no. 9: pp. 801–806 (1993); A. D. Rosen, "Magnetic Field Influence on Acetylcholine Release at the Neuromuscular Junction," American Journal of Physiology, vol. 262, no. 6, pt. 1: pp. C1418–C1422 (1992); M. Blank, "Na,K-APTase Function in Alternating Electrical Fields," FASEB Journal, vol. 6, no. 7: pp. 2434–2438 (1992); T. Y. Tsong, "Deciphering the Language of Cells," Trends in

Biochemical Sciences, vol. 14, no. 3: pp. 89–92 (1989); G. P. A. Yen-Patton, W. F. Patton, D. M. Beer, et al., "Endothelial Cell Response to Pulsed Electromagnetic Fields: Stimulation of Growth Rate and Angiogenesis in Vitro," Journal of Cellular Physiology, vol. 134, no. 1: pp. 37–46 (1988).

第8章

1. N. Bohr, "On the Constitution of Atoms and Molecules," Philosophical Magazine, vol. 26, no. 151: pp. 1–25 (1913).

2. F. A. Popp, "Biophotons and Their Regulatory Role in Cells," Frontier Perspectives, vol. 7, no. 2: pp. 13–22 (1998).

第10章

1. D. J. Siegel, The Mindful Brain: Reflection and Attunement in the Cultivation of Well-Being (New York: W. W. Norton and Company, 2007).

第11章

1. L. Fehmi and J. Robbins, The Open-Focus Brain: Harnessing the Power of Attention to Heal Mind and Body (Boston: Trumpeter Books, 2007).

著者について

ジョー・ディスペンザ 博士　Dr. Joe Dispenza

ジョー・ディスペンザ（カイロプラクティック博士）に社会が最初に注目したのは、彼が科学者のひとりとして登場した"What the Bleep Do We Know!?"という受賞映画だった。2004年にこの映画が放映されて以来、彼の活動は多方面で拡大、深化し、螺旋状に普及していった。それらはすべて、最先端の神経科学や量子力学の研究結果を人々の暮らしに生かし、病気を治すだけでなく、より幸福な人生を謳歌するための探求に注がれる彼の情熱を裏づけている。ジョー博士は、私たち一人ひとりが持つ無限の潜在能力を確信し、それを全うするべく活動を続けている。

教育者、講演者として、ジョー博士はこれまで6つの大陸にまたがる26カ国以上の国々から招聘を受けている。脳内回路を書き換え、体に新たな条件づけを行い永続的変化を起こすという方法を分かりやすく説明し、励ましながらやさしく導く独特のスタイルで、彼はこれまで何千という人々を指導してきた。多様なオンラインコースや遠隔クラスに加え、3日間の進化のためのワークショップ、5日間の上級ワークショップを世界中で主宰している。

ジョー博士はハワイ州ホノルルにあるクォンタム統合医療大学、ニューヨーク州ラインベックにあるオメガ・インスティテュート、マサチューセッツ州ストックブリッジにあるクリパル・センター・フォー・ヨガ&ヘルスの教授陣に名を連ねている。またジョージア州アトランタにあるライフ大学研究機関でも教授として招聘を受けている。

研究者としてのジョー博士は、人はどのようにして病気、慢性疾患、あるいは死に至る病気から快癒するのかを解明するべく自然寛解の背後にあるサイエンスを探求している。近年彼は他の科学者との共同研究により、上級ワークショップでの瞑想の効果に関する大がかりな研究を実施している。彼が率いる研究チームは、EEGによる脳内マッピング、ガス放電表示装置を使った個人のエネルギー場の測定のほか、ワークショップ実施前、中、後の心臓のコヒーレンスをハートマスセンサーで、また会場内のエネルギーレベルの測定をGDVスプートニクセンサーを用いて行っている。近いうちに後成的遺伝学の実験もこれらの研究項目に加える計画がある。

企業コンサルタントとしては、神経科学の原理を使って雇用者の創造力、革新性、生産性その他の向上を図る企業や組織の現場に赴きレクチャーやワークショップを開催している。企業向けプログラムには経営者のプライベートコーチングも含まれる。ジョー博士は世界中の企業に彼の変容モデルを応用したトレーニングを行う40名の企業トレーナーを育成した。また最近ではこの変容モデルを各自のクライアント向けに行うコーチの資格認定を始めた。

著者としてジョー博士は "Evolve Your Brain: The Science of Changing Your Mind" (2007)、続いて『あなたという習慣を断つ——脳科学が教える新しい自分になる方法』（ナチュラルスピリット社刊、2015）を著し、どちらも変化の神経科学と後成的遺伝学について詳説している。ジョー博士はライフ大学で優秀な成績でカイロプラクティック博士号を取得している。大学院での研究は神経学、神経科学、脳機能と化学、細胞生物学、記憶形成、加齢と寿命など多岐にわたっている。講演や執筆以外の時間では、ワシントン州オリンピア近郊のカイロプラクティック・クリニックで治療に当たっている。

www.drjoedispenza.com

訳者について

東川 恭子　Kyoko Cynthia Higashikawa

翻訳家。ヒプノセラピスト。

ハワイ大学卒業、ボストン大学大学院国際関係学部修了。メタフィジカル・スピリチュアル分野の研究を経て、2014 年東京、吉祥寺にヒプノヒーリングサロンを開設。最先端の脳科学をベースにしたヒプノセラピー＆コーチングを行う傍ら、催眠による心身治療、疼痛コントロール、潜在意識活用法の普及に努めている。

翻訳書は『前世ソウルリーディング』『新月のソウルメイキング』『魂の目的：ソウルナビゲーション』(徳間書店)、『あなたという習慣を断つ』『超自然になる』『第４の水の相』（ナチュラルスピリット社）など多数。

米国催眠士協会会員。米国催眠療法協会会員。

https://hypnoscience-lab.com

あなたはプラシーボ
思考を物質に変える

ジョー・ディスペンザ 博士

You Are the
PLACEBO
making your mind matter

2021年5月31日　初版 第1刷発行
2023年9月29日　初版 第2刷発行

著　者　ジョー・ディスペンザ
訳　者　東川 恭子

装　幀　佐藤　純
発行者　江谷信壽
発行所　OEJ Books 株式会社
248-0014 神奈川県鎌倉市由比ガ浜 3-3-21
TEL : 0467-33-5975　FAX : 0467-33-5985
URL : www.oejbooks.com
E-mail : info@oejbooks.com

発売所　株式会社 めるくまーる
101-0051 東京都千代田区神田神保町 1-11 信ビルディング 4F
TEL : 03-3518-2003　FAX : 03-3518-2004

印刷・製本　株式会社 平河工業社

ISBN 978-4-8397-0180-2 C0010
落丁・乱丁本はお取り替えいたします。